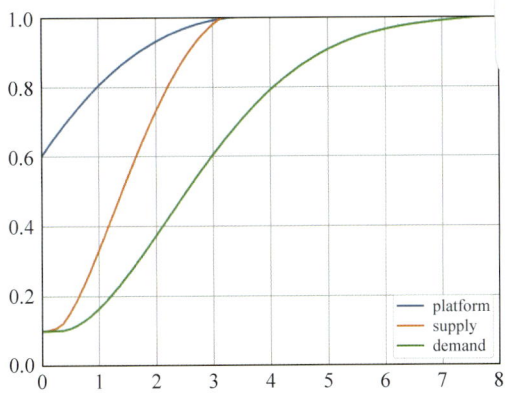

图 6-11　平台方初始状态仿真

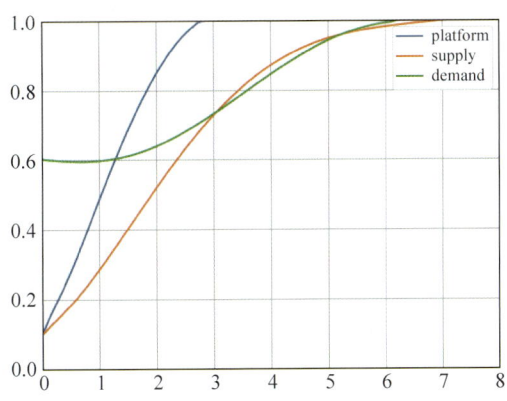

图 6-12　需求方初始状态仿真

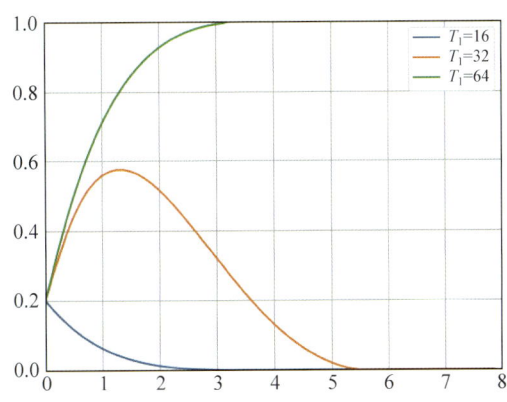

图 6-13　不同三方价值共创收益对价值共创的影响

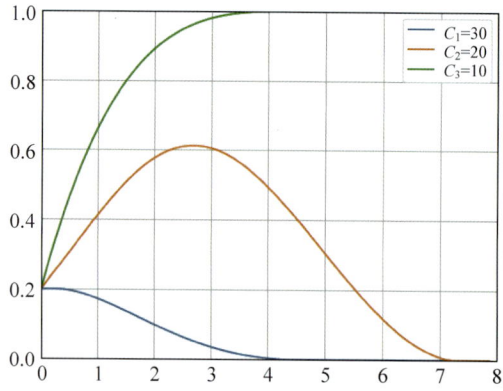

图 6-14　不同成本对价值共创的影响

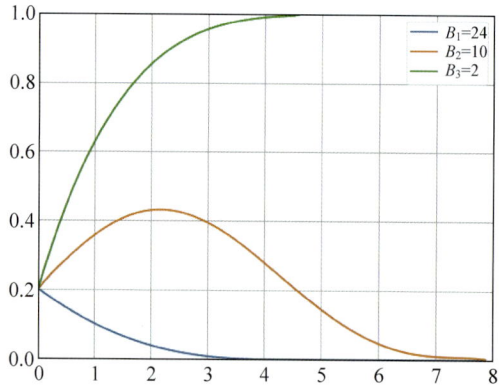

图 6-15　不同补贴对价值共创的影响

产业互联网
生态系统理论与实践

黄双喜 杨思维 王涛 著

清华大学出版社

北京

内 容 简 介

本书是一本产业互联网领域的学术性著作,重点研究产业互联网生态系统的基本概念、结构、模型、行为规律,同时结合实际案例,对产业互联网的发展模式和路径、生态治理机制,以及典型行业产业互联网建设方案进行了详细分析。全书共分为3部分:第一部是产业互联网发展背景及基本概念(第1章~第3章),重点对产业互联网形成发展过程、基本概念及内涵、研究和应用现状进行分析;第二部分是产业互联网关键理论和方法(第4章~第6章),重点论述产业互联网生态系统特性和演化规律、产业互联网价值链协同技术、产业互联网聚合协同机理;第三部分是产业互联网实施和运行方法(第7章~第10章),包括产业互联网发展模式和路径、治理体系,以及典型行业产业互联网服务平台解决方案。

本书适合作为高校计算机专业、软件专业、经管专业研究生自学参考用书。

图书在版编目(CIP)数据

产业互联网生态系统理论与实践 / 黄双喜,杨思维,王涛著.
北京 : 清华大学出版社,2025.7. -- ISBN 978-7-302-69736-7

Ⅰ. F260

中国国家版本馆 CIP 数据核字第 2025A0J721 号

责任编辑:赵 凯 李 晔
封面设计:刘 键
责任校对:胡伟民
责任印制:宋 林

出版发行:清华大学出版社
  网   址:https://www.tup.com.cn,https://www.wqxuetang.com
  地   址:北京清华大学学研大厦 A 座 邮 编:100084
  社 总 机:010-83470000 邮 购:010-62786544
  投稿与读者服务:010-62776969,c-service@tup.tsinghua.edu.cn
  质量反馈:010-62772015,zhiliang@tup.tsinghua.edu.cn
  课件下载:https://www.tup.com.cn,010-83470236
印 装 者:三河市铭诚印务有限公司
经 销:全国新华书店
开 本:185mm×260mm 印 张:16.75 插 页:1 字 数:420千字
版 次:2025 年 8 月第 1 版 印 次:2025 年 8 月第 1 次印刷
印 数:1~1000
定 价:79.00 元

产品编号:106236-01

前 言

产业互联网是依托新一代信息通信网络技术,面向产业链中各类产业成员,提供产业全要素、全流程、全生命周期服务的产业生态网络。产业互联网作为一种新型的产业基础设施和组织形态,通过虚拟经济与实体经济的深度融合,支撑产业数字化、网络化、智能化升级,实现产业全链协同、集约发展、价值共创和生态共治的目标。

鉴于产业互联网的重要意义,近年来国内外许多企业、机构及平台厂商在产业互联网相关领域开展了一系列的探索和实践,建设了一批产业互联网平台。但目前产业互联网在研发、建设及运营中存在诸多问题,主要涉及商业模式、业务流程、平台架构、服务体系、生态构建几方面。针对这些问题,国内外学者也开展了相关研究,包括产业组织理论、价值理论、服务型制造、产业生态结构及演化机制等方面。产业互联网发展迅速,新模式、新业态、新技术不停涌现,但目前的研究大多缺乏针对性和系统性,亟须在产业互联网基础理论、发展模式与路径、数字化产业链服务协同技术、整体解决方案构建、服务平台研发、生态建设及运营治理机制等方面进行深入研究,支撑产业互联网的进一步发展。

本书面向产业互联网服务生态集聚的新趋势和服务场景创新的新特征,针对产业互联网面临的企业分散、产业链结构与价值共创机制复杂、产业链业务协同与资源集约化程度低、产业链治理体系薄弱等问题,结合产业生态理论、复杂网络理论、系统动力学、价值共创理论等领域的最新研究成果,对产业互联网形态与体系结构、生态系统模型、行为演化机理、动力提升路径方法等关键问题进行研究,从基础理论和方法层面给出产业互联网的形成机理与演化规律,构建产业互联网生态体系理论,提出产业互联网发展模式、路径和生态治理体系,推动产业转型升级和价值链优化。

在本书的编写过程中,得到北京机械工业自动化研究所有限公司、北京市长城企业战略研究所、北京小米移动软件有限公司、青岛酷特智能股份有限公司、盐津铺子食品股份有限公司、青岛海大新星软件咨询有限公司、天津大学、东北大学、辽宁荣科智维云科技有限公司的大力支持。本书出版由科技部"文化科技与现代服务业"重点研发计划项目"产业互联网服务平台研发与应用示范"资助。

作 者

2024 年 8 月

目 录

第1章

产业互联网的形成与发展

1.1 产业互联网产生的背景与意义

互联网行业经过多年快速增长,现已进入关键的转型阶段。传统的消费互联网模式已不能满足互联网对增长速度的需求,产业互联网因此成为具有巨大的发展空间、能支撑互联网持续快速发展的新领域。对于传统行业来说,当前正在进行结构性升级,目的是提升创新能力、管理能力、市场推广能力以及服务能力。而互联网化、大数据化、智能化正是传统企业结构性升级的重要内容之一,产业互联网正是顺应了这一发展诉求,是互联网和传统行业发展到一定阶段的必然产物。

1.1.1 产业互联网产生背景

新技术的兴起为产业变革带来了深远影响,而大数据、人工智能等技术需要实际应用才能体现其价值,产业互联网提供了将这些新技术应用于传统行业的平台。在2020年的疫情防控工作中,以往诸多场景假设变成现实场景:从经验说话到数据说话、从高触高感到无触无感、从现场实施到远程操控、从虚拟现实到智能实现、从多人工厂到无人工场。这些变化体现了科技革命与产业变革、经济增长与社会发展的更为实质性的变化——从碎片信息到数据驱动、从智慧感知到智能感用、从前台思维到后台思维、从物理线下到虚拟线上、从工业工厂到智能工场、从科层行政到扁平治理、从科技致富到科技向善,"科技的力量"进一步呈现出2C(个人)的消费模式场景化、2F(家庭)的生活方式社交化、2B(企业)的生产方式智能化、2G(政府)的治理方式数字化特点,经济社会发展加快从半工业、半信息社会走向万物互联、数据驱动、智能使然的数智社会或者智能社会。

产业互联网是推动实体经济高质量发展的重要路径。党的十九大以来,作为新一代信息技术与传统产业深度融合的新型基础设施,产业互联网在深化供给侧结构性改革、促进产业链协同发展以及助力生态圈高质量发展等方面起到了重要作用,是促进创新创业创造的主要力量[1]。近几年来,我国陆续制定了一系列有关供应链创新与供应链金融的支持政策,推动了产业互联网的不断发展。2017年10月,国务院出台《国务院办公厅关于积极推进供应链创新与应用的指导意见》(国办发〔2017〕84号文),明确提出到2020年,形成一批适合我国国情的供应链发展新技术和新模式,并建立覆盖我国重点产业的智慧供应链体系。2020 年 4 月,国家发展和改革委员会、中共中央网络安全和信息化委员会办公室联合印发《关于推进"上云用数赋智"行动培育新经济发展实施方案》,提出"构建多层联动的产业互联网平台",将产业互联网上升至国家层面,建议政府、平台型企业、行业龙头企业与中小微企业等多层联动,通过推进企业级数字基础设施、核心资源的开放,引导平台企业、行业龙头企业整合开放资源等方式,共建数字化技术及解决方案,助力中小微企业数字化转型,最终实现整体经济的转型升级,高质量发展。随着对产业互联网理解的不断深化,各省市陆续出台了一系列产业互联网相关政策,以推动互联网与制造业、生产性服务业深度融合,内容主要涉及智能制造、供应链协同、数字化服务等核心内容。

1.1.2　产业互联网概念与定义

产业互联网就是利用数字技术,把产业各要素、各环节全部数字化、网络化,推动业务流程和生产方式的变革重组,进而形成新的产业协作、资源配置和价值创造体系[2]。产业互联网通过应用新一代信息技术,实现数据、资源、信息的协同,支撑企业实施智能制造和供给侧改革,推动产业新生态的形成和发展,最终达到整个产业链降本增效和协同发展的目的。产业互联网的展现形式多样,涉及行业应用广泛,同时具备高度行业化和个性化的特点,因此成为互联网经济增长的新驱动力,在提高产业生产效率、培育产业新增长点、实现产业可持续发展中发挥着重要作用,因此世界各国都把发展产业互联网作为塑造国家未来竞争力的重要手段。

产业互联网相较于工业互联网而言,范围更加广泛。相较于官方使用"工业互联网"的频率,"产业互联网"则在业界市场更加普及。由于企业的服务对象往往不会局限于工业一个门类,服务业、建筑业和农业甚至具有更广阔的市场空间。因此除专注于工业领域的少数企业外(如海尔、航天云网等),其他企业更倾向于采用产业互联网的提法,腾讯、慧聪、找钢网、亚信、用友、金蝶等公司都将产业互联网作为发展战略。这两者并不矛盾,只是侧重点不同[3]。工业互联网突出了政府经济工作的重点——制造业。"制造业是国民经济的主体,是立国之本、兴国之器、强国之基。"而产业互联网则强调企业服务范围的全面性,以获得更多市场机会。就范围而言,工业互联网是产业互联网的重要组成部分。

如果说消费互联网是从 ToB、ToF 最终到 ToC,从信息经济到平台经济,那么产业互联网既可以通过 ToB、ToF 连接工业物联网来改变生产方式,也可以通过 2C 从改变消费方式到改变生活方式,最终实现生产方式与生活方式的贯通,打造生态经济成为平台型企业的重要发展能力。在这个过程中,只有底盘强大的行业+互联网,并借助互联网×人工智能,才能成为新一轮业态创新与产业变革的引领者。所以,消费者互联网是借助 C 端流量、市场需求反向配置生产资源,从人们的消费方式、生活方式到生产方式;而产业互联网不仅是改变生产方式的局域网、封闭的工业 4.0,也不是单纯地进行生产方式的智能化升级改造,而是在消费反向决定生产的基础上,再造新兴产业组织方式。

1.1.3　产业互联网发展历程与趋势

1. 产业互联网的实践历程

全球产业互联网的技术发展可分为 4 个阶段。产业互联网的实践最早是商业信息的发布,在其概念达成共识之前,产业互联网已经在或深或浅的程度上对各垂直产业进行了改造。在 20 世纪 60—80 年代,网络技术的诞生以及机器间互联的初步实现,标志着网络发展的第一阶段。20 世纪 90 年代进入第二阶段,这一时期工业网络协议和操作系统相继发布,物联网的概念被提出,工业设备开始逐步实现联网。21 世纪初,伴随着云计算技术的兴起和通信独立架构协议的确立,工业互联网的支撑体系逐步形成。自 2010 年起,网络发展进入了第四阶段,这一阶段以工业互联网的雏形形成和持续发展为特征,标志着网络技术在工业领域的深入融合与创新应用。

我国产业互联网的发展由几个关键契机推动。2014 年 1 月,我国首次出现以"产业互联网"为题目的论文《从消费互联网到产业互联网》;同年 6 月,中国互联网协会首次召开以"产业互联网"为主题的大会;11 月,中国高新技术论坛上,中国互联网协会理事长邬贺铨、副理事长高新民分别就产业互联网做了主题演讲;12 月,由中国互联网协会主导的首届中国产业互联网高峰论坛在上海举行。2015 年 4 月,国务院发展研究中心市场经济所主办产业互联网发展与政策座谈会,刘世锦副主任参加会议并致辞,6 月,中国产业互联网发展联盟成立,接受工业和信息化部指导;2018 年 9 月,腾讯启动新一轮战略升级,提出"扎根消费互联网,拥抱产业互联网",从而掀起了产业互联网发展的热浪。

2. 产业互联网的发展趋势

1)产业互联网的过去:消费互联

消费互联网从以提供资讯为主的门户网站发端,以电商与新零售模式相结合,引发了人们线下消费习惯的变革。2000 年,PC 互联网的普及使得零售交易全过程线上化成为了可能,以门户网站、社交媒体为代表的互联网消费模式兴起。2010 年左右,移动互联网加快普及,使得信息和内容消费的场景更加丰富,社交网络、移动支付、移动出行等行业得到快速发展,消费互联网逐渐走向成熟。消费互联网是以满足人们消费需求为核心的互联网经济模式,主要是针对个人用户的线上消费体验。消费互联网根据商品的档次和类别快速整合供应商和消费者,能够有效提高供需双方之间的沟通效率,其中,电商平台就是其典型模式。例如,天猫平台整合数千家品牌商、生产商,为商家和消费者之间提供一站式解决方案,通过提供碎片化、小额、高频、便利、快捷的服务,弥补传统销售渠道服务缺位,缩短商家与消费者间的距离。

2)产业互联网的现状:产业互联

2018 年前后,随着消费互联网前端技术的成熟和商业模式的不断创新,作为后端的制造生产环节也逐渐被纳入到数字化协同的范围,产业互联网的概念开始兴起。近年来,我国产业互联网保持高速增长趋势,2021 年规模超 60 万亿元人民币,未来成长空间巨大,B2B 电商引领产业互联网发展,占比超过 50%,产业结构基本保持稳定,北深杭成为产业互联网企业的主要集聚地,工业互联网基础设施、产业支撑、融合创新成效斐然。

基础设施建设稳步推进,网络、平台、数据、安全四大体系"从无到有"。高质量外网建设基本实现全国地市全覆盖,5G 基站数超 170 万个,标识解析五大顶级节点投入运行。"综合型＋专业型＋特色型"平台体系初步构建,具有一定行业和区域影响力的产业互联网平台超过 150 个,连接设备超过 7800 万台(套),28 家企业加快建设跨行业跨领域平台。国家工业互联网大数据中心、分中心体系加速建设,已形成覆盖京津冀、长三角、粤港澳大湾区、成渝双城经济圈的体系化布局[4]。国家、省、企业三级协同联动的技术监测服务体系基本建成,安全监测范围覆盖 14 个重要产业领域,安全体系保障能力持续提升。

产业支撑逐步强化,工业 5G 芯片、模组、终端产品产业化进程加速,传统模组和终端向智能化方向演进。"5G＋工业互联网"、时间敏感网络、边缘计算、工业智能等相关领域的技术研究、标准研制和产业化进程基本与国际同步,R16,R17 标准推动 5G 核心网技术行业应用能力不断增强[4]。主要高校依托新工科建设,开展相关专业和交叉学科体系建设,一批产业互联网人才实训基地在全国布局,人才体系扎实构建。

融合创新持续深化,从研产供销服各环节单点应用,向全环节全流程综合集成应用和多领域系统创新延伸。目前我国产业互联网的行业应用范围涉及钢铁、汽车、机械、电力、能源、食品等 40 多个重点行业,在建项目超过 2000 个,典型案例和解决方案超过一万个,包含协同研发、智慧物流、个性化生产制造、透明生产、质量全程溯源、远程设备维护、智能决策和营销等 20 个典型应用场景,从多个角度帮助企业实现降本、提质、增效、绿色、安全发展。据统计,2021 年我国产业互联网产业增加值规模超过 4 万亿元。

3)产业互联网的未来:万物互联

硬科技发展加速推动产业互联网向万物互联网跃升。未来,5G、人工智能、虚拟现实、新一代物联网、区块链等新技术的快速发展和融合应用将不断深入。彼时,更大规模的海量大数据叠加新一代信息技术的深度应用,将进一步优化资源配置和生产效率,在生产、生活、社会万物的各个环节实现以泛互联化、去中心化为特征的"万物互联",诞生大量细分领域的物联网,如家庭 IoT、汽车 IoT、城市 IoT、工业 IoT 等。

1.2 产业互联网的特征与成熟度模型

1.2.1 产业互联网关键特征

1. 数据驱动,深化产业数智化变革

伴随数字经济在全球范围内的全面兴起,引领产业向数字化、网络化、智能化方向转型。不同产业内部企业在日常生产过程中,产品设计、设备生产、厂间协作、采购供应、财务管理、物流仓储、供应链金融等核心环节会产生大量的数据和信息,而有价值的数据、信息等新生产要素的出现降低了企业的边际成本,改变了企业的开拓市场的方式和效率,成为企业优化生产管理、产能协调共享的关键。产业互联网为构建产业数智场景提供新型基础设施和关键支撑,以数据流带动信息流、技术流、资金流、人才流、物流流转,实现跨企业、跨领域、跨产业的广泛互联互通和全要素、全产业链、全价值链的全面连接,有效打通数据、算法、商业的完整闭环,推动各行业向数字化、网络化和智能化的转型。以 iSESOL 工业互联网平台为例,即通过设备数据的互联互通,驱动构建形成打通设备制造商、设备业主、服务商等多元主体的产能共享场景。

2. 价值整合,衍生新的爆发增长点

在传统工业经济时代,不同产业的产业链价值链联系不紧密,缺乏统筹协调的优化机制,造成生产效率低下、生产成本过高。新经济时代下,产业互联网是建立在数字化技术基础上的新型产业链价值链供应链管理综合服务平台,既贯穿于价值链各个环节,又可延展至产业链各细分领域,通过互联网实现价值链优化和产业链整合,能够促进网络内各主体实现互联互通、线上线下融合、资源与要素协同,提高整个产业的运营质量与效率,进而创

造出新的价值。例如,航天云网实现缩减研发设计周期 30%～45%,提高生产效率 25%～60%,降低成本 10%～30%,减少用工 30%～60%[5]。同时,产业互联网加速传统产业与数字技术、信息技术等新技术的跨界融合发展,使得产能线上调控、设备远程操控、服务和创新资源共享成为现实,催生出共享制造、全生命周期管理、众包研发、工业直播、个性化定制、C2M 等一批具有爆发式增长潜力和海量市场前景的新赛道,迅速成为资本市场关注的宠儿。例如,海尔 COSMOPlat 工业互联网平台开启了大规模定制的新赛道、国联股份打造国联云开启了工业品直播新赛道等。

3. 平台赋能,革新产业资源组织方式

在工业经济发展时代,存在企业与市场两种资源组织形式,当管理成本低于交易成本时,企业替代市场,当交易成本低于管理成本时,市场替代企业。新经济条件下,平台成为企业、市场之外第三种有效的资源组织形式,其组织成本远低于企业和市场,将企业间、市场中的供应、买卖、竞争关系转变为合作、分享关系,是产业生态的主要组织者。在平台经济发展早期,直接面向终端消费者的电商交易平台率先崛起,而随着互联网与产业融合程度逐步加深,在各个环节衍生出产业互联网共享平台新业态,能够打破物理空间局限性,快速集聚产业上下游企业以及相关创新机构,实现多方主体共享、共创、共生。平台化的产业资源组织方式使得产业互联网企业表现出不同于传统企业的爆发式增长特点,涌现一批新物种企业。例如,垂直电商共享平台领域涌现出找油网、聚玻网、喵客云、云呼科技等新物种企业;设备共享平台领域涌现出树根互联、千鸟互联、众能联合等新物种企业;个性化定制共享平台领域涌现出奥斯、微云人工智能等新物种企业。

4. 实时互联,形成跨时空全链条链接

在传统工业经济时期,企业间以及企业内部的生产、设计、研发、管理和运营等环节普遍处于分散独立的状态。新时代下,5G 通信、光纤传输等各种先进网络技术的应用,支撑了产品从设计、工艺、生产、管理到服务的全生命周期的实时互联互通。这种互联互通使得整个产业系统能够实现智能化的描述、诊断、预测、决策和控制功能,极大地提高了产业的协同效率和创新能力。

从核心价值来看,产业互联网能高度聚合从生产端到终端整个链条中各个环节的资源和服务,用数据实现跨时空的全链条链接,通过数字化技术优化产业链从生产到消费终端的每个环节,优化供需匹配效率,实现在采购上的库存优化、在生产上的质量管控、在分销上的追踪溯源、在零售上的精准营销,以及在服务上的体验升级,最终达到价值提升、增效降本、效率提高的核心目的。以设备实时互联为例,产业互联网通过对大量历史经验数据和实时运行数据的深度集成与分析建模,能够提供远程设备状态监控、预测性维护和能效管理等智能化服务。这些服务有效提升了设备的运行效率,减少了能源消耗,降低了故障率,并扩大了服务与价值的领域,为企业和社会都带来了显著的收益。

5. 多元协同,构建产业创新共同体

在传统的工业经济时代,企业、科研院所、政府部门、服务机构、用户等各主体在相同的地理空间进行集聚,围绕各自主体的任务进行自我发展,中间缺乏有效的联络机制,难以形成相互赋能、共创共享的产业创新共同体。新经济下,产业互联网强调打破物理边界的多方主体共享、共创、共生,能够快速集聚一批产业链上下游企业、研究机构、服务机构、用户等多方主体,并通过互联互通的创新链、供应链、资金链等推动各主体间形成协同合作、密

切联系的产业创新共同体。这种产业创新共同体直击企业间联系松散、缺乏创新和服务资源获取渠道等痛点，以产业促进和企业服务专业化水平提升为核心，是集技术、资本、市场、渠道于一体的新兴产业促进服务平台。这其中，顶尖行业龙头企业由于具备丰富的产业发展经验、资源、影响力，牵头建设的产业互联网平台最易于成为产业促进服务平台，带动上下游企业、机构等协同发展。国内外优秀产业互联网平台均由顶尖行业龙头企业牵头建立，如西门子建立的 MindSphere 平台、航天科工建立的航天云网、洛可可建立的洛客平台等。其中，洛客平台于 2016 年 8 月上线，目前已经集聚超过 100 万全球创造者、4 万名专业设计师，构建形成了庞大的众包设计生态圈。

1.2.2 产业互联网成熟度模型

通过对各类产业互联网平台的观察分析，我们将产业互联网平台的成熟度分为 4 个阶段（见图 1-1）。

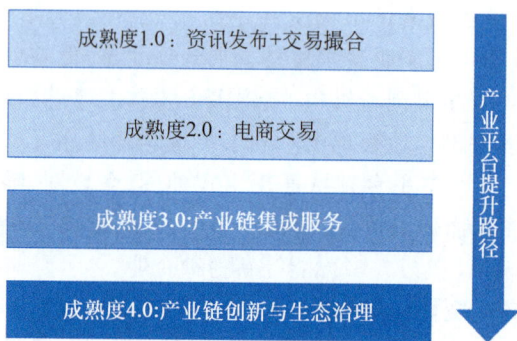

图 1-1　产业互联网平台发展的成熟度

目前，大部分平台仍处于 1.0 阶段（平台提供资讯发布以及基于供需信息进行交易撮合）或者 2.0 阶段（电商交易，利用信息不对称获得交易差价）。处在 1.0 和 2.0 阶段的平台的发展都面临瓶颈：一是客户全生命周期的价值没有被发掘出来；二是客户体验和激动指数不够，很难向线上转化，也难以形成平台黏性。因此，产业互联网平台需要向 3.0 阶段提升。从产业痛点入手，借助互联网对产业链进行资源整合和价值链优化，向客户提供有价值的服务，并随着平台发展不断延伸新的服务组合，最终形成围绕产业链的集成服务。

3.0 阶段的产业互联网平台能够真正推动实体产业的转型升级。在经济下行的背景下，企业需要更多的专业赋能，平台拥有的综合服务能力越强，平台上的用户黏性就越大，那么客户离开平台的难度也就越大。3.0 阶段的产业互联网有以下两个优势。

第一，用户的付费意愿加强，随着产业互联网功能的完善和用户认识的提高，产业互联网的价值得到认同，企业为了实现提升效率、增收降本的目的，愿意支付一定的服务费用。

第二，用户的累积效应进一步加强，包括用户规模的扩大，单个用户使用时间的增加，多个用户间协同更加深入等，因为客户转换成本高，黏度高，产业互联网的生态圈逐渐稳定。

产业链的不断打通和优化、服务的不断集成，以及产业大数据的不断积累和应用赋能，能够为产业链上下游客户不断创造新的价值，带来新的体验，形成新的产业生态。在这种新的产业生态下，产业互联网平台不断标准化、规范化，完善规范行业标准和规则，形成产业信用体系；通过共创、共享等产业协同利益机制建设，完善产业链治理体系，形成共建、共赢的产业生态圈；通过基于产业大数据的分析应用和智慧化产业大脑打造，逐渐推动平台向 4.0 阶段演进，推动产业在有序规则下的竞争合作，形成持续、健康、稳定发展的新秩序，实现产业链的高端化和高质量发展。

1.3　产业互联网典型案例

根据服务范围和功能特点，产业互联网可以分为产业原生产业互联网和泛产业化产业互联网两类。产业原生平台更注重特定产业的深度服务和产业链优化，适合特定行业的企业使用。泛产业化平台则提供更广泛的服务，适合跨行业的需求，能够促进不同产业之间的协同和融合。

1.3.1　产业原生的产业互联网案例

产业原生平台通常专注于特定产业或行业，提供深度服务和解决方案。其核心目标是提升特定产业的数字化水平，优化产业链条，推动产业集群的协同发展。这类平台往往依托公有云基础，构建一站式数字化平台应用与在线服务，以"平台＋服务"模式降低企业数字化投入成本，助力集群转型。

1. 重工业类产业互联网案例

1）欧冶云商（全链条类）：提供一站式全价值链的钢铁生态服务平台

欧冶云商成立于 2015 年 2 月，注册资本 10 亿元，是中国宝武整合原有大宗商品电子商务优质资源，以全新商业模式建立的钢铁生态服务平台。依托现代信息技术应用、以钢铁供应链为核心，形成了集仓储、运输、加工、供应链金融、技术服务和数据服务于一体的一站式生态服务体系，目前已经形成电商、物流、金融、材料、数据、东方钢铁、国际、采购、资讯、化工等 11 个子平台。2020 年，欧冶云商实现营业收入 747.72 亿元；截至 2019 年年底，平台合作钢厂超过 300 家，注册用户超过 20 万家，并且以中小微企业为主，系统合作仓库超过2000 家，合作运输车辆超过 3 万辆，合作加工厂近 700 家，其中，实现渠道赋能合作模式的仓帮合作仓库 190 家、工帮合作加工厂 289 家。

从运作机制来看，欧冶云商构建以交易平台为核心、支撑平台服务为手段的供应链体系，将欧冶产品镶嵌到供应链的各个环节中。平台整体采用"大中台、小前台"原则进行架构，立足钢铁流通领域，通过互联网、物联网的技术和手段，构建集仓储、运输功能于一体的智慧物流运营平台。"大中台"聚焦于电商交易平台能力建设，进行产品全生命周期管理，贯穿会员中心、平台运营中心、物流能力中心、物流需求中心、需求调度中心、仓储中心、运输中心、计费中心和结算中心九大中台，关注服务共享和协同支撑，为钢材产业链各相关方提供高效、便捷、可靠的物流产品和服务，协作改善物流分析、决策和执行能力，提升物流运转效率、降低物流成本、增进用户满意度。"小前台"按不同业务领域的交互体验进行切分，高效触达中小微用户、发现和挖掘用户需求、不断孵化创新产品。围绕各大制造基地产成品物流业务，整合基地的产成品物流信息，实现产成品出厂物流线上信息可视、可分析、可预警，成为可伸缩、可配置的信息共享服务体系；对内提升运帮和云仓产品业务，实现物流运控管理，沉淀经营发展各类相关数据，并基于数据分析，支持平台商业决策与预测。

欧冶云商具有两大主要特征。一是利用关键技术提升平台的智慧化。利用新型集成技术建设平台能力开放标准接口,实现生态供应链各个环节的多源数据集成与协同;通过集成具备边缘计算能力的计算机视觉技术,设计并研发适应钢铁生态圈的物联感知硬件(数字化仓库与车联网设备),实现行业物流场景的高效互联与管控;基于钢铁生态圈物流大数据,进行数据建模与分析,为钢铁生态圈物流服务体系提供基于互联网平台的智慧服务。这些功能涉及平台建设的七大类关键技术,分别为新型集成技术、物联设备集成、边缘处理技术(计算机视觉)、数据管理技术、应用开发和微服务技术、大数据建模与分析技术、数字孪生技术。二是打造钢铁物流生态圈。通过上述在钢铁生态圈多场景、多节点的技术创新,逐步在"智慧物流服务平台"上汇聚了钢铁生态圈物流领域的行业大数据;基于大数据和人工智能技术的应用,逐渐形成了物流领域的优化决策支持能力。针对行业内传统的物流形式造成运输、仓储环节多、空载率高、信息不对称,催生大量重复的工作等问题,通过面向钢铁生态圈的智慧物流服务体系的建设,实现企业之间的业务标准化、系统标准化,实现不同企业之间的高效协同和有效连接,提升生态圈的整体运营效率,减少生态圈内"烟囱式"系统、加强钢铁物流的风险管控、整体业务流程线上化、降低行业运营成本,提升各个物流节点的作业效率。

2)国联股份(全链条类):以反向供应链模式做产业链上下游的交易对象

国联股份多多平台以工业电子商务为基础,以互联网大数据为支撑,为涂料化工、卫生用品、玻璃等行业提供工业品和原材料的网上商品交易、商业信息服务、互联网技术服务和工业品网络直播服务,是国内领先的 B2B 电子商务和产业互联网平台。目前,国联股份多多平台已在涂料化工、卫生用品、玻璃、造纸、化肥、粮油等产业建立了垂直电商平台,业务覆盖 100 余个工业行业领域,拥有 255 万注册会员企业、20 万活跃会员企业、1000 万黄页数据库和 5000 万招投标信息资源。平台先后荣获 2020 亿邦产业互联网"千峰奖"、2019 年中国 B2B 百强企业、INDIA 5000 BEST MSME AWARD、中国互联网移动互联网产业十佳投资案例等荣誉。

从运作机制来看,国联股份主要以网上商品交易、商品信息服务和直播带货三大业务板块为核心,基于互联网大数据为工业品和原材料供需交易打造服务引流交易营销的一站式电商平台。其中,网上商品交易依托涂多多、卫多多、玻多多、肥多多、纸多多、粮油多多六大垂直领域的多多电商平台进行线上买卖服务。该模式以集合采购、拼单团购为核心,通过集合各大垂直领域下游客户零散需求,形成规模化订单后向上游供应商进行集中采购以量大获取价格优惠,其利润空间主要来自大规模订单的议价权和减少中间环节的效率提升。商品信息服务主要通过国联资源网为各行业会员提供资讯、会展、商机、项目、智库、软件、报告、采购、电商、云办公、广告等服务。直播带货主要依托于国联云平台为工业品进行直播销售。国联云直播模式与当下的消费品直播模式有所区别,消费品直播带货以专业的网红进行直播销售为主,部分娱乐明星等头部人物自带流量参与为辅,而国联云直播带货主播以细分行业领域专业人士为主,商品品类为六大垂直领域多多平台的自营拼购商品,主播主要对产品进行详细解读、传授专业技能以及公布部分实用配方等。国联拼单集采反向供应链的逻辑,是由下游的采购商提出采购需求,然后国联归单集采以后,向上游工厂下单并且支付预付款,工厂把这个货直接发到采购方——可能是一个终端的工厂,也可能是一个次终端的经销商。这种供应模式大大节省了厂家的成本,即通过精益生产消除一切浪费,站在产业链的上游,革命性地消除浪费和错配。B2F 以需求反向驱动供应链的底层逻辑,与传统的 F2B 是不同的。

国联股份平台具有三大特征。一是服务引流。平台依托国联资源网提供的商机、会展、项目等关联性强的资源,为多多电商平台吸引大量的细分垂直领域产业资源、客户资源、团队资源,提高平台的知名度、购买率。二是集中采购。平台的工业品电商模式主要以集合采购、拼单团购为核心,对不同行业领域的离散型客户需求进行整合与打包,集中向工业品供应商进行商品团购,以最优惠的价格让客户获利。三是模式创新。多多电商平台在行业内率先开展工业品直播带货模式,以特定产品的专业人士(技术人员、产品开发、企业管理人员等)作为主播进行直播带货。

2. 轻工业类产业互联网案例

1) PLANTMATE 平台(全链条类):“线上+线下”工业一站式在线服务平台

中控技术的 PLANTMATE 平台创建于 2019 年,围绕五大板块:线上商城、联储联备、需求派单、知识培训、工业 SaaS 形成以 5S 为基础的平台五大功能服务体系。通过线上工业互联网 S2B 平台+线下 5S 店结合的创新服务运营模式,为工业企业客户提供更加优质、高效的全方位自动化服务,为客户创造价值。目前,公司核心产品已应用至 50 多个国家,并成功与沙特阿美、BASF、埃克森美孚、壳牌等国际知名企业建立了合作关系。中控技术 PLANTMATE 工业一站式服务平台先后获得“2021 中国产业互联网行业百强榜”“工业互联网年度卓越产品”“2022 年度浙江省级重点工业互联网平台”等多项荣誉。

从运作模式来看,公司通过 PLANTMATE 线上服务平台+5S 线下门店的模式,降低客户库存成本及资产折损率。通过集中营销资源,精准挖掘用户不同阶段、不同程度的需求,扩大销售辐射半径,持续发力中高端市场,实现多个大客户战略合作及大项目网格化全覆盖管理,同时根据下游行业的发展变化及时调整销售策略,借助较为完善的营销网络和服务体系,建设 PLANTMATE 工业一站式线上服务平台,全面提升公司业务获取能力和品牌影响力。PLANTMATE 平台以工业互联网为基础,为工业用户打造“产品+服务”的工业一站式服务平台。PLANTMATE 平台通过集中营销资源,精准挖掘用户不同阶段、不同程度的需求,扩大销售辐射半径,持续发力中高端市场,实现多个大客户战略合作及大项目网格化全覆盖管理,同时根据下游行业的发展变化及时调整销售策略,借助较为完善的营销网络和服务体系,基于以 Sales、Service、Specialists、Spareparts、Solutions 为核心的 5S 理念实现传统工业服务模式的转型升级,逐步打造线上、线下相结合的智能化资源服务生态体系。

中控技术 PLANTMATE 平台具有两大主要特征。一是五大服务板块成为平主要核心驱动力。PLANTMATE 平台以帮助工业企业提升供应链能力为目标,构建了智慧化供应链服务体系。在智慧供应链体系打造过程中,遵循 5R 原则,围绕线上商城、需求派单、联储联备、知识培训、工业 SaaS 打造工业一站式 5S 服务模式,形成了以 5S 为基础的平台五大功能服务体系。二是线下 5S 店服务覆盖范围广泛。截至 2022 年,中控技术已正式运营 108 家 5S 店,覆盖全国的西北、东北、华中、华东、华南、西南 6 个大区,以总部赋能、一线作战的运营管理模式,构建完善的营销网络和服务体系。

2) 兴盛优选(供应链类):日用百货全品类精选商品零售平台

兴盛优选是日用百货全品类精选商品零售平台,成立于 2017 年,平台主要定位是解决家庭消费者的日常需求,包括蔬菜水果、肉禽水产、米面粮油、日用百货等全品类精选商品。依托社区实体便利店,"微电商平台＋社区便利点"的发展模式,用数据平台和供应链体系为社区门店赋能,通过"预售＋自提"的模式为消费者服务,给用户带来了性价比更好的消费体验。

从运作模式来看,平台运营模式与传统的电商不同,是一种直接落地的社区团购模式。以社区的邻里关系作为纽带,拉近平台与用户之间的距离,进一步增加消费者的复购率。通过精准把控团购市场,了解用户的需求,将多种多样的商品信息通过兴盛优选社区团购平台和微信群传达给用户,并以限时特价和低廉的价格吸引用户下单。兴盛优选布局在原有的 680 多万家社区便利店,通过"平台预售＋门店自提"的方式,将平台产品卖给社区便利店周边的消费者。此外,兴盛优选拥有完善供应链设施以保证配送效率,所有商品都是今日下单、次日到门店自提,并且为顾客提供良好的售后服务。目前,平台主要布局于下沉市场,重点开拓三四线城市的县城市场和农村市场。自提模式可以使用户在平台上消费无门槛,这种高性价比的消费模式明显更加契合下沉市场的消费需求。偏远地区竞争不激烈,居民消费渠道非常有限,社区团购将会有很大的发展潜力。通过自建物流并不断迭代,已经完成了渗透至自然村的物流模型搭建,覆盖到全国 12 个省份,地(县)级城市 1000 多个,以及 10 万多乡镇及农村。实现了偏远地区的消费者享受到与城市社区消费者同样高效的购物体验。兴盛优选先后获得"新浪 2020 科技风云榜年度最受关注创业企业奖"、入选"工信部 2022 年新型信息消费示范项目"等多项荣誉。

兴盛优选商品零售平台具有两大主要特征。一是扎根社区。通过下沉市场把社区的邻里作为关系的纽带,拉近平台与用户之间的距离,增强消费者的复购率。借助下沉市场用户,推动下沉市场经济发展,并且扩大品牌在当地的知名度。二是自建物流。兴盛优选总人数 3000 多人,其中物流配送占 2000 多人。在兴盛优选的自建物流系统中,服务站扮演着核心角色,货物从供应商送到地区中心仓,进一步发到服务站,服务站再把产品分到每个店以方便用户去门店自提。通过这种方式,能够大大降低中心仓到便利店的成本。

3) 行云全球汇(供应链类):消费品数字供应链服务助力全球贸易

行云全球汇成立于 2015 年,定位于跨境进口 B2B,是国内主流大型电商平台的核心进口货源供应商,主要为产业链上游品牌和下游的分销商、渠道商提供线上线下全渠道的数字化供应链相关服务,包括渠道分销、全域运营服务、物流服务、风控服务,同时能够为上下游企业提供双向沟通及双向数据反馈,实现了完整的履约交付的全链路打通。截至 2022 年,行云全球汇平台已对接 2000 多家海外知名品牌商和经销商,建立了完善的全球采购和供应体系。已为近 35 万线上线下中小零售商提供约 3000 海内外消费品牌近 15 万 SKU 数字供应链服务,通过与近 160 个物流中心建立数字链接,社会商品可直达 200 多电商平台的数亿消费者,已经成为了顶级消费品数字供应链服务平台。行云全球汇先后获得"新时代中国经济创新企业大奖""2019 深圳 500 强企业""中国明日之星"、入选了 2021 年中国产业互联网独角兽企业 TOP30 等多项荣誉。

从运作模式来看,行云全球汇构建了"大中台＋小前台"的模式,构建了一条完整的供应链,通过完善可控的供应链,降低商品从工厂到售后过程中的风险,针对不同国家、不同品牌采取不同措施,大大缩短供应期。平台涵盖母婴、保健品、个护美妆、生活家居等品类,提供 15 万种全球商品,并在杭州、广州、重庆等多地建立保税仓储,提供端到端的供应链质量控制和跨境物流一体化服务,为商家提供优质丰富的商品和高效便捷的采购体验。该企业在全球布局的仓库就超过 170 个,仓储总面积达 130 万平方米,连接空、海、铁、陆物流通道,超过 200 条航线,触达 72 个国家和 1 个地区,全面解决品牌出海跨境物流难点问题。

行云全球汇具有两大主要特征。一是完善的全球采购和供应体系。行云全球汇平台对接超过 2000 家海外知名品牌商和经销商,逐渐完善了全球采购和供应体系。平台提供商品端到端履单服务、品牌线上代运营服务、本土线下全渠道分销服务、品牌营销推广服务等方面提供系列化解决方案。帮助企业快速搭建出海高速通道,实现高质量高效率的品牌出海。二是全渠道分销。覆盖传统渠道、直播电商、社区团购、中小商家赋能等多个领域。线上分销网络覆盖国内 200 多个电商平台、全网超过 100 个网红直播合作机构、超过 1000 个网红 KOL(Key Opinion Leader);线下覆盖国内 106 个城市超 16 万家线下终端门店。

4) 汇通达(综合服务类):下沉爆发的农村商业数字化服务平台

汇通达成立于 2010 年,是中国领先的农村商业数字化服务平台,布局智能商业(综合智能零售云服务解决方案平台)、家用电器、消费电子、农资农机、新兴产业、金融服务六大板块。汇通达改变传统供货销售模式,以全方位平台服务为核心能力,整合农村零售终端,推动农村家庭便利店向互联网化、电商化方向转型升级,形成服务于农村消费者的网络体系。2019 年,汇通达已覆盖全国 18 000 个乡镇、130 000 家会员店,年销售额超过 500 亿元。汇通达先后荣获全球独角兽企业 500 强、中国互联网企业 100 强、中国民营企业 500 强等荣誉。

从运作机制来看,汇通达平台提供包括产品供应、工具支持、金融服务、粉丝运营、营销活动等服务,以 S 端(供应链)为突破口,整合上游大型供应商、工厂,组建完整的供应链平台,再通过共享服务平台的方式支撑 B 端,并且通过帮助会员店对 C 端的促销、营销支持,形成 S2B2C 的生态闭环。

在产品供应方面,汇通达总部通过共享库存机制,借助信息化平台,支持会员店根据各自的经营状况和本地市场需求,自主发起供货请求。这与传统的经销商预付款压货模式不同,会员店可以更灵活地进行采购。在工具支持方面,汇通达拥有自主研发团队,开发了前端信息化工具和在线平台。中后台系统则与 SAP 公司合作开发,为会员店提供包括智慧门店系统、超级老板 App、芯片会员卡、高清触摸展示屏“汇展柜”等在内的个性化系统和工具。这些工具满足了会员店在线上交易、下单以及进销存管理等方面的需求,帮助会员店构建了全面的技术解决方案,提高了会员店的黏性和活跃度。在金融服务方面,汇通达通过统一的商品管理、订单管理和库存管理等线上线下一体化的信息平台,汇聚了会员店的所有经营数据,掌握了会员店的征信情况。基于这些数据,汇通达为会员店提供消费金融服务,满足了农村消费者的赊销消费习惯,提高了会员店的销售量。同时,还提供了商业保险理财等供应链金融服务,帮助会员店完成资金周转,降低运营成本,解决了会员店因规模小、资金有限而面临的贷款难题。在粉丝运营方面,汇通达通过发展村级代理人,帮助会员店进行引流。村级代理人通过与村民的接触,了解村民的需求,帮助村民成为会员店的粉丝。通过举办线上线下活动,与粉丝进行深度互动,同时提供引流工具,构建了精准的全渠道粉丝服务体系,打造了农村粉丝经济。通过构建农村社交网络,深入了解农民的真实需求,拉动了会员店的销售。在营销活动方面,汇通达的客户经理会协助会员店组织符合当地生活特色的各类线上线下体验活动,服务粉丝。村级代理人也会通过参与活动和粉丝消费情况获得相应的提成,进一步激励了会员店的营销活动[6]。

汇通达平台具有三大特征。一是供应链优势。汇通达凭借其强大的供应链管理能力,确保了货源的稳定性和可靠性。在为会员店提供商品采购和库存管理服务的同时,会员店可以直接通过汇通达的 ERP 系统进行下单,并联系售后服务以解决相关问题。这一流程的优化,使得会员店无须再承担因压货而产生的高额成本。二是服务链延伸。汇通达围绕会员店需求,提供商品、金融、信息工具和营销支持,聚焦农村目标群体痛点,提升售后和物流服务能力,整合乡镇零售店使其获得数字化经营能力和互联网化经营网络,提升乡镇零售终端的经营效率。三是新模式创新。汇通达打造农村商业数字化服务平台,以电商平台为载体,运用互联网工具,吸引乡镇家庭小卖铺加盟平台,构建"消费者-夫妻店-供应商"之间的联系,并利用这种黏性,探索为家庭小卖铺提供更多的服务。

1.3.2 泛产业化的产业互联网案例

泛产业化平台相比产业原生平台具有更广泛的服务范围,不局限于某一特定产业,而是面向多个行业提供综合服务。这些平台通过整合不同产业的资源,推动跨产业的信息融通和协同发展,更关注生产端与消费端在底层技术侧、业务需求侧的贯通发展和商业合作,并以此为基础进行基于在线交互、订单交付、个性化定制的平台建设。

1. 树根互联 ROOTCLOUD(全链条类):开展机器全生命周期管理

ROOTCLOUD 是由树根互联于 2017 年 2 月发布的工业互联网平台,主要基于三一重工在装备制造及远程运维领域的经验,以机器互联为核心,面向机器制造商、设备使用者以及政府监管部门等提供物联接入、云计算、工业大数据、SaaS 应用等工业智能和物联网平台支撑服务,打造细分行业的端到端工业互联网解决方案。目前,树根互联 ROOTCLOUD 平台可覆盖 95% 主流工业控制器,支持 400 多种工业协议解析,已经接入各类工业设备超 69 万台,打造铸造、注塑、纺织、定制家居、家用塑料制品等 20 多个产业链工业互联网平台,赋能 81 个工业细分行业。ROOTCLOUD 平台入选 2017 年度中国"互联网+"制造业类十大优秀案例、工业和信息化部 2017 年制造业"双创"平台试点示范企业、工业和信息化部"2019 年工业互联网 App 优秀解决方案"名单、Gartner 2019 工业互联网平台(IIoT)魔力象限的中国企业、工业和信息化部"2019 年跨行业跨领域工业互联网平台"等多项荣誉。

从运作机制来看,ROOTCLOUD 平台连接工业资产,打通连接层、平台层、应用层,围绕设备的能耗管理、资产管理、融资租赁、后市场管理等全链条,提供端到端的一站式工业互联网服务,帮助用户降低成本、提高运营效率、实现商业模式创新。在能耗管理方面,面向以设备能源消耗为主的能源用户,提供能源消耗可视化、能源设备实时监测、能源计划管理、能源分析预测、优化节能方案等服务,打造能耗、环保和安全的生产监控体系,为企业节能降耗改造决策提供数据支撑。在资产管理方面,面向把设备资产作为生产运营工具的终端用户企业,提供生产单元实时监控与分析、故障维修、计划性维护、预防性维修、物料管理、供应链管理、工艺优化、订单管理、质量管理、产能共享等服务,实现设备资产购入后的全生命周期运营管理和生产经营活动管理。在融资租赁方面,面向融资机构、设备出租方、承租方和制造厂商,提供业务撮合、IOT 授信管理、资产管理、客户画像、风险管控、支付结算等融资租赁服务,挖掘工业互联网设备与交易业务的数据价值,为企业融资增信。在后市场管理方面,主要面向设备制造厂商或设备运营服务商,实现对设备出厂后的实时监控与分析、故障维修、计划性保养、预测性维护、备配件管理、经营性租赁管理、在线配件交易等全生命周期运营管理。

ROOTCLOUD平台具有三大特征。一是跨行业连接。平台拥有强大的设备连接能力和跨行业服务拓展能力,基于海量的设备数据采集和精准分析,将原来碎片化的工业知识和掌握在个人身上的工业知识沉淀到平台,赋能整个产业,提升产业质量竞争力和效率。二是价值链优化。平台借用大数据、物联网等技术,充分挖掘设备从能耗管理到后市场服务等各个环节的价值,促进企业实现互联互通、线上线下融合、资源与要素协同,支撑制造业产业链向高附加值方向延伸拓展。三是集成化应用。随着平台应用场景的模块化开发不断成熟,开始向能耗管理、资产管理、融资租赁、后市场管理等多业务场景及服务拓展,表现为全链条、全生命周期的闭环管理。

2. 智能云科 iSESOL(全链条类):构建机加工产能共享平台

iSESOL 工业互联网平台由智能云科信息科技有限公司打造,是工业和信息化部工业互联网产业联盟首批通过可信服务认证的五家工业互联网平台之一。iSESOL 平台聚焦机加工领域,构建共享的机加工制造互联网产能平台和机床大数据,为企业提供装备全生命周期、共享装备、工业 App、供应链金融和产能交易服务,助力工业生产效能提升。截至2021 年,智能云科 iSESOL 平台的服务范围已覆盖广东、重庆、浙江、河北、辽宁等 26 个省、161 个市的近 3000 家客户,连接智能设备近 3 万台,交易金额达到 6 亿元。智能云科iSESOL 平台先后荣获工信部互联网产业联盟"2016 年度工业互联网验证示范平台项目"、工业和信息化部"2017 年制造业与互联网融合发展试点示范项目"、中国电子信息院等发布的"2017—2018 中国十大工业云平台"等多项荣誉。

从运作模式看,智能云科 iSESOL 工业互联网平台提供"登云入网、产能交易、厂商增值、要素赋能"四大业务,实现基于机床大数据的用户价值与服务价值的共享协同,助力平台内部企业的生产效能大幅提升。其中,登云入网是 iSESOL 工业互联网服务体系搭建的基础,为机加工行业领域提供网络数据服务,通过对行业领域内的生产设备、生产过程的实时信息收集,并对制造有效的数据进行筛选、积累和实时管控,最终形成供应链透明的工业大数据。产能交易基于基础网络的数据采集和供应链透明服务,为供应商、采购商与供应链配套商等提供更为系统、更为完备的供精准匹配服务。厂商增值基于装备全生命周期,实现集报修、需求、服务处理、统计分析于一体的设备管理功能,通过实时互联、按需付费、即时结算的新商业模式为装备企业提供增值服务,实现基于物联网的智能装备共享经济。要素赋能提供各类智能制造装备生产加工、内部管理、个性定制所需要的各类应用服务,以及基于机床大数据的供应链金融增信服务。如 iSESOL 平台的供应链金融服务通过整合中下游中小企业的物流和资金流,将单个企业的不可控风险转化为供应链企业整体的可控风险,为平台企业提供数据增信服务,切实解决制造业中小企业面临的贷款难、回款难等痛点问题。

iSESOL 平台具有三大特征。一是全周期管理。iSESOL 平台依托 iSESOLBOX 的数据采集与存储功能,可实现对设备档案、设备运行情况、设备报警信息、联网状态监控、设备故障维修历史、远程诊断、机床体检等全生命周期的科学管理,加强设备的预防性维护、维修,降低故障风险。二是供需精准对接。iSESOL 平台基于装备互联形成的线上生产能力数据池,通过对地理位置、装备工况、工艺生产、健康监测等多维度数据进行精准分析,为加工制造供需方提供供需精准匹配,助力企业产能有效提升。三是数据互联互通。iSESOL平台有效地解决了设备制造商、设备业主、服务商、客户方、监管方等互相割裂、信息不共享的问题,为供需各方构建了一个互联互通的平台,打通数据壁垒,全面提升设备使用价值。

3. 尚品宅配(供应链类):个性化需求驱动供应链管理升级

尚品宅配成立于 2004 年,是广州尚品宅配家居用品有限公司旗下品牌,通过"C2B+O2O"创新商业模式,为消费者提供全屋板式家具、配套家居产品的个性化定制,以及向泛家居行业企业提供设计软件及信息化整体解决方案的设计、研发和技术服务。截至 2021 年尚品宅配在家居行业拥有 300 多家软件公司、1000 多人的网络公司、7500 多人生产供应链公司、两大营销团队,在北京、上海、广州、南京、佛山等全国重点城市范围内开设了 1000 多家体验门店。平台先后获评工信部智能制造试点示范企业、福布斯中国新制造先锋、商业模式金奖(商业评论)、美国《快公司》杂志中国创新公司 50 强、中国最佳创新公司 50 强等荣誉。

从运作机制来看,尚品宅配是国内较早将"定制"理念引入家居行业的品牌,以消费者需求为中心,实现消费者参与到家具设计中,为其提供全屋家具定制服务,免费提供整体家居设计方案,打造依托高科技创新性、实行"全屋家具、顾客化定制、数码云设计、大规模生产、店网一体化"五行合一的新商业模式。其中,在全屋家居方面,尚品宅配推出全屋家具定制服务,产品涵盖卧房、书房、儿童房、客厅、餐厅、新一代定制厨房等空间内的衣柜、橱柜、配套品、装饰品、家具百货等,同时满足单身贵族、二人世界、伴你童行、学业有成、家成业就、儿孙满堂等不同生活方式的需求。在个性化定制方面,尚品宅配会根据消费者的个人喜好、风格偏好和居住空间尺寸等需求,通过互动设计、上门量尺、灵活生产、配送和安装等一站式服务,满足用户的个性化需求。消费者可以直接与设计师沟通,参与产品设计过程,通过亲自参与确保产品完全符合自己的期望。这种按需定制的生产模式,不仅提升了消费者的满意度,也实现了产品的个性化和差异化,为消费者提供了更加贴心和专业的服务体验。在数码云设计方面,客户与设计师确定的设计图纸,由设计师通过"云设计平台"完成户型图的构建、产品的选择和风格的确定,形成最终的设计方案。客户确认最终设计方案后下订单,尚品宅配内部上传方案,通过"订单宝"生成订单,客户全额支付定制费用,进入生产制造环节。在大规模生产方面,尚品宅配总部收到订单后,依托智能制造软件,实现生产流程的实时变更,由信息指令指导最有效率的柔性生产方式,车间工人依据订单进行"傻瓜式"操作完成生产、智能入库和出库。通过柔性生产系统,尚品宅配的日生产能力提高近 10 倍,材料利用率提升到 90% 以上、出错率下降到 1% 以下、交货周期缩短到 10 天左右,打破了个性化定制与大规模生产之间的壁垒。在店网一体化方面,尚品宅配建立以"直营店+加盟店"的线下实体店与新居网运营的 O2O 互联网营销平台的线上渠道,线上营销和线下销售有机结合,打造闭环的营销网络、扩大客户的覆盖范围,有效地将线上消费者引流至实体店进行体验,实现企业业务规模快速发展[7]。

尚品宅配平台具有三大特征。一是全流程数据管理。尚品宅配打造"全屋家具、顾客化定制、数码云设计、大规模生产、店网一体化"五行合一的新商业模式,以大数据及云计算能力,赋能家具产品设计、生产能力协调、柔性化生产、上门配送等全流程服务,加快交货周期和流程。二是新商业模式引领。针对行业集中度低、家具的匹配性差、生产周期长、家居消费者满意度低、响应速度慢等痛点，尚品宅配前瞻性地将"顾客未满足的需求"作为家具行业的"蓝海"，通过整合软件技术和家具行业的优势，创造了使顾客满意的"C2B＋O2O"商业模式。三是大规模柔性定制。公司通过使用自动化智能审单、拆单、排产、供应系统以及基于二维码的过程控制系统进行流程控制，并运用透明工厂 MES 系统 IoT 技术获取每个生产设备的状况，基于大数据和人工智能算法，实现生产资源与生产任务的动态匹配，最后通过电子开料锯、CNC 数控加工中心设备信息化改造技术来实现最终的生产。

4. 网易严选（供应链类）：构建反向定制的 C2M 模式

网易严选是网易旗下原创生活类自营电商品牌，于 2016 年 4 月正式上线，是国内较早采用 ODM（原始设计制造商）模式的电商。网易严选通过把握离散型客户的消费需求，挑选和采购一线国际品牌 ODM 制造商生产符合自身"生活美学"理念的定制化商品，剔除品牌溢价和中间环节，统一以网易严选自有品牌在严选自有平台和天猫、京东、拼多多等官方旗舰店销售高性价比的商品。目前，网易严选已覆盖了家居、服饰、食品、洗护等八大品类，通过直连制造商与消费者，全程把控工艺生产环节，为消费者提供高品质、高性价比的商品与服务。2019 年在 GDI 智库发布的《电商品牌 200 强（2019）》中，开拓品质零售市场的网易严选荣获国内精品电商第一名。

从运作机制来看，网易严选平台主要通过数据驱动反向定制、核心用户特征刻画和上游供应商群体选择等方式，在淘宝、京东、苏宁等传统电商巨头的重重包围下一举杀出重围，打造出国内知名精品电商品牌。在数据驱动反向定制方面，网易严选搭建平台集聚离散型消费需求，向上游的生产制造商输送用户偏好的品类、款式、设计等消费者大数据，然后制造商根据反馈信息设计生产出对应的产品。这一过程的关键核心在于充分利用大数据优势，帮助供应链更快速、灵活地感知市场，精简产销环节，实现效率提升、过程协同、优化管理，真正实现制造"零库存"。在核心用户特征刻画方面，网易严选的计划推荐团队通过大数据等技术洞察目标消费者群体的需求，将用户的具体属性（性别、收入水平、地域等）、用户在网易严选的行为属性（短期、长期）及时间上下文（季节、购买时间间隔等）作为属性标签，挖掘属性标签与商品的相关性，对有关联性强的商品进行精准推荐，提高消费者的选购率。在上游供应商群体选择方面，网易严选自建团队深入各个原材料的核心产区，从原料选择到设计、打样都与工厂保持密切沟通，选择产品品类最先进的工厂。随后，网易供应链及质检部门从工厂基本情况、技术专利情况、新品开发能力、生产流程管控能力、质量管理能力等维度，对工厂进行全面评估，来确定工厂是否符合产品生产条件。

网易严选平台具有三大特征。一是模式创新。网易严选首创自己的"严选模式"，以消费者为中心，从人到供应商到商品再到物流涉及整条完整的链条都进行了优化升级、严格把控，进而回归到为消费者提供更为优质的商品。二是溢价把控。所有商品售价遵循"成本价＋增值税＋邮费"规则，去掉了高昂的品牌溢价，挤掉了广告公关成本，摒弃了传统销售模式，使得价格回归理性，让消费者享受到物超所值的品质生活。三是构建社群。平台以大数据、云计算、人工智能等为代表的数字技术基于用户的年龄、学历、收入、性别等数据进行精准分析，刻画用户消费画像，构建追求同样的生活方式、有着同样消费理念的粉丝社群[8]。

5. 海尔 COSMOPlat（供应链类）：打造大规模定制互联工厂

海尔 COSMOPlat 工业互联网平台发布于 2016 年，是用户方和资源方全流程参与并实现共创共赢的大规模定制化制造平台。COSMOPlat 提出的"大规模定制"模式，首次将消费者需求纳入制造全流程，在创造用户最终所需价值的前提下，实现企业、用户、资源等各方共创共赢，最终达到效益最大化。目前，COSMOPlat 已为家电、电子、服装、化工、模具、智慧城市等 15 个垂直行业提供全场景工业互联网解决方案，连接着 3.3 亿用户和 4.3 万家企业，年交易额逾 4000 亿元，其用户全流程参与的大规模定制模式已在全球 25 个工业园和 122 个制造中心以及 15 个大互联工厂样板中落地实践。COSMOPlat 主导和参与了 30 多项国家标准和国际标准的制定，荣获美国"高德纳 2017 高科技制造创新者奖"、中国品牌节"工业互联网最佳生态品牌奖"，入选"世界智能制造十大科技进展"。

从运作机制来看，海尔 COSMOPlat 平台以用户体验为中心，打破产品制造与用户需求间的壁垒，让用户全流程参与需求交互、产品设计、生产制造等流程中，实现用户从消费者向设计者、生产者的角色转变，有效解决个性化需求与规模化生产之间的矛盾。在平台的全流程交互过程中，消费者作为需求方可通过平台提出产品需求与创意，设计、研发等创新服务方将用户需求进一步设计与改良，再通过生产企业的制造形成最终的产品。对用户来说，通过 COSMOPlat 对全流程所有资源的有效整合、互联互通，实时掌握每个单元节点的运作情况，确保用户个性化定制需求得到充分满足。对于创新服务方来说，过去由于缺乏与终端用户直接沟通的有效机制，向生产方单向输出的设计、研发等服务往往难以产品化，而现在基于海尔 COSMOPlat 平台庞大的用户群体和强大的资源整合能力，能够持续挖掘市场痛点和消费者需求，在用户共同参与下进行产品设计和持续改进。

COSMOPlat 平台具有三大特征。一是用户众创。以用户体验为中心的大规模定制模式将交互、设计、采购等模块进行社会化推广，让用户参与到产品设计、制作、物流等过程中，为用户提供个性化的定制体验。二是行业定制。为企业提供互联工厂建设、大规模定制、工业应用定制或交易等产品和解决方案，并优化供应链、打造互利共赢的行业生态。三是产业促进。通过工业互联网平台，将不同的行业、企业、软件资源、创新资源、设计资源等集中起来，有效建立起跨时空的链接网络，打造定制发展的产业促进服务平台。

6. 中企云链（综合服务类）：以数字化供应链金融缔造产融互联网

中企云链成立于 2015 年，是由中国中车联合 7 家央企、4 家金融机构、4 家地方国资和 6 家民营企业，经国务院国国有资产监督管理委员会批复成立的一家央国企混合所有制企业。

中企云链与多家金融机构和机构投资者合作，为产业链中的上下游企业提供全面的互联网金融信息服务。通过构建供应链链主企业、参与企业、银行等多方共同发展的产业互联网创新科技平台，激活大企业的优质信用资源，帮助产业链上的企业解决三角债问题，缓解了中小企业的融资压力。截至 2021 年，中企云链已帮助平台超 20 万家企业，清理产业链上三角债近 2.5 万亿元，并与银行一道助力中小微企业融资超 5000 亿元。中企云链先后获得 2020 新趋势·区块链科技金融峰会区块链金融科技领先 100 强、工商银行上海分行"最佳供应链合作平台"等荣誉，其开发的中企云链中间件获第八届中国供应链金融应用与创新年会"2020 供应链金融应用与创新案例"等多项荣誉。

从运作模式来看，中企云链所打造的是"N 个银行＋N 个核心公司＋N 个上下游公司"的在线"N＋N＋N"供应链金融平台模式[9]。在平台上,资金方可以获取更多资产方,资产方也可以快速匹配资金方,使每个企业都可以从中找到自己的获利点。中企云链依靠自身技术,充分利用金融科技,结合平台所开发的产品,为不同的银行定制专属的供应链金融服务。中企云链通过积累产业大数据,追踪分析由交易产生的物流、资金流、商流等信息,充分了解平台成员的交易行为,从而优化供应链金融服务。中企云链与全国性股份制银行、城商行、农商行等100余家银行实现了总对总对接,和全国各地超2000家分支行保持着高度密切的合作关系。通过综合的iABCD技术,中企云链与多家银行实现系统直连,切实提高企业融资可得性和获得感,让金融活水更好地渗透到产业链中,激发产业链活力。

中企云链具有三大特征。一是形成供应链金融服务生态。中企云链打造了企业确权产品、资本市场产品、金融科技产品、场景金额产品以及企业服务产品五大板块,18条产品线。实现了企业全生命周期多维金融服务需求的全覆盖。二是打破各个产业链条边界。从全产业链条角度进行资源整合和价值链优化,开启以产业为基础、以金额科技为动能的产融互联网大生态。三是供应链场景金融创新。充分依托和整合股东在供应链场景金融创新与区块链底层自主可控技术领域的优势和资源,以业务场景为驱动、以数据安全为基石,深度激活企业数据资产。中企云链结合场景为不同的机构定制专属的供应链金融服务,实现雄安信用支付服务平台、安徽移动和供应链金融平台和中车青岛供应链财资服务平台等各平台的落地。

参考文献

［1］　张佩璇.产业互联网的商业模式、管理和资本运营创新——以欧冶云商为例［J］.武汉工程职业技术
　　　学院学报,2021,33(01):29-32.
［2］　黄奇帆."双循环"新发展格局是强国之路的必然选择［J］.清华金融评论,2020(10):55-58.
［3］　闫德利.产业互联网的内涵、模式和兴起原因［J］.互联网天地,2019,(06):8-13.
［4］　张杰斐.我国工业互联网创新发展的趋势、挑战及建议［J］.通信世界,2022,(06):36-38.
［5］　狄前防,张明钟.破解工业互联网发展壁垒智造新工业革命发展利器［J］.经济,2019,(02):43-46.
［6］　孙领.本地化农村生态电商O2O平台模式浅析——以"汇通达"模式为例［J］.市场周刊(理论研究),
　　　2017(02):80-81,31.
［7］　荆浩,刘垭.尚品宅配:"互联网＋"的商业模式创新［J］.企业管理,2016,(02):107-109.
［8］　方韵诗.ODM模式下供应链管理探索——以网易严选为例［J］.现代经济信息,2019,(15):348＋350.
［9］　陈晨.中企云链公司供应链金融模式研究［D］.蚌埠:安徽财经大学,2020.

第2章

产业互联网相关理论

2.1 产业互联网相关理论概述

产业互联网在理论层面可被视为是传统产业学理论的一种延伸和拓展,依然强调产业组织结构的优化和产业竞争力的提升。与产业互联网相关的理论主要包括:

（1）经典产业学理论。经典产业学理论关注产业的组织、结构和发展,研究产业内部企业之间的相互作用以及产业与市场之间的关系。产业互联网是这一理论框架下的一种新型产业组织形式。

（2）产业链理论。产业链理论强调从原材料获取到最终产品生产和销售的整个流程,产业互联网通过整合上下游企业,实现信息共享和流程协同,从而缩短产业链条,降低成本,提高效率。

（3）产业集群理论。该理论认为地理上接近的、相互关联的企业群体能够形成协同效应,促进创新和经济增长。产业互联网平台可以作为集群内部企业交流和合作的媒介,加强集群内的联系,提升集群整体竞争力。

（4）网络经济理论与平台经济理论。该理论关注平台型企业如何通过构建多方参与的生态系统来创造价值。产业互联网平台正是基于这种理念,通过连接不同的产业参与者,促进资源共享和价值共创。

本章针对每类理论的概念、研究现状以及方法应用进行了总结。

2.2 经典产业学理论

2.2.1 概念

产业经济学是经济学中一个重要的分支,专注于研究产业的各种要素、结构、功能、性质以及其发展规律,它是部门经济学的一个范畴。产业经济学的核心研究对象是各种产业,涵盖了产业结构的形状、产业组织的构建、产业的发展轨迹、产业的地理布局以及产业政策的策略等关键领域。其主要目标是在以工业化为中心的经济增长中,探索各个产业之间的相互作用、产业内部公司组织结构的变化模式,以及在经济扩张过程中出现的各种内部均衡问题[51]。产业经济学通过对产业内部结构、行为和影响因素的分析研究,旨在深入理解不同产业的运作方式、市场机制,以及它们对整体经济的影响,为政策制定和经济发展提供理论支持。产业经济学试图解释和预测产业内部的经济行为,以及它们对整个经济系统的影响。这个领域的研究对于理解市场结构、企业行为和政府干预在经济中的作用至关重要[50]。

作为经济学的一个分支,产业经济学涉及多个重要概念和领域。产业经济学旨在探索商业领域和行业布局,深入分析市场中公司的多样性、规模和特性,以及它们在商业环境中的互动和竞争状况;重点研究各种市场构造(如垄断、寡头垄断、完全竞争)如何塑造市场行动和成果。

- 产业发展与变革,探究不同产业的发展历程、演变规律、技术创新和生产力提高对产业结构和效益的影响。
- 产业政策,研究政府如何通过政策干预和管理产业,以促进经济增长、提高产业竞争力、创新能力和发展速度。
- 市场绩效,关注市场对资源分配的效率性、市场机制对社会福利的影响以及市场运行的整体效果。产业链和供应链理论探讨不同产业和企业之间在供应链和价值链中的相互关系,以及供应商、制造商和分销商之间的合作与协调。
- 企业行为与策略,研究企业在不同市场环境下的行为模式,如定价策略、产品创新、市场进入和退出等,以及这些行为对市场结构和绩效的影响。
- 政府政策与干预,探讨政府如何通过反垄断法、产业政策、监管政策等手段影响和管理市场,以维护竞争环境、促进消费者利益和调节市场运行。

产业经济学致力于理解和解释不同产业内部的经济行为模式,研究产业之间的相互关系以及它们对整个经济系统的影响。这些概念和领域的研究为了解市场运作、制定政策和促进经济发展提供了理论基础。

产业经济学是一个学科领域,其核心是对产业的深入研究,致力于揭示科技创新、劳动力的动态分配、空间扩展以及经济效益等重要因素的内在联系和影响。该学科专注于研究产业内部的动态演变和特性,并借助计量经济学的技术手段和博弈论的分析框架等工具来解读经济数据。产业经济学的理论框架融合了多种力量的互动、均衡及非均衡的探讨等多个元素。它从哲学中汲取了对立统一的观念和辩证法的思维方式,同时吸纳了自然科学模型的关键理念。产业经济学的目标是搭建一个从微观层面到中观层面,再到宏观层面的知识架构和逻辑体系,以便深度研究产业发展的内部规则。它作为研究实体经济的重要学科,意图深入探讨实体经济与虚拟经济之间的联系。在这一观点中,虚拟经济被视作推动发展的引擎,而实体经济则是起支撑和稳定作用的轮胎。产业经济学认为,产业发展的趋势是由非均衡状态向均衡状态演变,其研究具有较高的预测性。

2.2.2 产业组织相关理论

产业组织理论是经济学中的一个重要分支,致力于研究市场内企业行为模式、市场结构的形成,以及这些因素对产业绩效和整体经济效率的影响。这一理论领域主要关注企业在市场中的运作方式,包括它们的组织形式、市场策略、竞争行为,以及市场机制的运行[38]。产业组织理论试图解释企业为何会选择特定的市场行为模式,为什么某些产业呈现出特定的结构,以及这些结构对经济绩效产生的影响。它关注企业之间的相互作用、市场结构的变化、垄断与竞争之间的平衡等问题,并提供了对产业结构、市场行为和市场绩效进行分析的框架。核心议题包括市场结构、企业行为和市场绩效的关系。市场结构研究不同市场类型对市场行为和绩效的影响,市场行为分析企业在市场中的策略选择和行动方式,市场绩效则是评估市场运行效率的指标,反映了资源配置的合理性,以及市场对社会总福利的贡献。产业组织理论的研究范围包括但不限于垄断、寡头垄断、完全竞争、企业竞争行为、市场进入与退出、反垄断政策等议题,以帮助理解企业在市场中的行为模式、市场运作规律,以及政府干预对产业的影响。产业组织理论通过分析不同市场结构下企业行为和市场绩效之间的关系,为理解和解释产业内部运作方式、市场竞争格局和政府干预提供了理论框架。该理论对于解释市场现象、指导政策制定和企业战略决策具有重要意义。

产业组织理论关注不同市场结构对市场行为和绩效的影响(常见的市场结构包括垄断、寡头垄断、完全竞争、垄断竞争等),研究分析这些市场结构如何影响企业的行为方式、市场效率以及消费者福利。市场结构是产业组织理论中的一个重要概念,它指的是市场中存在的各种不同类型的市场格局或市场竞争模式。不同的市场结构会对企业的行为方式、市场效率以及消费者福利产生不同程度的影响。在垄断市场中,只有一个卖方或少数几个卖方控制着整个市场,能够对产品价格和供给量施加较大的控制权。垄断者通常拥有巨大的市场份额,这可能导致较高的价格和较低的产出量。在这种结构下,消费者选择受到限制,但也可能存在一定程度的经济规模效应和创新动力。在寡头垄断市场中,市场被少数几家大型企业控制。这些企业之间相互竞争,但仍能够影响市场价格和供给。相比于垄断市场,寡头垄断市场存在更多竞争,但仍可能导致价格高于竞争性市场水平。完全竞争市场中存在大量的买家和卖家,产品是同质化的(即同类产品在市场上是相同的),企业不能通过改变产品价格来影响市场。在这种市场结构下,不存在单一企业或少数几家企业对市场价格的控制,市场价格由供求关系决定。垄断竞争市场中有多个企业提供差异化的产品或服务。虽然企业在某些方面具有一定的市场控制力,但整体上市场是竞争性的。在这种结构下,企业通过产品差异化、品质或品牌来吸引消费者,但它们不能对市场价格施加重大影响。不同市场结构下企业的定价行为、产品创新、市场进入与退出等行为方式不同,这些行为方式直接影响到市场效率和消费者福利。例如,在竞争性市场结构下,通常存在更多的产品创新和较低的价格,而垄断市场可能导致价格较高且创新较少。产业组织理论通过研究这些市场结构,探讨了这些结构对经济效率、企业行为以及市场绩效的影响。

产业组织理论研究企业在不同市场环境下的行为模式,包括定价策略、产品创新、广告宣传、市场进入与退出等。产业组织理论探讨企业如何竞争、合作以及对市场结构产生的影响。企业行为在产业组织理论中占据重要位置,它涵盖了企业在不同市场环境下的行为模式和策略。研究企业行为有助于了解企业如何在市场竞争中进行决策、应对竞争压力以及对市场结构的影响。不同市场结构下的企业可能采取不同的定价策略。在垄断市场中,垄断者通常能够通过定价控制来影响市场,可能会选择设定较高的价格。而在竞争性市场中,企业通常会根据市场供需关系制定价格,以尽可能获得更多的市场份额。企业在不同市场结构下会采取不同的产品创新策略。在竞争激烈的市场中,企业可能更倾向于不断进行产品创新,以区别于竞争对手,吸引消费者,提高市场份额。而在垄断或寡头垄断市场中,创新可能会相对较少,因为企业有较高的市场控制权,竞争压力较小。市场营销中,企业的广告宣传策略也会受到市场结构的影响。在垄断市场或垄断竞争市场中,企业可能会更多地投资于品牌宣传和营销活动,以提高产品认知度和塑造消费者印象。在竞争性市场中,企业可能更注重价格竞争和产品特性。企业在不同市场结构下的进入与退出决策也会有所不同。在完全竞争的市场中,新企业更容易进入市场,并且不断有新企业加入竞争。在垄断或寡头垄断市场中,由于进入门槛较高或市场已经被少数几家企业控制,企业的市场进入相对更为困难。此外,对于企业而言,退出市场可能是一个策略性选择,尤其在市场结构发生变化或经济条件恶化时。产业组织理论通过研究企业行为模式,探讨企业在不同市场环境下的竞争策略、合作方式以及对市场结构产生的影响。这有助于了解企业在竞争环境中的行为逻辑,为企业决策提供理论支持,同时也为政府监管和政策制定提供参考。

产业组织理论关注市场运行效率的评估指标,即市场对资源配置的合理性以及市场对社会总福利的贡献。研究分析市场绩效如何受到市场结构和企业行为的影响。市场绩效是指市场在资源配置和社会总福利方面的表现。它是评估市场运行效率的指标,反映了市场在资源分配、效率和整体社会福利方面的表现。这一概念在产业组织理论中具有重要意义,因为不同的市场结构和企业行为方式会直接影响市场的绩效表现。市场绩效的一个重要方面是市场是否能够有效配置资源。在一个有效率的市场中,资源(如劳动力、资本等)将被分配到它们的最佳用途,从而最大化生产率和效率。有效的市场应该能够提高整体社会的福利水平。通过提供高质量、合理价格的产品和服务,促进经济增长,提高人们的生活水平和幸福感,这是市场对社会总体贡献的一部分。市场结构(比如垄断、完全竞争等)会对市场绩效产生影响。垄断市场可能导致资源配置的不足和效率下降,而完全竞争市场通常能够更好地实现资源配置。同样,企业行为方式也会对市场绩效产生影响。例如,创新、效率提升和对消费者需求的积极回应可能会促进市场绩效的提升,而不当的定价、低质量产品等可能会降低市场的绩效。产业组织理论通过研究不同市场结构和企业行为对市场绩效的影响,试图解释市场运行的效率和社会福利的变化。这种分析有助于指导政策制定和市场监管,以促进更加有效、公平和有利于整体社会福利的市场运作。

产业组织理论探讨政府对市场的干预,如反垄断政策、产业政策、监管政策等,以维护竞争环境、促进消费者利益、调节市场运行。反垄断政策是政府为防止企业滥用垄断地位、维护市场竞争环境而采取的政策。它旨在保护消费者利益、促进公平竞争,防止垄断企业操纵市场价格、限制市场进入、削弱竞争等不良行为。产业政策是指政府通过采取措施来支持、促进或发展特定产业的政策,具体包括提供补贴、制定相关法规、鼓励技术创新和研发、支持产业升级和转型等措施。产业政策的目标是优化产业结构、促进经济增长和提高竞争力。政府通过监管政策来确保市场公平、透明、有序运行,具体包括制定监管规定和法规、监督市场交易和企业行为、确保信息透明度、防范市场操纵和欺诈行为等。监管政策旨在维护市场秩序,保护投资者和消费者权益。政府政策与干预在产业组织理论中被视为维护市场竞争环境、保护消费者利益以及调节市场运行的重要手段。这些政策的制定和实施涉及对市场结构、企业行为以及整体经济效率的评估,以确保市场能够有效运行、公平竞争,并为消费者和企业创造良好的营商环境。

产业组织理论研究企业在市场中的进入和退出策略,以及这些决策对市场结构和绩效产生的影响。企业进入市场是一个战略性决策。在不同市场结构下,企业进入的难易程度有所不同。在竞争激烈的市场中,市场准入门槛可能较低,新企业可能更容易进入,而在垄断或寡头垄断市场中,进入门槛可能较高,新企业进入相对困难。企业的进入可能会增加市场竞争程度,推动市场结构朝向竞争更加激烈的方向发展,促使企业提升效率、创新,提供更好的产品和服务。市场退出同样是企业战略中的重要决策。在市场竞争激烈、利润率低、企业无法与竞争对手有效竞争时,企业可能会选择退出市场。企业退出可能导致市场结构变化,尤其是在竞争激烈的市场中,退出的企业可能会减少市场竞争,从而影响市场绩效。此外,退出也可能导致资源重新配置,可能会影响其他企业和消费者。企业的进入和退出对市场结构和绩效将产生深远影响。新企业的进入可能增加市场竞争程度,促进市场效率和创新。然而,频繁的企业退出可能导致市场不稳定、资源配置不合理,影响市场绩效。同时,企业退出也可能为其他竞争对手提供机会,导致市场变得更为集中,增加了少数企业的市场份额,可能导致垄断或寡头垄断的形成。产业组织理论通过研究企业进入和退出市场的决策,以及这些决策对市场结构和绩效的影响,探讨了企业行为如何塑造市场竞争格局、影响市场效率,并且为政府政策制定提供了一定的理论指导。

产业组织理论的研究对象是在社会再生产过程中,特定地域或国家的产业组成以及资源在各产业间的配置。它关注的是产业进步的水平,即各个产业在整体经济中的比重,以及产业间的技术和经济联系,强调了各产业之间的相互依赖和互动模式。这个理论的渊源可追溯到 17 世纪,在经济学领域,产业结构的概念首次出现在 20 世纪 40 年代。可以从两个独立的视角来深入探索和理解产业结构。首先,从动态的角度,研究不同产业间的技术和经济联系如何随着时间的推移而演变。这种方法揭示了在经济增长的过程中,各个产业的替代模式,即在整个国民经济中,起主导或支柱作用的产业如何不断变化,以及这种变化所带来的效益。其次,从静态的角度,分析在特定的时间段内,各个产业间的技术和经济数量的比例关系。这种方法可以帮助更好地理解在特定时期,各个产业间的相对重要性。这两个视角都是理解产业结构的重要途径,可以帮助更好地理解经济发展的过程和规律[1]。

产业组织理论的核心在于深度探索产业结构的演变及其对经济增长的影响。该理论的关注点是在经济发展过程中,各个产业在资源占有上的变化,以及产业结构的分层演进,为产业结构的规划和优化提供理论基础。其研究领域包括深入研究影响产业结构的各种因素,解析产业结构变化的规律,探索产业结构的优化,研究战略产业的选择和产业结构政策的制定,以及深度研究产业结构规划和调整的实际应用[2]。

产业结构的变迁与经济增长之间存在内在的紧密关联。产业结构的快速变化通常伴随着经济总量的高速增长;反之亦然。科技的飞速发展使得其与经济增长之间的内在联系更加明显。社会分工的精细化推动了产业部门的扩大,同时也使得资本、劳动力和商品等生产要素在产业间的流动变得复杂。这些生产要素的流动对经济增长产生了深远影响,引发了众多专家学者的研究热情。他们开始深入探索各个产业间生产要素的变化及其与经济扩张的内在关系。他们意识到,虽然大规模的资本和劳动力是推动经济增长的关键因素,但并非唯一的决定因素。这是因为这些要素产生的效益在很大程度上取决于各个部门的技术能力和结构状况。各个产业部门对技术的接受程度常有显著差异,这直接影响了各部门的投入产出效率[3]。

在经济增长的传统观念中,主要的推动力是资本的积聚、劳动力的扩张以及技术的革新,这些因素在长期中影响着经济的总体增长。在这个理论中,需求的变动和资源在不同产业间的流动被视为是次要的,因为无论在哪个部门,资本和劳动的边际收益都被认为是大致一致的。因此,这个理论并未考虑到结构因素对经济增长的影响。然而,结构主义者对经济增长的看法不同。他们认为,生产结构的改变应当与需求结构的变化相适应,资本和劳动应当从生产效率较低的部门转向生产效率较高的部门,这样才能加速经济的增长。结构主义者并不强调资源配置的最优化,而是认为在不同的部门中,资本和劳动的使用会带来系统性的不同效益。因此,他们并未追求最优化,而是寻找次优的解决方案。这是他们的核心观点[15]。

产业结构的变迁可以划分为 4 个阶段:前工业化、工业化初期、工业化高峰和后工业化。在前工业化阶段,第一产业在国民经济中的份额逐步下滑,地位日益降低;与此同时,第二产业快速崛起,工业的焦点从轻工业逐渐转向基础工业,成为经济的主力军;尽管第三产业有所发展,但其在国民经济中的占比相对较小。进入工业化初期,工业的核心由基础工业向高加工工业转移,第二产业继续保持主导地位,而第三产业开始逐渐显现其重要性。随着工业化的深入推进,到了工业化高峰阶段,第二产业在三大产业中的比重占据了主导,甚至达到了绝对主导。最后,在后工业化阶段,产业的知识化成为了主要的特征。这样的产业结构发展路径体现了从低级到高级,内部逐步向高度内涵化的发展趋势[9]。

产业结构的发展可以概括为以下几个阶段:以农业为主、以轻工业为主、以原料工业和能源工业为中心的基础工业为主、以低级加工工业为主、以高级加工组装工业为主、以第三产业为主以及以信息产业为主。这个发展过程是从第一产业为主导,过渡到第二产业为主导,最后到第三产业为主导。虽然各个阶段之间存在着明显的差异,但是每个阶段的发展速度都可以加快。从发展的角度来看,每一个阶段的产业发展都是建立在前一个阶段产业充分发展的基础之上[17]。只有当第一产业的劳动生产率得到充分提升,第二产业的轻工业才能得到适当的发展;而第二产业的发展则是建立在第一产业劳动生产率大幅度提升的基础之上。基础工业的加工组装型发展依赖于原料、能源等基础工业的发展。同样,只有当第二产业快速发展,第三产业的发展才能有成熟的条件和坚实的基础。产业结构的超前发展可以推动经济的快速发展,但有时也可能带来一些问题和影响[10]。

产业关联理论旨在解释和研究不同产业之间的相互关系和相互依赖性。这一理论主要关注产业之间相互联系的方式、程度以及这些联系如何影响整个经济系统。产业关联理论探讨了不同产业之间相互依赖的各种形式和影响。产业关联理论关注各个产业之间的供应链联系,即一个产业的输出作为另一个产业的输入。这种供应链关系使得一个产业的发展和运作直接依赖于其他产业提供的产品、材料或服务。价值链表示一个产品或服务从原材料生产到最终消费者手中的全过程。产业关联理论研究各个产业在价值链上的位置以及彼此之间如何协同合作,提供给最终消费者所需的产品或服务[30]。产业关联理论考察不同产业之间的技术交流和共享。一些产业可能会共享相似的技术、工艺或者研发成果,这种技术交流有助于各个产业间相互学习和进步。产业关联理论关注不同产业之间的市场需求和消费关系。某个产业的产品成功或失败可能会直接或间接地影响其他相关产业的市场需求和发展。产业关联理论也研究政策、法规和经济环境的改变对产业间相互依赖性的影响。政策变化或经济环境的波动可能会影响多个产业,进而改变产业之间的相互关系。产业关联理论强调不同产业之间的联系和互动,认为产业并不是孤立运作的,而是相互关联、相互影响的。这些相互关联和依赖关系对整个经济系统的稳定和发展具有重要影响。

产业间的相互依赖性是指不同产业之间相互关联、相互影响，并且彼此之间存在一种相互依赖的状态[20]。不同产业之间通过供应链和价值链相互依存。一个产业所生产的产品或服务可能会成为其他产业的输入、原材料或零部件。这种互相补充的供应链关系使得各个产业在生产和运作过程中相互依赖。产业之间可能共享相似的技术、工艺或知识。某个产业的技术创新和进步可能会对其他相关产业产生影响，提供新的解决方案或者改进。这种技术交流和共享也会促进产业之间的相互依赖[13]。不同产业的发展也取决于市场的需求和消费模式。某个产业的产品或服务的成功可能会影响其他相关产业的需求，而这些需求变化会影响到产业的生产和发展。政策、法规和经济环境的改变也可能对产业之间的相互依赖性产生影响。某个政策对某一产业的影响可能会扩散到其他产业，从而改变整个产业的发展格局[11]。产业间的相互依赖性意味着各个产业之间并非孤立存在，它们之间的联系和影响是相互交织的[12]。这种依赖性可能是直接的，例如，物质和技术层面上的关联，也可能是间接的，涉及市场、政策等方面的影响。产业关联理论关注供应链和价值链上的各个环节之间的相互关系[5]。这些关联不仅局限于竞争关系，还包括了合作、协同和资源共享等方面。产业关联理论还涉及产业集群的概念，即相关产业在某一地理区域内相对密集地聚集。集群内的企业相互依赖，共同发展，形成了一种相互支持和共享资源的关系[4]。产业间的关联不仅仅限于技术层面，也包括了经济联系和市场联系。不同产业之间的技术、市场和经济联系相互作用，影响着产业的发展和变化[6]。

产业布局理论是指研究和探讨产业在特定地域或空间内的组织结构和分布模式的理论体系。产业布局理论试图理解不同地域内产业的空间分布和相互关系，以便为区域经济规划、政策制定和产业发展提供理论指导和决策依据。

它关注产业在地理位置上的分布、集中程度、相互联系、空间结构以及对经济地理和区域经济发展的影响。产业布局理论关注在特定地理区域内不同产业的分布情况。它研究为何某些产业在特定区域内聚集，形成产业集群或产业链，而某些地区则缺乏或较少某类产业[8]。产业布局理论考察不同产业之间的空间关系和相互作用。它分析特定地域内产业布局对于相互之间的影响，以及不同产业在空间上的联系。产业布局理论试图解释为何特定地域内某些产业倾向于集中发展[14]。它考察可能影响产业集聚的因素，如资源、劳动力、技术、市场需求和政策等，以及这些因素如何相互作用。产业布局理论关注产业布局对地方经济发展的影响。它研究如何通过优化产业布局来促进区域经济发展，提高产业效率、创新和竞争力。产业布局理论也探讨政府政策和规划对产业布局的影响。它考察政策如何引导产业在某些地区集聚或分散，以及这些政策如何影响地区经济的均衡发展。

产业发展理论的核心是探索产业发展的各个阶段，包括诞生、成长、扩张和衰退淘汰，以及这些阶段需要的条件和环境。这种理论的研究有助于决策者根据产业发展的不同阶段制定相应的政策，并帮助企业制定相应的发展战略。新兴产业的诞生通常源于新的发明或创造，而这些新的发明和创造往往依赖于政府和企业对研究和开发的支持政策和战略。每个产业在不同的发展阶段都有其特定的发展规律，而处于同一发展阶段的不同产业也有其独特的发展规律。因此，深入研究产业发展的规律，可以增强产业的竞争力，更好地推动产业的发展，从而推动整个国民经济的发展[16]。

产业发展的规律性研究对于政策制定者和企业具有深远的影响。政策制定者可以根据产业在不同发展阶段的特征，制定出符合实际情况的产业政策；而企业则可以根据这些规律,制定出适应市场变化的发展战略。纵向的研究涉及产业政策的调研、制定、执行方式、效果评价、反馈和修订等环节;横向的研究则包括了产业发展政策、产业组织政策、产业结构政策、产业布局政策和产业技术政策等多个领域。此外,产业政策还可以根据其作用特性进行分类,包括秩序型产业政策和过程型产业政策。产业发展理论的研究,尤其是对产业发展规律的深入理解,对于政策制定者和企业来说都具有重要的指导作用。这种理论研究为我们理解和预测产业发展提供了重要的理论支持,有助于更好地推动产业的发展,从而推动整个国民经济的发展。产业发展理论还涵盖了发展周期、影响因素、产业转移、资源配置等问题的研究。这些研究为我们理解和预测产业发展提供了重要理论支持[34]。

2.2.3　方法与应用

下面介绍产业经济学是以微观经济学、博弈论、交易费用理论等为基础,以市场结构、市场行为和市场绩效为基本分析框架,以为国家的市场规制政策和法律制定提供建议为主要功能的应用经济学学科。

经济活动的实证研究(实证分析)与其应有的价值评估(规范分析)的深度融合,是实证分析和规范分析的核心体现。实证分析依赖于统计和计量分析工具,对经济行为的数据进行深度挖掘和量化研究,以揭示各种因素间的交互模式和数量关系。这种分析方式能够深化我们对经济现象的理解,并为决策过程提供科学支持。实证分析可以用来研究消费者的购买行为、企业的生产决策等。规范分析主要研究经济现象的规律和政策。例如,规范分析可以用来研究如何制定税收政策、如何进行社会福利分配等。在具体的经济学研究中,实证分析与规范分析往往是相结合的。例如,在研究税收政策时,首先需要通过实证分析来了解税收对经济活动的实际影响,然后再通过规范分析来提出如何制定更优的税收政策。因此,实证研究为规范研究提供了载体,规范研究为进一步的实证研究指明了方向。总的来说,实证分析与规范分析相结合的方法既注重对经济现象的实证研究,又强调对经济现象的规范研究,使得经济学研究既有实证性,又有规范性。

结构主义分析方法是一种重要的研究方法,它强调研究对象的内部结构和各部分之间的关系。在产业经济学中,结构主义分析方法主要关注以下几个方面:

(1)产业与产业之间的关系结构。这是研究不同产业之间如何相互影响,如何形成产业链和产业集群的重要方法[18]。通过分析产业与产业之间的关系结构,可以了解产业发展的趋势和动态,为产业政策制定提供理论依据。

(2)产业内各企业相互作用的关系结构。这是研究产业内部竞争和合作关系,以及企业如何影响产业发展的重要方法。通过分析产业内各企业相互作用的关系结构,可以了解企业的竞争策略和市场行为,为企业决策提供理论依据。

(3)由此结构出发研究整个产业的整体行为。这是研究产业的整体发展趋势,以及产业如何影响经济社会发展的重要方法。通过分析产业的整体行为,可以了解产业的发展规律和影响因素,为产业发展规划提供理论依据。

结构主义分析方法强调整体性和关联性,认为要理解一个事物,不能只看其表面现象,而要深入到其内部结构,分析其各部分之间的关系[29]。

案例分析方法是一种重要的研究方法,它通过对具体的实例进行深入研究,以揭示一般性的规律和原理。在产业组织理论的早期阶段,案例分析方法得到了广泛的应用,研究的主要对象是不同的产业部门。案例分析方法的主要步骤包括选择案例、收集数据、分析数据和撰写案例报告。选择案例时,研究者会根据研究目标和问题,选择具有代表性的产业或企业作为研究对象。数据收集可以通过多种方式进行,包括文献研究、访谈、观察等。数据分析则需要研究者运用相关理论和方法,对收集到的数据进行深入的分析和解读。在产业组织理论的研究中,案例分析方法主要用于研究产业的市场结构、市场行为和市场绩效。例如,研究者可能会选择烟草业或钢铁业作为案例,通过对这些产业的深入研究,来揭示垄断与竞争状态的具体表现和影响。案例分析方法的优点在于它能够提供丰富和详细的信息,有助于研究者深入理解研究对象的实际情况和内在规律。同时,通过对具体案例的研究,研究者也能够检验和发展理论,提出新的理论观点和研究假设。然而,案例分析方法也存在一些局限性。例如,由于案例研究通常只涉及少数的案例,因此其结果可能难以推广到更广泛的情境。此外,案例研究的结果也可能受到研究者主观性的影响。总的来说,案例分析方法是产业组织理论研究的重要工具,它能够帮助研究者深入理解产业的实际情况,揭示产业的内在规律,从而为产业政策制定和企业决策提供有价值的理论依据和实践指导。

计量分析方法是一种定量研究方法,它在产业经济学研究中被广泛应用。特别是在研究市场结构因素和企业组织结构的文献中,计量分析方法具有特别重要的意义。计量分析方法主要包括以下几个步骤:

(1)模型构建。首先,需要将需要分析的经济问题用数学函数进行刻画。这通常涉及对经济理论的理解和应用。

(2)数据收集。然后,根据模型的需求搜集分析所需的数据。这些数据可以来自于各种来源,如政府统计数据、企业财务报告等。

(3)数据分析。在对数据进行一系列检验的基础上,运用模型对数据进行回归运算。这通常涉及统计学和计量经济学的知识。

(4)结论得出。通过对数据的分析,可以得出关于经济问题的定量结论。这些结论可以为政策制定提供参考依据。

计量分析方法的主要优势在于其能够揭示各个因素之间的数量关系,从而在实证层面上证实相关理论的适用性。例如,通过计量分析,可以量化地了解到市场结构因素如何影响企业的生产决策,或者企业的组织结构如何影响其市场绩效。然而,计量分析方法也有其局限性。例如,它依赖于可用的数据质量和数量,如果数据不准确或不完整,那么得出的结论可能会有错误。此外,计量分析方法通常需要一定的统计学和计量经济学知识,对研究者的技能要求较高。总的来说,计量分析方法是产业经济学研究的重要工具,它能够帮助研究者深入理解产业的实际情况,揭示产业的内在规律,从而为产业政策制定和企业决策提供有价值的理论依据和实践指导。

博弈论是现代数学的新分支,也是经济学的标准分析工具之一。博弈论的基本概念包括以下几个方面:

(1)参与者。参与者也称为玩家,是在博弈中有决策权的实体。

(2)策略。策略是指导参与者行动的方案或计划。

(3)收益。收益是博弈结束时的结果,通常以数值形式表示。

(4)均衡。均衡是一种稳定的博弈结果,即在这种结果下,任何一个参与者改变策略都不会使自己的收益增加。

在产业经济学中,博弈论被广泛应用于研究市场结构、市场行为和市场绩效。例如,通过博弈论可以量化地了解到市场结构因素如何影响企业的生产决策,或者企业的组织结构如何影响其市场绩效。博弈论的研究方法主要包括以下几个步骤:

(1) 模型构建。首先,需要将需要分析的经济问题用数学函数进行刻画。这通常涉及对经济理论的理解和应用。

(2) 策略选择。然后,根据模型的需求,参与者选择最优的策略。这通常涉及对策略空间的理解和优化。

(3) 均衡分析。在对策略进行选择的基础上,分析博弈的均衡状态。这通常涉及对均衡概念的理解和求解。

(4) 结果解释。通过对均衡的分析,可以得出关于经济问题的定量结论。这些结论可以为政策制定提供参考依据。

总的来说,博弈论提供了一种强大的工具,可以帮助理解和分析经济现象,特别是那些涉及策略性互动和竞争的问题。通过博弈论可以更深入地理解市场的运行机制,从而为经济决策提供有价值的理论依据和实践指导。

产业经济学的应用场景非常广泛,主要包括以下几个方面。产业经济学可以帮助企业理解市场结构、市场行为和市场绩效,从而做出更好的战略决策。

(1) 理解市场结构。市场结构是指市场中的竞争条件,包括市场中的企业数量、产品的差异化程度、市场的进入和退出难易程度等。通过理解市场结构,企业可以更好地了解市场环境,从而制定适应市场环境的经营策略。

(2) 理解市场行为。市场行为是指企业在市场中的实际行动,包括价格策略、产品策略、营销策略等。通过理解市场行为,企业可以更好地了解市场动态,从而制定适应市场变化的经营策略。

(3) 理解市场绩效。市场绩效是指市场运行的结果,包括企业的利润、市场的效率、消费者的福利等。通过理解市场绩效,企业可以更好地了解市场运行状况,从而制定适应市场运行状况的经营策略。

总的来说,产业经济学可以帮助企业更好地理解市场环境,从而做出更好的战略决策。例如,企业可以根据市场结构来选择合适的市场定位,根据市场行为来制定合适的市场策略,根据市场绩效来评估和调整经营策略。这些都有助于企业提高竞争力,实现可持续发展。

产业经济学可以为政府制定国民经济发展战略、产业政策提供经济理论依据。产业经济学研究了产业的关联、运作和发展规律,这为政府制定国民经济发展战略、产业政策提供了重要的理论依据。例如,政府可以根据产业经济学的理论,来确定哪些产业应该得到优先发展,哪些产业应该逐步退出。产业经济学的研究成果可以为政策制定提供指导。例如,政府可以参考产业经济学的研究成果,来制定产业政策,以促进产业的发展和升级。产业经济学的研究方法可以用来评估政策的效果。例如,政府可以使用产业经济学的理论和方法,来评估已经实施的产业政策的效果,以便进行政策的调整和优化。产业经济学的研究成果可以用来预测产业的发展趋势,这对于政府制定长期的产业发展战略具有重要的意义。

产业经济学的研究领域包括探讨影响产业分布的各种因素,研究产业分布与经济增长的相互关系,以及产业分布的基本规则等,这些研究为产业的理性分布提供了理论依据。影响产业布局的社会经济因素主要包括经济位势、人力资源禀赋、基础设施条件、市场因子及生态因素、政治军事因素等。这些因素在现代区位理论、区域比较优势理论和产业增长理论中都有所体现。此外,历史基础、市场条件、国家的政策、法律和产业布局与经济发展之间存在密切的关系。区域经济的进步和产业布局,不仅取决于产业的发展和产业结构的转型,同时也会促进产业结构的优化。产业结构的特征反映在各个部门间的比重上,而这种比重可以通过产业布局在某种程度上得以展现。从宏观角度来看,产业布局和产业结构是互补的,产业结构的整体基础在很大程度上受到产业分布的制约。

此外,产业结构的调整总的来说对优质发展的实现是有益的[19]。产业结构的提升和转型对经济增长有结构性的收益,能够促进绿色全要素生产率的提升,但可能会在一定程度上引起区域经济发展的差异化。产业布局的基本原则包括分工协作、地理适应性、效率至上、协同发展、可持续发展等。分工协作和地理适应性的原则突出了社会化大生产在广阔地域上进行劳动分工和合作的需求。效率至上和协同发展的原则强调了产业的空间发展过程往往先在某一地区集聚,然后再向其他地区扩展。可持续发展的原则强调了我们依赖的环境的承载力和自然资源都是有限的,其中许多资源是不可再生的。宏观调控、国内和国际的政治环境,以及价格和税收等因素都会对产业布局产生影响。

新兴产业研究是产业经济学的一个重要领域[39],其中人工智能经济研究是以经济学理论为基础,研究人工智能发展规律的一个典型例子。高科技创新型企业的发展和壮大,得益于应用场景建设的积极生态。这种生态环境通过提供尖端的技术创新设备、实用的技术试验验证场所以及庞大的产品应用市场,为企业的创新和创业行动提供了动力。

2.3 产业链理论

2.3.1 概念

产业链是指一个产品或服务从最初的原材料生产、加工制造,再到最终交付给消费者手中的整个生产和供应过程。它涉及从产品设计、原材料采购、生产制造、分销流通,直至最终消费者使用和售后服务的一系列环节、参与者和活动。产业链可以描述为一条从上游到下游的完整链条,展现了这些环节之间的相互关系、依赖和互动[40]。

产业链通常被分为上下游环节。上游环节包括原材料采集、初级加工等,下游环节则包括产品的制造、销售和最终消费。每个环节都是一个关键的组成部分,它们之间的协作与合作对整个产业链的运作至关重要。产业链上的每个环节都可以为产品或服务的增值作出贡献,从而实现价值的传递[44]。这一价值创造的过程可能涉及技术创新、生产效率的提高、质量控制等方面。产业链的顺畅运作和协调与供需关系密切相关。供应商提供原材料和部件,生产商加工制造产品,分销商将产品推向市场,而最终消费者则构成了需求侧的重要一环。随着全球化的发展,产业链已经不再局限于单一国家或地区。跨国公司、全球供应链和全球市场的形成使得产业链变得更加复杂和跨界,涉及不同国家和地区之间的协作与合作。技术和创新对产业链的发展至关重要。新技术的应用可能改变产业链的结构和运作方式,从而提高效率、降低成本,并为产业链的发展带来新的机遇。产业链的全过程涉及多个环节和参与者,展现了这些环节之间的协作和依赖关系。这一概念性模型有助于深入理解产品或服务从初始阶段到最终消费的全过程,并且为企业的战略规划、供应链管理、市场营销等提供了重要的理论指导。

产业链、价值链、供应链三者相互联系,具有本质上的共同点又互有区别。主要反映在研究范围、研究重点、研究角度、主要目标、链条形态、运行规律等方面。产业链是指由有供需关系的行业组成的一个逻辑的供需链。产业链的定义与供应链的定义类似,只是产业链由行业组成,供应链由企业组成[45]。例如汽车产业链,汽车有多个零部件,如车窗、轮胎、发动机、传动轴、车座椅等,这些都可形成单独的产业,与生产汽车相关的产业所形成的逻辑关系和空间布局关系,就是该汽车的产业链。价值链是指由企业各种价值活动构成的价值链条。价值链的概念由迈克尔·波特首次提出,主要应用于垂直整合的公司,以强调企业的竞争优势。企业价值的产生源自一系列活动,包括基本活动和辅助活动。基本活动包括内部后勤、生产作业、外部后勤、市场和销售、服务等;辅助活动则涵盖采购、技术开发、人力资源管理和企业基础设施等[35]。

供应链以主导企业为核心,从配套部件的制造开始,经过中间产品的生产,形成最终产品,然后通过销售网络将产品送到消费者手中,形成了一个将供应商、制造商、分销商到最终消费者连接成一个整体的功能网络。供应链、产业链和价值链都是链状结构,但它们的组成元素和重点各不相同。供应链的组成元素是企业,它从最上游的原材料供应商开始,经过中游的部件供应商和品牌商,再到销售渠道,最后到达最终消费者。而产业链的组成元素是行业,行业由企业组成。供应链和产业链的共同点在于它们都是链状的,但最大的区别在于组成元素的粒度:供应链的组成元素是企业,而产业链的组成元素是行业。价值链也是链状的,但它强调的是每个环节都要创造价值[36]。

产业链具有多个特征,这些特征涵盖了产业链所包含的环节、参与者以及其运作方式。

1. 多环节性

多环节性指产品或服务从最初的原材料采集到最终消费者使用的全过程,它包含了多个相互关联、依赖的环节。每个环节都对产品或服务的生产、传输和价值创造发挥着关键作用,共同构成了完整的产业链系统。产业链的起始点是原材料采集。这可能涉及自然资源的开采、农业生产、林业、矿业等活动。原材料是产品或服务的基础,是产业链的起源。在原材料采集之后,通常需要进行初级加工和处理,以使其变为更具价值的中间产品。这个阶段可能包括清洗、筛选、精炼、加工等过程。初级加工后的中间产品或部件被送往生产制造环节。这个环节涉及各种工业和生产过程,可能包括装配、加工、制造、装运等流程。生产制造完成的产品进入分销和流通环节。这可能包括批发商、零售商、经销商、物流公司等参与者,他们负责产品的储存、运输、包装和分销。产品通过市场营销和销售活动进入最终消费者的视野。市场调研、品牌推广、广告宣传、销售渠道的管理等活动是此环节的关键。产业链的终点是产品或服务到达最终消费者手中。这可能涉及个人消费、企业采购或其他使用方式,即产品或服务的最终使用阶段。每个环节都是产业链中的关键节点,相互依赖、相互关联。其中,每个环节的效率、质量、技术水平和协作方式都直接影响着整个产业链的运作效率和产品或服务的最终质量。而且,每个环节都承担着为下一个环节提供所需产品或服务的责任,由此形成了一个相互依存的体系。通过这些环节的有序连接和协作,产品或服务得以从最初的原材料转化为最终的消费产品或服务,同时也实现了价值的逐步增加。这种多环节性使得产业链成为一个复杂而又高效的生产和供应系统。

2. 协同性和相互依赖性

产业链各个环节之间具有相互关联、相互依赖的特性。这些环节之间的协作和协同对于产业链的高效运转至关重要。产业链中的各个环节是相互关联的。在产品或服务的生产过程中,一个环节的产出通常作为下一个环节的输入。例如,生产制造环节需要中间产品或部件,而分销环节需要成品,各个环节之间形成了物质、信息、资金等方面的联系。各个环节在产业链中相互依赖。每个环节的效率和质量直接影响着下一个环节的顺利进行。如果某个环节出现问题或效率低下,则可能导致整个产业链的运作受阻或出现延误。产业链的高效运作需要各个环节之间的协同合作。当各环节协同良好,信息流通畅,协作无障碍时,产业链能够更高效地运转。有效的协同和合作可提高整个链条的效率和质量水平。协同性和相互依赖性也涉及信息共享。产业链中各个环节之间需要有效的信息交流和共享,以便及时传递和获取所需的信息,协助决策、协调和改进生产环节。一个环节的质量问题可能会影响到下游环节。因此,质量控制在整个产业链中至关重要。通过严格控制和保障每个环节的质量,可以确保最终产品或服务的质量。供应链管理涉及各环节的物流、库存、订单管理等,以保证整个产业链的畅通运作。供应链管理的有效性也是协同性和相互依赖性的体现。在产业链的运作中,各个环节之间需要合作。这种协作不仅体现在物流和生产流程上,还涉及技术创新、市场开拓等方面的合作。产业链中协同性和相互依赖性的存在,要求各个环节之间加强沟通与协作,建立良好的合作关系。只有确保各环节协同高效运作,才能保证产业链的整体稳定性和效率,实现产品或服务的顺利生产和传递。

3. 全球化和跨界性

产业链的范围不再局限于单一国家或地区,而是跨越了国界和行业的限制,形成了跨国、跨区域、跨行业的全球化产业链网络。全球化使得世界各地的市场变得更加联系紧密。产业链不再局限于单一国家的市场,而是能够在全球范围内进行生产、流通和销售。企业可以通过跨境贸易、国际投资和全球供应链等方式融入全球市场。全球化使得跨国企业在多个国家建立生产基地、分销网络和供应链系统。这些企业通过跨国合作、跨境投资和全球资源整合,构建了跨国界的产业链结构。全球化促使企业整合全球范围内的资源。原材料、技术、人力资源等因素可以从不同国家和地区获取,帮助企业提高效率和降低成本。全球化产业链促进了国际分工和合作。不同国家和地区参与产业链中的不同环节,根据各自的优势开展特定的生产加工活动,形成了多元化的国际产业分工体系。全球化产业链不再受限于特定行业的范畴,而是实现了跨行业的整合。不同行业的企业可以在产业链中相互合作,协同完成产品或服务的生产和分销。全球化使得国际贸易和全球供应链更加发达。产品或服务的生产和供应涉及全球范围内的不同环节,涉及跨国运输、货物流通等多个领域。全球化促进了技术和信息的全球传播。新技术的快速传播使得生产方法、管理模式、市场信息等在全球范围内更容易获取和共享。全球化和跨界性对产业链带来了新的机遇和挑战。它拓展了企业的发展空间,使得企业能够更充分地利用全球资源、市场和技术优势。然而,全球化也带来了管理、竞争、风险等方面的挑战,需要企业在全球化背景下更具战略眼光和应对能力。

4. 合作与竞争

在产业链中,合作与竞争是共存的重要特征。这两者相辅相成,共同推动着整个产业链的发展和演进。合作是产业链中不同环节之间相互支持、相互协作的基础。各个环节之间需要合作共赢,互相提供支持与帮助,以确保产业链的顺畅运作。合作包括供应商和制造商之间的合作、不同企业之间的合作,以及内部各部门之间的合作等。各个环节之间的协同作用能够提高整个产业链的效率和质量。这种协同涉及信息共享、技术交流、资源整合等方面,以促进生产流程的协调和优化。合作有助于创新和发展。不同企业或环节间的合作可能会带来新的想法、技术和解决方案,推动产业链的创新发展,提高整个产业链的竞争力。合作可以带来资源共享。各环节可以共享信息、技术、市场渠道等资源,从而降低整个产业链的成本,并提高效率。竞争在产业链中也是常见的。不同企业或环节之间会因为市场份额、技术优势、成本优势等而展开竞争。竞争促使各方努力提升自身的竞争力,推动产业链不断向前发展。竞争鼓励企业进行创新,包括产品创新、技术创新、市场创新等。竞争有助于提高产品质量、降低成本,并推动整个产业链的发展。各环节之间也可能存在市场份额和品牌竞争。企业希望在市场上获得更大的份额,因此会通过价格竞争、品牌营销等手段来争夺市场份额。产业链中的合作和竞争是需要平衡的。合作能够促进共同发展,但竞争也是创新和进步的推动力。良好的合作与竞争平衡是产业链发展的关键。因此,在产业链中,合作与竞争不是对立的,而是相辅相成的。企业和环节间需要在合作中寻求共同利益,在竞争中不断提升自身实力,从而共同推动整个产业链的发展。

5. 灵活性与适应性

产业链体系在面对市场需求、技术变革、新型竞争等因素时,具有做出相应的调整和改变以适应环境变化的能力。产业链需要灵活应对市场需求的变化。市场需求不断变化,可能因消费者偏好、经济环境、社会趋势等因素而发生变动。灵活的产业链可以调整产品类型、数量和质量,以满足不同的市场需求。技术变革对产业链影响巨大。新技术的出现和应用可能会改变生产方式、流程和产品结构。具备适应性的产业链可以快速吸收新技术,进行必要的改造和升级,以保持竞争力。全球化带来了更激烈的国际竞争。灵活的产业链需要适应全球化背景下的竞争压力,可能需要调整供应链、采购策略、营销方式等,以在国际市场中取得竞争优势。适应性意味着产业链可以灵活地调整供应链和生产过程。这可能涉及供应商选择、生产技术的改变、生产线调整等,以满足新的市场需求或适应新技术的应用。具备灵活性和适应性的产业链能够更快速地响应市场变化。它能够迅速调整产量、品种、质量要求等,以满足市场的需求变化,确保企业在市场中保持敏捷性。灵活的产业链有利于产品创新和市场开拓。它能够快速适应新产品的开发、推广和投放市场的需求,并迅速做出相应调整,以应对新产品市场反馈。产业链的灵活性也体现在管理和组织结构上。它需要适应不同的管理模式、组织架构和运营模式,以满足不同市场和环境下的需求。灵活性与适应性是产业链长期发展所需的关键特征。它们使得产业链能够适应不断变化的环境,保持竞争力,并为未来的挑战做好准备。通过灵活调整和适应变化,产业链可以更好地应对不确定性,并在竞争激烈的市场中保持稳健发展。

企业可以通过精细化管理各种流动性元素,如商业、业务、价值、资金和信息,来优化和提升其产业链。这种管理方式包括规划、组织、协调和控制,以实现需求平衡。有效的产业链管理能够缩短生产周期,提高产品和服务的质量,增强企业的整体灵活性,减少库存,使企业具有低消耗、高效率、高适应性的特点[23]。这种方式可以在产业内部实现企业间的专业化和分工合作。处于产业链中的企业,为了获得竞争优势,通常会将人力和资金集中在自己的核心业务上,而一般业务则可以通过利用外部资源或者业务外包的方式来完成。这种方式可以有效地实现从纵向管理模式向横向管理模式的转变。

为了满足管理需求和控制力度,企业一直沿用纵向集成的模式来处理与产品生产相关的各项活动和资源。这种模式涵盖了自我投资以扩大规模,参与供应商和销售商的股权,或者与提供原材料、半成品或零部件的企业建立所有权关系。在市场环境较为稳定的阶段,这种管理模式具有一定的优势。然而,在当前企业竞争加剧、产品生命周期不断缩短、全球市场变化不定的环境下,纵向集成的模式暴露出了许多问题。这使得企业的资源和精力被分散,无法专注于经营核心业务,从而降低了企业的核心竞争力。

近年来,企业管理模式经历了重大转变。纵向集成的模式逐渐被横向集成的模式所取代,这种新的管理模式强调利用外部资源以迅速适应市场需求。这种策略使企业在成本、质量等方面取得了竞争优势。此外,它还在供应商、制造商、分销商、零售商和企业之间建立了一个网络,实现了从提出企业物资需求到提供所需物资和服务的全过程。显然,这些企业必须同步并协调运行,以实现产业链上所有企业的双赢[24]。这种方式可以有效地增加整个产业链的价值。产业链组织的构建和运行机制是一种独特的管理模式。在这个模式中,各个业务环节的功能定位和需求决定了组织成员的选择。候选成员是否具有在相关业务环节上的核心竞争优势,是否能为整个组织带来有价值的资源和影响,这些都是选择成员的标准。如果成员在运行过程中未能按照组织的要求执行,影响了整个组织的价值实现,那么这个成员就可能被淘汰。这种机制可以有效地提升整个组织内的产业链价值,并降低风险。

2.3.2 研究现状

产业链理论是一种解释和描述产业内外部关联的理论,涉及从原材料供应到最终消费者的整个生产过程。它强调了不同环节之间的紧密联系,包括物流、信息流、价值流等,同时也关注竞争与合作关系,以及价值的创造和分配[25]。在产业链理论方面的研究中,目前学者们主要关注产业链的概念与内涵、结构与类型、构建与传导机制、运行与稳定机制、优化与整合等研究内容。产业链的研究主要体现在产业链的理论研究和实证研究两个方面。理论研究主要集中在产业链的定义、类别、机制、关系、优化以及区域性等多个方面。而实证应用研究则更关注于产业链在各个特定行业中的应用,如农业、能源、通信、文化产业、建筑业、高科技以及交通物流等领域[37]。

下面介绍产业链理论发展的主要历程。20世纪60年代初期,产业链理论逐渐形成并受到关注。在这个阶段,学者们开始关注产业内不同环节之间的关系和交互作用。学者们注意到,在一个企业内部的生产过程中,不同环节之间的紧密联系和相互依赖。这包括原材料供应、生产制造、产品分销等环节的相互关系,以及这些环节如何影响企业的运作和效率。学者们开始探讨供应链与市场需求之间的关系。他们开始意识到生产环节之间的联系对于满足市场需求、提供产品和服务至关重要。学者们关注生产过程中的流程管理和效率优化。他们开始研究如何优化生产流程、降低生产成本、提高生产效率,并提出了一些管理方法和技术。产业链理论在早期阶段主要是一些学术论文和研究成果的初步探索。学者们在论文和研究中开始提出有关供应链、生产流程、销售渠道等方面的观点和假设,但尚未形成完整的理论框架。总体而言,早期阶段的产业链理论是一种初步的概念性探索,学者们开始关注产业内部不同环节之间的联系和影响。这为后来更深入、更系统地探讨产业链关系奠定了基础。随着时间的推移和学术研究的深入,这些早期的研究成果为后续的产业链理论发展提供了重要的参考和启示[22]。

迈克尔·波特在1985年提出了价值链理论。这是一种管理和战略理论,旨在解释企业内部活动如何创造价值,以及如何通过优化活动来实现竞争优势。该理论强调了企业内部不同活动之间的相互关联,将企业视为一系列价值创造的活动链。价值链可以被划分为两个主要部分:核心活动和辅助活动。这些活动共同构建了企业的内部价值链,为企业创造并提升价值。核心活动涵盖了产品的全生命周期,包括产品的引入、生产、发货、市场推广以及售后服务。而辅助活动则包括了企业的基本架构、人力资源的管理、技术的研发等过程。每个活动都与其他活动相互关联。价值链中的每一个环节都会对最终产品或服务的价值创造产生影响。比如,产品设计的质量直接影响到产品制造成本、市场定价和客户满意度。波特认为,企业可以通过优化其价值链中的活动来实现竞争优势。竞争优势可能来自降低生产成本、创造独特的产品或服务、提供更好的客户服务等方面。优化价值链活动有助于企业降低成本、提高效率,同时也能够创造更高的附加值。价值链理论为企业提供了一种分析工具,帮助企业了解自己的核心竞争优势和劣势所在。通过对价值链的分析,企业可以识别出哪些活动环节对企业最为关键,并能够进行重点优化和改进。价值链理论与企业的战略规划密切相关。通过分析企业内部价值链的各个环节,企业可以制定相应的战略,例如,加强研发能力、改进生产工艺、提高营销效率等,从而在竞争中获得优势。价值链理论对企业战略规划和管理提供了重要的思路和框架,有助于企业更好地理解自身内部活动的价值创造过程,并且指导企业采取相应的措施以提升竞争力和市场地位[21]。

20世纪90年代以后,随着全球化的深入发展,学者们开始关注全球范围内不同国家和地区之间的产业链关系。全球价值链(GVC)理论是指格罗斯曼等学者提出的一种理论框架,用于解释和描述全球范围内不同国家和地区之间的产业链关系。该理论突出了全球范围内的分工合作和价值创造过程,强调了国际分工、全球供应链和跨国公司的作用。这个理论进一步强调了跨国公司、供应商网络和全球贸易的重要性。全球价值链理论强调了在全球范围内的跨国生产网络。这些网络由跨国公司、供应商、制造商和其他利益相关者组成,形成了复杂的生产和供应体系。GVC理论突出了不同国家和地区在全球产业链中的特定角色和地位。不同国家和地区参与全球价值链不同环节的工作,从而实现了国际分工的最优化。全球价值链理论关注价值在不同国家和地区之间的创造和转移。不同环节的生产、加工和服务活动为最终产品或服务的创造增加了价值,同时也涉及价值在全球范围内的转移和分配。GVC理论强调供应链管理和合作的重要性。跨国公司和其他利益相关者通过合作和协作来优化生产过程,以提高效率、降低成本,并适应全球化竞争的需要。全球价值链理论也涉及政府政策对全球产业链的影响。政府的政策、贸易政策、产业政策等都可能影响国际分工和全球价值链的构建。技术和信息通信技术的发展对全球价值链的发展和运作起到了至关重要的作用。创新的应用和技术的进步使得全球范围内的合作更为便利和高效。全球价值链理论强调了跨国生产网络和供应链管理对全球经济的重要性。该理论提供了一种视角,帮助人们更好地理解全球范围内不同国家和地区之间的产业链关系,对国际贸易、经济发展和全球化趋势具有重要的理论和实践意义。综上所述,产业链管理和网络理论强调了信息技术在产业链中的重要作用,以及数字化转型对于提高产业链效率和灵活性的重要性。这一理论框架可帮助企业更好地应对全球化竞争和变化,优化产业链,提高市场反应速度,实现更加高效的产业运作。

进入 21 世纪,随着信息技术的迅速发展,产业链管理和网络理论逐渐兴起。产业链管理和网络理论是在 21 世纪初兴起的理论框架,强调信息技术对于产业链整合、管理和合作的重要性。该理论阐述了信息技术在促进企业间合作、信息共享和资源整合方面的关键作用,从而实现更高效的产业链管理和运作。该理论强调信息技术对于产业链管理的关键作用。信息技术的迅速发展使得企业能够更加高效地管理和整合产业链上的各个环节,具体包括数字化管理、实时数据分析、信息共享等。产业链管理理论强调供应链的重要性。企业之间通过信息技术平台进行协作,优化供应链管理,提高生产效率、降低库存和运输成本,实现对市场的更快响应。企业利用信息技术实现资源整合和协同作业。通过共享信息、资源和技术,企业能够更好地协同工作,实现资源的最优利用,提高整体效率和竞争力。产业链管理理论也关注数字化转型和智能化管理。企业借助先进的信息技术,实现生产流程的数字化、自动化和智能化,提高生产效率和质量。该理论还强调企业间建立紧密的合作伙伴关系。企业通过构建网络化的协作关系,与供应商、合作伙伴和客户进行更加密切的合作,共同推动产业链的发展和升级。信息技术的应用有助于企业更好地管理风险,对供应链中的潜在问题进行预测和管理。同时,产业链管理理论也关注企业的可持续发展,着眼于环境、社会和经济可持续性的平衡发展。产业链相关的研究也快速发展,例如,芮明杰与刘明宇在综述产业组织理论、交易费用理论、企业能力理论关于产业链整合的研究成果的基础上,指出了传统理论的不足,认为在新的经济条件下,需要重新塑造产业链的整合方式[41]。这个理论将以 3 个核心元素为基础:演化的观察视角、知识的根本理解和以顾客价值为中心的导向。这些元素将构成了这个理论的基本逻辑框架。吴金明和邵昶讨论了产业链形成机制,产业链的外部模式主要有 4 种不同的形态:市场交易、一体化的纵向结构、接近市场的形式以及混合型产业链[42]。这 4 种形态,结合四维的对接和调控,构成了一个描述产业链形成过程的模型,称之为 4+4+4 模型。郁义鸿根据产品本身特性与技术条件对产业链类型进行划分[43],进而在此基础上建立起以产业链整体效率为对象的产业链效率评判基准。

当前,随着数字化转型和人工智能等新技术的不断应用,产业链理论正在经历新的变革。智能制造、物联网和大数据分析等技术被引入产业链管理中,以提高效率、降低成本并创造更多价值。在产业链理论的发展历程中,逐步从企业内部的价值链延伸到全球范围内的产业链关系,着重强调供应链管理、全球化趋势和信息技术的影响。当前,随着科技的不断进步,产业链理论也在不断演变,涵盖了数字化、智能化和可持续发展等新的概念和趋势。人工智能技术的应用使得生产制造更加智能化和自动化。机器学习、自动化机器人等技术被广泛应用于生产流程中,提高了生产效率和产品质量。物联网技术连接了设备、机器和传感器,实现了设备之间的互联互通。这使得设备能够自动收集数据、相互通信,实现生产流程的实时监控和管理。大数据的运用为企业提供了处理和解析大量数据的能力,从而挖掘出有用的知识和洞见。这些数据分析的结果使得企业能够做出更加精明的决策,改进生产过程和供应链的管理。这种新技术的引入,已经对供应链管理的方式产生了深远的影响。智能供应链管理包括实时库存追踪、需求预测、自动化订购等,提高了供应链的透明度和灵活性。数字化转型和智能产业链允许企业更好地满足个性化和定制化的市场需求。

生产能够更加灵活地调整以满足客户的特定需求。新技术的应用使得市场营销和客户服务更加智能化。通过数据分析和人工智能,企业能够更好地了解客户需求,并提供个性化的服务和产品。此外,智能产业链的发展也有助于推动经济可持续性的增长。通过改进资源的使用和生产过程,可以减少能源的使用和废物的排放,从而实现更加绿色和持久的生产方式。综上所述,数字化转型和智能产业链的出现改变了传统产业链的模式,使得企业能够更加智能、灵活地管理生产和供应链。这种变革提供了更多的机会,同时也带来了新的挑战,要求企业不断适应新技术、提升数字化能力,并与时俱进以保持竞争优势。

2.3.3　典型应用

　　5G＋工业互联网是指利用 5G 网络和工业互联网平台,实现工业设备、生产线、物流系统等的智能化、网络化和协同化,提高生产效率、质量和安全性,降低成本和资源消耗。5G＋工业互联网的应用场景涉及多个行业领域,如电子设备制造、装备制造、钢铁、采矿、电力等。其中,电子设备制造行业是第一批 5G＋工业互联网的重点行业之一,已形成协同研发设计、远程设备操控、设备协同作业等场景。5G＋工业互联网的应用模式主要涵盖设计的平台化、制造的智能化、协同的网络化、定制的个性化、延伸的服务化和管理的数字化等。其中,平台化设计是指通过构建统一的数据中心和应用平台,实现数据采集、分析和共享,支撑产品设计和开发;智能化制造是指通过引入人工智能技术,实现生产过程的自动化控制和优化调度;网络化协同是指通过建立多方参与的协作机制,实现生产资源的有效配置和利用;个性化定制是指通过利用大数据分析技术,实现产品或服务的精准定制和满足客户需求;服务化延伸是指通过提供增值服务或新型商业模式,实现产品或服务的附加价值;数字化管理是指通过运用数字技术手段,实现生产管理的信息化和智能化。

　　利用 5G、XR、区块链等技术,打造数字文物和文化艺术品展览与互动平台,提供元宇宙博物馆、元宇宙艺术馆等业务场景,搭建安全可靠授信的数字文化资产呈现和交易平台,打造 5G 数字文化园区。5G、XR、区块链等技术作为产业链的基础,为数字文化产业提供了必要的工具和平台。打造数字文物和文化艺术品展览与互动平台是产业链的一个重要环节,它通过整合各种技术和资源,为用户提供了一个可以浏览和互动的平台。提供元宇宙博物馆、元宇宙艺术馆等业务场景,这是产业链的另一个重要环节,它通过创新的业务模式,为用户提供了新的体验和服务。搭建安全可靠授信的数字文化资产呈现和交易平台是产业链的关键环节,它通过区块链等技术,为数字文化资产提供了一个安全可靠的交易平台。打造 5G 数字文化园区是产业链的最后一个环节,它通过整合所有的技术和服务,为用户提供了完整的数字文化体验。

　　民生高端装备是一个涵盖了多个领域的产业链,包括智能农业设备、纺织设备、食品设备和医疗设备。新一代的智能农业设备科技创新的目标是推动农业机械化和农业机械设备产业的快速转型和升级。这涉及运动控制、位置感知、机械手控制等关键技术的攻克,以及适应不同作物、不同作业环境的普适性机器人及专用机器人的开发。纺织业的未来将以智能和环保制造为核心,以解决新材料和工业纺织品生产设备领域的限制。这意味着纺织业将由劳动密集型、资源消耗型向技术密集型转变,由制造向创造、速度向质量、产品向品牌转变。食品设备的进步着重于灵活的自动化、一体化、全面化、系统化、敏捷化和智能化的发展。这包括推进机械化、自动化和智能化的同步发展,以及推进设备联网、生产环节数字化连接和供应链协同响应。医疗设备的进步强调基础和应用对标,目标是加速高端本土医疗设备的产业化。这意味着医疗设备产业的基础设施将得到提升,产业链的现代化水平将显著提高,主流医疗设备将基本实现有效供应,高端医疗设备的性能和质量将显著提高。

以上 4 个领域的发展都是产业链的典型应用,它们各自的发展都将推动整个产业链的进步。这些领域的发展不仅可以提高生产效率,还可以推动相关产业的转型升级,从而为社会经济的发展作出贡献。

数字时代供应链是一种新型的供应链管理方式,它利用先进的信息技术手段,通过改造传统供应链,实现供应链的可视化、网络化和数字化。构建实时、可信、一致、完整的数据底座,这是数字时代供应链的基础。数据底座是指通过统一管理数据资产,打通数据供应通道,确保数据完整一致共享,提供丰富的数据服务,保障数据安全可控。数据中台依托数据湖,构建跨行业、跨领域的完整数据资产体系,是企业数据模型的关键支撑。

(1)通过流程/IT 服务化改造,支撑业务能力的灵活编排。流程/IT 服务化改造是指将一些通用的、会被多个上层服务调用的模块独立拆分出来,形成一些共享的基础服务。这些被拆分出来的共享服务相对来说是比较独立的,并且可重用。这样可以极大地提升资源利用率,提高开发效率,实现业务能力的灵活编排。

(2)场景和算法赋能供应链智能化。这是数字时代供应链的核心。通过采用人机交互、物流机器人控制、定制反馈、需求预测和售后跟踪等核心技术,优化基于场景的智能供应链算法,构建一个智能、高效和协同的供应链系统。智能物流和供应链技术的大规模应用可提高产品库存的周转效率,降低物流成本。这是数字时代供应链在产业链中的典型应用。

航空产业链包括航空公司、飞机制造商、机场、在线售票平台、邮政公司、保险公司、租车公司等,他们共同提供航空服务,形成了完整的航空产业链。航空产业链是一个复杂的系统,涵盖了从飞机制造到旅客出行的各个环节。航空公司是航空产业链的核心,负责运营飞机,提供航空运输服务。智慧民航建设逐步深入,以 5G 为代表的新一代航空宽带通信技术在民航行业的覆盖面将更加广泛,不断推动构建智慧民航系统。飞机制造商负责设计和生产飞机。机场是航空公司运营的基地,提供飞机起降、旅客和货物的装卸等服务。除通过仪表盘、曲线图、柱状图、饼图等多种应用方式对航班架次、航班延误率、实际进港时间、实际出港时间等数据实时监控等功能外,还可以通过模型预测航班运行情况,提高对机位、廊桥和跑道的利用率,促进机场整体的运行效率。在线售票平台提供航空公司的航班信息查询和机票预订服务,方便旅客在线购票。数据分析可以有效地让航空公司的所有运营齿轮更顺畅,减少航班安排、行李丢失、延误、成本等方面的问题。邮政公司在航空产业链中主要负责提供航空货物运输服务。邮政公司发挥网络通达全球的优势,缩短市场拓展和组网周期,积极构建快递出海干线运输网,打通国际物流大动脉,畅通微循环。保险公司为航空公司提供飞机保险,为旅客提供旅行保险。租车公司为旅客提供机场接送和城市出行服务。这是产业链的典型应用,每个环节都在利用最新的技术和创新来提高效率和服务质量,推动整个航空产业的发展。

储能产业链是一个复杂的系统,包括传感器制造商、电池制造商和储能系统集成商等多个环节,各环节共同提供储能产品和服务,形成了完整的储能产业链。传感器的上游为各种原材料,包括芯片、电路、电源、不同类型的元件等;中游为各种类型的传感器,包括电容式气压传感器、红外气体传感器、图像传感器等;下游应用于消费电子、汽车电子、工业电子、通信电子等。传感器在储能产业链中的作用主要是检测和控制储能系统的运行状态,如电池的电压、电流、温度等参数。电池制造商主要负责生产储能电池,包括锂电池、钠离子电池、铅碳电池等。电池制造商的产品广泛应用于新能源汽车、储能系统等领域。电池制造商需要与上游的原材料供应商合作,获取电池生产所需的各种原材料,如正极材料、负极材料、电解液等。同时,电池制造商也需要与下游的储能系统集成商合作,将生产的电池组装成储能系统。储能系统集成商是专门从事储能系统集成,确保这些系统协同运作的企业。在储能行业中,储能系统集成商提供完整的电池储能系统。因此通常负责采购单个组件,主要是电池模块/机架、电源转换系统和其他设备;组装系统;提供全面保修;整合控制和能源管理系统;通常提供项目设计和工程专业知识;并提供运营、监控和维护服务。这3个环节共同构成了储能产业链,各成员承担着不同的角色,共同推动储能产业的发展。储能产业链的典型应用包括新能源汽车、风力发电站、光伏发电站、数据中心储能、储能充电站、家用储能、充电桩等。这些应用场景对储能系统的需求日益增长,推动了储能产业链的快速发展。

2.4 产业集群理论

2.4.1 概念

产业集群是指在某一地理区域内,多个相关联的企业和相关产业形成了一种相互依存、相互关联的经济体系。这些企业和产业之间存在着密切的联系和互动,在地理上相邻或集中分布,并且彼此之间通常具有一定的产业相关性。这种区域性的产业集聚现象促进了企业间的合作、竞争和共同发展。产业集群的形成是一个复杂的过程,涉及多种因素的相互作用。地理位置、交通便利性和资源分布对产业集群的形成至关重要。某些地理区域因其资源、交通或区位优势而更易形成特定产业集群[46]。彼此关联的产业倾向于集聚在一起。这种相关性可以是供应链上的相互依赖、共同的市场需求或技术共享等。产业集群通常聚集了大量的人才和技术,这有助于提高创新和生产效率。政府的支持和政策鼓励有助于促进产业集群的形成,具体包括提供基础设施、减税优惠、研发资金等。企业在集群中更容易进行知识交流和信息共享,这有助于加速技术创新和新产品的开发。具有相似文化和价值观念的企业更愿意在一起合作,形成稳定的社会网络有利于共同发展。产业集群的好处在于它们有助于提高整体竞争力,促进经济发展和创新。这些集群经常会形成产业链条,提高资源优化配置和效率,并且可以为所在地区创造更多的就业机会和经济增长[32]。

产业集群具有多种特征,这些特征有助于识别和理解产业集群在地理、经济和社会方面的表现。地理邻近性是指产业集群内的企业在地理位置上彼此接近或者集中在某一特定地区。这种地理上的集聚有利于形成产业集群,使得企业更容易进行资源和信息的交换,形成更为紧密的合作与互动。企业在地理上靠近意味着它们可以更便利地共享各种资源,例如,共同使用基础设施、原材料、劳动力等。这有助于降低生产成本,提高效率。邻近性促进了企业之间信息的流通和交流。企业更容易获取来自同行或相关产业的新技术、市场信息和行业动态,从而更快速地进行创新和调整策略。邻近的企业更容易形成供应链,可以建立更紧密的合作关系。这有助于提高生产效率,减少生产周期,并且更好地适应市场需求变化。邻近性能够促进技术创新和发展。企业之间的技术合作和知识交流更容易,有利于加速新技术的应用和发展。产业集群中企业的地理邻近性有助于形成集聚效应,促进产业发展。同时,因为彼此间的竞争与合作,这些企业也能够在技术、市场和创新方面形成竞争优势。地理邻近性对于产业集群的形成和发展具有重要意义,它能够为企业提供更便捷的资源获取和信息传递路径,加强企业间的合作与互动,有助于集群内企业提高竞争力和创新能力[47]。

产业相关性是指在产业集群中,企业之间存在着某种程度上的产业上联系和相互依赖。这种联系可能是由于企业间生产过程的相似性、技术的互通、共同的市场需求或者供应链上的相互依赖而形成的。相似的产业可能在技术方面有共同之处,因此在技术创新、研发和知识共享方面更有可能进行合作。这有助于集群内的企业更快速地采用新技术、推动创新,从而提高整个集群的竞争力。如果集群内企业面对相似或重叠的市场需求,他们可能更容易形成合作关系,共同开发产品或服务,满足市场的需求。这种合作有助于拓展市场份额,提高产品质量,并为企业带来更多的商业机会。集群内企业可能存在着供应链上的依赖关系,例如,某些企业可能是其他企业的主要供应商或客户。这种相互依赖关系促使企业之间更加紧密地合作,提高整个供应链的效率和稳定性[31]。相关性使得企业更容易共享资源和经验,具体包括共同利用生产设施、共享供应商和合作伙伴网络,以及分享最佳实践和经验教训。产业相关性有助于促进整个集群的协同发展。相似或互补的产业形成了一种有机的关联,使得集群内企业之间更有可能形成互助共赢的局面,共同应对市场竞争和挑战[48]。

产业集群在吸引和培养高素质人才以及促进先进技术发展方面发挥着重要作用。产业集群通常能够吸引大量高素质的人才,这些人才可能来自于相关产业,包括工程师、设计师、市场营销专家和研发人员等。他们的聚集为集群内部的技术交流、知识分享和合作提供了便利条件。高素质的人才集聚于产业集群中,可以促进知识的共享和交流。这种交流有助于激发创新和新想法的产生,推动企业在技术、产品和服务方面的进步。产业集群中聚集了丰富的人才资源和技术专长,这有助于提升整个集群的竞争力。高素质人才和先进技术的应用可以推动企业提高生产效率、产品质量和创新能力,从而提升整体产业水平。集群中企业通常能够共享最新的技术进展和研发成果,有利于降低研发成本并加速技术的传播和应用。这有助于提高企业的竞争力,带来更多的经济效益。产业集群中聚集了大量的高素质人才和技术资源,往往能够吸引更多的投资和人才加入,形成良性循环,进一步促进集群的发展。

在产业集群内部,竞争和合作是两个相辅相成的关键因素,对集群内企业的发展起着重要作用。集群内的企业在相互竞争中被激励不断提高效率和创新能力,以争夺市场份额和优势地位。竞争鼓励企业不断改进产品、服务和生产流程,以提供更优质的产品和更高效的生产方式,推动整个集群的发展进步。竞争驱使企业进行资源有效配置,将资源投入到最能创造价值和竞争力的领域,有助于提高整个产业集群的效率和竞争力。集群内企业可以通过合作共享资源,例如,共同利用供应链、研发设施和人才,以降低成本、提高效率。合作有助于企业之间分享经验和知识,促进创新和技术进步,提高整个集群的竞争力。合作能够加强集群内企业的地位,形成更大规模和更强力的联合体,提高整个集群的市场影响力和竞争优势。竞争和合作作为集群内部的动态因素,相互作用并共同推动着产业集群的发展。在竞争中,企业不断提高自身竞争力;而在合作中,企业共同应对挑战,共享资源,实现互利共赢,进而促进整个产业集群的持续发展[49]。

产业集群的形成和发展通常需要政府在背后提供支持和推动,这种支持是集群长期发展的重要因素之一。政府可能提供财政资金支持,以资助集群内企业的研发、创新和技术升级；或者通过补贴降低企业的运营成本，促进产业集群的竞争力提升。政府可通过税收优惠政策鼓励集群内企业的发展，例如，减免企业税收或提供税收抵免，以激励企业投入创新和扩大生产规模。为了支持产业集群，政府可能投资兴建相关基础设施，例如，交通、通信、能源设施等，以提供更好的生产环境和运营条件。政府可能提供技术支持，包括科技研发补贴、技术转移、专业培训等，帮助企业提升技术水平和创新能力。通过产业政策、规划和指导性文件，政府对产业集群的发展方向、重点领域和发展战略进行指导，促进集群的健康发展。政府可能推动国际合作与交流，以吸引外国投资、技术和市场，加强国际竞争力，促进产业集群的国际化。政府支持的方式多种多样，旨在为产业集群提供更加稳定和良好的发展环境，以加速产业集群的发展，并提高其整体竞争力[53]。

在产业集群中，知识交流和信息共享是关键因素，有助于促进技术创新、提高生产效率和提升整体产业水平。集群内企业间的知识交流为技术创新提供了机会。企业可能会共同探讨新技术、工艺和创新方法，分享最佳实践，并在技术研发方面进行合作。企业在产业集群中容易分享经验和教训。这种共享可以是关于市场趋势、供应链管理、生产效率和品质控制等方面的经验，有助于各企业借鉴和学习。产业集群内的人才流动性高，员工更容易跳槽到同行业的其他企业，这有助于知识交流和技能传承。这种人才流动也鼓励企业之间的合作，共同培养和发展人才。集群内部企业可以共同解决技术难题，减少重复犯错，加速学习曲线。这有助于提高整个集群的技术水平和竞争力。信息共享和知识交流有助于构建更紧密的合作关系。企业可能在研发、生产、市场营销等方面合作，形成更具竞争力的产业链条和价值链。集群内的信息共享也有助于行业标准的制定和推广，通过共同制定标准可以提高行业整体的品质和规范水平。总的来说，知识交流和信息共享是促进产业集群内企业相互合作和共同进步的关键因素，对于推动产业集群的创新和发展具有重要作用。

产业集群具备强大的创新能力和适应能力，这些能力使得它们能够在不断变化的市场环境中保持竞争优势和持续发展。集群内的密集互动和信息共享，促进了创新的生态系统的形成[26]。企业可以通过共享知识和资源，开展联合研发和创新项目，从而加速新技术、新产品或新流程的开发。产业集群中不同企业、不同行业之间的交叉影响和交流促进了技术的交叉应用。这种技术交叉应用有助于创新和新产品的开发。集群内企业之间的互动和信息共享使得它们更加灵活，能够更快速地调整生产和销售策略以适应市场变化。这种灵活性在面对市场需求或竞争压力时尤为重要。产业集群内的企业共享资源，包括专业人才、设施和设备等。这种资源共享促进了更高效的创新，避免了资源浪费和重复投资。产业集群与大学、研究机构等合作更加密切。这种合作关系有助于创新的推动，使得研究成果更快速地转化为商业应用。集群内的企业面临着共同的市场挑战和竞争压力，这种压力促使它们更加注重创新和持续改进，以保持竞争优势。综上所述，产业集群拥有强大的创新和适应能力，这些能力使得集群内的企业更加具备应对市场变化和技术发展的能力，从而保持竞争力并推动整个集群的发展[54]。

产业集群与外部环境的联系是其成功发展和持续增长的重要因素之一。不同的产业集群之间可能存在着一定的联系和合作关系。这种联系可能是共享资源、技术交流、市场合作等形式，有时也可能是竞争关系，但合作更为常见。通过与其他集群的互动，产业集群能够获取新的想法、技术、市场机会等。产业集群通常与国际市场有着密切联系，可能是直接的出口贸易或是与国外企业的合作。这有助于吸引外国投资、拓展市场、获取国际资源，并为集群内企业提供更广阔的发展空间。一些产业集群可能参与到全球供应链中,作为供应商或合作伙伴,与其他国家或地区的企业建立起长期的供应链关系,共同完成产品的生产和分销[33]。产业集群内的企业可能与国际上的企业、研究机构或大学进行技术交流和合作[28]。这种合作可能涉及共同的研发项目、技术转让或专利许可等方面。有些产业集群可能涉足跨境合作项目,得到不同国家政府间合作支持,例如,跨境经济区域合作、自由贸易协定等。这些外部联系为产业集群提供了更多的发展机会和资源,加强了其在全球范围内的竞争力,并有助于推动集群内部企业的创新和发展。

2.4.2　研究现状

20世纪50年代和60年代初期,美国经济学家阿尔弗雷德提出了集聚经济的概念,这一概念强调了企业在某一区域内集中会带来成本和效率的优势。马歇尔在他的经典著作《工业经济学原理》中首次提及了产业集群的概念,阿尔弗雷德指出,企业在相近的地理位置集中存在可能会带来效率和成本优势,因为这有利于资源和信息的共享、技术创新以及劳动力和资本的流动。马歇尔强调了相互依赖的企业在地理上靠近所带来的潜在益处。企业之间的地理邻近有助于加强交流、协作和资源共享,促进技术创新和生产效率的提升。马歇尔认为,集中在一起的企业可以更容易地分享技术、经验和信息,进而加速技术创新,提升生产效率和质量。

20世纪80年代至90年代初,迈克尔·波特对集群理论进行了深入探讨和发展。他的贡献强调了集群在企业竞争中的重要性,并提出了竞争优势的概念。迈克尔·波特强调了竞争优势对企业的重要性。他认为,集群内部的相互关联、合作与竞争环境之间的关系对于企业的竞争地位至关重要。波特指出,一个集群内的企业可以通过相互合作、资源共享和竞争来提升整体竞争优势,从而更好地适应市场需求。波特强调了集群内部因素对企业竞争力的影响。他关注集群内部企业之间的相互作用,认为这种相互作用可以促进创新、提高效率,并使企业能够更好地适应不断变化的市场环境。波特认为,集群所处的竞争环境对于企业竞争优势至关重要。他指出,集群所在的地理位置、产业结构以及相关产业之间的协同作用都会对企业竞争地位产生影响。这些观点对后续产业集群理论的发展和实践应用产生了深远影响,为人们更好地理解和应用产业集群理论提供了重要的指导。

在20世纪90年代后期至21世纪,学者们开始将产业集群理论与创新、技术、区域发展等相关理论相结合,形成了更为全面和深入的理论框架。他们开始关注集群内部的知识创新、技术传播,以及政府政策对集群发展的影响等方面,并试图解释和预测产业集群的发展和竞争优势的形成。学者们更加关注集群内部知识创新和技术转移的过程。他们开始研究集群中企业、研究机构和大学之间的协作与交流,探索如何促进和加强知识的创新和传播,以便集群内的企业能够更快地吸收新知识并将之转化为创新成果。学者们关注政府政策对产业集群的影响。他们研究了政府在科技创新、教育培训、基础设施建设、产业政策等方面对集群发展的支持和引导作用。这些政策可能涉及资金支持、税收优惠、创新基金、科技园区建设等方面,以促进集群内部的创新和竞争优势的形成。随着社会对可持续发展的关注增加,学者们开始研究如何在产业集群中推动可持续发展。这包括资源的可再生利用、环境保护、社会责任等方面的考量,旨在使产业集群的发展更加均衡和可持续。研究者开始探索产业集群在推动整个区域经济发展中的协同作用。他们研究了集群对周边地区就业、创新、生产力提升等方面的影响,以及集群与周边地区的协同发展关系。这一时期的产业集群研究更加注重了集群内部知识创新、技术传播、政府政策等方面的作用,旨在更好地解释和预测集群的发展及其在区域经济中的竞争优势。这些研究不仅推动了理论的深化,也为实践中产业集群的发展提供了更为有益的指导和支持。产业集群相关的研究也快速发展,例如,臧旭恒、何青松认为,产业集群起因于生产要素对产业集群租金的追逐,租金的耗散导致产业集群的衰败。产业集群的租金收入主要由产业租金和地理租金转变为组织租金,这标志着产业集群从非正式的、无组织的状态,逐渐发展为有组织的、创新型的产业集群。

随着全球化的发展和数字化技术的普及,产业集群理论开始注重全球范围内的集群形成和影响。新兴趋势如数字化转型、跨国公司在全球集群间的影响、全球价值链的形成等,成为当代产业集群理论研究的热点。全球化对产业集群的形成和发展产生了深远的影响。研究者开始探讨全球化对集群内部企业、产业结构和地区发展的影响,例如,全球市场的开放对集群内企业竞争力、市场准入和国际化战略的影响等。数字化技术的普及和应用正在改变着产业集群的运作模式。研究者关注数字化技术在产业集群中的应用,探讨数字化转型对集群内企业管理、生产流程、创新和市场营销等方面的影响,以及数字化技术如何加强了集群内外企业间的联系和合作。跨国公司在全球范围内形成了庞大的价值链网络。研究者关注这些公司在全球集群间的影响,以及全球价值链在产业集群发展中所起的作用。这包括跨国公司对集群内企业的投资、技术传输、市场拓展等方面的影响,以及全球价值链对集群竞争优势和地区经济发展的影响。在全球范围内,集群之间的合作和竞争关系愈发复杂。研究者开始探讨集群之间的合作模式,全球范围内合作所带来的优势,以及竞争激励下集群之间企业的创新和发展。当代产业集群理论研究更加关注全球范围内集群形成和影响的因素,以更好地理解和解释全球化、数字化转型等新兴趋势对产业集群的影响,为全球经济和产业发展提供理论支持和指导。

2.4.3　典型应用

产业集群是指在一定区域内,由多个相关或相互依赖的企业、机构、研究院(所)等组成的具有一定规模和特色的经济组织。产业集群可以通过协同创新、资源共享、市场拓展等方式,提高生产效率、降低成本、增强竞争力,促进区域经济发展。根据不同的类型和形成机制,产业集群可以分为以下几种典型应用。

贸易驱动型产业集群主要由本地企业推动,其核心是国内和出口贸易。这种集群的形成通常源于一些富有远见的企业家在全球市场中发现了新的机遇,他们开始以家庭或小型企业为单位创业。一旦取得成功,他们会迅速吸引其他企业加入,并与配套企业共同发展,最终形成了面向国内外市场的产业集群。贸易驱动型产业集群主要集中在技术含量较低的消费品行业,如纺织品等,其中,温州和中山的产业集群是典型的例子。这类产业集群通过开拓国内外市场,形成了规模效应和品牌效应,提升了产品质量和附加值。例如,浙江温州是最大的服装生产基地之一,拥有众多服装企业和配套服务机构,如纺织品、服装加工、服装设计、服装营销等。温州服装产业集群以一核、两翼、三带、四区为发展格局,即以温州市为核心,以宁波市、杭州市、台州市等周边城市为两翼,以湖州市、金华市、嘉兴市等城市为三带,以温州新区、宁波新区、杭州新区等新建区域为四区。

外商直接投资型产业集群是由一些地方政府通过优化地理位置、提供优惠的投资政策、利用丰富的土地资源和充足的劳动力,以及企业的创新模仿和企业家精神等因素,吸引外商直接投资,从而在一些地区形成的产业集群。这种类型的产业集群主要集中在长三角、珠三角和环渤海经济圈等地。这类产业集群通过引进先进技术和管理经验,实现了快速发展和转型升级。长三角是最具活力和竞争力的经济区域之一,也是重要的外商直接投资目的地之一。长三角拥有众多知名企业,如阿里巴巴、腾讯、华为、中兴等,涵盖了电子信息、互联网、金融服务、生物医药等多个领域。长三角还吸引了大量国际品牌进入市场,如苹果、可口可乐、宝马等。长三角通过建立自由贸易试验区、国家级经济技术开发区、自由贸易港等开放平台,为外商直接投资提供了便利条件和优惠政策。珠三角是重要的工业基地和创新高地,也是最具人口密度和城市化水平的地区之一。珠三角拥有众多高科技企业,如华为、中兴通讯等,以及众多知名高校和科研机构,如清华大学、浙江大学、上海交通大学等。珠三角还吸引了大量国际合作项目进入市场,如美国加州大学洛杉矶分校与清华大学合作建设人工智能研究院等。珠三角通过建立自由贸易试验区、国家级经济技术开发区、自由贸易港等开放平台,为外商直接投资提供了便利条件和优惠政策。

科技资源衍生型产业集群是一种依赖于各种科研资源和人才的产业集群,它以科研资源为基础,以科技创新为核心,以技术推广应用为主要内容,形成了高新技术产业集群。这类产业集群通过突破关键核心技术,打造了一批具有国际竞争力的创新平台和产品。中关村科技园区是创新发展的一面旗帜和世界知名的高科技园区。农村特色优势型产业集群主要分布在农村地区,利用当地自身优势资源或特色产品,形成了具有鲜明文化特色和市场需求的农产品加工或服务性质的行业。人才密度高型产业集群主要分布在一些大城市或者高等院校密集的地区,依托人才资源优势,形成了以人才为核心的产业集群。这类产业集群通过吸引和培养大量的科技人才和创业者,推动了科技创新和经济发展。硅谷是高人才密度型产业集群的典型代表。硅谷位于美国加利福尼亚州,是全球最重要的高科技产业集群和创新中心。硅谷拥有世界一流的高等院校,如斯坦福大学和加利福尼亚大学伯克利分校,以及众多科研机构,为硅谷提供了丰富的人才资源。此外,硅谷还吸引了大量的创业者和投资者,形成了活跃的创业和投资环境。硅谷的成功在很大程度上得益于其高人才密度。人才密度有两个层次:一是企业内人才的密度,即所有人员中真正人才的占比,代表企业是否良将如潮;二是人才能力的密度,即每个人才身上的能力究竟有多突出,代表每个人才的水平如何。硅谷的企业和研究机构都非常重视人才的吸引和培养,以提高人才密度,从而推动科技创新和经济发展。

政策引导型产业集群是在政府的引导和支持下形成的,主要分布在新能源、新材料、生物医药等战略性新兴产业中。光伏产业集群就是政策引导型产业集群的典型代表。在政府的引导和支持下,光伏产业集群通过技术创新和产业升级,已经成为了全球最大的光伏产业基地。政策引导型产业集群的成功在很大程度上得益于政府的引导和支持。这些政策为产业集群提供了良好的发展环境,推动了产业集群的快速发展。

2.5 网络经济与平台经济理论

2.5.1 网络经济理论

网络经济理论是一门研究网络经济的基本概念、特征、形成和发展、规律和原理、影响和问题等方面的学科。网络经济是指以信息和计算机网络为核心的信息和通信技术的产业群体,也是一种新的生产方式和经济形态,代表着新的经济发展趋势和模式。

网络经济理论是一个多元化且具有多种定义和分类的领域。由于其研究视角和方法的不同,导致了以下几种主要的分类:

(1)与互联网密切相关的网络经济。这是一个新兴的学科,专注于研究网络作为一个快速发展的智慧财产世界。在这个世界中,用户可以无限制地复制和下载智慧财产,网络资源的供应将持续超过人类对这些资源的需求。这个领域的研究重点在于分析互联网的使用情况,研究相关的市场趋势和经济政策。

(2)以信息资源为核心的网络经济。这是一门综合性学科,以信息资源为核心,以信息市场为主要研究对象,以信息技术创新为主要驱动力,以提高信息效率和保障信息安全为主要目标。它涉及信息资源配置、信息市场运行、信息技术创新、信息效率提升、信息安全保障等多个方面。

(3)以网状运行行业为研究对象的网络经济。关注的是由电信、电力、能源、交通运输等网状运行行业构成的产业群体。它研究网络产业在国民经济中的比重、产生的效益、面临的挑战,以及如何促进网络产业的发展。

(4)以社会结构和社会关系为基础的网络经济。这是一门跨学科的学科,以社会结构和社会关系为基本分析对象,以社会网络为基本分析工具,以社会变迁为基本分析主题,以解决社会问题为基本分析目标。它关注社会结构和社会关系在网络环境下的变化,以及如何利用社会网络进行有效的沟通和协作。

网络经济具有开放性、互动性、创新性、虚拟性等特征。网络经济从 20 世纪 90 年代开始兴起,经历了从局部到全球,从单一到多元,从封闭到开放,从低端到高端的发展过程。网络经济对传统产业、社会结构、文化传播、政治制度等方面产生了深刻的影响和作用,形成了全球化、数字化、智能化等趋势。网络经济具有规模效应、网络效应、平台效应等规律,形成了电子商务、互联网金融、社交媒体等多种模式。

网络经济理论可以帮助理解和把握网络经济的发展趋势和变化,为网络经济的创新和发展提供指导和建议。网络经济理论可以帮助评估和优化网络经济的政策效果,为网络经济的规范和治理提供依据和方案。网络经济理论可以帮助探索和发现网络经济中存在的新问题和新机遇,为网络经济的研究和实践提供动力和资源。

2.5.2　平台经济理论

作为新兴的经济领域,平台经济学专注于探索各类平台的演变路径和竞争策略。它强调市场架构的影响力,通过对交易费用和契约理念的研究,深入剖析平台间的竞争与垄断现象。此外,它还为相关政策提供了建设性的建议。该理论运用交易成本和合约理论,深入探讨各类平台的发展模式和竞争策略,并在此基础上提出了一系列的政策建议。平台经济是指以互联网为基础,通过网络平台连接供需双方,提供信息、交易、服务等功能的经济形态。数字技术的发展催生了一种新型经济系统,即平台经济。这种经济系统由数据驱动,依赖平台支持,实现网络协作,构成了一种新型的经济活动单元。它涵盖了所有基于数字平台的经济关系。在这个系统中,平台本质上就是市场的体现。

平台经济是一种新型的产业形态,它不同于传统的生产者和消费者之间的直接交易,而是通过网络平台实现资源配置和价值创造。平台经济是一种开放的、共享的、协同的、创新的经济模式,它利用互联网技术和大数据分析,实现了供需双方的信息透明化、交易便捷化、服务优化和价值最大化。平台经济是一种动态、多元、复杂、不确定的经济现象,涉及多种主体(如平台企业、上下游企业、消费者等)、多种行业(如电商、社交、金融等)、多种功能(如信息发布、订单匹配、支付结算等)和多种风险(如市场竞争、法律监管、技术变革等)[52]。

平台经济理论是一种新的经济学科,它研究的主要内容包括:

(1)平台分类与业务模式——研究不同类型的平台(如交易平台、社交平台等)的运营模式和商业模式。平台可以根据其功能大致分为两类。一类是交易促成型,如电商平台、支付平台、网约车平台、外卖平台等,这些平台旨在传递交易信息,促成交易达成。另一类是内容传输型,如社交平台、短视频平台等,这些平台主要传输新闻、动态、音乐、观点、思想等内容信息,促进内容分享[56]。

(2)平台竞争策略——研究平台之间如何竞争,以及这种竞争的主要策略和表现形式。平台经济的竞争策略主要包括价格竞争、产品质量竞争、技术创新、广告宣传和隐私保护等。平台企业之间的竞争越来越多地表现为数据资源与算力算法的竞争。平台间的竞争可能是自然发生的,或者是由市场参与者的主动行动引发的。在同一平台内部,参与者之间存在竞争,而在两个或更多的平台之间,也存在竞争。即使是同一平台的成员,也可能出现内部竞争。关键在于努力维护一个健康的竞争环境,在这样的环境下,即便是目前占据优势的企业,也必须通过提升服务质量和创新服务方式来保持其市场地位。间接网络效应、反馈循环效应、动态竞争和价格结构的非中性使得相关市场界定更为复杂。

(3)平台发展因素——研究平台如何发展,以及影响平台发展的主要因素。平台发展的主要驱动力有以下几个方面:一是市场需求的增长和多样化,尤其是在互联网、电子商务、社交媒体等领域;二是技术创新和应用的进步,使得平台能够提供更高效、便捷、智能的服务;三是政策支持和监管的完善,使得平台能够享受更多的优惠和保护;四是社会文化和价值观的变化,使得平台能够满足更多人群的需求和期待。影响平台发展的主要因素有以下几个方面:一是竞争环境和市场格局,包括行业内部竞争、跨界竞争、同质化竞争等;二是规则制度和法律法规,包括行业自律规则、国家法律法规、国际协议等;三是资源条件和基础设施,包括人力资源、资金资源、物流资源等;四是风险挑战和危机应对,包括技术风险、安全风险、信用风险等。

(4)平台布局因素——研究平台如何布局,以及影响平台布局的主要因素。平台布局可以从空间分布和网络结构两个维度来分析。空间分布指平台在不同地域或区域内部或之间进行资源配置和价值创造的方式和程度。网络结构指平台之间或与其他主体之间进行信息交流和协作关系的方式和程度。平台布局受到多种因素的影响,包括自然因素(如地理位置、气候条件等)、社会经济因素(如人口规模、收入水平等)、技术因素(如互联网普及率、数据安全性等)、制度因素(如法律法规、政策支持等)和路径依赖因素(如历史积累、行业特征等)。平台布局也会对这些因素产生反馈效应,形成一个动态变化和相互作用的过程。例如,自然因素会影响人口流动和城市扩张;社会经济因素会影响消费需求和市场竞争;技术因素会影响资源利用效率和创新能力;制度因素会影响规则制定和执行;路径依赖因素会影响发展方向和战略选择。

平台经济是一种新兴的经济形态[55],具有以下几个显著的特点。首先,它是一个双边市场的典型代表,平台企业既面向消费者,也面向商家。在这个平台上,各参与者有明确的职责分工,平台运营商负责集结社会资源和合作伙伴,通过集中交易,扩大用户规模,使所有参与者都能从中受益,实现平台价值、客户价值和服务价值的最大化。其次,平台经济具有强烈的规模经济性。如果一个平台企业率先进入某个领域,或者由于其技术和营销优势占据了该领域的大部分市场份额,那么由于交叉网络外部效应和锚定效应的存在,这个企业的规模就会越来越大,形成强者愈强的局面。平台经济具有一定的公共属性。当前的平台经济涉及的领域多是关乎人们日常生活的民生领域,因此,公共服务提供者的属性特征十分突出。平台经济体现出一定的公共基础设施特性,具有非排他性和非竞争性的特点。此外,数据在平台经济中扮演了重要的角色,其重要性不可忽视。平台经济深度依赖于互联网,是在新一代信息技术飞速发展的推动下,将数据作为生产要素或有价值的资产进行资源配置的一种创新的经济模式。

作为数字化转型的推动者,平台经济通过利用规模和范围的优势,扩大了市场的覆盖面和深度。这种经济模式通过交叉网络效应激发了市场竞争,进一步推动了供给侧的结构性改革。平台经济通过集结社会资源和合作伙伴,扩大了用户群体,使所有参与者都能从中受益,实现了平台、客户和服务的价值最大化。此外,平台经济还能降低交易成本,使经济的消费和流通环节更加畅通。最重要的是,平台经济能推动实体经济的数字化转型,确保全产业链的稳定发展,提升实体经济的生产效率,使所有主体都能共享数字化带来的红利。平台经济在提升资源配置效率、驱动技术和产业的革新,以及提高社会治理和公共服务质量方面发挥了关键作用。此外,平台经济也推动了全球产业链的深度和广度扩展,数字化的对象和方式已经成为全球贸易发展的新动向。

2.5.3　互联网平台经济的发展与应用

互联网平台经济是指利用互联网技术和平台模式,通过连接供需双方,实现资源配置、价值创造和交易的一种新型经济形态。互联网平台经济具有以下几个特点。平台经济作为生产要素的集结点,加快了资本、劳动力和数据等关键生产要素的流通和整合。作为全球市场、供应链网络和生产力社会化的催化剂,平台经济优化了资源的分配,推动了跨行业的融合和发展,从而促进了产业的进步和升级。平台是创新驱动发展的引领者,培育了新业态、新模式、新服务,满足了消费者个性化、多样化和品质化的需求。平台是就业增长点和弱势群体就业渠道的提供者,带动了数字技术与实体经济的融合创新。

互联网平台经济可以汇聚广泛的行业资源,有很强的集聚效应,渗透面广泛,从线上到线下、从消费到生产、从服务业到工业等实现供需方的高效匹配,重构传统经济模式中的上下游组织,实现多方连接。互联网平台经济打破了传统的二八法则,满足20%甚至更少用户的需求,利用平台的集聚效应与规模效应,也能带来极大的收益。也就是说,通过满足少数人需求也能获利。互联网平台经济在激发和扩大消费、推动消费升级、提高服务的效率和质量方面发挥了显著的作用。这种经济模式为传统经济带来了新的生机,推动了产业结构的优化和升级,实现了更广泛的全球互联和全球流动,引导社会向智能化的方向发展,对增加就业机会起到了重要的作用[27]。

互联网平台经济在以下几个方面有着广阔的发展前景。平台企业向产业互联网转型步伐加快,打造工业互联网平台,为各行各业提供智能化、数字化、网络化的解决方案。平台企业在自动驾驶、云计算、数据库、数字引擎、区块链等前沿数字技术领域投入大量资源，建立基础研发机构，孵化出具有世界先进水平的原创成果。在一些全球科技创新排名中，国外有名校名企，也有一批具有国际竞争力的数字大企业。平台企业积极参与全球市场竞争和合作，拓展海外市场份额和影响力。同时，在保护国家安全和利益方面也表现出责任感和担当。在消费领域，互联网平台经济通过提供便利、高质量和个性化的消费服务，满足了消费者的多样化需求，推动了消费升级和消费结构的优化。例如，电商平台（如阿里巴巴和京东）通过提供线上线下融合的购物体验，构建了全球最大的电商生态圈；生活服务平台（如美团和饿了么）通过提供线上线下融合的餐饮外卖服务，构建了全球最大的生活服务生态圈。在金融领域，互联网平台经济通过提供安全、便捷、普惠的金融服务，满足了金融市场的多层次需求，推动了金融创新和金融包容。例如，移动支付平台（如支付宝和微信支付）通过提供线上线下融合的支付服务，构建了全球最大的移动支付生态圈；金融科技企业（如蚂蚁集团）通过提供智能化、数据驱动的金融产品和服务，构建了全球最大的金融科技生态圈。在社会领域，互联网平台经济通过提供公益、教育、医疗等社会服务，满足了社会公众的多方面需求，推动了社会治理和社会发展。例如，在教育领域，百度学术、知乎等知识分享平台利用人工智能技术进行知识检索和推荐，并为学习者提供在线教育资源；在公益领域，爱心基金会等慈善组织利用微信公众号、微博等社交媒体进行公益宣传和捐款募集，并为贫困地区和弱势群体提供帮助。

参考文献

［1］　乔苗苗.中部崛起战略背景下山西省产业结构优化研究［D］.太原：太原科技大学，2012.

［2］　崔雪梅.呼伦贝尔市产业结构分析与评价研究［D］.天津：天津大学，2004.

［3］　易善策.产业结构演进与城镇化［M］.北京：社会科学文献出版社，2013.

［4］　魏江.产业集群［M］.北京：科学出版社，2003.

［5］　丰志培，刘志迎.产业关联理论的历史演变及评述［J］.温州大学学报：社会科学版，2005，18（1）：51-56.

［6］　郭岭.现代产业组织模式研究［D］.武汉：武汉理工大学，2004.

［7］　纪玉俊.产业集群的网络组织分析［D］.济南：山东大学，2009.

［8］　王天玮.网络组织对产业集群竞争力的影响研究［D］.天津：河北工业大学，2014.

［9］　陈雪娇.重庆市工业结构演变对大气环境影响的研究［D］.重庆：重庆大学，2012.

［10］　刘腾烨.鄂尔多斯市产业结构转型中的政府作用研究［D］.呼和浩特：内蒙古大学，2012.

［11］　李国英.产业互联网模式下现代农业产业发展路径［J］.现代经济探讨，2015，7：77.

［12］　徐凯颖.陕西省镇级小城市产城融合发展路径研究［D］.西安：西北大学，2018.

［13］　王琦，陈才.产业集群与区域经济空间的耦合度分析［J］.地理科学，2008，28（2）：145-149.

［14］　王艳玲.区域物流整合与产业集聚联动发展［J］.经济理论与经济管理，2011（11）：78.

［15］　陈志飞.基于投入产出分析的云南省产业结构研究［D］.昆明：昆明理工大学，2011.

［16］　于喜展，隋映辉.基于城市创新的产业集群生态：系统关联对接与结构演化［J］.科技进步与对策，2010，27（21）：56-60.

［17］　孙跃兵.产业结构升级与经济增长关系的实证研究［D］.重庆：重庆工商大学，2015.

［18］　尤振来，刘应宗.西方产业集群理论综述［J］.西北农林科技大学学报：社会科学版，2008，8（002）：62-67.

［19］　周平.我国金融资产结构调整与产业结构升级的协调性分析［D］.兰州：兰州学院，2009.

[20] 华正伟.创意产业集群与区域经济发展研究[M].BEIJING BOOK CO.INC.,2015.

[21] 周兴建,张庆年.物流价值链的产生及构成机理研究[J].流通经济,2010,3：26-29.

[22] 程莉.1978—2011年中国产业结构变迁对城乡收入差距的影响研究[D].成都：西南财经大学,2014.

[23] 魏子明.乡村振兴背景下邢台市苹果产业化发展问题及对策研究[D].秦皇岛：河北科技师范学院,2023.

[24] 尤振来.工业园区产业发展管理研究[D].天津：天津大学,2008.

[25] 陈云萍.物流产业集群的竞争优势与形成模式[J].科技进步与对策,2010,21.

[26] 王高峰,杨浩东,汪琛.国内外创新生态系统研究演进对比分析：理论回溯,热点发掘与整合展望[J].科技进步与对策,2021,38(4)：151-160.

[27] 朱国军,王修齐,孙军.工业互联网平台企业成长演化机理——交互赋能视域下双案例研究[J].科技进步与对策,2020,37(24)：108-115.

[28] 胡奇英,胡大剑.现代供应链的定义与结构[J].供应链管理,2020,1(1)：35-45.

[29] 顾裕文.衡阳市小城镇建设中产业发展研究[D].长沙：湖南农业大学,2007.

[30] 基于价值链分析的中小外贸企业战略研究[D].青岛：中国海洋大学,2007.

[31] 煤炭供应链管理的创价系统研究[D].北京：中国地质大学,2009.

[32] 吴艳文.集群过程的企业学习研究[D].南宁：广西大学,2005.

[33] 朱巧玲,万春芳.数字化供应链赋能中国式现代化——供需动态平衡视角[J].改革与战略,2023,39(5)：104-115.

[34] 贺灿飞.区域产业发展演化：路径依赖还是路径创造[J].地理研究,2018,37(7)：1253-1267.

[35] 滕佳东,魏艳华.基于供应链的企业管理模式[J].冶金信息导刊,2003(5)：27-29.

[36] 马士华.论核心企业对供应链战略伙伴关系形成的影响[J].工业工程与管理,2000(1)：24-27.

[37] 林健涵.基于"期货＋制造"视角的PVC产业链研究[D].广州：暨南大学,2013.

[38] 余东华.新产业组织理论及其新发展[J].中央财经大学学报,2004(2)：49-54.

[39] 王海南,王礼恒,周志成,等.新兴产业发展战略研究(2035)[J].中国工程科学,2020,22(2)：1-8.

[40] 吴彦艳.产业链的构建整合及升级研究[D].天津：天津大学,2009.

[41] 芮明杰,刘明宇.产业链整合理论述评[J].产业经济研究,2006(3)：60-66.

[42] 吴金明,邵昶.产业链形成机制研究——4＋4＋4模型[J].工业经济,2006(4)：36-43.

[43] 郁义鸿.产业链类型与产业链效率基准[J].工业经济,2005(11)：35-42.

[44] 王云霞,李国平.产业链现状研究综述[J].工业技术经济,2006,25(10)：59-63.

[45] 魏然.产业链的理论渊源与研究现状综述[J].技术经济与管理研究,2010(A6)：140-143.

[46] 张辉.产业集群竞争力的内在经济机理[J].软科学,2003(1)：70-74.

[47] 安虎森,朱妍.产业集群理论及其进展[J].南开经济研究,2003(3)：31-36.

[48] 陈柳钦.产业集群与产业竞争力[J].产业经济评论(山东),2005(1)：157-169.

[49] 臧旭恒,何青松.试论产业集群租金与产业集群演进[J].工业经济,2007(6)：13-21

[50] 张芳向Netboy—第一章 产业经济学导论—豆丁网

[51] 产业经济学—百度文库

[52] 易宪容,陈颖颖,于伟.平台经济的实质及运作机制研究[J].江苏社会科学,2020.

[53] 何海群.旅游目的地旅游产业集群发展战略研究[D].长沙：中南林业科技大学,2008.

[54] 王雪燕.地方政府在产业集群形成中的作用研究[D].沈阳：东北大学,2009.

[55] 曾铮,杨光宇,张丽琴.平台经济发展如何严监管补短板[J].宁波经济(财经视点),2021.

[56] 徐晋,张祥建.平台经济学初探[J].中国工业经济,2006(5)：40-47.

第3章

产业互联网生态系统的概念与内涵

3.1 基于生态学视角的产业互联网组织体系

从生态学视角来看,产业互联网可以被理解为一个动态的产业生态系统,企业、供应商、消费者、政府和机构等相互作用,形成一个复杂的网络结构。受到各种内外部因素影响,该系统会经历从诞生到成长、成熟乃至可能的衰退或转型的不同生命周期阶段。

3.1.1 产业生态系统的定义与组成

1. 生态系统的构成

产业生态系统是一个由众多参与者提供的服务以及这些参与者和服务之间错综复杂的联系所构成的不断发展和变化的动态系统[1]。在学术界,对产业互联网生态系统的分类通常基于成员在其生态系统中的位置,也有基于企业在价值链中所扮演的角色来进行分类。

1）平台企业

平台企业是平台的建立者,在塑造平台式架构时起到决定性的作用,它们是整个生态链的核心和引领者,具备其他参与者无法比拟的优势。它们的价值创新行为是推动生态链进步和完善的主要动力。

2）基本成员

基本成员构成了平台系统的主要交易群体,涵盖供应方和需求方企业。这些成员之间既竞争又合作,与平台企业形成了相互依赖的关系。

3）辅助成员

辅助成员包括物流和金融机构等,它们依附于平台进行交易。这些组织在加入平台之前已经独立存在,并不依赖于平台生存,但通过参与平台,它们能够获得比单独运作时更多的利益。

4）保障成员

保障成员是指为系统提供附加服务的实体,如技术创新公司和软件制造商。不同于基本成员和辅助成员,保障成员依赖于平台生态链以实现其自身的繁荣和发展。

2. 生态系统角色间的关系

1) 交换关系

平台生态系统是一个动态的、多维度的网络,它不仅包括参与者及其提供的服务,还涉及这些参与者和服务之间错综复杂的相互作用[3]。这个系统不断地与外部环境——包括政治、经济、技术、法律、自然以及社会文化等方面——进行交流和互动。生态系统的外部环境时刻在变化。以法律环境为例,相关的政策对平台来说需要进一步明晰,且法律法规的完善仍在探索之中。另一方面,网络科技的飞速发展,使得平台所处的技术环境更替频繁。这种环境的变化,催生了平台系统的持续创新。因此,生态系统的成员必须保持警惕,紧跟并适应宏观环境的变化。

产业互联网生态系统具有开放性,与外部世界进行着信息、能量和物质的交流[4]。这种交流就像是一股生命之泉,为生态系统提供了生存和创新的必要资源。同时,生态系统也向外界释放出新的价值,包括服务、产品、技术和知识,这些价值的释放,对外部环境的发展产生了积极的推动力。一个健康的市场环境,是生态系统进化的基石。因此,通过这种交流,可以增强系统内外的良性互动,推动双方的协同进化。

(1) 信息。对于平台生态系统来说,能够高效采集与其业务领域相符的各种有效信息,尤其是需求方的信息,是推动系统创新的重要因素。只有当需求信息足够精确时,系统才能为客户提供所需的产品和服务。这不仅可以吸引更多的客户,增加系统的用户规模,还有助于抢占更大的市场份额,为系统带来丰厚的利润。除了需求方的信息,系统还可以从外部环境中获取技术、知识创新、行业发展等信息。信息的丰富程度,直接影响着系统的创新和发展。同时,平台系统也会向外部环境分享一些信息,如平台模式、技术创新、服务创新等,这些信息对外部环境的利益相关者具有重要的经济价值,也会间接推动外部宏观经济环境的良性发展。

(2) 知识。平台生态系统的外部环境中充满了丰富的显性和隐性知识。隐性知识是推动知识创新的核心,因此,与显性知识相比,隐性知识的传播和分享对于平台生态系统内部的知识创新更为重要。然而,隐性知识如价值观、组织文化等不易表述或转移,因此,隐性知识的传递和获取更具挑战性,需要通过类比、比喻、模型化、假设等手段将隐性知识转化为显性知识,以便更好地理解和应用。外部环境向平台系统提供了系统运行所需的产品、服务、技术、先进的管理模式和制度等知识,平台系统在吸收、消化和共享这些知识后进行创新,创新后的技术知识、管理知识、研发经验等会反馈给外部环境,形成知识在系统内外的良性循环,推动系统内外的协同知识创新。

(3) 物质。生态平台的所有生产、创新和商业行为都取决于物质资源的供应。一方面,外部环境持续为生态平台提供人力、物资和设备等必要资源,以保证其经济活动的正常运行。生态平台通过对这些资源的处理和改良,生产出各种产品和服务。另一方面,生态平台向外部环境输出新的产品和服务,以及其他被废弃的资源,这些被废弃的资源可能会成为外部环境中其他组织或系统的创新资源。

(4) 能量。生态平台的发展和创新受到了来自政治、经济、文化和社会等多方面的推动和鼓励。例如,国家政策的支持,经济体制的刺激,法律法规的保护,以及社会文化的认可和引导等。这些因素都为生态平台提供了能量。与此同时,生态平台也向外界输出了影响社会和其他组织发展的组织文化、价值观和激励机制等内容。

产业互联网生态系统与其外部环境之间有着密切的协作关系。一方面,系统通过与外部环境的信息、知识、物质和能量的交换,实现了协同发展。另一方面,外部环境的持续变化为生态系统带来了新的机会和挑战,因此,生态系统必须持续创新,以主动适应外部环境的变化。

2)共生关系

产业互联网生态系统是一个由众多成员构成的复杂网络,这些成员之间的相互作用与自然界中的共生现象类似。共生演化理论认为,多个物种在长期的互动中共同进化,逐步发展到更高级的阶段。在产业互联网生态系统中,这种共生关系促使成员之间相互影响,形成发展的轨迹,推动整个系统的进化。作为系统的中心,平台企业拥有资源调配、管理以及价值生成和分配的能力,它们具有选择合作伙伴的优势。比较之下,其他的支持组织,例如基础成员、辅助成员和保障成员,它们通过提供附加技术、创新产品和增值服务来产生价值,它们在平台企业面前处于支持的位置。平台企业与支持组织协作互动,通过资源的共享、互补和整合,推动了系统内部的资源优化、技术革新、信息共享、精细化的分工和业务协作,从而促进了平台生态系统的进步。在共生关系的多样性中,成员间的互动和结合方式各异,可以形成不同类型的共生关系,包括独立共存、恶意竞争、寄生、偏利和互惠共生关系。在这些关系中,独立共存和恶意竞争较为少见,更侧重于分析平台企业与配套组织间的合作关系,特别是寄生、偏利和互惠共生关系,这些关系对系统内部的协同发展和演化具有显著影响。

(1)寄生共生。寄生共生的特征是,平台企业与支持组织之间的价值关系是零和的,即一方的价值提升会导致另一方的价值降低。一种是平台企业为了扩大自身的规模,调整和整合支持组织的互补资源,以此提升自身的价值创造。然而,在这个过程中,随着对平台企业的依赖性增强,支持组织获得的价值会减少;另一种是平台企业为支持组织提供资源和技术,增强支持组织的资源互补性,从而提高其议价能力,但是,随着对支持组织的依赖性增强,平台企业获得的价值会减少。

(2)偏利共生。偏利共生的特性是,它对一方成员的利益有益,而对另一方成员的价值获取没有影响。这种共生关系可以表现为,平台企业在依赖支持组织的互补资源进行价值创造和增值的过程中,不会影响支持组织的利益获取;或者,支持组织利用平台企业提供的资源和技术来增强其资源的互补性,扩大其规模,从而提高其议价能力,同时不会影响平台企业的利益获取。

(3)互惠共生。对称性互惠共生是产业互联网生态系统发展的基本原则和核心方向,这种模式是共生成员发展的目标。这种模式的特点是平台企业和配套组织的资源能够得到有效的整合和配置,从而提高了它们的价值创造和利益获取能力。根据平台企业和配套组织之间的价值创造和获取能力是否能够协同提升,共生模式可以分为非对称性互惠共生和对称性互惠共生。其中,对称性互惠共生是指价值创造和获取能力能够协同提升的模式。

3.1.2 产业互联网生态系统模型

本节提出了一种总体指导产业互联网建设的整体生态体系参考架构,在研究产业互联网运作的具体问题和机制时,综合上述分析的成果,重点基于服务生态理论,提出了一种用于政府或产业互联网主导者进行产业决策的多层次、动态进化价值共创系统架构。

　　产业互联网的价值共创系统架构是一个相对独立、可自我调节的系统,它借鉴了服务生态系统的模式[2]。在这个系统中,不同的服务参与者通过服务交换,依据共享的制度逻辑和价值共创来建立连接。服务生态系统的结构可以被看作是多个层次的集合,通过微观、中观和宏观层次互动实现价值共创,3个层次的价值创造活动及其相互关系如图 3-1 所示。

　　微观层位于最底部,展示了具体参与者之间的互动和结构;中观层位于中间,揭示了直接利益相关者之间的互动和结构;宏观层位于顶部,反映了产业互联网作为一个整体的社会结构和活动。这 3 个层次的界定并不是固定的,而是相对的,会随着讨论情境的变化而扩大或缩小。每个层次的结构和活动并不是绝对独立的,而是相互关联的,会随着时间的推移而不断演进和变化。

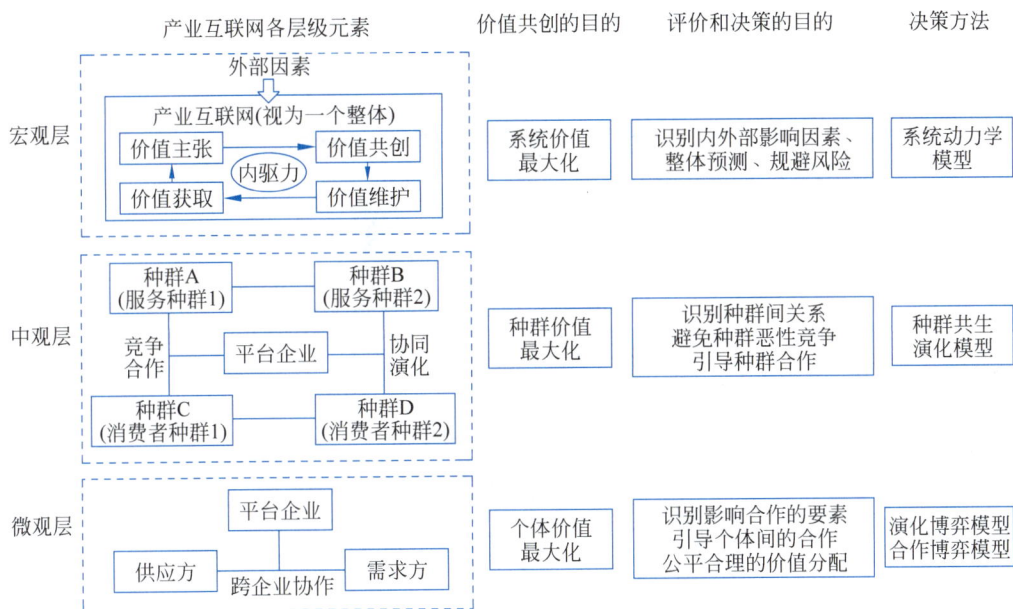

图 3-1　产业互联网生态系统架构、价值共创和决策目的

3.1.3　产业互联网生态系统结构

　　网络作为一种有效的图形化工具,已经被广泛地应用于描述复杂系统的关联关系。其中网络节点代表个体,边代表个体之间的相互关系。基于以上的分析,产业互联网系统可以很容易地使用如图 3-2 所示的多层异质网络进行描述。

　　针对一个产业互联网环境下的服务供应链/价值链生态系统而言,这是一个四层异质网络结构,图 3-3 是一个用超网络结构模型表示的产业互联网服务系统组成结构。

　　在此超网络结构模型中,包含了最终服务/服务簇网、服务组合/服务簇、基本服务单元以及构成基本服务单元的服务业务流程等结构类似的概念知识子网。4 个服务子网分别对应现实系统中的服务系统、服务子系统、服务功能模块、服务活动及其按不同顺序结构组成的一个个服务业务流程。无论是最低一层的服务活动,还是第二层、第三层的基本服务单元、服务组合,其逐层向上的层级关系都是由下一层级粒度的服务功能模块按一定的次序

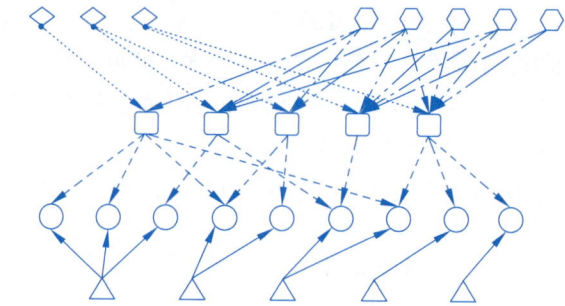

节点:

△ 服务提供商　　◇ 第三方服务组合开发者　　⬡ 服务消费者

○ 服务　　　　　□ 服务组合

边:

⟶ 服务提供关系　　----▶ 服务调用关系

•••▶ 服务组合开发关系　　-- 服务组合评价关系

图 3-2　产业互联网系统多层异质网络模型

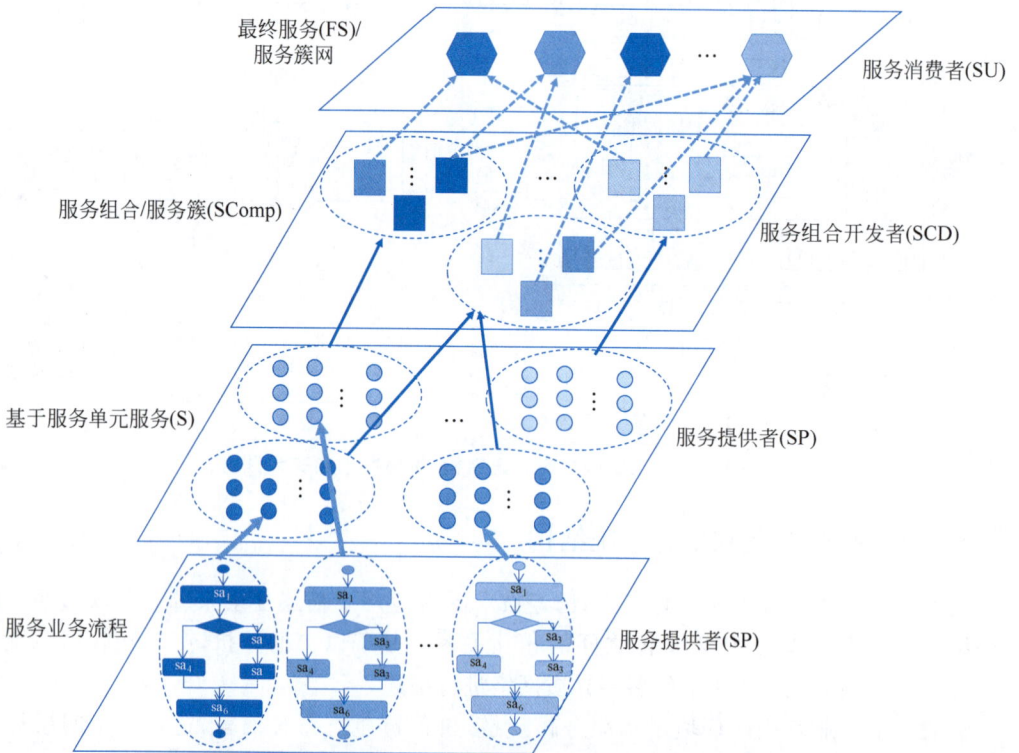

图 3-3　产业价值网/链系统的超网络结构模型

（串行、并行、混合等）编排为相关的业务流程并进而形成上一层级粒度的服务，即服务业务流程→基本服务单元→基本服务单元业务流程→服务组合/服务簇→最终服务/服务簇网。这便是产业互联网环境下价值网/链系统的基本组成形式。

1. 服务单元

对于基本服务单元,可以用一个七元组表示。

$$S = (\text{Name}, \text{Type}, \text{SProvider}, \text{SActivity}, \text{IUtility}, \text{SCost}, \text{VCoefficient})$$

其中,Name、Type、SProvider 分别表示基本服务的名称、类型和服务提供者;SActivity 为组成基本服务的服务活动集合;IUtility 为基本服务的内生服务效用集合;SCost、VCoefficient 分别表示基本服务的服务成本以及其服务成本-价值增值系数。

2. 服务价值链系统多层异质网络模型(Multilayer Heterogeneous Network Model for Internet of Services)

产业互联网环境下的服务价值链系统是一个多层异质网络:

$$G^{\text{MHeN}} = \{\langle \text{SP}, \text{SCD}, \text{SU}, \text{S}, \text{SComp}, \text{FS} \rangle, \langle G^{\text{PrN}}, G^{\text{DeN}}, G^{\text{InN}}, G^{\text{FsN}} \rangle\} \quad (3\text{-}1)$$

其中,SP 代表服务供应商的集合,SCD 表示第三方服务组合开发者的集合,SU 代表服务消费者的集合,S 代表基本服务单元的集合,SComp 代表基本服务单元组合的集合,FS 代表服务消费者得到的最终服务。G^{PrN} 表示服务供应商、服务以及服务供应关系构成的服务供应网络。G^{DeN} 表示第三方服务组合开发者、服务组合以及服务组合组织开发关系构成的服务组合开发网络。G^{InN} 表示服务组合、服务以及服务调用关系构成的服务调用网络;G^{FsN} 表示服务消费者选择的最终服务、服务组合以及其选择关系构成的最终服务网络。

3. 服务供应网络(Service Provide Network,G^{PrN})

服务供应网络描述服务供应商以及服务之间的供应关系,可以定义为二部图:

$$G^{\text{PrN}} = \{\text{SP}, \text{S}, E^{\text{Pr}}\} \quad (3\text{-}2)$$

其中,E^{Pr} 可以表示为

$$E^{\text{Pr}} = \{(\text{sp}_i, s_j) \mid \text{sp}_i \in \text{SP}, s_j \in \text{S}\} \quad (3\text{-}3)$$

因此服务供应网络可以进一步地表示为一个 $x \times n$ 的矩阵 $\boldsymbol{M}^{\text{PrN}} = [p_{ij}]_{x \times n}$,其中,$x$ 表示服务供应商的数量,n 表示服务的数量,p_{ij} 为二值函数:

$$P_{ij} = \begin{cases} 1, & \text{sp}_i \text{ 提供 } s_j \\ 0, & \text{sp}_j \text{ 不提供 } s_j \end{cases} \quad (3\text{-}4)$$

4. 服务组合开发网络(Service Composition Develop Network,G^{DeN})

服务组合开发网络描述第三方服务组合开发者与服务组合之间的开发关系,可以描述为二部图:

$$G^{\text{DeN}} = \{\text{SCD}, \text{SComp}, E^{\text{DC}}\} \quad (3\text{-}5)$$

其中,SCD 代表第三方服务组合开发者,SComp 代表服务组合,E^{DC} 代表两者之间的开发关系,可以表示为

$$E^{\text{DC}} = \{(\text{cd}_i, c_j) \mid \text{cd}_i \in \text{SCD}, c_j \in \text{SComp}\} \quad (3\text{-}6)$$

因此服务组合开发网络可以进一步地表示为一个 $y \times m$ 矩阵 $\boldsymbol{M}^{\text{DeN}} = [d_{ij}]_{y \times m}$,其中,$y$ 表示第三方服务组合开发者的数量,m 代表服务组合的数量,d_{ij} 为二值函数:

$$d_{ij} = \begin{cases} 1, & \text{cd}_i \text{ 开发 } c_j \\ 0, & \text{cd}_i \text{ 未开发 } c_j \end{cases} \quad (3\text{-}7)$$

5. 服务调用网络(Service Invoke Network,G^{InN})

服务调用网络描述服务组合与服务之间的调用关系,可以描述为一个二部图:

$$G^{\mathrm{InN}} = \{\mathrm{SComp}, S, E^{\mathrm{CS}}\} \tag{3-8}$$

其中,SComp 代表服务组合,S 代表服务,E^{CS} 代表服务组合对服务的调用关系,可以表示为

$$E^{\mathrm{CS}} = \{(c_i, s_j) \mid c_i \in \mathrm{SComp}, s_j \in S\} \tag{3-9}$$

因此服务调用网络可以进一步地表示为一个 $m \times n$ 矩阵 $\boldsymbol{M}^{\mathrm{InN}} = [b_{ij}]_{m \times n}$,其中,$m$ 表示服务组合的数量,n 代表服务的数量,b_{ij} 为一个二值函数:

$$b_{ij} = \begin{cases} 1, & c_i \text{ 调用 } s_j \\ 0, & c_i \text{ 未调用 } s_j \end{cases} \tag{3-10}$$

6. 最终服务网络(Final Service Network,G^{FsN})

最终服务网络描述服务消费者得到的最终服务包含的服务组合,可以描述为一个二部图:

$$G^{\mathrm{FsN}} = \{\mathrm{SComp}, \mathrm{FS}, E^{\mathrm{FS}}\} \tag{3-11}$$

其中,SComp 代表服务组合,FS 代表服务消费者选择的最终服务,E^{FS} 代表最终服务与服务组合的选择关系,可以表示为

$$E^{\mathrm{FS}} = \{(\mathrm{sc}_i, \mathrm{FS}) \mid \mathrm{sc}_i \in \mathrm{SComp}\} \tag{3-12}$$

因此最终服务网络可以进一步地表示为一个 $m \times l$ 列向量 $\boldsymbol{M}^{\mathrm{FsN}} = [b_i]_{m \times l}$,其中,$m$ 表示服务组合的数量,l 代表最终服务的数量,b_i 为一个二值函数,

$$b_i = \begin{cases} 1, & \mathrm{FS} \text{ 调用 } \mathrm{sc}_i \\ 0, & \mathrm{FS} \text{ 未调用 } \mathrm{sc}_i \end{cases} \tag{3-13}$$

3.1.4 产业互联网生态内外部动力机制

生态系统理论阐述了人类与环境之间的紧密联系和互动,强调了环境中各个生态系统之间的互动以及它们对人类行为的深刻影响。这一理论认为,单独讨论人类或环境都是没有意义的,因为它们是相互依存、持续互动的。该理论被用来分析人的行为与社会环境之间的相互影响。

在产业互联网领域,形成了一个以平台服务提供商为中心,多个主体共同参与的服务体系,这已经得到了社会和学术界的广泛认同。然而,仅仅简单地积累资源和信息,并不能有效地提高服务的质量和效率。从宏观角度看,产业互联网生态系统被视为一个由网络平台、需求方、服务提供者、政府等相对独立、可自我调节的主体通过制度逻辑和共同创造价值而形成的松散耦合系统。以产业互联网生态系统为研究的切入点,可以深入分析其宏观层面的聚合动力机制,从而推动产业互联网的健康发展[5]。

1. 产业互联网生态系统聚合描述

产业互联网聚合是指从生态系统理论的视角,对多个主体所拥有的资源、提供的服务进行包含聚集、整合和再组织的深度融合,产生更符合需求方需求的新型服务的过程。实现产业互联网聚合,首先要理解其聚合结构框架[6]。这个框架是以文化政策、制度保障、价值主张、内部激励、信息对称和技术摄入为驱动力,对多元参与主体的资金、人才、技术等资源以及提供的服务进行深度融合,实现聚集、整合和再组织[7]。通过对产业互联网聚合主

体的组成和行为逻辑进行宏观、中观和微观 3 个层面的深入研究,可以实现产业互联网的精细化管理。这就需要明确的产业互联网聚合结构框架。

在产业互联网的运营中,尽管各参与主体的角色、动机和形式各异,但它们都紧密地融入到产业互联网的生态系统中。它们的服务目标是满足产业互联网的多样化需求。这就是在产业互联网业务过程中需要理解的核心内容。在产业互联网的生态系统中,各参与主体以物质和能量的形式进行服务的提供、交换和输出,这个过程是一个不断循环上升的过程。这不仅提高了服务的质量,也提高了服务的效率。

2. 产业互联网聚合驱动机理分析

为了确保产业互联网聚合的有效性,需要从自动力和他动力两个角度来定义其驱动力。这需要通过理解聚合驱动机理,为不同的主体建立各自的驱动机制。在理解产业互联网聚合的结构框架之后,需要分析其驱动机制,以建立竞争与合作、资源共享、协同发展和业态创新的生态关系。各主体的资金、人才和技术等资源的变动,对产业互联网聚合产生了影响。无论主体的类型如何,它们都无法独立满足需求方的差异化需求。因此,需要在各主体之间进行持续的物质交换和能量流动,以形成双向互动和多方互动的生态循环。产业互联网聚合驱动机制见图 3-4。

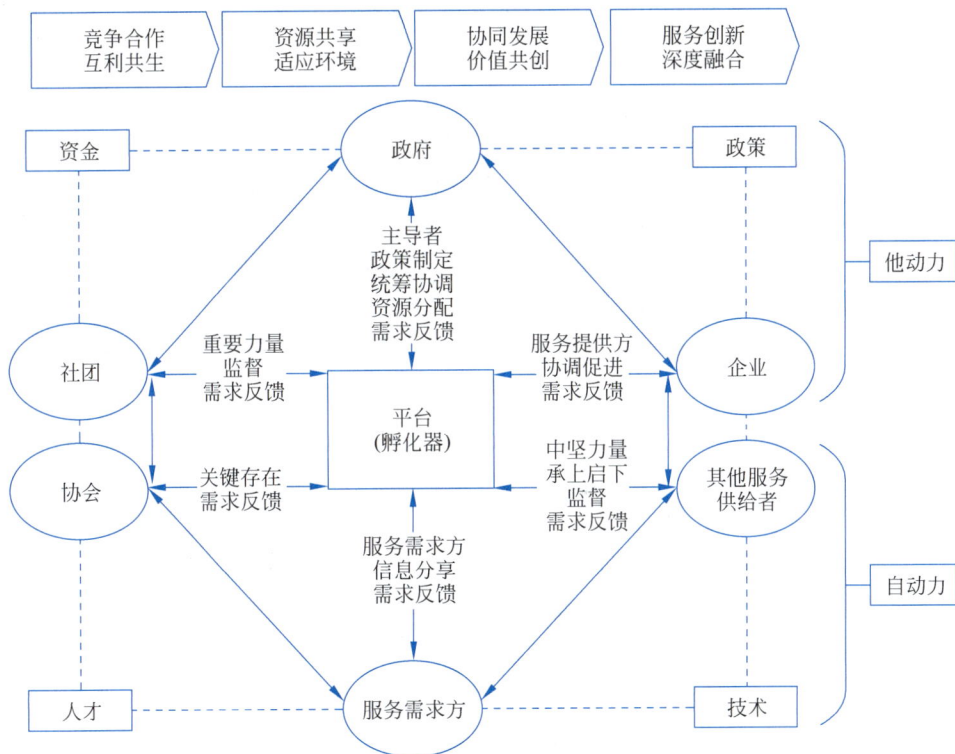

图 3-4 产业互联网聚合驱动机制

1)产业互联网聚合自动力分析

产业互联网聚合的内在动力源于其自动力,这是聚合的基本条件和推动力。根据生态系统的自适应性,产业互联网聚合的自动力源于平台和参与主体建立的各种驱动机制。

(1)平台驱动力。产业互联网平台提供了一站式的多场景服务,满足了需求方的需求。

在服务的过程中,平台利用人工智能、云计算和大数据等技术,建立了一个信息共享和反馈的机制。这确保了平台上的每个主体都能迅速找到关键信息,并且每个主体都能提供反馈。这样,主体之间就能实现互联互通,从而保证了聚合的协同联动。

(2)企业驱动力。在产业互联网服务中,企业需要平衡各相关主体的利益,建立并保持良好的企业声誉,以吸引其他利益主体的合作。企业应利用利益补偿机制,对在合作中受损的利益主体进行补偿,并确保对需求方的需求反馈做到位,以确保提供需求方所需的服务。同时,企业内部应实施激励机制,营造出一种竞争合作和协同创新的氛围,激励员工在技术和服务方面持续提升,从而提高服务满意度。

2)产业互联网聚合他动力分析

产业互联网的聚合力量,源自于其强大的驱动力。这种驱动力是由政府、第三方组织(如协会、社团、高校)等构成的聚合体,通过各种不同的驱动机制,为产业互联网的聚合提供的强大外在推动力。这种驱动力的存在,使得产业互联网能够根据生态系统的自适应性进行调整和发展。

政府的驱动力在其中起着至关重要的作用。政府需要引导各个主体加强沟通和协调,实施引导和利益分配机制,统筹协调各个主体之间的利益关系。同时,政府还需要加大对扶持资金的投入,制定适当的补贴政策,并建立相应的奖惩机制。对于表现优秀的主体,政府会给予奖励;而对于表现不佳的主体,政府则会进行惩戒。

第三方组织的驱动力在于其科学且合理的绩效考核机制。这种机制针对产业互联网中的各种参与主体,根据其特性和特征,选择适合的绩效考核指标体系。这些指标体系会被逐级分解并下沉,与各主体的完成进度和收益紧密相连,并共同纳入产业互联网各主体的经营考核指标。对产业互联网的主体进行严格的筛选和评估是确保其质量的必要条件。通过及时的监控和分析,可以确保产业互联网的健康发展,并实现聚合。

3. 聚合驱动机制分析模型构建

在典型的捕食者-猎物模型设定上,可将服务输出者定义为捕食者,需求方被定义为猎物,一般情况下,当没有第三方作为外部力量进行调控时(无政府环境),将陷入恶性捕食状态,即占有信息资源等优势的提供商一方因利己主义而做出损害"猎物"的行为——使产业互联网组织方式流于形式,产生无效供给,造成供需发展不平衡,最终导致互联网供应链的崩坏。然而,当代中国政府能在市场失灵的情景下通过政府干预,在基于产业互联网的特殊性上,发挥其宏观调控作用,迫使利己主义者做出让利行为,发挥政府的监督作用,促使产业互联网发挥自身优势。故政府在捕食者(互联网提供商)与猎物(需求方)之间的互动中充当调节者。因此这里提出在一个改进的捕食者-猎物模型的基础上,通过刻画产业互联网运转中的主要利益相关者:地方政府、提供商、需求方的复杂交互行为,来达成以提升产业互联网聚合度为目标的探索过程。

在不考虑其他条件的情况下,进入该交互系统中的各方种群密度应符合一般化的种群生态模型,且满足逻辑斯谛(Logistic)增长,即:

$$\begin{cases} \dfrac{\mathrm{d}x}{\mathrm{d}t} = rx\left(1 - \dfrac{x}{K}\right) - \mu xy \\ \dfrac{\mathrm{d}y}{\mathrm{d}t} = \delta xy - \beta y \end{cases} \tag{3-14}$$

式(3-14)中 $K(K>0)$ 为环境承载力,即产业互联网存在的最大接待水平,当超过阈值时,需求方的购买意愿会随着供给方的反应时间延长而下降。在需求方与供给方的交互过程中,预算与控制是消费者产生购买决策的核心逻辑,因而接受服务的花费也是需求方产生消费需求的主要影响因素,当索取个性化服务所支付的代价与需求方当前可支配资金的比例 μ 超过了心理预期,将抵消需求方的消费意愿。

需求方收入来源构成直接影响了需求方对群体服务购买意愿,依据 Zhang Yongjing 的方法,加入 Holling-Ⅱ 功能反应函数,用 $\dfrac{x}{S+x}$ 以描述需求方收入来源的多样性。当多样性指数 S 相对于种群密度 x 越大时,意味着个体收入来源越丰富,将增加其购买意愿。故将式(3-14)改进如下:

$$\begin{cases} \dfrac{\mathrm{d}x}{\mathrm{d}t} = rx\left(1-\dfrac{x}{K}\right) - \mu\,\dfrac{x}{S+x}y \\ \dfrac{\mathrm{d}y}{\mathrm{d}t} = \delta\,\dfrac{x}{S+x}y - \beta y \end{cases} \tag{3-15}$$

平台集成商与提供商之间存在长期合作关系,当前需求方的需求呈现出异质性的特点,因此产业互联网内部的提供商的合作紧密度越高,代表产业互联网对相应行业领域服务的市场占有率越高,所能提供的服务水平越好,可实现的资源整合度越强、聚合度越强,那么就会促进需求方的购买意愿,从而加大在服务中的消费支出。一方面,由于集成商与提供商之间合作度较高而导致需求方可选范围的增加,从而刺激消费意愿,因此会使消费占收入比例的增加;另一方面,随着支出占收入比例的增加,也会让需求方对于是否购买产生决策,因此需要掌握好平衡。同时为保证长期合作关系,假设合作捕获系数 $\alpha>0$。模型进一步优化如下:

$$\begin{cases} \dfrac{\mathrm{d}x}{\mathrm{d}t} = rx\left(1-\dfrac{x}{K}\right) - \left(\mu+\dfrac{y}{\alpha}\right)\dfrac{x}{S+x}y \\ \dfrac{\mathrm{d}y}{\mathrm{d}t} = \delta\left(\mu+\dfrac{y}{\alpha}\right)\dfrac{x}{S+x}y - \beta y \end{cases} \tag{3-16}$$

在生物学领域中,Zanette 等利用田间试验,发现在非捕食行为下,成年麻雀因感知到的风险而诱发对捕食者的恐惧导致后代数量减少了 40%。随后 Wang 等人提出恐惧效应因子,并将其描述为"因恐惧降低猎物出生率"以改进捕食者猎物模型。相应地,在产业互联网运行过程中,同样存在一个恐惧效应,产业互联网的负面新闻令需求方对社会组织提供的业务存在信任危机,这一固有认知让需求方对产业互联网提供的服务持怀疑态度,该效应使需求方消费意向产生波动,因此应引入恐惧因子得到最终表达式。

基于以上陈述,对捕食者-猎物模型进行改进,在考虑恐惧效应因子与合作效应的双重作用下,将"供给方——需求方"这一种群生态系统模型设定为

$$\begin{cases} \dfrac{\mathrm{d}x}{\mathrm{d}t} = \dfrac{r}{1+e^{\frac{y}{\alpha}}}x\left(1-\dfrac{x}{K}\right) - \left(\mu+\dfrac{y}{\alpha}\right)\left(\dfrac{x}{S+x}\right)y \\ \dfrac{\mathrm{d}y}{\mathrm{d}t} = \delta\left(\mu+\dfrac{y}{\alpha}\right)\left(\dfrac{x}{S+x}\right)y - \beta y \end{cases} \tag{3-17}$$

上述参数均为正值,且对于参数 α,有 $0<\dfrac{1}{\alpha}<1$,地方政府通过调整制度,改善产业互联

网环境来影响各参数,稳定供给方与需求方之间的关系。

x:具有购买意愿的需求方密度。

K:环境所能承受的最大承载力,即指产业互联网人群的最大限度,一旦超过 K,就表示达到了产业互联网的能力上限,响应时间将随之变长,因而抵消需求方的购买意愿。

S:政府提供的鼓励产业互联网发展的资金,该指标可描述收入来源的充足性,S 越大,则充足性越高,更易促进个体密度的增加。

r:需求方购买意愿的强烈程度,该参数基于需求方的实际情况而设置,该系数将影响需求方对服务的购买行为。同时,r 越高说明该区域内需要提供的服务越多。

e:食饵对捕食产生的恐惧效应因子。对传统模式的固有认知令需求方对产业互联网这一形式产生认知偏差,引发抵触心理,因而无法正常释放需求。

μ:捕食率系数,指产业互联网提供个性化服务收取的费用水平占需求方支配收入的比重,该系数由需求方的经济状况决定,μ 越高,则更容易促进其他持观望态度人群的离去。

y:该区域内纳入产业互联网系统中的提供商的密度,该指标直接反映了产业互联网的服务质量,提供商的种类、数量越多,对满足需求方个体需求的充足性越高(种群密度即为该区域内个体的数量)。

α:生态学上的定义为捕食者之间的合作捕获参数,这里即指在供给侧,产业互联网平台集成商与各部分提供商所实现的聚合度,该参数直接影响了服务的质量。

δ:产业互联网服务过程中供应商所能获取的收益指标,δ 越大,则愿意纳入产业互联网系统的成员密度将会增高,从而提升了服务供给的充足性。

β:描述供给侧的信息不透明度,用来衡量供给侧的提供商响应平台集成商诉求送达所需要的时间,如果需求方在表达利益诉求后的等待时间越长,那么可以认为产业互联网的信息不透明度越高。

3.2 产业互联网生态系统形成与演化机制

本节主要从产业互联网生态自组织机制、产业互联网生态系统影响因素、生命周期演化过程 3 方面来分析产业生态系统形成与演化过程。

3.2.1 产业互联网生态自组织机制

1. 自组织演化的条件

产业互联网的生态系统是在特定的自组织环境中逐渐演变而来的。也就是说,在满足一定条件的情况下,平台生态系统内的各个成员主体会相互影响,自然地形成有序的结构,推动系统持续发展和演化。以下是具体的条件。

1)开放系统

产业的开放性是其自我组织和演化的基础。根据热力学第二定律,为了保证系统的稳定性和持续发展,系统必须与外部环境进行物质和能量的交流。产业互联网生态系统就是这样一个开放的系统,它的成员主体以及系统本身都在与外部环境进行信息、知识、物质和能量的交换和共享。系统不断地从外部吸取对其有序发展有利的资源,如资金、知识、人才、技术和信息等。同时,系统也会将那些阻碍其发展的因素,如成员间的恶性竞争、系统内部的不合理规定等,输出到外部环境中。

2)非平衡系统

产业互联网生态系统内部的成员和各种要素之间的关系相当复杂,既存在竞争,也存在合作,总体上处于非平衡状态。由于系统内各成员的功能和属性各异,其利益目标也各不相同。为了实现各自的利益目标,系统成员之间必然存在竞争。然而,由于成员之间的资源具有互补性,合作也成为了它们的内在需求。在不同的阶段,竞争和合作的关系处于非均衡状态,加上系统与外部环境的持续物质能量交换,使得系统保持在非平衡态[13]。自组织理论阐述了系统平衡状态的 3 种形态:平衡态、近平衡态和远离平衡态。当系统处于平衡态或近平衡态时,系统能够自我调整以恢复稳定,且不会发生质的转变。然而,当系统处于远离平衡态时,只有当外部环境进行干预或系统内部的波动达到一定的临界点,系统才会逐步回归平衡。在这个过程中,系统经历了质的改变,演变为新的稳定状态。

3)非线性关系

在生态平台内部,成员间的互动关系错综复杂,呈现出非线性特征,这使得它们无法简单地进行叠加处理。作为一个开放的系统,它处于远离平衡态,其内部成员的竞争与合作以及与外部环境的交互和协同,都呈现出非线性的特性。这种复杂的非线性关系所产生的效果,远远超过了简单叠加的线性关系所能带来的影响。在复杂系统内部,微小的波动有可能引发巨大的涨落,这是由于系统内部成员间存在的非线性互动关系。只有当系统内部的波动达到巨大的程度时,系统才会从非平衡态转变为稳定的平衡态。在这个过程中,系统实现了自我组织的演化。

2. 自组织演化的诱因

从对自组织演化条件的分析中可得出结论:随机涨落是推动产业互联网生态系统自我组织和演化的关键因素。在这个演化过程中,随机涨落是推动系统从混乱状态向有序状态转变的动力。通常情况下,系统能够自我调节微小的涨落,这些涨落不会引发大的波动,对系统的整体影响可以忽略不计。然而,微小的涨落可以通过扩散效应和规模效应形成大的涨落。当随机涨落达到一定的阈值时,这些涨落无法被系统自我消化,反而会被系统的不稳定性放大,从而推动平台生态系统向有序结构的演化。因此,可以说涨落是产业互联网生态系统演化的驱动力。

产业互联网生态系统的自我组织和演化过程,不断受到内部和外部涨落的影响。内部涨落源于影响系统内部成员稳定运行的各种因素,如平台生态系统内部的组织协调、资源配置、创新能力和技术创新等。这些因素持续影响系统成员之间的非线性关系,导致企业在规模、技术、生产和利润等方面的变化和差异,从而引发内部涨落,使系统内部运行呈现无序状态。外部涨落则源于外部环境对系统的各种影响,如经济政策、法规、行业大环境等。这些因素影响平台生态系统的研发方向、文化氛围和发展规划,促成演化过程中涨落的产生。在平台生态系统内部、外部以及系统内部的非线性相互作用下,内外涨落不断被放大,累积形成"巨涨落"。当这种巨涨落达到或超过一定阈值时,将推动系统演化,使其向有序或更有序的系统方向发展。

3. 自组织演化的路径

互联网产业生态系统的自我演化是一个从混乱到有序的转变过程。这个过程并非由外部强加,而是系统内部的自然行为。在初始阶段,系统处于一个稳定的混乱状态,通过内部和外部元素的交互和共享,系统内部开始出现微小的波动。这些微小的波动随着扩散效应和规模效应的影响而被放大,形成大的波动。当这些大的波动达到临界点时,由于平台生态系统内部和外部的复杂非线性作用,系统发生了质的变化。通过分叉现象和市场选择机制,系统选择了一条演化路径,并沿着这条路径向有序结构发展,实现了平台生态系统的进化。经过一段时间的稳定后,处于开放环境的系统仍然会不断地进行元素的交换和共享,产生微小的波动。在非线性作用下,系统再次发生质的变化,开始新一轮的从混乱到有序的过程。这种不断的、循环的有序化过程,也是平台生态系统不断发展和演化的过程。以上是基于系统内部结构变化来分析互联网产业生态系统的自我演化过程,而平台生态系统的演化路径最终通过分叉和市场选择来体现。

1)分叉

平台生态系统演化路径的多样性,是其所在的大环境差异以及系统内部创新能力和用户需求预期变化等因素共同作用的结果。分叉现象是平台生态系统演化路径多样性和不确定性的具体表现。每一个分叉点都象征着一条不同的演化路径,一旦选择了某一路径,就将进入一个不可逆转的演化过程。沿着不同的路径演化,自然会形成不同的平台生态系统。每一个分叉点都有多种演化方向,就像树枝一样。分叉的多样性特征推动了平台生态系统的多元化发展。

2)市场选择

平台生态系统在分叉点上的路径选择,通常是市场选择的产物。这与自然选择的过程有相似之处,为了生存,平台生态系统必须追求正向的利润。那些能够实现正向利润的平台生态系统能够存活下来,而那些遭受损失的系统则会被自然淘汰。因此,市场选择机制将适应市场的平台生态系统保留下来。通过与外界保持物质、知识、信息和能量的交换,平台生态系统不断地寻找、学习、模仿、优化和反馈,以适应市场选择的结果。总的来说,市场选择机制可以解释平台生态系统在分叉点上的路径选择问题。

3.2.2 产业互联网生态系统影响因素

1. 产业互联网生态系统演化的内部动力

1)源于平台企业的动力因素

平台企业的治理行为是保障其健康发展的关键,这种治理行为主要体现在资源配置和组织协调上[15]。平台生态系统的演化和发展需要持续的资源投入,这些资源的投入对于技术创新、业务扩张和知识更新等方面都至关重要。作为平台生态系统的中心,平台企业对系统内的资源有着控制权。平台生态系统根据系统成员的专业分工和能力优势,进行有效的资源分配。系统成员得到了资金、技术和信息等资源的支持,这激励它们不断创新,推出满足用户需求的产品和服务,从而帮助扩大用户规模,进一步推动平台生态系统的演化。然而,如果系统内的资源分配不合理,那么不仅会限制成员的发展,甚至可能无法保障基本的生产经营活动。如果成员企业在系统内的收益无法超过它们独立发展时的收益,那么它们可能会选择退出系统,这不仅不利于平台生态系统的发展,还可能阻碍系统的演化。

在平台生态系统中,成员的种类和数量众多,构成了一个复杂的结构。每个成员都是独立的经济实体,它们都有自己的利益目标,并以最大化自身利益为决策依据。然而,由于生态位、地域文化以及经营目标的差异,系统成员之间的沟通可能会出现问题,竞争也可能因此加剧。如果这些问题没有得到及时和妥善的解决，那么网络外部性的负面效应可能会放大这些问题，从而阻碍系统的运行和发展。因此，作为平台生态系统的核心，平台企业不仅拥有资源配置的权利，还在系统中扮演着组织协调的角色。平台企业的协调能力主要体现在为系统成员企业之间的互动制定规则和规范，以协调和维护成员之间的交易和交流行为。明确的、强制性的规则有助于明确系统各方的权利和责任，明确平台生态系统的运行和发展方向，降低机会主义行为的发生，同时降低系统运行的风险和未知性。规则制定具体体现在成员关系、利益分配、奖惩制度等方面。这些规则促进了成员企业在一定的规制下相互合作，协同发展，在保证系统可持续健康发展的共同目标的前提下，追求各自的利益目标，实现了成员企业之间以及成员企业与平台生态系统的共赢。

为了提高竞争优势，平台企业必须不断进行创新。这种创新主要体现在两个方面：一是服务创新，二是模式创新。通过提供独特且可信赖的服务，平台企业能够将供应商、制造商、消费者以及第三方服务提供商聚集在一起，从而迅速建立起庞大的用户基础，并形成一个生态系统。为了吸引更多的用户和相关企业加入，平台企业必须持续创新其产品和服务，从而丰富系统的多样性。随着用户规模的不断扩大和用户黏性的提高，平台企业的产品和服务创新活动也会得到推动，进而吸引更多的用户和企业加入。在这个过程中，系统会在正向循环的推动下不断发展和演化。

互联网生态系统的设计模式与传统行业有所不同，其基础是网络环境，而网络经济的核心在于不断创新。互联网的无时空限制特性使得平台模式能够突破传统模式的时间和空间限制，信息传播迅速且广泛，吸引了众多用户，需求方在系统中集结，形成规模化效应。在平台中，每个需求个体的信息都能透明、充分地流动，吸引供给侧企业根据用户需求提供并创新产品，这不仅满足了现有用户的需求，还吸引了更多用户加入系统。供需双方在平台上的良性互动激活了网络效应，通过网络效应实现规模经济和集聚经济，为平台模式创新奠定了基础。平台模式创新能够扩大服务内容和服务范围，以更灵活多样的方式为更多用户提供更高水平的产品和服务，增强平台系统的竞争力，推动系统的演化。也就是说，平台模式的创新能力对平台生态系统的演化进程产生了显著影响。

2）源于基本成员的动力因素

理论分析揭示，平台生态系统的基本参与者是交易的核心，包括供应链的企业成员、需求链的企业成员以及其他相关的企业。这些参与者与平台公司一起形成了平台生态系统的层级结构。在这个系统中，大部分的价值创新和传递都在这些层级中产生，这些价值活动是推动系统演进的基础。平台公司、供应链企业以及需求链企业的行为不仅对系统的发展和演进产生直接影响，它们之间还会相互影响。

技术创新是推动平台生态系统演化的关键因素，这一观点源于熊彼特的理论，他认为创新是经济发展的驱动力。技术创新为企业的成立和发展提供了持续的动力，这同样适用于平台生态系统。技术创新渗透到系统的每个环节，包括基础开发、应用推广、产品研发和价值链运作等，促进了系统的多元化发展。例如，供给侧成员企业的技术创新能力越强，对技术进步和生态系统的演化越有利。在知识经济时代，"共生、开放、创新、知识"成为企业和组织生存发展的关键。实施技术创新的平台生态系统能以更快的速度、更低的成本获取用户认知，积累用户基础，为业务拓展、利益分配和资产配置提供基础。同时，具有强大技术创新能力的平台生态系统能更好地维持自身的稳定性，促进系统内部的知识共享和成员间的创新能力互补,从而推动系统的演化。因此,技术创新能力越强的平台生态系统,其演化动力越强。特别是在复杂且不断变化的外部环境中,技术创新作为核心驱动力,对平台生态系统的演化起着不可替代的作用。

平台型企业的核心竞争力在于其能够及时、准确地收集用户相关数据,挖掘潜在用户需求。通过技术、服务创新等方式提供优质服务,全面捕捉并积极满足动态变化的用户需求。这种需求侧的拉动力量是平台生态系统产生和发展的直接原因,而需求变化的轨迹与平台系统演化的轨迹有一定的关联性。为了满足来自多边用户的多样需求,增强平台双边用户的交易及交互,平台型企业构建了平台生态系统。网络外部性的存在使得用户规模的扩大不仅为平台企业带来经济价值的增加,更重要的是多样化的用户需求会吸引更多的供应企业加入平台,壮大系统的生态规模。随着信息技术的发展,用户也越来越多地参与到产品的设计和开发中,通过信息反馈等方式推动生态系统内部的产品服务创新,从而不断驱动系统演化[12]。

2. 产业互联网生态系统演化的外部动力

1)政府政策支持

产业互联网生态系统的形成和发展并非完全依赖自然选择。政府在资源配置和推动生态系统演化上发挥了重要作用。通过制定和实施强化市场环境的政策,确保资源的投入,引导资源的优化配置,维护外部环境的稳定,以此激励平台生态系统的创新。政府的政策支持通过产业扶持和消费引导,指导平台生态系统的演化方向。政府的支持政策应包括构建期的培育政策及发展期的利益保护和扶持政策,以优化平台生态系统的发展环境。仅依赖系统内部的治理机制无法有效解决平台生态系统面临的所有问题,需要更全面的法律和政策的干预和调整。例如,政府通过制定关于第三方在线支付的法律法规,约束支付机构的行为,创建公平的竞争秩序和环境,保障消费者的权益。因此,政府的政策支持是平台企业构建和发展平台生态系统的关键驱动力,通过制定和实施相关政策在平台生态系统的演化中发挥推动作用。

2)行业竞争环境

在市场竞争压力下,平台企业需要寻求有效的应对策略。其中,构建生态系统被视为一种有效的途径。这个过程并非易事,因为市场对产品和服务的要求严苛,所以企业必须通过持续创新来积累产品的市场竞争力。然而,企业的资源和能力是有限的,这限制了其创新能力,使得在竞争中保持实力,积累竞争优势变得困难。为了解决这个问题,企业开始寻找拥有互补性资源和能力的其他企业、机构等,通过信息互通和资源共享,促进双方或多方的合作。这样,企业更愿意构建以自身为核心的生态系统,吸引和包容互补企业,实现互补协同效应,为企业提供持续的技术和能量。当生态系统构建完成后,成员的参与热情被行业需求所激发,会有更多的配套企业加入系统,完善系统的种群结构,扩大用户规模,拓展价值链。延长的价值链会吸引更多的配套企业进入系统,形成正向循环,不断完善和健全平台生态系统,推动系统的演化。因此,无论是平台企业还是平台生态系统,都是在特定的行业环境中发展的。行业环境的良性与否、稳定与否,都决定了生态系统的构建和演进进程。在激烈而良性的市场竞争环境中,构建生态系统成为了平台企业应对市场竞争压力的有效途径[11]。

3. 产业互联网生态系统演化的内部机制

1）平台企业协调机制

平台企业的协调机制是一种优化系统内部成员关系的策略,通过协调内部的利益和资源来实现。在平台生态系统的初级阶段,由于系统内部成员较少,利益关系相对简单,成员间的资源争夺几乎不存在,因此,平台企业在这个阶段主要关注的是自身的利益。然而,随着平台生态系统的发展,成员数量逐渐增加,种群密度和种群数量急剧上升,系统成员开始出现业务重叠,利益争夺和资源竞争也随之产生。为了保证平台系统的健康发展,平台企业作为系统的领导者,需要扮演协调者的角色,协调系统成员的利益关系和资源分配。系统进入创新阶段后,系统内部的种群变得复杂,生态位的重叠现象更加严重,内部的竞争也变得激烈,此时,平台企业需要快速调整平台生态系统,不仅需要协调系统成员之间的交互关系,还需要鼓励各成员共同努力,推动系统的持续健康发展。这种协调机制有助于平台系统的成长,丰富系统资源,提高平台系统的网络价值。

2）创新驱动机制

在网络技术飞速发展,更新换代频繁的今天,平台生态系统必须保持持续创新的动力,以满足用户不断增长的需求,保持其生存活力,防止被其他平台系统替代。因此,平台系统应始终保持创新的动力,换句话说,创新驱动机制应贯穿平台生态系统的各个演化阶段。在系统构建阶段,平台企业需要依靠其独特的服务和创新产品吸引用户,快速建立用户基础;进入发展阶段后,创新驱动机制的推动力主要体现在平台企业和系统内部成员的产品、服务、技术和模式的持续创新上,旨在增加原有用户的黏性,同时吸引新用户加入系统,丰富系统的种群结构,提升系统的附加价值;系统进入创新阶段后,内部利益关系变得复杂,需要警惕技术变革和行业竞争的威胁,创新在系统演化中的重要作用更加突出。平台生态系统应在交易方式、盈利模式和技术应用等方面进行颠覆性创新,力争演变为更适应当前行业环境的平台系统,避免走向衰败。平台企业可以通过变革,例如,通过新成员带来的新思想和新知识的注入,寻找新的价值主张,重塑价值网络,实现成员的价值创造和获取。

3）需求拉动机制

产业互联网生态系统的产生、演化和发展都是由需求直接驱动的。因此,在系统的构建阶段,平台企业以满足用户需求为契机,搭建起平台生态系统。随着科技的进步和社会的发展,用户的需求级别在每个演化阶段都在不断提高。在发展阶段,为了满足更新的用户需求,需要不断创新产品和服务,因此,需求为产品/服务的供给和技术创新提供了变革的方向和动力。此外,为了适应用户不断变化的消费理念,平台系统的模式,包括交易方式、产品和服务的组合方式等,也在持续创新。当平台生态系统演化至创新阶段时,源源不断更新的用户需求为平台系统提供了拓展更多业务方向的可能性。一方面,这可以吸引系统外部的相关企业加入,从而壮大系统规模;另一方面,这也可以加速系统内部生态位的分离,促进分工的细化,提高专业化程度和成员企业的协作水平。用户需求的更迭加速了系统内部专业化分工的速度,推动平台生态系统演化为规模更大、服务更为综合的新的平台生态系统。

4）竞争协同机制

在平台生态系统的早期阶段,成员企业数量较少,密度较小,因此,平台企业与同类企业之间的竞争压力较大。为了在激烈的市场竞争中生存并为平台系统的未来发展奠定基础,平台企业会主动寻找合作伙伴,如配套企业和科研机构,以抵御市场竞争对手的威胁[8]。在这个阶段,平台生态系统内部的协作关系大于竞争关系。然而,随着平台生态系统规模的扩大,成员数量和密度逐渐增加,处于同一生态位的成员开始出现竞争。由于系统资源有限,这导致了成员企业之间的竞争加剧。一方面,根据优胜劣汰的原则,处于竞争劣势的企业可能会选择退出系统,从而进一步优化种群结构。另一方面,内部的激烈竞争也会推动成员企业分工更加细化、深化协作关系,产生的效果大于各自单独的总和,从而推动产业互联网生态系统的演化。当平台生态系统进入创新阶段,尽管内部竞争依然激烈,但整体仍能保持和谐高效的运作状态。随着系统规模的进一步扩大,系统边界变得越来越模糊,与其他平台生态系统的业务交叉和重叠现象日益严重,特别是与同类平台生态系统之间的竞争不断升级。这就要求成员企业以系统整体利益为重,加强协同合作,并持续创新新技术、新产品或新模式,以应对外部竞争对手的威胁[9]。

4. 产业互联网生态系统演化的外部机制

政策支持在影响产业互联网演化的外部机制中起着至关重要的作用,它在平台生态系统演化的各个阶段都发挥着积极的推动作用。政府的政策支持通过激励平台生态系统内部的创新、吸引资源流向系统、鼓励配套企业加入系统等方式,丰富了系统内的种群结构,从而推动了系统的演化[16]。以激励内部创新为例,在平台企业构建系统的过程中,政策可以重点鼓励平台企业增加创新投入,以激发其创新活力。当产业互联网生态系统稳定发展时,合理的政策支持应鼓励创新活动的开展、加快人才的引入、促进技术创新成果的转化。特别是在社会整体效益提升、投资规模扩大、平台模式发展前景看好的情况下,政策支持更应鼓励系统的多元化发展。

3.2.3 生命周期演化过程

产业互联网生态系统演化与自然环境下的生态系统类似,可分为构建、发展和进化 VI 衰退阶段,每一阶段的成员数量、系统边界、竞争程度和控制权表现出不同特点。下面具体分析产业互联网生态系统演化各阶段及其特征。

1. 演化的构建阶段

产业互联网生态系统的初始阶段是其构建期。在这个阶段,平台生态系统从零开始,依赖资源条件、技术条件、生产要素和政府政策支持,逐步吸引有需求的成员加入,从而积累用户规模。尽管系统成员数量在逐步增加,但由于平台生态系统仍处于初级阶段,系统内部的种群类型较少,种群密度较低,功能和结构尚未完善,因此成员间的竞争和合作相对较少。此时,系统的主要目标是吸引更多的成员并积累用户规模。总的来说,构建阶段的主要任务是由平台企业搭建基础体系架构,提供高附加值的产品和服务,吸引有需求的企业参与到平台系统中,逐步形成以平台企业为核心的生态系统[14]。因此,系统内成员数量呈现出平稳的增长趋势;平台企业的业务范围较为简单,系统边界明确;系统内种群结构清晰简单,竞争程度较低,平台企业在系统中占据了绝对的领导地位。

2. 演化的发展阶段

根据生态系统的演化速度,发展阶段分为扩张发展阶段和稳定发展阶段。

1) 扩张发展阶段

在积累了足够的用户规模和资源后,系统已经具备了发展的条件和能力,开始进入扩张发展阶段。在这个阶段,系统内的种群数量和密度都在爆炸式增长,生态位的重叠现象开始出现,各个成员之间的竞争也变得更加激烈。为了提升自身的竞争力并独占生态位,系统的成员开始专业化分工,并建立起协同合作的关系[17]。尽管系统的演化发展速度仍在递增,但其加速度已经开始逐渐下降,趋近于零。当系统内的成员数量发展到当前资源条件下的平台生态系统成员数量上限的一半时,系统的演化加速度将达到零,演化发展速度也将达到最大值。在这个阶段,随着内外部要素的持续交流和共享,系统内部开始出现自组织的运行机制。

2)稳定发展阶段

系统在经历了一段时间的快速扩张后,已经步入了稳定发展,或者说是成熟发展的阶段。在这个阶段,尽管系统内的种群数量和密度仍在增长,但增长的速度已经明显放缓。然而,由于系统内的种群数量庞大,竞争变得更加激烈。新成员的加入不仅增加了系统的业务范围,也使得生态系统的边界不断扩大,趋于模糊。同时,生态位的重叠现象变得越来越明显,成员间的利益关系也变得越来越复杂。受到资源环境、政策法规等因素的限制,平台生态系统的发展遭遇了瓶颈。为了在有限的空间中生存下去,系统的成员开始利用内外部要素的快速流动和交换,不断进行创新。它们之间的关系不再是简单的零和博弈,而是复杂的非线性关系,它们需要彼此合作,竞争,协同共生。在这个阶段,系统的演化速度和加速度都在逐渐下降。最后,系统开始进入下一个阶段。

3. 演化的进化/衰退阶段

在经历了扩张和稳定发展阶段后,平台生态系统已经达到了其在当前外部资源环境中的最大承载能力,这是一个完全成熟的状态。然而,新技术的出现和产业革命的推动,使得这个阶段也被许多学者视为衰退阶段。这意味着,如果平台生态系统在这个阶段不进行大规模的改革和创新,不寻求业务创新,那么它将面临衰退和被取代的风险。因此,平台生态系统应该通过提升环境质量、吸引优秀人才和持续创新等方式,推动系统向更高级、更有序的状态演化,发展成为更加综合的产业互联网生态系统。在进化后,平台生态系统将寻求新的业务构成和模式,种群成员的生态位也将重新定义。此时,平台生态系统将面临包括资源环境、法律环境和市场环境在内的新的外部环境。在全新的外部环境中,平台生态系统将在原有种群规模的基础上,再次经历从扩张发展到稳定发展,最后到进化/衰退阶段的过程。通过每一轮生命周期的轮回,平台生态系统都将积累更大规模、更丰富的种群成员,向更综合的方向演化发展,实现持续进化[10]。这是平台生态系统应对外部环境变化,保持持续发展的关键。

3.3　产业互联网生态系统分析框架

对一个具体的产业互联网生态系统的分析往往包含不同的视角及对应方法,本节主要基于产业内外部因素,从宏观经济与市场分析、经济学和管理学等视角,构建了产业互联网生态理论分析体系,如图3-5所示。

3.3.1　外部因素分析

1. 宏观经济

宏观经济用来分析产业互联网的外部因素,同时起到主导产业发展走向的作用。宏观

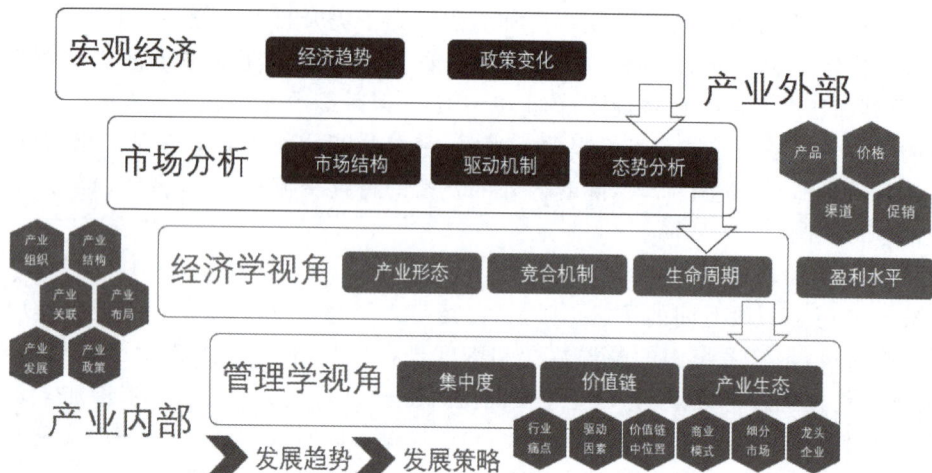

图 3-5 产业互联网理论分析框架

经济分析包括多个方面,如世界经济整体走势分析、中国经济总体趋势分析、中国宏观经济政策的变化、中国经济增长路径分析、中国经济转型趋势分析、潜在的经济危机的影响分析等。另外,需要考量政策因素,如与行业相关的政策变化、不同地区的政策差异等。同时,技术变革也会对从宏观层面对产业的发展产生影响,因此需要对影响行业发展的技术因素及其他因素进行分析。

宏观经济反映的是市场大环境,国家 GDP 数据、制造业数据、消费数据等都会反映出经济处于什么水平和阶段。我国主要把行业区分为六大类:资源类(能源、土地、水电等)、金融类(银行、证券、保险等)、原材料(工业和金属原材料)、农产品(农业、畜牧业等)、健康产业(医疗、美容等)、基础建设(公路、交通等)。我国已逐渐从工业化大国转变为信息化、数字化、科技化大国,因此产业的发展离不开国家政策的扶持。如 2019 年提出的新基建行业,包括 5G 建设、特高压、工业互联网、数据中心、人工智能、新能源汽车、交通轨道等新型科技产业。国家政策会给行业以及公司未来带来上万亿元的市值和空间,也会进一步促进经济的增长。同时,产业发展的规模和数据也能够体现到国家宏观经济数据中,反映出国家的经济增速及稳定状态,二者可以起到相辅相成的作用。

2. 市场分析

产业互联网外部因素分析的另一个角度是对市场进行分析,内容包括市场结构分析和驱动要素分析等。

1)市场结构

市场结构或竞争态势分析,是指一个行业内部买方和卖方的数量及规模分布、产品差别的程度和新企业进入该行业的难易程度的综合分析。西方经济学通常按照市场竞争程度的不同将市场结构分为 4 种类型:完全竞争市场、垄断竞争市场、寡头垄断市场和完全垄断市场。影响市场竞争程度的具体因素包括:卖方和买方的集中程度或数目,不同卖方间各自提供的产品的差别程度,单个厂商对市场价格控制的程度,厂商进入或退出一个行业的难易程度。

2)驱动要素

从市场角度,判断产业发展的另一个基本因素是行业的驱动要素。驱动要素主要包含需求驱动和供给驱动。在行业的发展前期,一般都是需求驱动,因为这个时间点上大部分人对于产品的接受度比较低,所以行业的增长是更多的用户接受了新行业的服务,从而带动了整体的增长。随着行业的不断成熟,渗透率增高,行业的发展依靠供给上的变化驱动。而在智能设备领域,有时可能又是相反的,初始阶段是供给驱动,例如,iPhone 前期是通过供给来驱动。在没有这样的手机前,用户并不知道有这样的产品。供给驱动的阶段有明显的供不应求的特征,用户往往需要通过加价才能买到,如早期的智能手机、2000 年左右的计算机、2004 年左右的汽车。某个具体行业的驱动要素需要结合当时的市场情况进行具体分析和判断。

3.3.2　内部因素分析

1. 经济学视角

经济学分析主要用来分析产业互联网的内部因素,包括产业组织形态、竞合机制以及产业生命周期等问题。

1) 产业组织形态

产业组织形态是指同一产品价值链上的各种企业之间的竞争或合作的关系结构的具体表现形态。从理论上说,产业组织形态可以按照两条标准作进一步划分。其一,产业组织内部企业之间的竞合关系的性质及其侧重点。即企业之间是竞争关系还是合作关系?是竞争为主还是合作为主?其二,企业之间合作的基础或方式及其侧重点。即企业之间的合作是以契约、股权(资本)为基础,还是两者兼有?各自相对地位如何?这两条标准大体决定了特定产业组织形态内部市场交易与科层管理这两种治理机制的相对地位,从而可以确定其具体类型。从理论角度深入探讨,可以看到产业组织的形态谱系,它从"纯粹的市场模式"开始,经过"完全集成的单一企业",最终形成了"产业生态系统"。在这个谱系中,可以看到各种典型的产业组织形态,如"网络结构""战略联盟""企业群体"以及"完全集成的单一企业"。这些形态在谱系中有序地分布着。

2) 竞合机制

产业互联网中企业间的竞争合作关系是产业组织形态的重要部分,对竞合关系的形成机制与基本特征的分析有助于完善对产业的研究。集群企业基于自身利益出发,选择竞争或合作,本质上是一种利益与风险博弈的均衡结果,可以利用博弈理论分析集群内企业的竞合行为。自 20 世纪 80 年代以来,网络经济的崛起和经济的网格化发展引领了一种全新的经济运行模式,这种模式与传统的工业经济有着显著的区别,从而引发了组织结构的深刻变革。在这种新的环境下,传统的职能型组织和多部门化组织等企业组织形式逐渐无法适应技术条件和企业运营环境的变化。相反,以网格性和合作性为主要特征的企业联盟,如战略联盟、企业集群、模块化生产等,已经成为生产和经营的基本组织形式。这种企业联盟模式摒弃了过去过度竞争导致的双输局面,通过研发、制造、销售等形式的联盟,在企业间进行技术转移和能力融合,实现了资源的重复利用和高效使用,使得企业能够共享平台和渠道,实现了充分而有效的合作。当各种企业间合作大量涌现,企业联盟成为产业的主要组织形式时,产业的竞合机制出现了根本性变化。企业联盟成为一个基本经济单位,一个产业内的竞争不仅可以在企业间展开,还可以在企业联盟之间展开,并成为一种更常见的模式。与单个企业相比,联盟的竞争优势是它利用不同资源时的灵活性和适应性更强,能够快速整合新的资源,依靠联盟内部资源取长补短,克服单独企业的缺点。

3）产业生命周期分析

产业生命周期分析从整个产业的角度考虑问题,分为初创期、成长期、成熟期和衰退期,由此绘制出产业发展的成长曲线,根据曲线的不同走势,可以分段标出其年均增长率。成长期蕴含机遇,企业应当采用快速占领市场、扩展分销渠道的策略;成熟期及衰退期蕴含威胁,企业应当采用细分市场并对产品进行差别化处理的策略。投资者需要通过市场规模及增速,或其发展阶段,来判断该产业是否为值得投资的赛道。

4）产业经济学分析

产业经济学是以产业为研究核心,深入探讨科技发展、劳动力等资源的流动、空间扩展和经济表现的学科。它也研究产业的动态变化规律。计量经济学工具是其主要的经济数据研究工具。其分析方法主要包括博弈论分析、各种力量的博弈、均衡与非均衡的分析方法,以及实证方法、规范方法、静态和动态的分析方法、统计和比较的分析方法、博弈和结构的分析方法。其主要的思想来源于哲学中的矛盾对立统一思想和辩证法思想,而主要的模型来源于自然科学。自然科学与社会科学在基本关系上是一致的、相互联系的。产业经济学是一门具有较强预测能力的学科。在理论层面,对产业经济学的研究有助于建立统一的经济学框架,促进经济学与管理学之间的交流,并推动应用经济学的学科发展。在实践层面,产业经济学的研究可以帮助构建高效的产业组织结构,推动产业结构的升级优化,合理规划产业布局,降低能源消耗,提高经济效益。

2. 管理学视角

除了经济学视角的分析,对产业互联网内部因素的分析往往基于管理学视角,主要的研究内容包括行业集中度、价值链以及产业生态系统等方面。

1）行业集中度

行业集中度（Concentration Ratio）又称行业集中率,是指某行业的相关市场内前 N 家最大的企业所占市场份额（产值、产量、销售额、销售量、职工人数、资产总额等）的总和,是对整个行业的市场结构集中程度的测量指标,用来衡量企业的数目和相对规模的差异,是市场势力的重要量化指标。

行业集中度是决定市场结构最基本、最重要的因素,集中体现了市场的竞争和垄断程度,经常使用的集中度计量指标有行业集中率（CR_n 指数）、赫芬达尔-赫希曼指数（Herfindahl-Hirschman Index,HHI,以下简称赫希曼指数）、洛伦兹曲线、基尼系数、逆指数和熵指数等,其中行业集中率与赫希曼指数两个指标被经常运用在反垄断经济分析中。

2）价值链

在企业的运营过程中,价值链的各个环节都是相互联系、相互影响的。例如,通过投入更多的成本购买高质量的原材料,可以在生产过程中减少工序,降低次品率,缩短加工时间,从而影响其他环节的成本和效益。“价值链”理论认为,企业的众多“价值活动”中,并非每一个环节都能创造价值。实际上,企业所创造的价值主要来源于价值链上的某些特定的价值活动,这些活动被称为企业价值链的“战略环节”。企业在竞争中的优势,特别是能够长期保持的优势,主要来自于价值链上某些特定的战略价值环节。而行业的垄断优势则来自于该行业的某些特定环节的垄断优势。只要抓住了这些关键环节,就等于抓住了整个价值链。决定企业经营成功与否以及效益的战略环节可能是产品开发、工艺设计,也可能是市场营销、信息技术,或者人事管理等,这取决于不同行业的具体情况。这些战略环节是企业在竞争中获得优势的关键。

3）产业生态系统

与传统的产业系统相比,产业生态系统具有两个显著的特征。首先,系统内部的各个成员之间存在着有形和无形的链接。有形的链接主要体现在上下游之间的废物或初级产品的正向和逆向流动,而无形的链接则体现在各成员内部的生态产业理念、生态化链接技术以及废弃物的经济价值。这种结构模式使得产业生态系统的结构具有双重链接模式。其次,产业生态系统的运营目标是追求经济效益和环境效益的共存。在追求经济利益最大化的同时,系统也充分考虑了环境污染的负外部性,因此,系统的运营具有双重发展目标[18]。此外,产业生态系统内部的各个企业不再采用传统的“线形”结构,而是转向采用具有负反馈连接的“循环”结构。这种结构的变化,进一步强化了产业生态系统的生态化链接关系[19]。

3.4　产业互联网生态系统业务框架

本节提出了产业互联网生态系统用的业务框架,给出了 3 个维度的系统组成要素,并在此基础上提出生态共创激励和运行模型。

3.4.1　系统组成要素

产业互联网生态系统业务框架的参考架构由行为、功能和组织 3 方面要素构成,如图 3-6 所示。

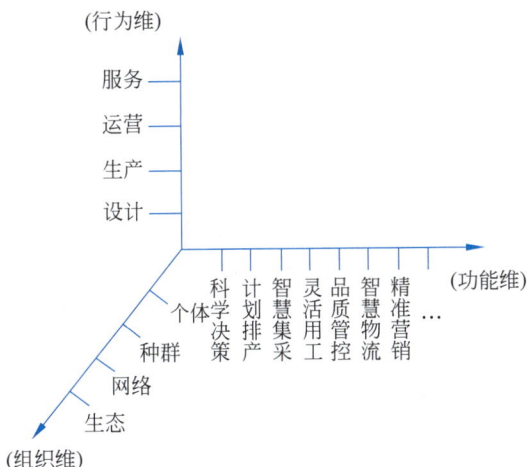

图 3-6　产业互联网生态系统业务框架

3 个视角包括组织视角、行为视角和功能视角,给出了产业互联网生态体系构建涉及的主体、作用对象和作用场景。产业互联网生态体系的构建需要同时从 3 个视角进行分析,并实现不同视角间的协调互动和融合。产业互联网生态体系的组织者宜以组织模式为基础开展分析,以行为需求为驱动,持续优化和创新场景功能,并将场景功能创新反馈到组织管理和业务行为,进行互动创新和持续优化,实现产业互联网生态主体的管理革新、业务行为的价值创造和场景功能的创新。

产业互联网全流程涉及产业链、供应链、价值链和创新链,涉及的要素包括生产要素、服务要素和平台等。产业互联网管理优化宜以供应链为核心,各流程的参与者基于各自核心的资源要素,融合产业链、供应链、创新链在产业协同、价值共创、合作创新方面的特征,细化分工推动产品设计、采购、生产、销售、交付等全过程的高效运营,同时使供应链节点之间形成依赖化、动态化的共生关系。

产业互联网生态体系是一个循序渐进、螺旋式发展的历程,产业互联网生态的生命周期包括生态构建期、扩张发展期、稳定发展期、生态衰退期/生态进化期[5]。

组织结构是表明产业互联网生态体系各参与角色空间位置、聚散状态、联系方式以及各角色之间相互关系的一种分工协作体系。

个体是产业互联网生态系统中的基本单位,指一个企业或一个消费者。个体在生态系统中与其他个体相互作用和影响,共同构成生态系统。

种群是产业互联网生态系统中有相同或相似特征的个体的集合体,种群内部存在着相互作用和影响,如竞争、合作等,在产业互联网中常表现为产业联盟。

网络是生态系统中不同种群之间相互作用和影响形成的复杂网络型组织,表示不同种群之间的相互依存和相互作用关系。

生态是包含产业互联网所有个体、种群、网络以及它们相互作用和影响的复杂系统。通过将产业互联网看作相互依存、相互作用的生态系统,实现资源共享、循环利用、协同创新和可持续发展。

3.4.2 产业互联网生态系统功能/核心服务

产业互联网生态体系涉及从设计、生产、运营到服务的全产业链/供应链/价值链/创新链流程,典型的产业互联网生态体系业务场景可包括科学决策、计划排产调度、智慧集采与供应、灵活用工、个性化定制、品质管控、智慧物流配送、精准营销、共享财务、数字化金融等。

- 科学决策是基于既定目标,对相关数据进行建模、分析并得到决策的过程。该过程综合约束条件、策略、偏好、不确定性等因素,可自动实现最优决策,用于解决产业互联网生态体系中生产全流程的优化和决策问题。
- 计划排产调度是指利用先进的规划管理技术,在有限资源下,寻求供给与需求之间的平衡规划;同时,利用信息的存储与分析能力,以最短的期限,达到最有效的规划。以实现产业互联网生态体系供应链上下游的高效协同。
- 智慧集采与供应是指在信息化平台的采购计划发布、采购合同签署、物流管理、仓库收货、采购商提货、购货发票管理、供应商企业管理、价格和供货信息管理以及订单管理等业务功能的支撑下,实现生态体系供应链协同,帮助企业解决货物渠道及运输存储问题的场景。
- 灵活用工是指通过生态体系调配生态体系内的劳动力,实现除全日制劳动用工以外的其他形态,包括非全日制用工、劳务派遣、退休返聘、实习、岗位外包、业务外包、合伙、自雇、平台用工等方式。
- 个性化定制是指用户介入产品的生产过程,用户获得自己定制的个人属性强烈的商品或获得与其个人需求匹配的产品或服务。个性化定制以产业互联网生态体系的最终用户为中心,由用户订单驱动,借助信息化平台从需求识别阶段提出其个性化的需求。

- 品质管控是以用户为导向,从产业链源头开始自主掌控品质,把关原料、采购、加工、运输、销售及服务等一系列全流程,实现产品质量可追溯,使产业互联网生态体系参与者了解产品的产业链走向、实现渠道产品的规范性管理。

- 智慧物流配送基于信息平台,为运输企业、协作承运商、司机、货主、收货人等提供业务管理、上下游信息共享、协同作业等服务。智慧物流配送通过企业间物流数据的协同,将产业互联网生态体系的运输链条连接起来,推动产业走向集约化。

- 精准营销是在精准定位的基础上,依托用户精准画像技术,建立个性化的用户沟通服务体系,以不同的渠道对用户进行精准营销,并实时跟踪其使用体验,在营销完成后对整体的营销情况进行分析以指导企业生产制造及营销计划的过程。

- 共享财务是在产业互联网生态体系协作模式下,产业链各个企业通过供应链连接,将其采购和销售环节所产生的收付款凭证、发票等统一管理和核算,以保证财务环节的统一规范和监管,使企业之间可以及时取得真实的财务信息,减少时间成本,提高相互间信任。

- 数字化金融通过数据的收集和分析,对所在行业的融资企业以及所在的供应链网络进行整体评价,将资金流有效整合到供应链管理的过程中,既为供应链各环节企业提供贸易资金服务,又为供应链弱势企业提供新型贷款融资服务,并能有效地防控风险。

3.4.3 生态共创机理

根据分析视角的不同,产业生态共创机理的研究可以从微观、中观(介观)和宏观3个层面展开。

1. 微观层面价值共创机理分析

1) 微观层面实现价值共创的动力和原因

从微观角度看,产业互联网价值共创系统是由一个政府或产业互联网主导者(以下代称为平台企业)和大量供给方、需求方等利益相关主体构成的。除平台企业外,其他主体的角色并不是固定的。整个产业互联网的活动可以被视为多组供应方-平台方-需求方进行价值共创的过程,而推动价值共创活动实现的动因本质上是各方利益主体对各自价值的诉求[5]。

在平台企业的价值追求中,可以看到3个主要的方向。首先,作为社会生态系统的一部分,平台企业不仅关注自身的收益,也致力于实现社会价值,比如创造更多的就业机会和增加税收。其次,平台企业作为生态系统的核心领导者,对于生态系统的未来生存和发展有着深远的考虑。为了保证系统中各利益相关主体的长期收益,平台企业需要获取足够的发展性价值。最后,平台企业价值共创活动的首要驱动力是对收益性价值的追求。因为只有实现盈利,平台企业才能维持生态系统的生存与发展,这也是企业的首要任务和最终目标。

供给方和需求方的价值诉求可以从不同的角度进行理解。一方面,供给方作为产品和服务的提供者，其首要目标是实现经济收益。然而，作为生态系统中的一员，供给方也面临着与其他供应商的竞争，因此需要不断提升自身的竞争优势，获取竞争性价值。此外，供给方的发展也离不开与平台企业、需求方以及其他供应商的合作，因此需要通过参与价值共创活动，建立互惠共生的关系，获取关系性价值。

另一方面，需求方的价值诉求主要体现在功能、情感和经济3个方面。需求方希望通过参与价值共创活动，向平台企业和供给方反馈自己的需求，促使它们提供更优质的产品和服务。同时，需求方也追求情感性价值，希望通过参与价值共创活动，获得情感及精神的满足。最后，需求方希望以合理的价格获得优质的产品和服务，因此会通过参与价值共创活动，提升自身的影响力，促使供给方提供物美价廉的产品和服务。

平台企业、供给方及需求方的价值诉求存在明显差异，但彼此间又是相互影响、彼此作用，共同驱动着价值共创的产生与实现。只有实现价值共创，各方利益相关主体才能获得最大化价值，进而满足自身的价值诉求。由此可见，平台企业、供给方及需求方的价值诉求是驱动其参与价值共创活动的动因所在。

2）微观层面价值共创的实现过程

（1）平台企业与供给方。平台企业通过搭建平台，对供给方进行资源赋能和服务赋能，提供技术和商业上的支持，使得供给方通过平台的中介作用获得更多的交易订单和获取需求方信任，实现供给方的价值创造和获取。同时，不断进入的供给方能够为平台提供丰富的互补性产品与服务，完善平台的功能，进而吸引更多的供给方和需求方进入平台。

（2）平台方与需求方。平台企业通过搭建平台使需求方能够获得各种服务，并通过资源赋能和服务赋能提升需求方参与服务设计、生产及消费的能力，平台集成供给方的行为也提高了需求方的议价权。需求方通过进入和使用平台而产生购买消费行为，为平台企业带来直接经济价值。不断进入的供给方也能促进整个平台的不断发展壮大。

（3）供给方与需求方。供给方能够通过为需求方提供服务带来最直接的价值。同时供给方与需求方可以借助平台建立稳定和良好的交易关系，供应方可以参考需求方的知识和操作性资源对服务进行升级改良，需求方通过稳定的交易关系可以获得性价比更高的服务，最终实现供应方和需求方的价值创造和实现[20]。

2．中观层面价值共创机理分析

1）中观层面实现价值共创的动力和原因

中观层面的产业互联网价值共创系统与生态系统概念接近，除了平台企业以外的其他利益相关主体都被视为是产业互联网的用户，而不再按供需关系区分，有相近特征的用户再被抽象为不同的种群，价值共创的目的也不再是各方利益主体对个体价值的诉求，而是所属种群的壮大和发展（种群的规模在本场景下可以理解为种群通过产业互联网获得的价值总量，也反映了该种群在整个生态中的重要性）。在这一阶段，实现价值共创的动力和原因主要是由产业互联网本身的特性所决定的。如高效的线上与线下体验吸引用户持久地"栖息"在平台上；用户需求的数量由量变向质变过渡引导业务流程创新；用户间的竞争关系向多形态的合作竞争关系演化；在信息技术支持下，产业互联网的用户与服务提供商被分层管理，形成复杂的、多要素、多变量构成的层级系统，具有多尺度、低频率和变化缓慢等特征，因此可以通过借鉴自然生态系统的规律来研究价值创造机制。

价值载体变化引发用户栖息行为。在传统的价值理论中，价值的载体一直是产品，价值创造活动主要围绕产品生产过程。而在产业互联网环境下,价值创造活动集中在线上与线下的服务过程,价值载体由产品转变为服务体验过程。产业互联网凭借服务集成、即时通信、广泛互动、深度嵌入的特点成为了用户的固定"栖息地"。这种栖息一方面表现为时间的长久性,另一方面表现为心理的依赖性与归属感,进一步吸引更多异质化服务加入产业互联网,形成了类似自然界的生态环境。

用户需求数量由量变向质变过渡。随着接入产业互联网的用户数量不断增加,出现了针对批量用户的集成服务,改变了传统服务的协作链条,使成本与供给的关系发生了极大的改变。以音乐网站为例,每首电子单曲的变动成本相比传统磁带、黑胶唱片来说几乎可以忽略不计,这使得电子单曲可以实现便捷的复制和分享,从而实现无限量的供给。同时,在信息技术的支撑下,用户的个性化需求直达服务提供商,既有效满足用户需求又能提高服务提供商获得的经济利益。因此,大量的用户与各类服务提供商围绕产业互联网协作,形成了各种价值共创的模式。

用户间的竞争关系向多形态的合作竞争关系演化。传统的价值链、价值网理论一直将消费者与服务提供商之间的博弈视为零和博弈,消费者不参与企业的价值创造过程,消费者与服务提供商的界限清晰。而在产业互联网中,同类型客户间的竞争不再是零和博弈,而是转变成了一种既竞争又合作的新关系。例如,多个消费者可以组成联盟,通过数量优势获得性价比更高的服务,多家同类型的公司在平台的撮合下,可以实现售后服务相互合作,达成双赢。在这种情况下,同类型的参与主体拥有共同利益,可以看作生态系统的"种群",种群内的竞争不再作为关注的重点。

2)中观层面价值共创的实现过程

中观层面的价值共创活动与自然生态系统类似,通过生产者、消费者和分解者的有机配合形成循环。

(1)价值共创活动中的生产者。平台企业为用户提供满足其某一方面需求的栖息地和互动的基本框架,并鼓励用户与自身进行价值共创。

(2)价值共创活动中的一级消费者——用户。在价值共创生态系统中,用户的消费行为起着至关重要的作用,它在物质循环和能量流动中占据核心地位。这种行为不仅影响服务提供者的创新活动,也决定了平台企业如何构建和维护其价值生态系统。用户需求是价值共创系统的存在理由,而满足这些需求的方式——无论是提高效率、优化体验还是降低成本——都是价值生态系统发展的基石。

(3)价值共创活动中的二级消费者——平台企业。获取用户消费数据是平台企业作为二级消费者的主要职责,这不仅构成了提升其自身及平台竞争力的基石,也是推动产业互联网价值共创活动的核心。这一特性使得产业互联网价值共创系统在组织形式上与传统的价值创造机构有着明显的差异。

(4)价值共创活动的支撑者——信息技术。信息技术在产业互联网的价值共创活动中起到与自然界中分解者类似的作用。将中枢企业收集的碎片化、非结构化的海量数据进行存储、整理、分析以供平台企业利用和参考的大数据、云计算等技术。若缺乏这些分解者的支持,平台企业获得的大量数据将难以创造价值,价值共创系统也难以实现自维持。

3. 宏观层面价值共创机理分析

从宏观角度看,产业互联网的价值共创系统的发展是系统内部各主体之间不断地进行物质交换和能量流动,形成双向交互、多方互动生态循环的结果。系统按照一定的逻辑关系整合各价值阶段的资源,实现价值主张的提出、价值的协同创造、价值获取和价值维护活动。系统作为一个整体,在内外部环境因素的共同作用下,协调整合各方资源,以保证价值活动的顺利进行(见图 3-7)。

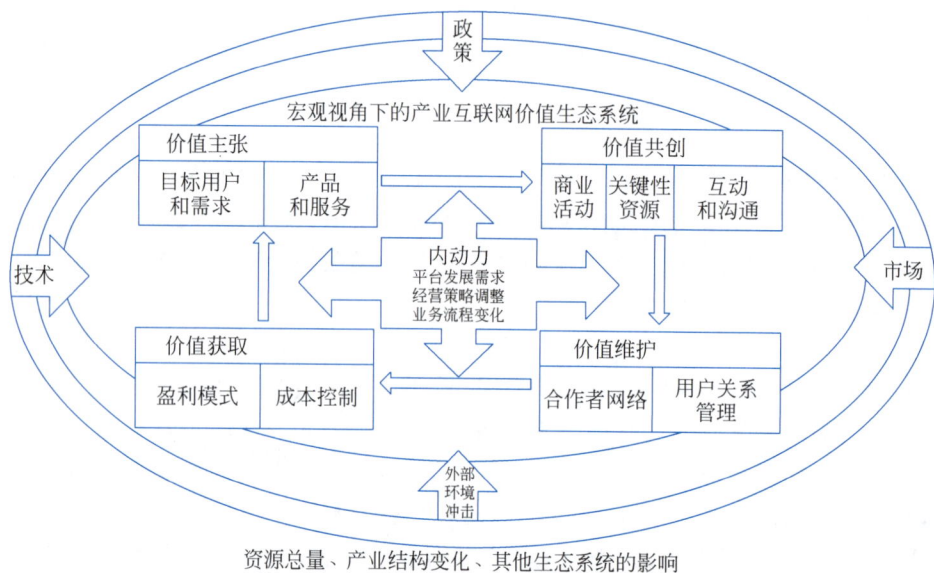

图 3-7 产业互联网价值驱动机制

1)价值主张阶段

价值主张体现了产业互联网对接用户真实需求的能力。明确而独特的价值主张是吸引目标用户群的起点。该阶段的重点是精准定位市场,挖掘用户潜在需求,使产品和服务内容价值升级和优化,最大限度满足用户需求。

2)价值共创阶段

在提出能满足用户需求的价值主张后,产业互联网需要支撑供应商、合作伙伴及用户的互动连接,通过共享互补资源,重组业务流程,加强用户与其他主体的互动,发挥平台在价值整合和增值方面的优势。

3)价值获取阶段

公平的价值分配机制是产业互联网实现价值传递和获取的有力保障。价值获取阶段是产业互联网成员通过协同的价值创造行为,在满足用户需求的同时,实现自身价值和收益的过程。

4)价值维护阶段

价值维护指产业互联网成员间通过合作形成紧密的互动关系,保障价值创造过程高效开展和不断优化的过程。合作伙伴之间形成相互信任、长期稳定的关系,能够提升平台利益的相容性,获取充足的互补性资源优势。对用户关系进行价值维护则可以累积用户资源,使企业形成独特的竞争优势。

为了使产业互联网价值网络得到可持续的发展,需要将各参与主体紧密连接起来,依托平台整合多方的异质性资源,并围绕价值主张进行价值创造活动,通过价值要素的有机组合和协同,实现价值的共创、获取与维护,同时依据内外部环境对平台发展模式进行动态调整和优化,以有效面对不断变化的经营风险。

3.4.4 产业互联网生态运行模型

产业互联网生态运行模型接近钻石形状,因此以钻石模型诠释,如图 3-8 所示,其中产业互联网的顶层为产业组织,即以政府、平台企业、大企业、投资机构等产业组织者作为引领者发挥产业组织作用推进产业互联网发展。产业组织是产业互联网跳出企业范围,在更大格局和更大视野上进行产业链和价值链的优化和资源的整合,从而实现产业链的整体优化。

产业互联网的中间层分别是资本运作、技术架构和商业模式,这三大关键点共同构成产业互联网平台,是产业互联网业务开展的核心。一是资本的逻辑,资本运作包括创业投资参与产业互联网、借助股权纽带整合产业,包括将供应链金融作为产业互联网重点体现等;二是技术的逻辑,技术架构除去基本的安全、数据、网络等基础网络平台架构问题,其核心是促进新型数字基础设施建设,通过数字技术和人工智能新技术的产业化应用实现全供应链的产业数字化;三是商业的逻辑,核心是以交易平台为核心的商业模式,从第三方平台走向第四方平台,持续迭代优化商业模式。

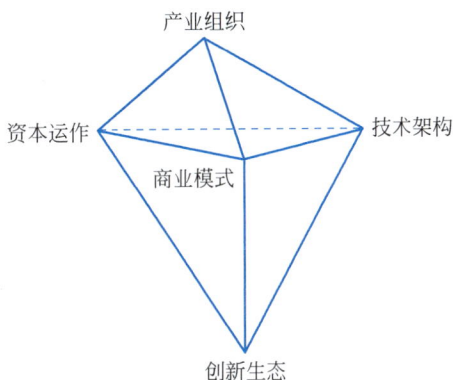

图 3-8 产业互联网钻石架构模型

产业互联网的底层是创新生态,体现产业互联网生态的逻辑,即在平台条件下,供应商、制造商、零售商、服务商、最终用户如何更好地围绕不同场景、需求、交易、供应等连成整体的功能链,产业互联网创新链、价值链、供应链、资金链等链条生态化并深度融合,形成开放创新产业生态圈,促进业务下沉,提升资源配置效率。

1. 产业互联网顶层:产业组织

1)从产业价值链重组到产业价值模型转变

产业组织是在政府应对市场失灵和培育市场的逻辑下,将一批平台企业、大企业平台化、枢纽服务机构等培育成为产业组织者,以产业组织创新引领产业互联网发展。这也是产业互联网的核心所在,产业互联网核心价值并非产业互联网化,而是借助产业互联网平台起到产业组织作用,进而重构传统产业价值链,产生全新的生产方式、生活方式、增长方式以及治理方式。在这个产业组织过程中,不仅要实现从产业价值链到产业价值网的认知升维,还要加强产业价值链、创新链等多链融合的产业功能链生态化认识。

平台企业、大企业等产业组织者借助产业互联网平台产业链全环节、全要素实时共享互联的优势,打破空间限制,提升信息共享效率,对传统产业环节去中心化,改变传统产业链注重产业上中下游的纵向延链线式结构的关系,基于某关键产业环节横向跨界融合。

基于这种竞合关系主导的产业链结构,产业价值模型也随之发生变化(见图 3-9),从以"投入-产出"为代表的生产函数到"输入-输出"为代表的生态函数。其生产要素不再是人才、土地、资本、技术,而是场景、智能、数据、平台、生态,其组织方式不再是工业化、信息化、市场化、资本化等,而是在智能技术的引导下,数据的推动下,以及平台的驱动下,聚合流量,赋予生态系统新的能力。这一切都在各种场景中得到了推动,最终形成了一个开放、多样化、充满活力、共享共赢、高效运行的创新生态圈。这也是全新的产业组织方式的体现。

图 3-9　产业互联网价值模型演变

2)从服务型政府到创新型服务政府

产业互联网生态离不开良好的社会人文环境及政策环境,政府应当做好产业互联网发展的支撑工作,这就要求政府不能固守传统的服务职能。长期以来,政府是抓工业的高手,在滚动增长条件下产能、营收、能耗、物耗等可量化计算,相关资源要素指标配置亦是可量化及可控的,但以抓工业的这套方法来抓新兴产业特别是产业互联网发展显然不可靠。

产业跨界融合形成产业互联网,政府工作同样需要跨界融合,核心是从公共行政型政府、服务型政府走向创新型服务政府。作为地区创新生态设计者、建设者、维护者,其基本内涵是"第四方新兴产业组织者＋第三方创新服务集成者＋第二方精益服务提供者"。"第二方精益服务提供者"是原来公共服务的范畴;"第三方创新服务集成者"是指政府不是所有的事情都由自己来承担,而是通过引入高水平专业服务机构,集成社会资源来提供相应的高质量服务;"第四方新兴产业组织者",强调的是政府在经济建设发展中发挥"主导"而不"主体"的作用,更多是突出新兴产业组织者的角色,强化产业引导、搭建创新平台、构筑服务体系、营造良好环境、传承良好氛围。

从服务型政府转变为创新型服务政府,同步产业互联网发展进程,做好支撑工作,政府不仅要观念领先,保持自身对新事物的敏捷、敏锐、敏感,还要创新驱动,引导全社会构建开放式协同创新格局,塑造共生、共荣发展生态,形成政府引导、产业导向、企业主体、高校院所等支撑"政产学研金介"六位一体的发展模式。

2. 产业互联网底层:创新生态

1)"多流合一"的产业要素

产业互联网的"去中心化"特质,促使产业中个体形成共生共荣,你中有我、我中有你、自组织、自成长的生态关系。产业中的基础单元通过产业互联网平台搭建"产业共同体",这种"产业共同体"在本质上是对特定领域产业创新生态的经营实体化、功能平台化、服务集成化、组织产业化、创新生态化。主线是以产业链上/中/下、大/中/小企业为代表的产业生态,与"以政产学研金介"为代表的创新生态实现协同演进与闭环发展。

在多个领域,一群产业互联网的组织者推动了产业链、创新链、资本链、数据链、供应链以及人流、物流、信息流的资源整合、互动交流、开放性创新、优化分配和快速形成。这种全新的生产组织方式，以数据为驱动力，通过平台赋能，重塑场景，实现了敏捷供应，形成了包含人流、物流、信息流、资金流在内的供应链、创新链、价值链、资金链融合的多链网络。这些网络结构及数据流、价值流交互融合形成自组织、自成长的产业互联网生态圈。

2）场景创新引领全产业环节创新

开放包容的产业互联网生态圈，受市场需求、市场应用、市场交易、终端服务、消费体验等影响自然孵化出各种各样的场景创新业态。这种产业互联网意义上的场景创新，核心是围绕生产方式、流通方式、消费方式、交易方式、生活方式、社交方式、治理方式等具体应用开展单一性、系统性的创新，在用户思维下融合了产品、服务、体验、空间的综合创新生态。

产业互联网生态圈的自发迭代升级，不断推进产业创新、组织创新、生产创新、价值创新、产品创新、运营创新、市场创新等产业环节创新，同时产业环节创新促进产业互联网的成熟完善。产业互联网突破产业界限、企业边界、商业疆域、技术高原，将传统产业组织形式、产业结构进行重组创新实现产业创新、组织创新；产业互联网供应链、价值链基于物联网、云计算等技术支撑将设计生产线上化，以智慧物流重塑生产环节，创新产品生产，释放产业链价值；在产业互联网中，制造即服务、产品即服务、软件即服务，生产与消费、需求与供应高度结合，实现从前台、后台到中台中场运营的创新。

3. 产业互联网中间层：技术架构

1）产业互联网平台的顶层技术架构

当前在国内外不同行业、领域和地区出现了不同的工业互联网平台、产业互联网平台、产业物联网平台等，制造业企业搭建的工业互联网平台带有浓厚的智能工场烙印而与消费端交互不够，大型电商企业搭建的工业互联网平台带有浓厚的流量驱动但底盘不硬，消费社交平台推广的产业互联网偏向企业商务，鲜从产业思维上对制造业或服务业、生产与消费、供给与需求、工厂与工场进行跨界整合，且难以在科技革命中将生产方式与生活方式打通，平台虽多但难以完整诠释产业生态。

这也说明产业互联网的顶层设计与建设运营并非单纯的技术架构与功能实现，更在于业务架构与商业逻辑，即以产业跨界的新思想驾驭"平台＋生态"的新模式、以"平台＋生态"的新模式构建"以用户需求为起点＋以行业应用为导向＋以数据为驱动＋以网络/平台/安全为核心＋以基础设施为支撑"的顶层架构，以产业互联网新技术驾驭新业态，形成反向设计与逆向创新。

当前的企业逐步从产品企业、平台企业向生态企业转变，不同的企业性质、发展段位需要不同的业务模式、方式方法。而产业互联网通过"去中心化（集团化）、再中心化（平台化）、再去中心化（生态化）"，将数字内容、物联平台、智能终端、场景体验、社交商务紧密结合在一起，正好满足了企业转型发展的需求。

2）产业互联网平台功能结构

产业互联网平台搭建应有完善的支撑体系，这套支撑体系应尽可能覆盖全产业环节业务。互联网金融的低成本和高效率优势得以充分发挥，通过网络金融模式解决了信息不对称等问题。互联网融资服务体系在中小微企业的融资领域发挥了重要作用，为小微企业的发展提供了优质服务。销售物流体系实现了线上线下的融合，企业将线下的物流、服务等业务流程进行线上管理，供应商和消费者都可以通过互联网全程监控运输过程。建立了以用户为中心的个性化设计,将原有的以企业为中心的规模化设计转变为以用户为中心的个性化设计。在产品设计和生产的每一个环节,都通过互联网与用户建立了联系。这就是生产制造体系。

在这3种支撑体系指导下,产业互联网平台应至少包含以下4类平台。一是交易平台。在互联网产业应用中,交易平台起着关键作用,它整合了产业信息,实现了产业技术的交易,并对产业商品进行定价。交易平台的模式可以分为基础、中等和高级3个层次。二是增信融资平台。增信融资平台在互联网环境中发挥了重要作用,它能够减少小微企业客户的获取和服务成本,有效解决了小微企业的融资问题。此外,还包括智能制造平台和物流交付平台等。同时增信融资平台也可以反馈企业资质征信信息等,帮助投融资机构平台精准预测风险。三是智能生产平台。智能生产平台核心在数字孪生技术的应用,通过智慧工厂车间模拟设计生产提升生产效率,同时可对特定用户线上量身定制产品试用产品,适应个性化的趋势。四是物流交付平台。物流交付平台是为了适应线上线下一体化需求建立的,供应端及消费端可以通过平台透视全物流交付流程。

4. 产业互联网中间层:资本运作

1) 创投机构成为产业互联网组织者

在产业互联网生态中,创投机构以产业互联网组织者参与其中,以股权资本作为纽带整合产业;供应链金融作为产业互联服务体系的入口,成为产业互联网发展的重要支撑与突破口,最终形成财政资本与社会资本、金融资本与产业资本、直接融资和间接融资有机结合的产业互联网投融资体系[26]。

产业互联网投融资体系中包含战略投资、产业投资、创业投资、天使投资、财务投资等方面的投资平台或机构。借助不同形式的投资,产业互联网中的不同企业、个体建立起股权纽带,加快产业跨界融合与资源有效配置。这些投资的注入不仅仅是一种有限度投资,更是一种无形的资源,如增加了创业者或初创企业的信誉,提高了企业的管理水平,扩充了企业的社会关系网络等,为生态和合作伙伴的发展形成良好支撑,促进生态圈企业同频共振[21]。

2) 供应链金融成为产业互联网入口

随产业互联网发展日臻成熟,形成一种典型产业互联网商业模式——供应链金融。这种模式的形成是因为产业互联网的核心特征是供应链、价值链、资金链等多链融合,人流、物流、资金流、信息流多流合一,资金流及资金链同产业互联网供应链深度融合。在产业互联网平台上,互联网和物联网、大数据以及区块链技术相互结合形成智慧供应链,智慧供应链可帮助创投机构掌握融资需求方的交易信用、控制产业链上客户交易风险,形成供应链金融模式,成为创投机构进入产业互联网的入口,构筑起产业互联网的商业创新生态。

供应链金融的本质是一种互动的价值创造过程,它通过服务交互,将各参与方的利益紧密地联系在一起。这种联系不仅缩短了产业链中资金的流动周期,而且在互动过程中,能够不断发现并满足用户的需求,为平台提供下一阶段的订单。金融机构通过有效的融资管理,实现了金融与产业生产、销售的循环再生[23]。供应链金融不仅具备产业感知能力,而且能够推动产业的迭代发展,甚至能够发现新的市场价值,催生新兴产业的出现。在这个生态过程中,供应链金融还能够为金融本身提供更多的金融服务价值,实现金融与实体经济的真正融合。

5. 产业互联网中间层：商业模式

1）以交易平台为核心创新商业模式

产业互联网平台的主要功能是作为交易平台，通过将企业的各个环节，如研发、设计、生产和销售等，放在网络平台上进行供需匹配，消除信息不对称，实现大规模生产与大市场的融合。在交易过程中，将供应链与产业链相连接，实现生产环节与流程环节的互联互通，推动供给侧与需求侧的紧密对接，实现对需求的快速响应的产业发展方式。只有交易行为的发生，人流、物流、资金流、信息流才能有机地结合在一起，产业互联网才有其存在的意义，因此，创新生态商业模式的核心就是交易平台。相比之下，消费互联网平台是连接上下游、供需端或买卖方的第三方或第四方服务平台，它通过降低交易成本、优化资源配置、推动开源创新等方式，从中分享收益，成为经营实体。工业互联网则是解决生产方式数字化、智能化、网络化的平台。产业互联网平台利用其连接一切的特性和虚拟空间，打破了时间限制和物理空间距离，使企业能够超越区域小市场，面向全国甚至全球大市场[22]。从针对存量的"鳌头"到拓展增量的"长尾"，从以人工操作为主到技术工具的替代，从封闭的以产定销到反向资源配置的敏捷供应，最终实现无边界、无距离、自我增长的爆发式增长[25]。

2）以价值经济为主的商业模式

产业互联网的商业模式主要以"价值经济"为核心，这与传统产业的生产经济和消费互联网的"眼球经济""流量经济"有所不同。产业互联网的生态化使其从生产导向转变为服务导向，通过新业态的出现和创新场景的爆发，创造了新的机会价值。

产业互联网创造价值经济的主要方式有两种。首先，通过企业与互联网的融合，促进生产与消费的直接联系，减少中间环节，降低成本，提高效率。这种方式构建了全新的管理模式，为消费者提供更优质的服务，创造出更高价值的产业形态[24]。其次，通过扩大市场客户规模来实现经济价值。这种方式将以企业为导向的模式转变为以用户为导向的个性化设计，强调用户的参与度，尊重用户个性化需求，通过互联网与用户建立关联。在产业互联网模式下，企业将线下资源与线上平台相结合，实现线上线下一体化，扩大市场，提高市场价值。

参考文献

[1] 欧忠辉，朱祖平，夏敏，等.创新生态系统共生演化模型及仿真研究[J].科研管理,2017,38(12)：49-57.

[2] 令狐克睿，简兆权.制造业服务化价值共创模式研究——基于服务生态系统视角[J].华东经济管理,2017(6)：84-92.

[3] 张季平，施晓敏.云物流平台协同创新系统协同演化机理研究——基于自组织理论[J].嘉兴学院学报,2019(2)：110-117.

[4] 任宗伟，刘钰冰.生态系统理论视角下"虚拟养老院"服务聚合研究[J].华东经济管理,2021,35(7)：10-16.DOI：10.19629/j.cnki.34-1014/f.210318007.

[5] 张玉珠.平台型商业生态系统演化机理研究[D].哈尔滨：黑龙江大学,2020.DOI：10.27123/d.cnki.ghlju.2020.000180.

[6] 仵凤清，付慧娴.基于自组织理论的创新集群形成机理研究[J].技术与创新管理,2019,40(4)：448-456.

[7] 王志辉.金融生态系统演化研究[D].长春：吉林大学,2018.

［8］ 冼庆荣.企业价值链与企业竞争力［J］.桂海论丛,2004(S1)：24-26.

［9］ 邱长江.浅谈价值链与企业市场营销策略［J］.中小企业管理与科技,2011(10)：15-16.

［10］ 邓华.我国产业生态系统(IES)稳定性影响因素研究［D］.大连：大连理工大学,2006.

［11］ 经济发展战略学—百度文库

［12］ 王如松.转型期城市生态学前沿研究进展［J］.生态学报,2000,20(5)：830-840.

［13］ 邹文杰.竞争,合作与产业组织演进［J］.改革与战略,2007(1)：8-11.

［14］ 李擘.基于价值链的建筑企业战略联盟研究［J］.生产力研究,2013(2)：176-179.

［15］ 郑胜利,周丽群.论我国外生式集群经济的形成机理——以广东东莞为例［J］.广西经济管理干部学院学报,2004,16(3)：15-19.

［16］ 郑胜利.产业链的全球延展与我国地区产业发展分析［J］.当代经济科学,2005,27(1)：87-93.

［17］ 赵立昌.基于竞合博弈的中国互联网企业合作创新研究［D］.南昌：江西财经大学,2012.

［18］ 袁增伟,毕军.产业生态学最新研究进展及趋势展望［J］.生态学报,2006,26(8)：2709-2715.

［19］ 韦晓泽.基于演化博弈的平台生态系统价值共创机制研究［D］.重庆：重庆工商大学,2021.

［20］ 孙丹阳.基于价值网络的互联网平台企业商业模式创新研究［D］.秦皇岛：燕山大学,2019.

［21］ 徐少春,曹仰锋.数字化转型：战略与模式［J］.数据,2021,12：17-21.

［22］ 张凯月.协作式众包平台生态系统价值实现机理研究［D］.秦皇岛：燕山大学,2023.DOI:10.27440/d.cnki.gysdu.2023.001231.

［23］ 唐美丽.长沙银行手机银行价值生态系统构建优化研究［D］.长沙：中南大学,2022.DOI:10.27661/d.cnki.gzhnu.2022.003067.

［24］ 陈禹.互联网时代的经济学革命［J］.财经问题研究,2018(5)：3-6.

［25］ 董政."互联网＋多式联运",到底该怎么"＋"——互联网平台促进多式联运发展实践探索［J］.中国港口,2020(8)：51-54.

［26］ 辛馨,姜雪,李欣.供应链金融畅通国内经济循环机制与政策［J］.中国产经,2021(19)：130-131.

第4章

产业互联网生态系统特性与演化行为分析

4.1 产业互联网生态系统特性

产业互联网生态系统特性分析是一个全面而深入的分析过程,它包括对生态系统的基础能力、技术创新、产业发展、应用推广、发展环境等多个关键维度的细致考察。评价内容涉及基础网络建设、数据管理、安全保障等基础设施能力,最终评价出整个生态系统的稳定性和活力。特性分析有助于全面了解产业互联网生态系统的健康状况,识别其优势和不足,为生态系统的可持续发展提供决策支持和改进方向。

4.1.1 生态系统特性分析研究现状

1. 产业互联网系统演化

为了对产业互联网生态系统这种复杂生态系统的演化过程进行模拟,领域内部分学者基于多代理角度对其进行了建模分析。Villalba 等借鉴生态系统的特征设计服务生态系统的参考框架,并认为服务生态系统应具有自组织(Self-organization)、自适应(Self-adaptability)、持续演化(Long-lasting Evolvability)的特性,进而基于多代理的仿真模型对设计的参考框架进行仿真分析。Mostafa 等从服务的动态到达和退出,以及每个服务提供商对服务的行为具有自主控制的演化特征出发,构造基于多代理的系统演化模型,将每一个服务建模成为自主的服务代理(Service Agent),将服务组合过程定义为服务代理之间的自组织协作,进而根据服务代理的历史信息从服务个体信任和种群信任两个角度描述服务之间的协作选择偏好[1]。

此外,Weiss 等从服务协作关系出发,分析服务协作网络的无标度特性,进而分析服务组合复杂性的演化过程。在此基础上,进一步从服务角度设计互联网生态系统中的复制模型(Copying Model),对互联网生态系统的演化过程进行仿真分析,仿真结果表明,该模型能够较好地再现服务协作网络的无标度特性[2]。

尽管各类研究从多代理系统以及复杂网络演化仿真的角度出发对互联网生态系统的演化过程进行分析,然而多代理仿真和复杂网络演化仿真的分析方法都只能体现出产业互联网生态系统演化过程中表现出来的部分涌现特性,并不能对产业互联网生态系统演化的内在机制进行分析。因此,目前对该领域的研究还处于刚刚起步的阶段,缺乏定量分析的方法,也没有能对产业互联网生态系统的演化过程进行有效预测的方法。

2. 生物生态系统健康度评价

自从 Schaeffer 于 1988 年提出生态系统健康度评价的概念以来,生态系统的健康度评价问题就受到了广泛的关注,被应用于森林、草地、流域、海洋等自然生态领域,并且逐渐扩展到城市生态等领域。从强调生态系统结构和功能的完整性、维持服务能力等角度对生态系统健康度进行深入剖析,形成了包括活力、抗干扰力/恢复力、组织结构、维持生态系统功能、对外界投入的依赖性、对人类管理的要求、对相邻系统的危害和对人类健康的影响等8个方面,并且在这些指标体系的基础上结合实际研究的生态系统对象,形成有针对性的指标体系[3-4]。表 4-1 给出了上述 8 个方面指标的简单介绍。显然,"活力、恢复力、组织结构"从系统内部结构和功能的完整性和稳定性进行评价,"维持生态系统功能、对外界投入的依赖性、对人类管理的要求"描述生态系统维持功能所需要的外界干涉,"对相邻系统的危害、对人类健康的影响"则强调生态系统对外部的影响。

表 4-1　生物生态系统健康度指标体系介绍

内 涵 方 面	指 标 项	说 明
结构和功能的完整性和稳定性	活力 抗干扰力/恢复力 组织结构	可测量的能量或者活动性 受干扰后恢复原始状态的能力 系统结构的复杂度,包括物种多样性、共生竞争等相互关系复杂性等
维持服务的能力	维持生态系统功能 对外界投入的依赖性 对人类管理的要求	生态系统可对外服务于人类社会的能力 是否需要外界的投入来维持生态系统的稳定 对人类管理行为的要求
对外界的影响	对相邻系统的危害 对人类健康的影响	是否危害其他系统,即负外部性的影响 对人类健康的影响

3. 商业生态系统健康度评价

自 Moore 于 1996 年提出商业生态系统的概念,并将之用于分析和刻画企业、组织、政府机构 以及其他利益相关方在商业活动中形成的复杂关系,商业生态系统得到了学术界和工业界 的广泛关注。围绕着商业生态系统健康度的分析和评价,Iansiti 和 Levien 从生产率、强健性和缝隙市场创造力 3 个角度构建评价指标,基于是否能够持续地为其中的成员创造有利的机会评判商业生态系统的健康度。表 4-2 整理了这 3 个方面的健康度评价指标。可以看出,Iansiti 和 Levien 更加强调商业生态系统的内在特性以及这些特性的持续性。Erik den Hartigh 等则进一步发展了 Iansiti 和 Levien 关于商业生态系统健康度的定义,从经济学的角度给出了可操作的细化指标,用于对商业生态系统的状态进行描述。相关文献则从系统稳定性和持续性两个角度综合了 Costanza 关于生物生态系统结构和功能的完整性以及 Iansiti 和 Levien 关于商业生态系统的持续 性两方面的评价,给出了一个简化的商业生态系统的评价量化模型,但缺乏具体的可操作性。

表4-2　商业生态系统健康度评价指标

内涵方面	指　标　项	说　　　明
生产率	要素生产率 随时间变化的生产率 创新的实现	投资回报率 投资回报率的时间变化趋势 创新从出现到广泛应用的时间差 创新技术使用难度的下降速度 创新技术被不同类型成员以多种形式利用
强健性	存活率 生态系统结构的持续性 可预见性 有限的报废 使用体验与情境的连续性	成员的存活比率 成员关系的结构特征稳定 结构变化轨迹可预测 轻微扰动不会导致大幅度抛弃"过时"能力现象出现 对外界服务渐变而非剧烈转变
缝隙市场创造力	企业多样性的增加 产品和技术多样性的增加	给定时间内新增企业数量 给定时间内新增产品、技术、业务的数量

4.1.2　产业互联网生态系统特性分析

从以上对生物生态系统和商业生态系统健康度评价的分析中可以看出,目前对生态系统健康度的评价主要是从系统内部评价其结构稳定性、完整性和持续性以及从系统外部评价其对外界影响、对外界的依赖性两个角度进行分析。由于本书的目标在于对产业互联网生态系统的演化特性进行分析,所以将更多关注系统本身的指标,即产业互联网生态系统本身的稳定性、完整性和持续性等。表4-3给出了本章使用的一些符号所代表的意义。

表4-3　符号说明

符　　号	说　　　明
$|*|$	表示集合中元素的数量,如$|SP|$代表服务提供商的数量
$Ne(*)$	表示获取节点在网络当中的邻接节点的集合,如对于功能网络 FuN 中的功能标签节点tag_j,$Ne(tag_j)$表示获得与该功能标签节点直接连接的所有的服务节点
$Live(*)$	表示获取集合中处于可用状态的元素的数量,在本书中表示获取其中可用服务的集合
$First(*)$	表示从出现在产业互联网生态系统中直到被首次使用的时间,在本书中用于表述服务功能领域以及服务的首次使用时间
$N(*)$	表示网络中节点的集合
$E(*)$	表示节点集合中边的集合
d_{ij}	表示网络中两个节点之间的最短距离,即两个节点之间最小连接边的数量
$* \cap *$	表示获得两个集合中相同元素的集合
$* \cup *$	表示获得两个集合中非重复元素的集合
$<*>$	表示计算平均值
$P(*)$	表示分布函数

1. 稳定性

产业互联网生态系统的稳定性体现在互联网生态系统能够稳定持续地为服务消费者提供相应的功能,以满足其动态多变的业务需求。结合 Costanza 以及 Iansiti 和 Levien 关于生态系统稳定性和强健性的定义,可以从以下的几个角度对产业互联网生态系统的稳定性进行分析。

1）活力（Vigor）

对于产业互联网生态系统而言，系统中的服务提供商、第三方服务组合开发者和服务、服务组合的数量越多，产业互联网生态系统越有可能满足为服务消费者提供所需的业务需求，其生产力越高，系统的活力越强。因此本书从产业互联网生态系统中服务提供商、第三方服务组合开发者、服务和服务组合的数量及其增长的角度定义产业互联网生态系统的活力，映射到产业互联网生态系统的网络模型中则代表着网络中节点数量及其增长的过程。表 4-4 总结了关于活力指标的定义以及在网络模型中对应的量化指标。

表 4-4　产业互联网生态系统健康度评价指标：系统活力

指标项	描　　述	指　标　项	对 应 网 络	网络量化指标
活力	产业互联网生态系统中主体和对象的数量	服务提供商数量	产业互联网生态系统异质网络模型 G^{MHeN}	$|\text{SP}|$
		第三方服务组合开发者数量		$|\text{SCD}|$
		服务数量		$|\text{S}|$
		服务组合数量		$|\text{SComp}|$

2）强健性（Robustness）

强健性主要体现为系统抗干扰的能力（见表 4-5）。对于产业互联网生态系统而言，外界干扰对系统的影响主要体现为由于外界原因导致服务不再可用。所以产业互联网生态系统的强健性主要体现在对于每一个服务功能领域是否存在可替代的服务。一个服务功能领域的可用服务数量越多，表明产业互联网生态系统在该领域有着越强的抗干扰能力，因此可以从服务功能领域中服务的数量和存活率两个角度对产业互联网生态系统的强健性进行分析。

表 4-5　产业互联网生态系统健康度评价指标：系统强健性

指标项	描　　述	指　标　项	对 应 网 络	网络量化指标
恢复力/抗干扰能力	每一个服务功能领域下服务的数量以及存活率	服务功能领域中服务数量	服务功能网络模型 G^{SFuN}	$|\text{Ne}(sd_j)|$
		服务功能领域中服务存活率		$\dfrac{|\text{Live}(\text{Ne}(sd_j))|}{|\text{Ne}(sd_j)|}$

3）组织结构的复杂性（Organization Complexity）

在生物生态系统中，个体在长期的演化过程中之间形成了复杂的关联关系，构成了复杂的组织结构；商业生态系统中各个利益主体由于相互协作竞争也形成了复杂的组织结构。复杂的组织结构对于保证系统的稳定性有着重要意义。同理，产业互联网生态系统中服务在长期的协作过程中构成了复杂的服务协作网络。因此，基于复杂网络分析方法研究服务协作网络的复杂性，能够揭露产业互联网生态系统在长期协作过程中形成的复杂组织结构以及服务之间的协作机制。

从复杂网络角度对复杂系统的复杂性进行定量与定性的研究，已经成为网络分析的一个重要课题。目前对网络系统复杂性的研究主要体现在结构复杂性、节点复杂性以及各种复杂性因素之间的相互影响等方面，包括小世界特性、无标度特性、异配性等（见表 4-6）。因此本书将基于服务协作网络的复杂网络特性对服务之间的协作关系进行刻画和分析。

小世界网络模型主要包括 Watts 和 Strogtz 提出的 WS 小世界模型以及 Newman 和

Watts 提出的 NW 小世界模型。小世界网络的核心特征为特征路径长度短而集聚系数高。其中,特征路径长度(Characteristic Path Length,CPL)表示网络的平均路径长度,集聚系数描述网络中节点的邻接节点之间也互相邻接的比例。

为了对网络的小世界特性进行量化,Watts 和 Strogtz 进一步将小世界网络与具有相同连边概率的 ER 随机网络进行比较,并将具有与随机网络相似的特征路径长度但是比随机网络高得多的集聚系数的网络定义为小世界网络。因此小世界特性的量化标准为

$$\frac{c}{c_{\text{rand}}} \gg 1, \quad \frac{L}{L_{\text{rand}}} \approx 1 \tag{4-1}$$

无标度特性是指网络中的分布满足幂律分布特征,由 Barabasi 和 Albert 于 1999 年提出,并迅速得到了广泛的关注和应用。在无标度网络中绝大多数节点的度非常低,而少部分节点的度则非常高,在整个网络当中占据核心的位置。可见具有无标度特性的网络具有明显的非均匀性,网络中的节点具有明显的分层结构。目前对网络的无标度特性进行量化分析主要存在两种方法:

(1) 获取网络中节点的度分布函数 $P(k)$,即网络中节点的度为 k 的概率,判断其是否满足幂律特征;若满足则将幂指数 γ 作为无标度特性的量化指标。

(2) 在度分布函数的基础上,计算其累积度分布(Cumulative Degree Distribution),表示度不小于 k 的节点的概率,并判断累积度分布是否满足幂律特征;如满足则将幂指数 $\gamma-1$ 作为无标度特性的量化指标。由于累积度分布具有更强的去随机性,因此采用累积度分布的方法对无标度特性进行分析,并将幂指数 $\gamma-1$ 作为量化指标。

为了描述复杂网络中不同度的节点之间的相关关系,Pastor-Satorras 等基于网络中节点度之间的相关系数,给出识别网络节点之间的相关关系的方法:对于网络中所有度为 k 的节点 $v[k]$,计算其中每一个节点 $v_i[k]$ 的邻接节点的度的平均值 $k_{\text{nn}}(v_i[k])$;进而计算 $k_{\text{nn}}(v_i[k])$ 的平均值,得到平均邻接度 k_{nn};最后考察 k 与 k_{nn} 的相关系数,如果相关系数大于 0,则表示网络为同配网络(Assortative);反之为异配网络(Disassortative)。

从以上的定义可以看出,匹配性显示网络中不同类型节点之间连接特性。对于同配网络,节点度高的节点倾向于与节点度高的节点建立连接,节点度低的节点倾向于与节点度低的节点建立连接;对于异配网络,节点度低的节点倾向于与节点度高的节点建立连接。显然 Pastor-Satorras 等的定义只能用于识别网络节点之间的匹配关系,并不能进行量化,对此 Newman 进一步提出了网络整体的匹配系数。由于 Newman 的匹配系数能够量化整个网络的匹配性,因此本书将利用 Pastor-Satorras 等的方法识别网络的匹配性,进而利用 Newman 的匹配系数量化网络的匹配程度。

表 4-6　产业互联网生态系统健康度评价指标:组织结构的复杂性

指标项	描　述	指　标　项	对　应　网　络	网络量化指标
组织结构复杂性	服务在长期协同过程中形成的复杂结构特性	小世界特性	服务协作网络模型	$\frac{c}{c_{\text{rand}}}, \frac{L}{L_{\text{rand}}}$
		无标度特性	G^{SColN}	$\gamma-1$
		度匹配特性		γ

4) 可预见性(Predictability)

对于一个健康的系统,系统的结构并不会在短时间内发生剧烈的变化,其变化的轨迹

是可以预见的。其本质是来自系统内部的行为特征存在一定的惯性,而不会发生剧烈的变动。由于服务协作网络体现了产业互联网生态系统中服务协同的模式以及服务组合的特性,为了定义服务协作网络的可预见性,下面给出两个服务协作网络的定义。

- 汇总服务协作网络:给定某一时间段 t,容易获得截至该时间段结束,产业互联网生态系统形成的服务协作网络。由于此时的服务协作网络代表在此之前所有服务之间的协作关系,因此将其定义为汇总服务协作网络 $G_{\text{sum}}^{\text{SCoIN}}(t)$。
- 分片服务协作网络:给定某一时间段 t,获得该时间段内的服务组合及其调用的服务,进而获得 t 时间段内的服务协作网络。由于此时的服务协作网络只包含 t 时间段内的协作关系,因此本书将其定义为分片服务协作网络 $G_{\text{snap}}^{\text{SCoIN}}(t)$。

对于 $G_{\text{snap}}^{\text{SCoIN}}(t+1)$ 中的服务节点和服务连边,根据其在 $G_{\text{sum}}^{\text{SCoIN}}(t)$ 中的状态,可以划分为以下的几种。

(1) 服务节点。对于 $G_{\text{snap}}^{\text{SCoIN}}(t+1)$ 中的服务节点,可以根据其是否在 $G_{\text{sum}}^{\text{SCoIN}}(t)$ 中出现过,该服务是否在之前被应用于服务组合中,将服务节点分成两类:

① 重用的服务(Reused Service,RS)——该服务在此之前曾经被至少使用过一次,即存在于 $G_{\text{sum}}^{\text{SCoIN}}(t)$ 中。

② 冷启动的服务(ColdStart Service,CSS)——该服务不曾被使用过,即不存在于 $G_{\text{sum}}^{\text{SCoIN}}(t)$ 中。

(2) 服务连边。对于 $G_{\text{snap}}^{\text{SCoIN}}(t+1)$ 中的服务连边,同样可以根据其是否出现过进行分类,而对于未出现过的连边,则可以进一步根据其是否包含冷启动的服务细分成为两类,因此可以将服务连边分成以下的 3 类:

① 重用的服务连边(Reused Service Collaboration,RSC)——该服务连边存在于 $G_{\text{sum}}^{\text{SCoIN}}(t)$ 中,表明该服务协作模式在此之前出现过。

② 涌现的服务连边(Emerging Service Collaboration,ESC)——该服务连边不存在于 $G_{\text{sum}}^{\text{SCoIN}}(t)$ 中,但是其使用的服务均在此之前出现过。

③ 冷启动的服务连边(Cold Start Service Collaboration,CSSC)——该服务连边不存在于 $G_{\text{sum}}^{\text{SCoIN}}(t)$ 中,与此同时,两个端点服务至少有一个并不存在于 $G_{\text{sum}}^{\text{SCoIN}}(t)$ 中。

显然,对于 $G_{\text{snap}}^{\text{SCoIN}}(t+1)$ 而言,由于 RS、RSC 以及 ESC 中的服务均已经存在于 $G_{\text{sum}}^{\text{SCoIN}}(t)$ 中,存在可能对其状态进行预测;而 CSS 以及 CSSC 则包含了不曾出现过的服务,仅通过 $G_{\text{sum}}^{\text{SCoIN}}(t)$ 不能对其状态进行预测。因此本书将从 RS、ESC 以及 CSSC 的角度定义如下的 3 个指标,对产业互联网生态系统的可预见性进行量化。

$$\text{Predictability}(\text{RS}(t)) = \frac{|\text{RS}(t)|}{|N(G_{\text{snap}}^{\text{SCoIN}}(t+1))|} \tag{4-2}$$

$$\text{Predictability}(\text{ESC}(t)) = \frac{|\text{ESC}(t)|}{|N(G_{\text{snap}}^{\text{SCoIN}}(t+1))|} \tag{4-3}$$

$$\text{Predictability}(\text{CSSC}(t)) = \frac{|\text{CSSC}(t)|}{|N(G_{\text{snap}}^{\text{SCoIN}}(t+1))|} \tag{4-4}$$

表 4-7 汇总了本节对产业互联网生态系统可预见性的量化指标。

表 4-7 产业互联网生态系统健康度评价指标：可预见性

指标项	描 述	指 标 项	对 应 网 络	网络量化指标
可预见性	产业互联网生态系统服务协同模式的可预见性	服务的稳定性	服务协作网络模型 G^{SCoIN}	$\mathrm{Predictability}(\mathrm{RS}(t))$
				$\mathrm{Predictability}(\mathrm{ESC}(t))$
		服务协作模式的稳定性		$\mathrm{Predictability}(\mathrm{CSSC}(t))$

2. 创造性

由于服务消费者需求的不确定性，产业互联网生态系统能否不断地出现新的服务功能、新的服务协作模式以满足服务消费者的需求，对于产业互联网生态系统的健康度有着重要的意义。下面参照 M. Iansiti 和 R. Levien 对创造性的定义，从 3 个角度对产业互联网生态系统的创造性进行量化。

1) 缝隙市场创造力（Niche Creation）

在产业互联网生态系统中缝隙市场创造力主要体现为服务功能标签的增长过程（见表 4-8）。因此一个最直观的指标来自服务功能网络中服务功能标签的数量的增长过程，即新增服务功能标签（New Tag，NT），即在 t 时间段内的服务功能网络 $G^{\mathrm{SCoIN}}_{\mathrm{sum}}(t)$ 中服务功能标签的集合减去 t 时间段之前的新增服务中已经在系统中存在的服务功能标签集合。

很容易定义每个时间段内新增服务功能标签在当月新增服务中服务功能标签的比例（New Tag Ratio，NTR）。NSNTR(t) 则代表在 t 时间段内包含新增服务功能标签的新增服务的比例（New Service with New Tag Ratio，NSNTR）。

表 4-8 产业互联网生态系统健康度评价指标：缝隙市场创造力

指标项	描 述	指 标 项	对 应 网 络	网络量化指标
缝隙市场创造力	产业互联网生态系统新增服务功能标签的特性	新增服务功能标签的数量	服务功能网络模型 G^{SFuN}	$|\mathrm{NT}(t)|$
		新增服务功能标签的比例		$\mathrm{NTR}(t)$
		包含新增服务功能标签的新增服务比例		$\mathrm{NSNTR}(t)$

2) 创新实现力（Deliveryof Innovation）

产业互联网生态系统的创新实现力主要体现在以下几个方面：

（1）新服务功能标签的接受速度。新的功能标签出现以后是否能够得到服务提供商的采用，并且对应该功能标签有新的服务出现。显然，对于服务功能网络而言，服务功能标签节点的度的变化过程体现了该功能标签下服务的新增情况。因此可以通过服务功能标签节点平均度的变化来体现（见表 4-9）。

表 4-9 产业互联网生态系统健康度评价指标：创新实现力

指标项	描 述	指 标 项	对 应 网 络	网络量化指标
创新实现力	产业互联网生态系统新服务功能标签、新服务、新服务模式的应用和传播	服务功能标签节点平均度	服务功能网络 G^{SFuN}	$<\mathrm{Ne}(\mathrm{tag}_j)>$
		服务首次使用年龄分布	服务调用网络 G^{InN}	$P(\mathrm{Age}(t))$
		服务组合平均度	服务调用网络 G^{InN}	$<|\mathrm{Ne}(\mathrm{Scomp}_j)|>$
		服务组合度分布		$P<|\mathrm{Ne}(\mathrm{Scomp}_j)|>$

（2）新服务的接受速度。服务在被首次使用时距离其发布的时间间隔体现了服务组合

开发者对于新服务的采用速度。为了描述方便,本书将其定义为首次使用年龄。首次使用年龄越小,则服务组合开发者越容易采用新的服务。由于服务调用网络 G^{InN} 既包括服务的发布时间,也包括服务首次使用时间的信息,因此本书从服务调用网络的角度出发,定义服务首次使用年龄分布 $Age(t)=j$ 表示服务调用网络中首次使用年龄的时间为 t 的服务总共有 j 个。

(3)服务组合的复杂性可以通过服务组合中服务的数量以及服务之间关联关系的角度进行描述。由于第三方服务组合开发者不一定会披露服务组合中服务之间的关联关系信息,因此本书只从服务组合中服务的数量的角度进行定义。服务组合中服务数量越多,代表着服务组合能够提供的功能越多,能够提供的价值增值越多。在服务调用网络中,服务组合中服务数量可以表示为其中服务组合节点的度。因此本书根据服务调用网络中服务组合节点的平均度以及度分布对服务组合的复杂性进行定义。

3)竞争模式(Competition Pattern)

产业互联网生态系统中具有相似功能的服务之间相互竞争。在服务功能领域中,服务的竞争模式体现了第三方服务组合开发者的选择偏好。为了量化服务的竞争模式,可以从服务功能网络和服务调用网络出发,获得每一个功能标签下的所有服务,以及每一个服务被服务组合使用的频次,进而采用 Herfindahl-Hirschma 指数(HHI)对每一个服务功能标签中的服务集中度进行量化。

3. 演化指标体系总结

综上所述,本书结合生物生态系统和商业生态系统健康度评价,从稳定性、创造性两个方面定义了产业互联网生态系统的系统评价体系,并结合产业互联网生态系统网络模型的定义,给出了每个指标的计算方法和过程。

从以上的分析可以看出,产业互联网生态系统演化指标可以通过异质网络模型、服务功能网络、服务协作网络、服务调用网络 4 个主要的网络模型计算获得。事实上,从分析中可以看出,服务功能网络主要体现了服务之间的竞争关系,而服务协作网络和服务调用网络则体现了服务在长期演化过程中形成的合作关系,组织结构复杂性和可预见性体现了服务之间的合作关系;创新实现力以及服务竞争模式则是服务之间竞争关系的综合体现;缝隙市场创造力以及强健性则是服务竞争关系的体现。因此,本章构建的指标体系结构将能够有效地体现出产业互联网生态系统中服务之间相互合作和竞争形成的特性。

4.2 产业互联网生态系统演化分析

本节从组织模式的层面对产业互联网生态系统演化进行了阐述,重点基于生态学理论,从种群演化、群落演替和整体演化等方面,对生态系统演化进行进一步分析。

4.2.1 产业互联网种群演化分析

1. 种群生态关系分析

与自然界的生态系统一样,产业互联网生态系统的服务群落是由若干服务种群组成的一个相互联系、相互制约的统一综合体。在这个复杂的系统中,每一个服务种群都有其特定的位置,并与服务协作链中的其他种群建立密切的联系。服务协作链中各个服务种群之间可以直接关联,发生作用,也可以间接关联,发生影响和作用;这些影响和作用是相对复杂且多种多样的,如对于双方既可以是有利,也可以是有害的,还可以是偏利或偏害的等[5]。

根据自然生态系统中生物种群之间的关系类型,结合产业互联网服务种群的交换关系和影响分析,可以看出产业互联网中相关种群的关系主要包括竞争关系、合作关系、捕食关系、寄生关系、中性关系、偏利关系、偏害关系等[6-8]。

在生态系统中,种群间的关系多种多样。首先有竞争关系,这是两个种群争夺同一资源,相互抑制对方的发展。其次有合作关系,这是两个种群通过互利共生来共同发展。此外,捕食关系是一种群体从另一种群体中获取全部或部分资源。寄生关系则是两个种群共存,其中一个种群从另一个种群中获益,而后者则受到损害。中性关系是两个种群相互独立,不对彼此产生影响。偏利关系和偏害关系则是两个种群共存,其中一个种群从另一个种群中获益,而后者无所得或受到损害。这些关系构成了生态系统的复杂网络。

在产业互联网中,种群间最主要的生态关系主要包括竞争关系与协作关系,因此,可以将产业互联网生态系统服务种群之间关系确定为竞争共生、合作共存以及竞合共生关系。

2. 种群竞争演化模型构建

在自然生态系统中,现代生物学理论指出,相似种群之间会因为对环境和资源的争夺而产生竞争。这种竞争现象在产业互联网生态系统中也有体现,无论是提供相同服务的种群,还是上下游服务种群,都存在竞争关系。这种竞争关系会对服务种群的市场饱和度和服务产值增长率产生影响。美国生态学家 Lotka 和意大利数学家 Volterra 在生态学研究中建立了种群间竞争关系的理论基础,他们提出的 Lotka-Volterra 模型已被广泛应用于分析各类型种群间的竞争关系,对现代生态学理论的发展产生了深远影响[9-10]。

当产业互联网生态系统中两个服务种群相互作用时,每一个服务种群的增长率不仅受自身服务种群规模的影响,还与另一个服务种群的服务价值规模相关,其演化方程组为

$$\begin{cases} \dfrac{\mathrm{d}P_1(t)}{\mathrm{d}t} = r_1 P_1(t)\left(1 - \dfrac{P_1(t)}{K_1} - \beta_{12}\dfrac{P_2(t)}{K_2}\right) \\ \dfrac{\mathrm{d}P_2(t)}{\mathrm{d}t} = r_2 P_2(t)\left(1 - \dfrac{P_2(t)}{K_2} - \beta_{21}\dfrac{P_1(t)}{K_1}\right) \end{cases} \tag{4-5}$$

其中,$P_i(t)$ 代表 t 时刻服务种群 P_i 的服务产值,它们是时间 t 的函数;K_i 表示服务种群 P_i 相对独立时最大服务产值规模,并假设其为常数;r_i 表示理想环境下服务种群 P_i 的服务产值最大增长率,也假设为大于 0 的常数;服务种群之间的竞争程度可用服务种群竞争系数来表示,β_{ij} 表示服务种群 P_j 对服务种群 P_i 的竞争影响效应。

通过分析可以看出,产业互联网生态系统中不同服务种群之间竞争共生演化的结果取决于竞争作用系数的取值范围。在产业互联网生态系统中关注的是不同服务种群在各种状态下的竞争共生演化结果。为了深入理解这一过程,需要对系统的平衡点进行稳定性分析。这些平衡点是方程组在零值时的实数解。

通过对微分方程系统描述的产业互联网生态系统进行分析可理解不同服务种群之间的竞争共生关系和演化过程。这个系统的平衡点稳定性可以通过对由系统得到的雅可比矩阵进行局部稳定性分析来判断。这样就可以更好地理解这个复杂系统的动态行为。可进一步应用动态系统的系数矩阵及判别指标方法,对产业互联网生态系统中不同服务种群

之间竞争共生平衡点的稳定性进行判定。

3. 种群合作演化模型构建

在产业互联网生态系统中，服务种群之间的关系并非仅限于竞争，更有一种被广泛认可的关系，即服务协作，或者说服务合作。无论是提供类似服务的服务种群，还是上下游的服务种群，都存在着服务合作的关系。这种服务合作关系使得一个服务种群的市场饱和度能够对另一个服务种群的增长率产生推动效果。

当服务种群实现合作共生时，通过互利共存和优势互补，可以提升各自的服务竞争力，同时也能促进彼此之间的学习。这有利于形成一个互补的产业互联网网络结构，以及一个和谐的上下游服务链关系，从而使得双方能够相互受益，相互制约，并共同演化。这种关系的存在，使得服务种群能够在竞争和合作中找到平衡，实现共同发展。

引入合作效应系数，可以得到分工合作环境下产业互联网生态系统中单一服务种群的演化方程：

$$\frac{\mathrm{d}P_i(t)}{\mathrm{d}t} = r_i P_i(t)\left(1 - \frac{P_i(t)}{K_i} + \sum_{j \neq i}^{n} \alpha_{ij} \frac{P_i(t)}{k_j}\right) \tag{4-6}$$

其中，α_{ij} 表示服务种群 j 对服务种群 i 的服务合作影响效应；其他符号的含义与竞争共生状态下类似。考虑两个服务种群合作的共生关系，根据 Lotka-Volterra 种群进化模型，可以得到产业互联网生态系统中两类服务种群相互合作影响下的共生动态演化模型。

$$\begin{cases} \dfrac{\mathrm{d}P_1(t)}{\mathrm{d}t} = r_1 P_1(t)\left(1 - \dfrac{P_1(t)}{K_1} + \alpha_{12} \dfrac{P_2(t)}{K_2}\right) \\ \dfrac{\mathrm{d}P_2(t)}{\mathrm{d}t} = r_2 P_2(t)\left(1 - \dfrac{P_2(t)}{K_2} + \alpha_{21} \dfrac{P_1(t)}{K_1}\right) \end{cases} \tag{4-7}$$

4. 种群竞合演化模型构建

在产业互联网生态系统内，因为其跨界、跨域、跨网的服务集聚特性，公共资源的有限性以及服务市场占有率高低不同导致的服务提供者最终经济利益收入不等，所以无论是提供相似服务功能的服务个体之间，还是价值链上下游关系的服务个体之间，均同时存在相互竞争与相互合作的关系。这种竞合关系的存在使得一个服务个体经济收益状况的变化对另一个服务个体经济收益状况的变化会造成有利或者有害的影响。继而，经济收益状况的好坏影响服务个体的生存状况，从而进一步影响其所属服务种群的规模演化。因此服务个体之间的竞争与合作并存的关系，对其所属的服务种群的发展具有提升或阻滞作用。

在产业互联网生态系统中，服务种群的竞争与合作本质上是对生态位资源的夺取和占领，这是从生态学的视角来看的。一些无法适应剧烈的服务市场竞争的服务种群，将会被淘汰或者主动调整其生态位空间，以实现生态位的分离。最终，各个服务种群将达到竞争与合作共存的状态：

$$\frac{\mathrm{d}p_i}{\mathrm{d}t} = \sum_{i=1}^{m} r_i p_i \left(1 - \frac{p_i}{s_i} + \sum_{j \neq i}^{n} \frac{\alpha_{ij} p_j}{S_j} - \sum_{j \neq i}^{n} \frac{\beta_{ij} p_j}{S_j}\right) \tag{4-8}$$

其中，α_{ij} 表示服务种群合作演化系数，β_{ij} 表示服务种群竞争演化系数。

4.2.2 产业互联网群落演替分析

由于受到业务关系、计算环境、价值导向、社会环境等因素的影响，产业互联网中具有直接或间接关系的多种服务种群聚集在一起形成有规律的组合,即生态系统中的服务群落。服务群落是由多个不同的服务种群构成的,这些服务种群不是简单地拼凑在一起,而是基于大规模个性化的客户需求,通过第三方服务链开发者与第四方服务超链开发者的服务挑选、组合与开发工作,形成价值链并实现服务价值增值,后又根据服务需求的动态变化而反复调整磨合,最终形成的一个相对稳定的组合[11]。

在服务群落中,服务整体解决方案的价值链形成涉及不同服务种群之间的协同。但在价值链中,根据所提供的服务功能与客户需求的契合度大小,价值链中的不同服务种群的重要性有一个强弱的排序。例如,提供服务功能与服务需求强烈相关的核心服务种群的重要性比提供辅助型服务功能的服务种群重要性高。生态系统为了实现持续的价值增值,往往使这些重要性高的服务种群占有更高的公共环境资源使用优势与经济收益优势,使所需的服务持续产出。同样,由于服务功能质量的高低或客户选择偏好,也存在由服务被使用次数高低导致的服务种群重要性高低排名,最终也导致不同服务种群对公共资源占有率等指标的大小不同。

综合上述两方面内容,加上社会经济等环境因素的影响,不同服务种群的公共资源占有率与经济收益的高低变化导致服务种群的新增与消亡,最终导致服务群落结构的演化更替。

在生物生态系统的运行中,生物种群的优劣地位是由其对环境资源的掌控程度决定的。那些占有大量资源的生物种群被视为优势种群,而资源获取较少的则被视为劣势种群。这种优劣地位的形成,进一步影响了生物群落的演替机制和规律。

在产业互联网生态系统中,各种服务种群的协同演化规律是研究重点。这个系统由众多不同的服务种群组成,每个种群都具有其独特的竞争力和活力,它们通过相互协作和演化,实现了动态平衡。然而,外部环境的服务资源容量变化会触发系统内部服务种群对有限服务资源的竞争,这种变化的影响程度各不相同。

因此借鉴了生物学中 Tilman 的多种集合种群动力模型,以便更好地研究在外部环境因素变化条件下,产业互联网生态系统内部服务种群的协同演化规律。这将有助于更深入地理解产业互联网生态系统的运行机制。它是一个高阶的非线性微分动力方程组的数学模型,用来表示种群之间变化的规律导致系统整体结构演变的一种模型。

首先,定义服务种群的集聚程度与集聚效应。生物种群空间分布的稀疏性可以用集聚度来表示。受此定义的启发,将集聚度定义为某个服务群体中服务个体之间的业务交互数量占所有服务群体中业务交互总数的比例。高集聚度意味着商业互动更加频繁,可能导致不必要的竞争。低集聚度会增加知识交流和协同创新等活动的难度。因此,集聚效应可用集聚程度进一步表示如下:

$$Ae_i = 1 - (Ad_i - Adbest_i)^2 \tag{4-9}$$

其中,Ad_i 代表服务种群 i 的集聚度($0 < Ad_i < 1$),Ad_i 越大,服务种群 i 的集聚度越高;$Adbest_i$ 代表服务种群 i 的最佳集聚度,即服务种群的服务产值增长率最大时的集聚度;Ae_i 代表服务种群 i($0 < Ae_i < 1$)的集聚效应,Ae_i 越大,说明当前集聚度越有利于服务种群 i 的发展。然后构建产业互联网生态系统的服务群落动态演化更替模型如下:

$$\frac{dq_i}{dt} = Em_i q_i Ae_i \left(1 - D - \sum_{j=1}^{i} q_j\right) - Ex_i q_i - \sum_{j=1}^{i-1} Em_j Ae_j q_j q_i \tag{4-10}$$

其中，D 为外部环境变化导致种群资源空间变化的量与总量的比值；q_i 为种群 i 资源空间占有比例；Em 是种群的增长率，Ex 是种群的消亡率。

式（4-10）的第一项表示服务种群 i 对生态位资源的成功侵占；第二项表示服务种群 i 死亡或迁出引起的生态位资源占有率下降；第三项表示强竞争服务种群导致弱竞争服务种群 i 对生态位资源占有率的下降。

4.2.3　产业互联网整体演化分析

产业互联网生态系统的演化发展，既受到内部动力要素的驱动，也受到外部动力要素的影响。内部动力要素，如服务链上下游的服务种群和服务个体间的相互作用和协作，以及对服务市场和服务资源的竞争，是推动产业互联网生态系统演化发展的关键因素。而外部动力要素，如市场需求、科技进步、相关政策和服务专业化分工等，为产业互联网生态系统的演化发展提供了必要的条件。这些外部因素往往通过影响内部动力要素的某些方面来发挥作用。

总的来说，产业互联网生态系统的形成和演化是一个复杂的过程，它涉及内部和外部因素的相互作用，从而实现从一种有序状态向另一种有序状态的转变。复杂的经济社会系统的形成与演化都有其内在动力和外在动力两个方面[12]。这些因素共同推动了产业互联网生态系统的演化发展。本书已经从产业互联网参与角色和动力机制方面对产业互联网生态系统影响因素进行了一部分分析，本节主要从宏观角度分析产业互联网演化动力。

1. 外部动力

对产业互联网生态系统外部动力的考察要综合考虑对产业互联网产生影响的各方面因素，归纳起来主要有 4 个方面：市场需求、科学技术进步、服务的专业化分工和相关发展政策引导[10]。

1）市场需求

产业互联网生态系统的形成和发展，其原动力在于市场需求。这种需求特指在特定地域和时间内，各类服务消费者对各类服务的购买意愿和有效使用能力。市场需求在系统的演化过程中发挥着不可替代的作用，是产业互联网生态系统产生的目的和根本动力。服务需求的变化轨迹与产业互联网生态系统的演进轨迹有一定的关联性。服务需求的变化，会引导产业互联网服务网络结构的调整，推动产业互联网总体规模的壮大和发展方式的转变，从而成为产业互联网生态系统演化发展过程中的外在首要动力。从市场服务需求的来源角度来看，产业互联网的市场需求是产业互联网进行服务活动，特别是服务制造所派生的一种次生需求。产业互联网的发展总体水平、相关产业的空间布局、服务资源的分布、消费客户人群的分布等因素，使服务需求呈现出分布不均衡的形态。

2）科学技术进步

科技的发展和服务体系的提升是紧密相连的，它们对产业互联网的增长动力和生产效率产生了影响，成为了推动产业互联网发展的关键因素之一。科技的进步会对产业互联网的各个方面产生直接影响，包括服务资源的整合、网络的运行、生产的操作以及服务的组织管理等。这些变化会改变服务市场的需求结构和需求，从而在一定程度上决定了产业互联网的发展方向，影响了产业互联网生态系统的运行效率和发展进程。

3）服务的专业化分工

产业互联网的生态系统发展加速,得益于服务化和专业化的趋势。在这个包含海量异质服务的网络中,有许多专业化的服务能够独立处理特定的任务,还有一些服务手段能够提供服务组合,从而提高产业互联网的运作效率。此外,一批专业化的第三方和第四方辅助服务也应运而生,提供各种不同类型的服务,满足服务消费者多样化和个性化的需求。在服务链中,有多个服务个体环节。为了形成优质的、整体的服务解决方案,需要在整个服务链上优化整合这些服务环节,每个环节都需要服务之间的配合与沟通。这种分工服务的专业化对产业互联网的发展起着重大的推动作用,同时也推动了服务链和价值链的延伸。从细分行业来看,如医疗养老等与客户群体消费相关的服务,服务的专业化发展趋势更加明显,保持了较高的增长速度。这些都是分工服务专业化对产业互联网发展的重要推动力。

4）相关发展政策引导

产业互联网生态系统的发展演变在很大程度上取决于政府的宏观政策,如产业互联网的发展规划、投资、税收优惠、区域合作、技术创新、人才战略和标准化建设等。这些政策直接影响到产业互联网的规划和建设。通过制定相关的产业互联网发展规划和引导政策,以及通过完善产业互联网的基础设施,提供财政补贴和税收优惠等扶持政策,可以促进产业互联网的健康发展。总的来说,相关的服务政策对产业互联网的影响主要体现在两个方面:一方面,政策会在一定程度上刺激或减少经济投资,引导经济结构的调整和转型升级,从而影响服务市场的需求规模和服务结构类型,直接影响到产业互联网的发展;另一方面,针对产业互联网发展的相关政策和措施,会直接影响到对产业互联网生态系统的投资和规划,影响到产业互联网生态系统的空间规划和布局,从而决定未来产业互联网生态系统的发展方向。

2. 内部动力

对产业互联网生态系统内部动力的考察主要涉及两个层面,即竞争和协作[12-14]。

1）竞争机制

在产业互联网生态系统中,竞争是一种无处不在的现象,它源于系统内部和系统之间的不均衡和不平衡。这种竞争的存在,既是由资源和市场需求的限制所引发的,也是伴随着整个产业互联网生态系统的演化过程而出现的。竞争不仅使产业互联网生态系统保持在一个远离平衡的状态,还能推动其向有序的结构进行演化。在产业互联网生态系统中,竞争主要表现在两个层面。首先,系统内部的服务群落、服务种群和服务个体之间存在竞争。这种竞争主要体现在对服务客户和服务市场的争夺,对产业互联网基础设施的投资和控制的争夺,以及对服务相关的各类服务资源的整合竞争等方面。这些竞争活动不仅改变了产业互联网生态系统内部服务群落、服务种群、服务个体之间的关系,还推动了产业互联网生态系统的演化发展。其次,产业互联网生态系统的服务群落、服务种群、服务个体还需要与外部环境中的同类主体进行竞争。这种竞争有助于实现产业互联网生态系统内各类服务资源的有序分配和整合,提高资源的利用效率,增强服务群落、服务种群、服务个体的生存活力和发展潜力[15]。通过优胜劣汰的方式,这种竞争还能推动产业互联网生态系统内部结构和各要素作用机制的变化,从而影响产业互联网生态系统的演化发展。

2）服务协作机制

产业互联网生态系统的发展和演化,得益于其内部服务种群和服务个体之间的共生和协作。这些服务种群和服务个体,围绕共同的服务目标和任务,加强分工和协作,充分发挥各自的核心服务资源、服务能力要素和优势,共同高效地实现产业互联网生态系统管理的运行,推动共同发展。此外,服务供需主体之间的协作也是关键,它们共同推动服务外包,提高第三方、第四方服务比例,释放服务市场需求,从而推进专业化产业互联网生态系统的发展[16]。产业互联网生态系统是由各相关服务相互分工和协作形成的集群,其竞争优势源于海量异质服务之间的互动和产业互联网生态系统内外相关主体之间的协作,这种协作超越了原来各自单独的作用,形成了整个系统的聚合作用。总的来说,协作是产业互联网生态系统的要素或子系统之间的协调和同步作用。

参考文献

[1] 郭潇,李春山,张宇跃,等.基于自适应多目标强化学习的服务集成方法[J].计算机应用,2022,42(11):3500.

[2] 陈召杰,王俊峰,薛霄.基于熵模型的服务生态系统演化分析方法[J].Application Research of Computers/Jisuanji Yingyong Yanjiu,2021,38(1).

[3] 张文红.商业生态系统健康评价方法研究[J].管理现代化,2007(5):40-42.

[4] 李爱玉.健康商业生态系统的评价量化模型[J].华北水利水电学院学报,2011,32(1):139-141.

[5] 聂宁.网商种群生态系统过程研究[D].杭州:浙江大学,2011.

[6] 陆小成,罗新星.产业集群协同演化与策略选择[J].统计与决策,2007(22):45-48.

[7] 樊俊杰,曹玉书,周凌云,等.城市物流产业集群生态系统结构及演化机理分析[J].生产力研究,2016(8):52-56.

[8] 樊俊杰,曹玉书,周凌云.物流产业集群演化及生态化发展研究综述[J].物流技术,2016,35(3):1-4.

[9] 范钦满,周凌云,樊俊杰,等.区域物流生态系统协同演化模型及稳定性分析[J].统计与决策,2019(9):47-51.

[10] 樊俊杰.城市物流产业集群生态系统演化及评价研究[D].北京:北京交通大学,2018.

[11] 夏青.现代服务业演化机制与效应研究[D].徐州:中国矿业大学,2010.

[12] 徐家慧.生态学视角下生鲜农产品供应链协调机制研究[D].南京:南京师范大学,2016.

[13] 刘科文.基于商业生态系统的软件产业虚拟集群合作竞争机制研究[D].哈尔滨:哈尔滨理工大学,2016.

[14] 卢玥.基于演化博弈的物流服务供应链价值共创机制研究[J].物流技术,2020.

[15] 魏永幸,秦小林.工程咨询企业技术创新需求与创新动力分析——以中铁二院工程集团有限责任公司为例[J].中国勘察设计,2014(7):78-81.

[16] 陈光.我国体育用品企业自主创新动力及其实现路径研究[J].体育科技文献通报,2010,18(11):84-85.

第**5**章

产业生态协作网络构建与分析

5.1　基于供需关系的产业生态协作网络构建分析

供需管理是产业生态伙伴之间业务协同的重要内容,对提升产业生态协同效果起到重要的作用。由于外部协同的特性,产业生态供需管理往往涉及多家企业的多级供需关系。从生态系统性能分析的角度主要牵涉 3 方面的内容:一是个体企业供需控制策略及其参数选择;二是多级供需系统中多个供需控制策略(及其参数)的最佳匹配;三是多级供需系统与整个生态和个体企业的其他方面的集成与协调。

Sven[1]基于成本结构研究了库存/配送两级库存系统的最优控制策略;Nicholas 等[2]研究了生产/制造/销售中订单的计划与合并决策问题;Ma 等[3]研究了需求依赖库存水平的多级库存系统控制策略;Janakiraman 等[4]研究了装配/分销系统的库存控制决策和参数选择问题;卫忠等[5]提出了一种考虑需求满足率、时间、成本等因素的供应链多级库存控制多目标优化模型;金海和等[6]建立了顾客需求、低层节点缺货量随机的多级库存随机模型;王正元等[7]研究了针对备件需求特点的多级库存系统问题;高丽芳等[8]考虑了相关需求下的配送网络多级库存控制优化模型。李刚等[9]研究了供应链中的牛鞭效应与信息共享问题的理论模型;刘永胜[10]研究了供应链协调的战略、管理和模型。

学术界面对多级供需协同从成本、计划、需求等不同角度研究了一系列模型,用于解决协同系统的某个特定问题,但当从系统整体性能来分析多级供需这个结构复杂,牵涉大量实体、活动和不确定因素及其交互作用的复杂系统时,这些模型往往存在以下不足:模型的抽象层次较高,并局限于供需业务本身,缺乏对生态中企业的集成和全面的考虑;通常只研究系统的某个方面,难以从全局的高度全面描述多级供需系统;模型以特定假设条件为基础,灵活性比较差,为进行解析求解,往往需要对模型进行简化。

因此,为了研究产业生态供需机制,从供需协同角度提升产业生态参与成员的协同效果,需要建立一种从整体考虑,可以应用于具体供需场景的系统性能分析模型,为产业生态多级供需协同的全局性能分析和控制策略选择提供可信的定量决策依据[11]。

5.1.1　供应链多业务过程仿真方法

1. 面向产业生态的多级供需系统拓扑结构构建

产业生态的供需协同可以抽象为一个多级供需系统,包括 K 个层级,每级有 J_k 个节点,每个节点 j_k 的容量为 V_{j_k}。供应方向为从第 $k+1$ 级朝向第 k 级,相邻层级间形成供需关系。某个供应方 j'_{k+1} 可以同时为多个需求方 $j_k^1,j_k^2,\cdots,j_k^n$ 供货;某个需求方 j_k 也可以同时向多个供应方 $j'^1_{k+1},j'^2_{k+1},\cdots,j'^m_{k+1}$ 采购,任意两个相邻层级间形成多对多的两级供需关系。多级供需系统中的第 k 级节点可以是 $k-1$ 级节点的供应方,同时也是 $k+1$ 级节点的需求方,不同的供应商、中间商、客户都可以被抽象为第 1 级节点到第 K 级节点中某个节点,构成整个产业生态的复杂多级供需系统。

供需节点的需求模式可为"订单模式"(Order Pattern,OrP)需求或"随机模式"(Random Pattern,RaP)需求。需求产品的品种数 pv 分为单一品种(pv=1)和多品种(pv=v)。需求量的类型可为固定需求型(Fixed Demand,FxD)、柔性需求型(Flexible Demand,FlD)和随机需求型(Random Demand,RaD)需求。

多级供需系统的拓扑结构示例如图 5-1 所示。

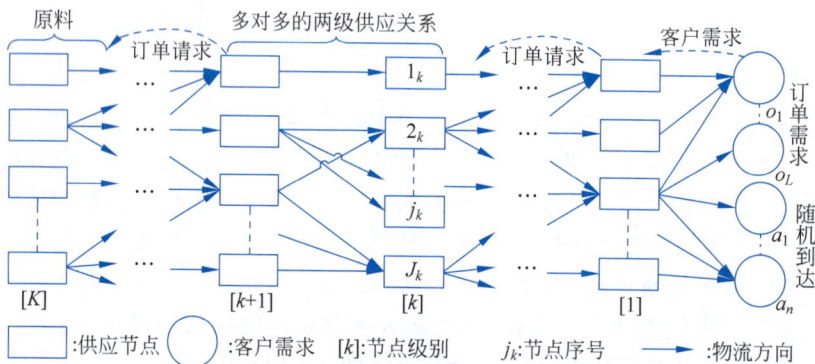

图 5-1 多级供需系统的拓扑结构

2. 多级供需系统的策略设定

1)需求分配策略设定

设定 t 时段节点 j_k 的需求量 $D_{j_k,t}$ 在 m 个 $k+1$ 级节点上的分配量分别为 $D_{j^i_{k+1},j_k,t}$,则 j_k 的需求在 j^i_{k+1} 上的分配率 $\eta(j_k,j^i_{k+1})=D_{j^i_{k+1},j_k,t}/D_{j_k,t}(i=1,2,\cdots,m)$,可知 $\sum\eta(j_k,j^i_{k+1})=1$。需求量分配策略(Demand Assignment Policies,DAP)就是要确定需求量在供应节点上的分配率,DAP 决策方案的数量 $Y(j_k)$ 是节点库存控制策略(Inventory Control Policies,ICP)(如 (R_{j_k},S_{j_k}))、D_{j_k}、$\eta_{j_k}(j^i_{k+1})$ 和 m 的相关函数,即

$$Y(j_k)=f(\text{ICP},D_{j_k},\eta_{j_k}(j^i_{k+1}),m) \tag{5-1}$$

n 个下级节点 j_{k-1} 分配在单个 j_k 上的需求的总和 $D_{j_k}=\sum D_{j_k,j'_{k-1}}$ 即为 j_k 的总需求数量。由于 j_k 一般既是供应方又是需求方,所以 j_k 包含两类节点,即输入节点(如原料 u)和输出库存(如成品 v)。所有下级节点对于 j_k 的输出产品 v 的需求量(Output Demand quantity,OD)可记为 $\text{OD}^{(v)}_{j_k}$,设 u、v 间的协作系数为 $\lambda(u,v)$,则对输入节点原料 u 的需求量(Input Demand quantity,ID)为

$$\text{ID}^{(u)}_{j_k}=\lambda(u,v)\times\text{OD}^{(v)}_{j_k} \tag{5-2}$$

设 t 时段 j_k 中 u 和 v 的初始数量(INitial quantity,IN)分别为 $\text{IN}^{(u)}_{j_k,t}$ 和 $\text{IN}^{(v)}_{j_k,t}$,u 从上

级节点的补货量为 $\sum IQ_{j_k,j_{k+1}^i,t}^{(u)}$，$i=1,2,\cdots,m$；同期 v 的投产量为 $Pi_{j_k,t}^{(u)}$，产出量为 $Po_{j_k,t}^{(v)}$，而产品 v 向下级节点的发货量（Output Quantity，OQ）为 $\sum OQ_{j_k,j_{k-1}^{i'},t}^{(v)}$，$i'=1$，$2,\cdots,n$。因此，$t$ 时段节点 j_k 对于 u 和 v 的期末持有量（Holding Quantity，HQ）分别为

$$HQ_{j_k,t}^{(u)} = IN_{j_k,t}^{(u)} + \sum IQ_{j_k,j_{k+1}^i,t}^{(u)} - \lambda(u,v) \times Pi_{j_k,t}^{(u)} \tag{5-3}$$

$$HQ_{j_k,t}^{(v)} = IN_{j_k,t}^{(v)} + Po_{j_k,t}^{(v)} - \sum OQ_{j_k,j_{k-1}^{i'},t}^{(v)} \tag{5-4}$$

2）供需控制策略设定

供需控制策略涉及的决策变量包括库存检查周期 t，订货点 R、订货批量 Q、最大库存 S，根据 t 是固定或可变，分为连续性检查策略和周期性检查策略两种。其中连续性检查策略又有固定订货点、订货量策略，即 (R,Q) 策略和固定订货点、最大库存策略，即 (R,S) 策略；与之类似还有 (t,Q)、(t,S) 策略。此外，还有以上策略的各种组合形式，如 (t,R,S) 策略等。

t 时段 j_k 对于 v 的供货能力取决于其有效库存量（Available Quantity，AQ）$AQ_{j_k,t}^{(v)}$。$AQ_{j_k,t}^{(v)}$ 与 j_k 已向上级节点 j_{k+1}^i 订购但还未到达的原料 u 的在途库存量（on Way Quantity，WQ）$WQ_{j_k,t}^{(u)}$ 和未满足的下级节点 $j_{k-1}^{i'}$ 订购的产品 v 的延期订单交货量（Back order Quantity，BQ）$BQ_{j_k,t}^{(v)}$ 有关。设 t 时段节点 j_k 向 m 个上级节点 j_{k+1}^i 对于原料 u 的订购量分别为 $Q_{j_k,j_{k+1}^i,t}^{(u)}$，同时 n 个下级节点 j_{k-1}^i 向 j_k 订购的产品 v 的数量分别为 $Q_{j_k,j_{k-1}^{i'},t}^{(v)}$，可得 t 时段 j_k 的有效库存量为

$$AQ_{j_k,t}^{(v)} = IN_{j_k,t}^{(v)} + (IN_{j_k,t}^{(u)} + WQ_{j_k,t}^{(u)})/\lambda(u,v) - BQ_{j_k,t}^{(v)} \tag{5-5}$$

其中，

$$WQ_{j_k,t}^{(u)} = \sum (Q_{j_k,j_{k+1}^i,t}^{(u)} - IQ_{j_k,j_{k+1}^i,t}^{(u)}) \tag{5-6}$$

$$BQ_{j_k,t}^{(v)} = \sum (Q_{j_k,j_{k-1}^{i'},t}^{(v)} - OQ_{j_k,j_{k-1}^{i'},t}^{(v)}) \tag{5-7}$$

设 $R_{j_k}^{(v)}$ 为 j_k 对于产品 v 的再订货水平。因此，节点可以根据 $AQ_{j_k,t}^{(v)}$ 与 $R_{j_k}^{(v)}$ 的比较确定是否向上一级订货：如果前者大于后者，则不需要；反之，则订货。订货数量 $Q_{j_k,j'_{k+1},t}^{(u)}$ 由 ICP、$AQ_{j_k,t}^{(v)}$ 和 $R_{j_k}^{(v)}$ 确定：如假设 ICP 为 (R,S) 策略，则订货量为

$$Q_{j_k,j'_{k+1},t}^{(u)} = (S_{j_k}^{(v)} - AQ_{j_k,t}^{(v)}) \times \lambda(u,v) \tag{5-8}$$

3）资源配置及其调度策略设定

多级供需系统中物料与订单等实体的流动需要在人员、装卸设备、运输工具等资源的支持下实现。资源的能力 $R(t)$ 可能存在多种情况：$R(t)=C$ 表示工作能力不会随着时间发生变化，并且可靠性为 100%；如果 $R(t)$ 在不同时段按照预先确定的决策（如工作时间表）发生变化，则可用阶梯函数来表达；资源能力 $R(t)$ 也可能发生随机性变化。

在产业生态协同业务的动态运行中，多个过程模型之间、单个过程模型的不同活动之间都可能发生资源冲突。采取何种资源调度策略（Resource Scheduling Policies，RSP）处理这种冲突对多业务过程模型的性能有很大的影响。由于业务过程和活动的仿真实例化由事务实例的到达触发，因此可以从事务的角度来考察多个过程间的资源冲突。这样，不同过程或同一过程的多个活动之间的资源冲突问题可以描述为某个资源如何确定最先为多

种类型的多个事务实例中的哪一个进行服务的问题。

5.1.2　多级供需系统的多业务过程仿真分析模型

多级供需系统应尽量在系统成本最低、业务过程周期最短而客户需求满足率最高的高性能水平下运作。但这3方面的性能要求之间是相互矛盾的,不同的企业应根据自身的战略和目标制定相应的控制策略。

多级供需系统性能分析的外部因素和可控因素如表 5-1 所示。外部因素主要指客户需求模式 DP、需求量 DQ 和对延迟交付(Back Order,BO)方式的选择[如不允许延迟(Non-Delay,ND)、允许延迟(Permitting Delay,PD)和有条件终止延迟(Terminating Delay,TD)]。它们是系统分析过程中的不可控因素。控制因素主要指库存控制策略(ICP);需求分配策略(DAP);供应商供应策略(Vendor Supply Policies,VSP),如先到先出(First In First Out,FIFO)、优先级策略(Priority,PRI)等;资源能力配置和资源调度策略 RSP[如FIFO,较小值优先(Less Value First,LVF)等]等及其参数。它们是系统性能分析中的可控因素。

表 5-1　多级供需系统的外部因素和可控因素

外部因素	客户需求 OrP/RaP	客户需求 需求量类型 DQ FxD/FlD/RaD		交货延迟 BO ND/PD/TD
可控因素	库存控制策略 ICP			
	检查周期 t c/t	再订货水平 $R_{j_k}^{(v)}$	v 订货量 $Q_{j_k}^{(v)}/S_{j_k}^{(v)}$	u 订货量 $Q_{j_k,j_{k+1}',t}^{(u)}$
	需求分配策略 DAP $\eta(j_k,j_{k+1}^i)$	供应策略 VSP FIFO/PRI	资源能力 $R(t)$ $C/S/RC$	资源调度策略 RSP FIFO/LVF

表 5-2 列出了多级供需系统的库存量、成本和时间类[如生产时间(Production Time,PT)、运输时间(Transport Time,TPT)、再订货时间(re-Order Time,OT)等]属性。它们是定量刻画供需系统的基本变量。

表 5-2　多级供需系统的库存量、成本和时间属性

输入库存	初始库存量 $\mathrm{IN}_{j_k,t}^{(u)}$	上期订购量 $Q_{j_k,j_{k+1},t-1}^{(u)}$		到达量 $\mathrm{IQ}_{j_k,j_{k+1},t}^{(u)}$
	未到量 $\mathrm{BQ}_{j_k,t}^{(u)}$	投产量 $\mathrm{Pi}_{j_k,t}^{(u)}$	持有库存量 $\mathrm{HQ}_{j_k,t}^{(u)}$	产品系数 $\lambda(u,v)$
输出库存	产出量 $\mathrm{Po}_{jk,t}$	初始库存 $\mathrm{IN}_{jk,t}^{(v)}$	上期需求量 $Q_{jk,j_{k-1}',t-1}^{(v)}$	发货量 $\mathrm{OQ}_{jk,j_{k-1}',t}^{(v)}$
	欠付订单 $\mathrm{BQ}_{jk,t}^{(v)}$	持有库存 $\mathrm{HQ}_{jk,t}^{(v)}$	本期需求量 $Q_{jk,j_{k-1}',t}^{(v)}$	有效库存量 $\mathrm{AQ}_{jk,t}^{(v)}$
成本	单位成本 UC 缺货成本 SC	持有成本 HC 订货成本 RC		生产成本 PC 运输成本 TPC
时间	生产时间 PT	运输时间 TPT		订货时间 OT

1）成本性能统计

j_k 在 t 时段对于单一品种的 u 和 v 的统计变量计算如下：

u 和 v 的持有成本（其中，$HC^{(u)}$ 中的上标表示原料 u 的相应变量，以下类同）为

$$\mathrm{hc}_{j_k,t}^{(u,v)} = \{1/2 \times \mathrm{HC}^{(u)} \times [\mathrm{IN}_{j_k,t}^{(u)} + \mathrm{HQ}_{j_k,t}^{(u)}] + 1/2 \times \mathrm{HC}^{(v)} \times [\mathrm{IN}_{j_k,t}^{(v)} + \mathrm{HQ}_{j_k,t}^{(v)}]\} \times t$$

订购成本为

$$\mathrm{rc}_{j_k,t}^{(u)} = \mathrm{RC}^{(u)} ; \tag{5-9}$$

单元成本为

$$\mathrm{uc}_{j_k,t}^{(u)} = \mathrm{UC}^{(u)} \times \mathrm{IQ}_{j_k,j_{k+1},t}^{(u)} ; \tag{5-10}$$

运输成本为

$$\mathrm{tpc}_{j_k,t}^{(u)} = \mathrm{TPC}^{(u)} \times \mathrm{IQ}_{j_k,j_{k+1},t}^{(u)} ; \tag{5-11}$$

生产成本为

$$\mathrm{pc}_{j_k,t}^{(v)} = \mathrm{PC}^{(v)} \times \mathrm{Po}_{j_k,t}^{(v)} ; \tag{5-12}$$

缺货成本为

$$\mathrm{sc}_{j_k,t}^{(v)} = \mathrm{SC}^{(v)} \times \mathrm{BQ}_{j_k,t}^{(v)} ; \tag{5-13}$$

销售收入为

$$\mathrm{sp}_{j_k,t}^{(v)} = \mathrm{SP}^{(v)} \times \mathrm{OQ}_{j_k,j_{k-1},t}^{(v)} ; \tag{5-14}$$

t 时段总成本为

$$\mathrm{tc}_{j_k,t}^{(u,v)} = \mathrm{hc}_{j_k,t}^{(u,v)} + \mathrm{rc}_{j_k,t}^{(u)} + \mathrm{uc}_{j_k,t}^{(u)} + \mathrm{tpc}_{j_k,t}^{(u)} + \mathrm{pc}_{j_k,t}^{(v)} + \mathrm{sc}_{j_k,t}^{(v)} \tag{5-15}$$

t 时段总利润为

$$\mathrm{tm}_{j_k,t}^{(u,v)} = \mathrm{sp}_{j_k,t}^{(v)} - \mathrm{tc}_{j_k,t}^{(u,v)} \tag{5-16}$$

j_k 在周期 T 内对于多品种的总成本和总利润分别为

$$\mathrm{tc}_{j_k} = \sum \sum \sum \mathrm{tc}_{j_k,t}^{(u,v)} \tag{5-17}$$

$$\mathrm{tm}_{j_k} = \sum \sum \sum \mathrm{tm}_{j_k,t}^{(u,v)} \tag{5-18}$$

其中，$u=1,2,\cdots,U$；$v=1,2,\cdots,V$；$t=1,2,\cdots,T$。

当把多级供需系统当作一个整体进行分析时，为了避免重复累计单元成本，只在 $k=K$ 级的计算中考虑原始原料采购商的单位成本；相应地，只在 $k=1$ 即对最终客户的销售中考虑销售收入，即毛收入为

$$\mathrm{tm}' = \sum_j \sum_v \sum_t (\mathrm{sp}_{j_1,t}^{(v)}) \tag{5-19}$$

因此，多级供需系统总成本为

$$\mathrm{tc} = \sum_{j=1}^{J_k} \mathrm{tc}_{j_K} + \sum_{k=1}^{K-1} \sum_{j=1}^{J_k} \overline{\mathrm{tc}_{j_k}} \tag{5-20}$$

其中，$\overline{\mathrm{tc}_{j_k}}$ 表示在总利润和总成本的计算中不计单元成本的情形。这样，总利润为

$$\mathrm{tm} = \mathrm{tm}' - \mathrm{tc} \tag{5-21}$$

2）时间性能统计

t 时段 j_{k-1}' 对于 v 向 j_k 的订货量为 $Q_{j_k,j_{k-1},t}^{(v)}$，满足需求的业务过程时间为：若现有存货 $\mathrm{HQ}_{j_k,t}^{(v)}$ 大于订货量，则需求立即得到满足，业务过程时间为 j_k 与 j_{k-1} 间的运输时间

$\mathrm{TPT}_{j_k,j_{k-1}}^{(v)}(Q)$；若存货小于订货量，则计算其差额（$\Delta Q_{j_k,j_{k-1,t}^{(v)}}^{(v)}=Q_{j_k,j_{k-1,t}^{i'}}^{(v)}-\mathrm{HQ}_{j_k,t}^{(v)}$），并检查生产 v 所需要的 u 的库存 $\mathrm{HQ}_{j_k,t}^{(u)}$，如果大于生产所需的物料量，过程时间需再加上 j_k 的生产时间 $\mathrm{PT}_{j_k}^{(v)}(\Delta)$；如果 u 不足够生产，则需要向上一级节点 j'_{k+1} 订货 u 的缺额部分 $\triangle'$，过程时间应在上一步的基础上再加上 j_k 节点的订货时间 $\mathrm{OT}_{j_k}^{(u)}(\Delta')$，以此类推，直到需求得到满足为止（设为第 K' 级），则总业务过程周期时间为

$$\mathrm{tt}=\sum_k\sum_j\sum_{(u,v)}\sum_t[\mathrm{TPT}_{j_k,j_{k-1},t}^{(v)}(Q)+\mathrm{PT}_{j_k,t}^{(v)}(\Delta)+\mathrm{OT}_{j_k,t}^{(u)}(\Delta')] \tag{5-22}$$

其中，$v=1,2,\cdots,V$；$u=1,2,\cdots,U$；$j=1,2,\cdots,J_k$；$k=k-1,\cdots,K'$；$t=1,2,\cdots,T$ 由实际情况决定。

3）客户需求满足率统计

设 t 时段对于产品 v 有 L 个订单型需求和 N 个随机到达型需求，它们按某种需求分配策略 DAP 在 j_1 上分配的需求量分别为 $\mathrm{OrD}_{j_1,t}^{(v)}$ 和 $\mathrm{RaD}_{j_1,t}^{(v)}$，如果当期持有库存 $\mathrm{HQ}_{j_1,t}^{(v)}$ 大于 $(L+N)$ 个需求的总和，则 t 时段节点 j_1 对于 v 的需求满足率 $\mathrm{tf}_{j_1,t}^{(v)}=1$，否则 $\mathrm{tf}_{j_1,t}^{(v)}=(\mathrm{HQ}_{j_1,t}^{(v)}/[\sum_{l=0}^{L}\mathrm{OrD}_{j_1,t}^{(v)}+\sum_{n=0}^{N}\mathrm{OrD}_{j_1,t}^{(v)}]$，系统总客户需求满足率为

$$\mathrm{tf}=\sum_j\sum_t\mathrm{tf}_{j_1,t}^{(v)} \tag{5-23}$$

4）资源利用率统计

假设协同业务过程中各种活动所使用的资源（ReSources，RS）共有 R 个，t 时段 RS_r 的工作时间为 $\mathrm{WT}_{r,t}$，定义其资源利用率为 $\mathrm{RU}_{r,t}=\mathrm{WT}_{r,t}/t$。因此，系统总资源利用率为

$$\mathrm{tr}=\sum_r\sum_t(\mathrm{RU}_{r,t}) \tag{5-24}$$

5）总体性能综合评价

供需系统的性能计算必须满足以下约束：

t 时段总库存量不超过总库容，即

$$\sum_k\sum_j\sum_u(V^{(u)}\times\mathrm{HQ}_{j_k,t}^{(u)})+\sum_k\sum_j\sum_v(V^{(v)}\times\mathrm{HQ}_{j_k,t}^{(v)})\leqslant\sum_K\sum_j V_{j_k} \tag{5-25}$$

其中，$V^{(u)}$、$V^{(v)}$ 为单位产品 u、v 所占库容。

$k-1$ 级的总订货量不超过第 k 级的总生产能力，即

$$\sum_t\sum_{j'}\sum_u Q_{j_{k-1},t}^{(u)}\leqslant\sum_t\sum_j P_{j_k}^{(v)} \tag{5-26}$$

j_k 向所有下级节点的总发货量不超过从所有上级节点得到的总运入量，即

$$\sum_t\sum_j i'\mathrm{OQ}_{j_k,j_k^{i'},t}^{(v)}\leqslant\sum_t\sum_j i[\lambda(u,v)\times\mathrm{IQ}_{j_k,j_{k+1}^{i}}^{(u)}] \tag{5-27}$$

综上所述，多级供需系统性能分析就是在一定的外部因素（DP，DQ，BO）和约束（如库容、生产平衡关系等）下，选择不同的多级决策方案 s（ICP_s，DAP_s，VSP_s，$R(t)_s$，RSP_s），并借助仿真分析工具的运行计算相应方案 s 下的系统总体性能指标值（tc_s，tt_s，tf_s，tr_s）。

由于有些性能是增量型的，即其值越高，性能越好，如 tf 和 tr；有些是减量型的，如 tc 和 tt。可按下式进行统一量化：

$$U(t_s^i) = \begin{cases} 1, & \max(t_s^i) - \min(t_s^i) = 0 \\ (t_s^i - \min(t_s^i))/[\max(t_s^i) - \min(t_s^i)], & \text{增量型} \\ (\max(t_s^i) - t_s^i)/[\max(t_s^i) - \min(t_s^i)], & \text{减量型} \end{cases} \tag{5-28}$$

按下式进行加权计算以得到系统的综合性能评价指标值:

$$U(t_s^i) = \begin{cases} 1, & \max(t_s^i) - \min(t_s^i) = 0 \\ t_s^i/\max(t_s^i), & \text{增量型} \\ \min(t_s^i)/t_s^i, & \text{减量型} \end{cases} \tag{5-29}$$

若只有两个方案进行比较,可采用下式进行量化处理。

$$u(t_s) = \sum_{i=1}^{4} w_i \times U(t_s^i) / \sum_{i=1}^{4} w_i \tag{5-30}$$

设 s 方案下系统的性能指标值为 $t_s = \{t_s^i \mid t_s^i \in (\text{tc}_s, \text{tt}_s, \text{tf}_s, \text{tr}_s), i = 1, 2, 3, 4\}$,系统总体方案数为 S。显然,统一量化综合性能的最大值: $u(t_s^*) = \max\{u(t_s)\}$ 所对应的方案 s^* 就是该评价体系下产业生态多级供需系统的最佳多级决策匹配方案。

5.2　基于产业集群的产业生态协作网络构建分析

产业集群是一种以协作为目的的产业生态组织,通常由几千家企业组成,没有人直接负责集群的管理。集群中的单个企业可能没有完全的资质或能力,但是可以通过知识共享和产品共享提升自身企业和集群的创新能力,通过各类协作行为形成这整个集群的竞争力[12]。

很多例子表明集群效应能够很好地促进集群技术创新。Audretsch 调研了 6 个行业的大概 30 个产业集群,结果显示集群中中小企业的创新能力比大型公司还要高[13]。由于产业集群在技术和经济增长中发挥着越来越重要的作用,很多地方政府开始计划扶持产业集群的发展。但是,产业集群是一个动态的、自组织的和开放的系统,很难管理和调控一个集群的发展。

5.2.1　产业集群协作网络结构定义

产业集群协作网络结构包括 3 个层面:环境层、企业层和集群层。环境层由集群发展涉及的各种因素构成,包括市场需求和政府政策两个方面;企业层包括各个企业,定义各种可见的外部架构,如经济能力、技术能力、生产能力和创新能力;集群层代表了集群整体的属性,是很多独立的智能体行为协作的结果,集群属性包括集群技术能力、集群创新能力和集群输出规模[14]。

1. 智能体(Agent)模型

集群协作网络可以被定义为包括生产企业和研究机构的网络,将每一个成员定义为一个智能体,考虑创新的相关因素,定义 4 个重要属性:经济能力、技术能力、生产能力和创新能力。

经济能力由企业的盈利能力和资本决定,并与生产能力和技术能力有关。定义 Agent

i 的经济能力 EA_i 为

$$EA_i = f_1(PR_i, RF_i, TA_i, PA_i)$$

其中，

PR_i：智能体 i 在 $t-1$ 时刻的总利润；

RF_i：智能体 i 在 $t-1$ 时刻的资本；

TA_i：智能体 i 的技术能力；

PA_i：智能体 i 的生产能力；

f_1：智能体的 EA 迭代公式。

技术能力是集群相关的技术水平、技术领域和技术知识的存量。定义智能体 i 的技术能力 TA_i 为

$$TA_i = f_2(KS_{ik}, TL_{ik}, EI_{ik})$$

其中，

KS_{ik}：智能体 i 在技术领域 k 的知识存量；

TL_{ik}：智能体 i 在技术领域 k 的知识水平；

EI_{ik}：智能体 i 在技术领域 k 的经济投入；

f_2：智能体的 TA 的迭代公式。

生产能力决定了企业的产出。我们可以用年产量来表示生产企业的能力。定义智能体 i 的生产能力 PA_i 为

$$PA_i = AO_i$$

其中，

AO_i：智能体 i 的年产量。

创新能力根据经济能力、技术能力和学习能力进行评价。定义智能体 i 的创新能力 IA_i 为

$$IA_i = f_3(EA_i, TA_i, LK_{it})$$

其中，

EA_i：智能体 i 的经济能力；

TA_i：智能体 i 的技术能力；

LK_{it}：智能体 i 在 $t-1$ 时刻的知识量；

f_3：智能体的 IA 的迭代公式。

在这些属性定义的基础上，智能体中也定义了相关的计算方法来计算经济能力、技术能力、生产能力和创新能力。

2. 产业集群模型

创新能力是集群的核心竞争力，集群输出规模和集群技术水平可以作为评价集群创新能力的指标，同时集群中企业的数量反映了集群规模的大小，可选用以下 3 个集群模型属性：集群输出、集群技术水平和集群规模。

定义集群规模 CE 表示集群中企业的数量：

$$CE = n, \quad n \geqslant 0$$

定义集群输出 CO 表示集群内所有企业的输出之和：

$$CO = \sum PA_i, \quad i = 1, 2, \cdots, n$$

定义集群技术水平 CT 表示集群内企业的平均技术水平：

$$CT = \sum TA_i / n, \quad i = 1, 2, \cdots, n$$

3. 环境模型

环境层中两个重要因素影响着集群协作网络的发展：一个是技术需求，一个是政府政策。环境的技术需求是集群发展与创新的外部推手，是集群创新的方向。环境的技术需求与集群内科研机构的数量和水平有一定的关系。

定义集群 t 时刻的技术需求 TR_t 为

$$TR_t = f_4(ETL_t, CT_t)$$

其中，

ETL_t：t 时刻的环境技术水平；

CT_t：t 时刻的集群技术水平；

f_4：IA 的迭代公式。

另一个影响集群创新活动的重要因素是政府政策——政府推出具体的策略，刺激创新，带来经济效益和社会效益，影响集群的创新发展。定义 t 时刻的政府投入 GI_t 为

$$GI_t = f_5(GT_t)$$

其中，

GT_t：t 时刻的政府税收；

f_5：GT 的迭代公式。

5.2.2　产业集群协作网络演化过程仿真

产业集群协作网络是一个高阶非线性系统，传统的线性方法很难解决和分析这个系统中的问题。Swarm 仿真是很好的研究个体与群体关系的仿真方法。

Swarm 仿真是采用一种通过离散事件相互作用的智能体集合，系统的每个角色都是一个 agent，每个实体可以抽象成影响自身或其他智能体的事件。在 Swarm 仿真中，离散事件时间表的定义随着时间的推移产生下一个事件[15-16]。

选取某个中等规模汽车产业集群作为例子，研究提高汽车集群的竞争力，保持可持续发展，集群组成和集群演变的过程。具体目标是通过仿真来区分影响集群发展的关键因素，并协助政府和企业对集群的发展做出正确决策，并制定相关政策。

通过调研该集群相关企业的数据，总结仿真过程设置如表 5-3 所示。

表 5-3　某汽车集群仿真参数

名　　称	具 体 参 数
Agent 数量	500
生产商数量	$P(0.6)$
研究机构数量	$P(0.4)$
经济投入	$EI: N(200, 1)$
创新能力	$IA: N(100, 1)$
创新成功率	$IS: TA_i / Max[TA_i] (i = 1, 2, \cdots, 500)$
创新损耗	$N(10, 1)$
创新回报	$IR(IC) = \alpha\beta(1-s)IC; \ \alpha = 2, \beta = TA_i / CT$

名　称	具 体 参 数
政府投入	5000（每 20 次）
总仿真时间	500 步

Agent 的数量是 500；集群中 60％为制造企业，40％为研究机构；经济投入、创新能力、创新花费的参数分别满足正态分布（200,1）、（100,1）和（10,1）；通过 $TA_i/Max[TA_i]$（$i=1,2,\cdots,500$）计算创新成功的比例；企业平均技术水平、集群平均技术水平和创新盈利参数 α 用来估计创新回报率；政府投入是每 20 次 5000；共计仿真 500 步。

通过 Java 编写程序，在 Swarm Simulation 仿真平台进行仿真，仿真结果如图 5-2～图 5-5 所示。

在分析产业集群协作网络演化过程时，选取 3 个关键性能参数：存活智能体数量、总体经济能力和总体技术能力。

从 Swarm 可以得到上述 3 个关键性能参数，这些关键性能参数的变化影响着产业集群协作网络的演化过程。我们可以进一步得到系统参数，如不同智能体的比例、合理的投资和预期回报等，这些对于产业集群的管理很有帮助。我们还可以通过仿真对不同的创新策略进行比较，寻找最优的创新策略。与非集群环境中企业的自主创新相比，集群协作网络具有更高的产出和更好的技术水平。

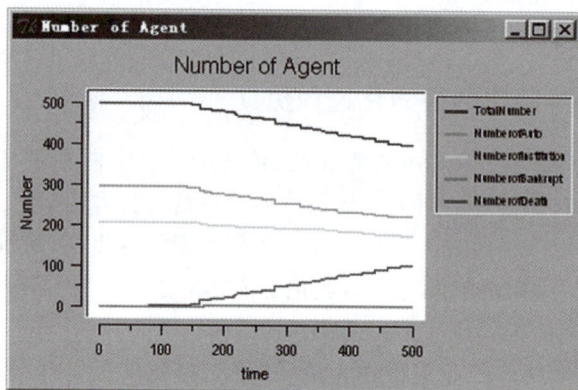

图 5-2　仿真结果 1

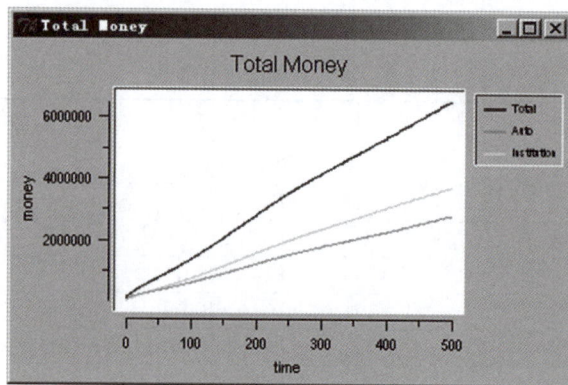

图 5-3　仿真结果 2

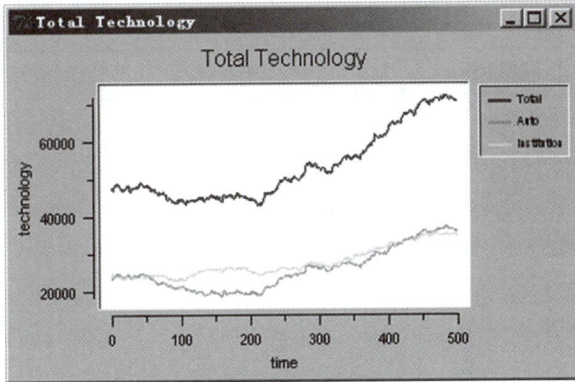

图 5-4　仿真结果 3

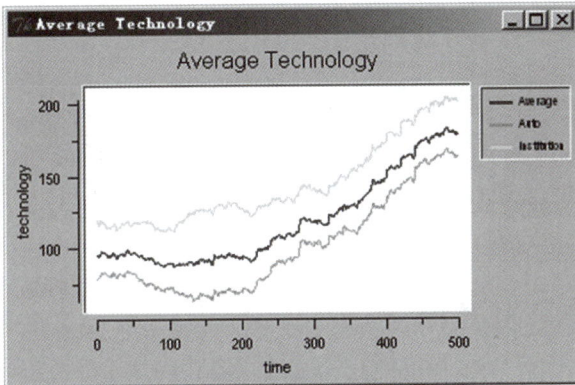

图 5-5　仿真结果 4

5.2.3　产业集群协作网络的分析评价

1. 产业集群协作网络综合评价体系

产业集群协作网络综合评价体系以汽车产业作为研究对象。汽车产业具有比较高的产业关联度和很长的产业链,具有高技术与高资金的典型特征,是典型的制造业。本节提出了一种汽车制造业综合评价指标体系,如表 5-4 所示。

该体系构建了 3 个层次的综合评价指标体系框架,框架包括 3 个一级指标、6 个二级指标和 16 个三级指标;其中,集群重点发展方向是对集群的总体评价,反映了集群的综合实力;集群集中度分析是对集群劳动力密集度进行分析,反映了集群的集聚程度;集群生产率分析是对集群的生产率水平进行分析。

表 5-4　产业集群协作网络综合评价指标体系(以汽车产业为例)

目标层	准则层	子准则层	指标层
产业集群评价	集群重点发展方向	技术配套	自有知识产权拥有率 知识程度
		科技创新能力	科研机构拥有率 新产品产值比 科研投入比

续表

目标层	准则层	子准则层	指标层
产业集群评价	集群重点发展方向	集群生产力	资本生产率 劳动生产率
		集群整体实力	工业产值 工业增加值 就业人数
	集群集聚度分析	区位商	汽车行业（LQ1） 汽车整车行业（LQ2） 汽车零部件行业（LQ3）
	集群生产率分析	全要素生产率	全要素生产率（TFP） 劳动生产率（PL） 资本生产率（PK）

2. 指标计算

1）集群技术配套情况

从企业核心技术来源入手进行分析。需要对企业目前对产品知识产权的拥有情况和工程技术人员的拥有情况进行调研和分析。主要指标是自有知识产权的拥有率和知识程度。

$$自有知识产权拥有率 = \frac{\sum 企业自有知识产权拥有率}{\sum 集群产品种类}$$

$$知识程度 = \frac{工程技术人员数量}{集群内从业人数}$$

2）集群科技创新能力

根据企业内设立的国家级、省部级实验室、工程中心、企业技术中心等机构，以及企业与研究院所联合成立的研究团队、研究机构，或联合完成的项目几个方面来考虑，考查的主要指标是科研机构拥有率、新产品产值比和科研投入比。

$$科研机构拥有率 = \frac{科研机构的数目}{集群内企业数}$$

$$新产品产值比 = \frac{新产品产值}{集群产值}$$

$$科研投入比 = \frac{研究经费}{销售产值}$$

3）集群生产力

集群生产力考查资本生产率和劳动生产率，通过历年数据对比反映集群生产力的变化。

$$PK = \frac{Y}{K}, \quad PL = \frac{Y}{L}$$

其中，Y 是集群总产值，K 是集群总资产，L 是集群总劳动人数。

4）集群整体实力

考查集群工业产值、工业增加值和就业人数等指标，历年数据反映了集群整体实力的变化。

5）LQ 系数

LQ(Location Quotient)系数方法是国内外评价制造业产业集群时普遍采用的方法,它可以反映一个集群的整体集聚度。定义如下:

$$LQ_i = \frac{e_i / \sum_{i=1}^{n} e_i}{E_i / \sum_{i=1}^{n} E_i} \tag{5-31}$$

其中,e_i 表示某区域产业 i 的雇员数;E_i 表示整个国家产业 i 的雇员数。经济含义是一个给定区域中某产业占有份额与整个经济中该产业占有份额的比值,用来反映集群区域内产业的集聚程度。

6）集群生产率

集群生产率的测定通常采用柯布-道格拉斯生产函数(CD 生产函数)为基本工具:

$$Y_t = A_0 e^{\alpha_T t} K^{\alpha_K} L^{\alpha_L} \tag{5-32}$$

其中,Y_t 表示第 t 年的产值,$A_0 e^{\alpha_T t}$ 表示第 t 年的生产技术水平,K 表示资产,L 表示劳动(就业人数),α_K 和 α_L 表示资产和劳动的产出弹性。一般汽车产业设定报酬不变,即 $\alpha_K + \alpha_L = 1$。

对式 5-32 取对数,并线性回归,可以计算出资本的产出弹性 α_K 和劳动的产出弹性 α_L。

定义集群生产率为

$$TFP_t = \frac{Y_t}{K_t^{\alpha_K} L_t^{\alpha_L}} \tag{5-33}$$

5.3　面向服务的产业生态协作网络构建分析

企业是任何具有共同目标的组织的集合。它可以是一个政府机构、整个公司、公司的一个事业部或部门,或地理上相距很远但属于同一个所有者的多个组织的集合。在进行扩展企业(extended enterprise)集成时,"企业"可以包括合作伙伴、供应商、客户和内部的业务单元。由此可见,产业生态协作网络也可以被视为一种特殊的"企业"。学术界为了对"企业"这个领域范围无比宽广、内容异常丰富的复杂系统进行分析,形成了不同的理论和方法,其中企业架构(EA)是对其进行全面考察的方法,该方法也可以应用到产业生态的分析过程中。

面向服务的企业架构(Service Oriented Enterprise Architecture,SOEA)是考虑了SOA、SSME 和服务的 EA。相应地,将 SOEA 中的业务过程称为面向服务的业务过程(Service Oriented Business Process,SOBP),SOEA 研究的企业称为面向服务的企业(SOE)。与传统的 EA 一样,SOEA 可以采用各种各样的格式和媒介来进行描述,但强调从服务的视角(service view)进行描述。参考这一理论,我们提出了面向服务的产业生态协作网络构建方法。

5.3.1 面向服务的产业生态协作网络架构

1. 产业生态协作网络建模

在基于信息平台的产业生态协作网络中,有些是可以由应用系统(Application System,AS)自动实现的,我们把应用系统和服务组成的系统统称为应用服务系统,相应地,其模型称为应用服务系统模型。应用系统可有不同的粒度。它与具体业务活动之间可以是一对一或一对多的关系。如果对一个应用系统采用 SOA 的理念和技术进行了服务化封装,即成为了网络化的服务(Networked Service,NS),相应地,用 AS 特指未进行服务化封装的,能实现特定业务功能的应用系统。

如果一个过程(Process,P)或活动(Activity,A)完全由人来完成,则称之为人工型过程/活动(MP/MA);如果一个过程或活动由 AS 完成,则称之为应用系统型过程/活动(ASP/ASA);如果过程或活动由 NS 完成,则称之为网络化服务型过程或活动(NSP/NSA)。

企业对 NS 的使用可有 3 种情况。第一种是使用自己开发的 NS(即内部网络化服务,Inner NS,INS);第二种是使用经过自己检测的可靠的外部服务(Tested NS,TNS,如合作伙伴的 NS);第三种是使用其他的外部服务(External NS,ENS,如公共服务部门的 NS)(如图 5-6 所示)。

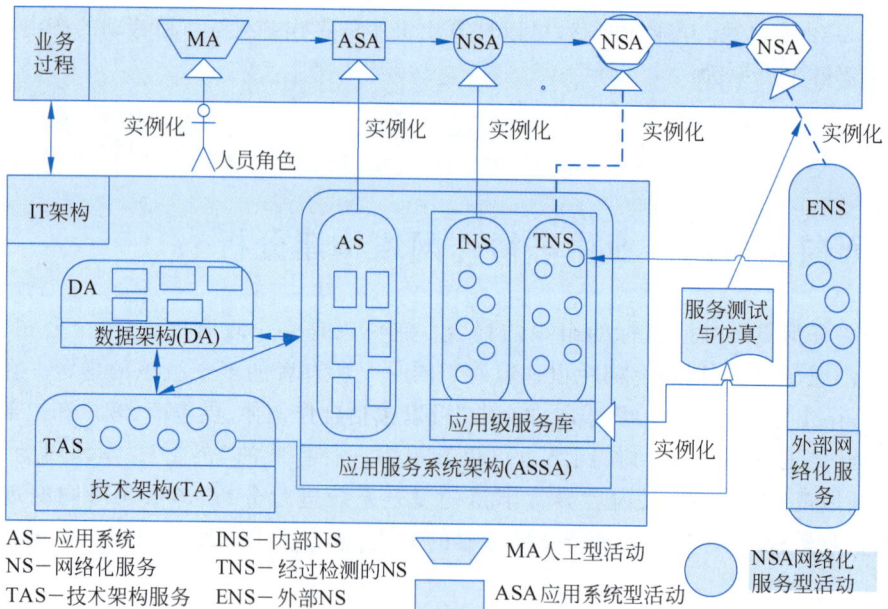

AS-应用系统　　　INS-内部NS
NS-网络化服务　　TNS-经过检测的NS
TAS-技术架构服务　ENS-外部NS

图 5-6　面向服务的产业生态业务过程模型

有了这种分类,就可以准确地描述面向服务的业务过程中不同类型活动的不同处理机制。业务过程模型的实例化需要在运行时(run-time)实现。应用系统型活动(ASA)可以与 AS 绑定。要进行网络化服务型活动(NSA)的绑定,首先应在 INS 库中搜索,若有对应的 INS,则可以可靠地绑定,并调用相应的 INS;若没有,则搜索 TNS 库;若还没有,则必须搜索 ENS,这时应该对未经测试的 ENS 先进行测试或仿真,然后再进行实例化。

需要时可以把这些经过测试或仿真的新的 ENS 放入 INS 库中。实际上业务过程中使用的 NS 都应该先经过测试或仿真。这里把 INS 和 TNS 组成的 IT 资源库称为应用级服务库,并把所有 NS 和 AS 及其相互关系系统一归为应用服务系统架构(ASSA)。

2. 面向服务的产业生态实现框架

面向服务的产业生态企业实现框架的主要组成部分如图 5-7 所示,这是一个基于 SOA(面向服务架构)与 MDA(模型驱动架构)的集成开发与执行环境,它为面向服务计算环境下的产业生态企业间集成提供了一个统一的设计、开发与运作框架。

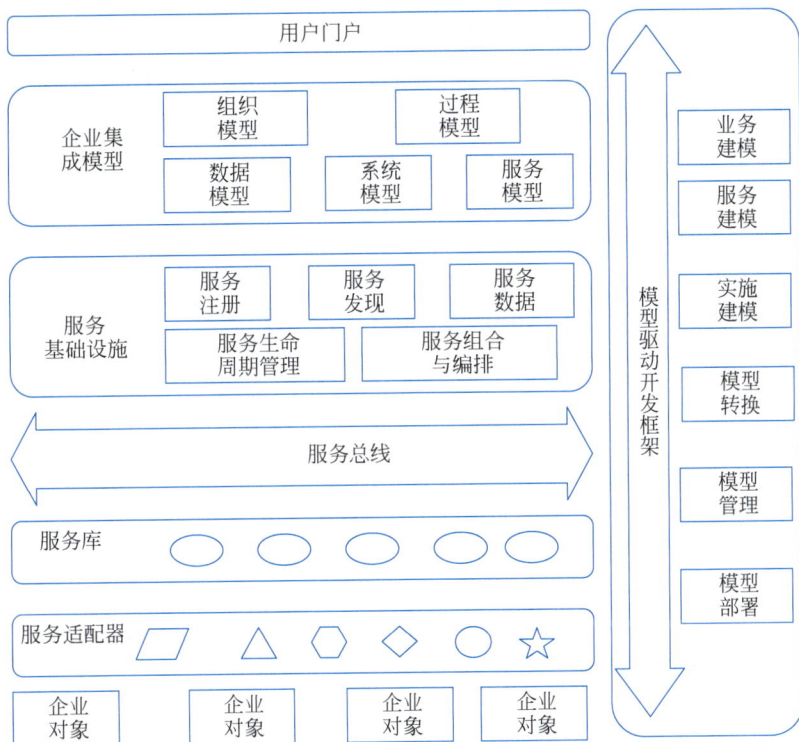

图 5-7　面向服务的产业生态实现框架

(1) 企业对象(Enterprise Object,EO)指框架涉及的各种元素。EA 中定义的所有元素都可看作是该框架的 EO,如企业系统(例如,ERP、PDM、SCM 等)、业务过程、组织单元、数据等。它们首先由服务适配器进行封装,然后集成到框架之中。

(2) 服务适配器(service adapter)把 EO 的访问接口转换为标准的服务接口。服务适配器是服务与 EO 之间的中介,它对 EO 的数据与功能建模,并暴露服务接口,因此通过该接口可以访问 EO 的功能。

(3) 服务库(service repository)存储可访问 EO 的模型和接口描述,允许对模型和接口描述的搜索,并把抽象服务的标识符映射到物理服务地址。

(4) 服务总线(service bus)是 SOA 中的基于各种标准的通信层,实现了服务的跨协议使用。它隐藏了服务请求者与服务提供者之间的交互细节,简化了服务的部署与管理,促进了异构环境下的服务重用。

(5) 服务基础设施(service infrastructure)结合了企业服务总线和业务过程管理的功

能,为服务管理提供了统一的方法,为服务组合的构造和部署创建了一种服务结构。其主要功能包括服务注册、发现、组合、编制,服务数据管理和服务生命周期管理。

(6) 企业集成模型(enterprise integration model)定义不同方面,如组织、过程、数据、应用系统和服务层等业务模型及其集成。通过不同业务模型的集成,可以建立实际场景的高保真模型。通过计算无关模型(Computing Independent Model,CIM)到平台无关模型(Platform Independent Model,PIM)映射和从 PIM 到平台相关模型(Platform-Specific Model,PSM)的映射,可以实现对符合条件的服务进行匹配、组合和执行。

(7) 用户门户(user portal)是集成平台的前台,可为特定的需求提供定制的动态工作区和工作环境。通过产生一个动态的、可配置的用户接口,使用户可以透明地访问平台的功能和后台应用,在正确的时间得到正确的信息。

(8) 模型驱动开发框架(model-driven development framework)跨越各个层级,为企业集成系统的开发提供各种 MDA 工具,包括业务建模、服务建模、实施建模、模型转换、模型管理与模型部署等功能。

5.3.2　面向服务的产业生态协作网络性能分析方法

服务系统(service system)通过对人员(以行为、属性、价值为特征)、过程(以协作、客户化定制等为特征)和产品(以软件、硬件、基础设施等为特征)的综合形成一个集成的系统,以增进其效率、效能和适应性[17]。

产业生态集成的目标是要打破组织间的障碍,实现企业内和企业间的协同与配合,达到提高产量、提高效率的业务目标[18]。从集成的层次来看,可分为 6 类,即组织集成、过程集成、数据集成、应用集成、服务集成和语义集成。

面向服务计算环境下产业生态协作网络的性能分析涉及各个抽象层次和各个方面,特别是与将服务、活动、资源、人员、业务伙伴等集成于一体的面向服务业务过程 SOBP 密切相关。SOBP 的性能分析主要包括 3 个层次:一是抽象服务与物理服务的匹配、选择与绑定;二是以某个特定服务为核心的服务编制;三是基于全局视角的涉及多个服务及其相关环境的服务编排等。所有的 SOBP 都应该在实际实施之前进行性能分析。

就性能分析方法而言,主要有 3 类方法,即基于模型分析的方法[19]、基于数据分析的方法[20-21]和基于仿真的方法等。业务过程仿真 BPS 基于离散事件驱动的仿真引擎,可以模拟业务过程的动态行为,记录仿真运行时的相关数据,并通过这些数据分析过程的关键性能指标与性能瓶颈。

1. 性能分析框架

产业生态协作网络的性能分析是一个涉及多组织、多企业层面、多利益相关者的多因素和多指标优化问题。性能分析框架如图 5-8 所示。

企业层(enterprise layer)使用企业建模(EM)与企业集成(EI)技术实现企业内或企业间和业务过程/服务的集成与建模。业务过程/服务模型是企业物理层、社会层和知识层集成的核心。

业务过程/服务层(Business Process/Service layer,BP/S)利用建模工具建立过程/服务

模型,并将模型存入模型数据库(Data Base,DB)供过程执行或仿真时使用。仿真场景的配置应遵循一定的 BP/S 性能分析与优化策略,这些策略是依据性能分析应用系统的输出和分析人员的知识而确定的。

数据层(data layer)包括模型数据库、实例数据库、日志数据库、知识数据库和仿真数据库。BP/S 执行时产生的执行数据和日志存储于实例数据库和日志数据库,仿真数据和日志则存储于仿真数据库和日志数据库。所有数据都是数据分析与数据挖掘的源数据。可以采用数据抽取、转换和加载(Extract-Transformation-Loading,ETL)工具对源数据进行处理,并存储于数据仓库中。

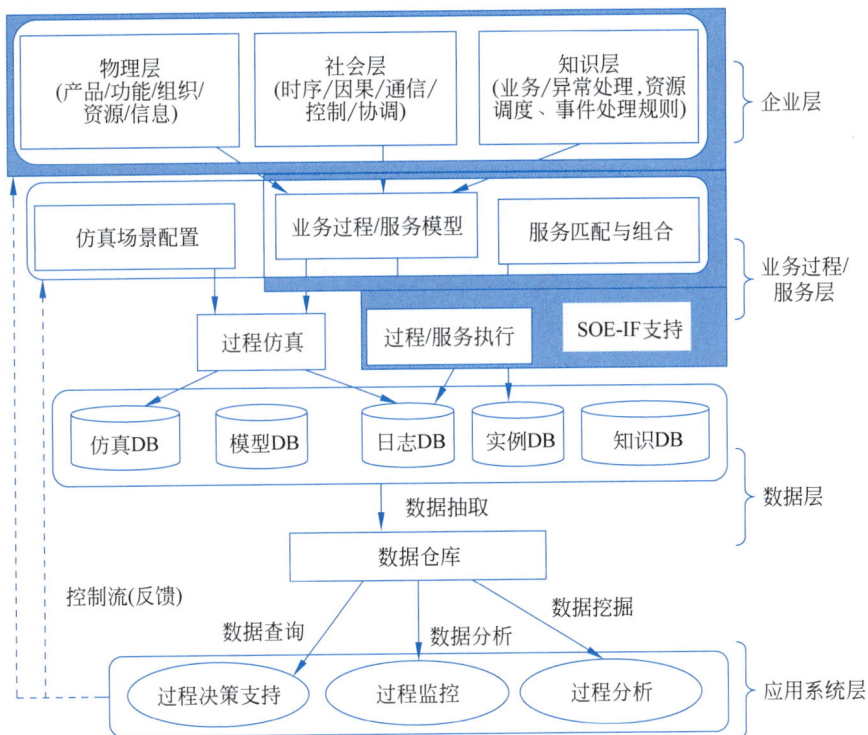

图 5-8 面向服务的产业生态协作网络性能分析框架

应用系统层(application system layer)包含 3 种应用系统,即过程决策支持、过程监控与过程分析系统等。它们的输出可反馈到企业层和 BP/S 层,以指导企业模型、BP/S 模型的建立和仿真场景的重配置。

由于产业生态协作网络的性能分析必须同时考虑到主观因素和客观因素,并尽量对其进行定量化。针对 SOBP 的性能分析包括服务选择、服务编制与服务编排 3 个层次,采用基于层次分析法和遗传算法的三阶段性能分析方法是一个很好的选择。

2. 产业生态协作网络性能指标与性能计算算子

在面向服务计算环境下产业生态协作网络的性能指标主要由服务的性能属性决定。同样,可以根据性能分析的实际需求和特定目的选择相应的性能指标。这里使用的性能指标和性能计算算子见表 5-5 及表 5-6。

表 5-5　面向服务的产业生态协作网络性能指标

业务级性能指标	应用系统级指标	IT 基础设施级指标
1. 业务可靠性 $\text{Reli}_{\text{busi}}$ 和 业务风险度 $\text{Risk}_{\text{busi}}$ 2. 业务时间 $\text{Time}_{\text{busi}}$ 3. 业务成本 $\text{Cost}_{\text{busi}}$ 4. 业务柔性 $\text{Flex}_{\text{busi}}$ 5. 业务的组织关联度 $\text{Org}_{\text{relation}}$	6. 系统响应时间 Q_{time} 7. 系统有效性 Q_{avail} 8. 系统组织关系 $\text{Qorg}_{\text{relation}}$ 9. 系统柔性 Q_{flex} 10. 系统吞吐率 Q_{turn}	11. IT 部件可靠性 IT_{reli} 12. IT 资源利用率 IT_{utili} 13. 系统配置和系统负载 $\text{IT}_{\text{config}}$

表 5-6　面向服务的产业生态协作网络性能计算算子

主要算子类型	（其中）线性算子的具体形式
线性算子：$L(q_1,q_2,\cdots,q_n)=\sum\limits_{i=1}^{n}w_i q_i$	求和算子：$L_{\text{sum}}(q_1,q_2,\cdots,q_n)=\sum\limits_{i=1}^{n}q_i$
最值算子：$\overline{M}(q_1,q_2,\cdots,q_n)=\max_{i=1}^{n}q_i$ 或 $\underline{M}(q_1,q_2,\cdots,q_n)=\min_{i=1}^{n}q_i$	平均算子：$L_{\text{avg}}(q_1,q_2,\cdots,q_n)=\dfrac{1}{n}\sum\limits_{i=1}^{n}q_i$
乘积算子：$T(q_1,q_2,\cdots,q_n)=\prod\limits_{i=1}^{n}q_i$	概率算子：$L_{\text{psb}}(q_1,q_2,\cdots,q_n)=\sum\limits_{i=1}^{n}p_i q_i$
幂算子：$P(q)=q_1^{k}$	数乘算子：$L_{\text{tim}}(q)=kq$

5.3.3　产业生态协作网络的三阶段性能分析方法

设某个面向服务计算环境下的供应链多级库存系统的拓扑结构如图 5-9 所示。它与图 5-1 在形式上相同,但所描述的含义不同,这里的节点库存是面向服务计算环境下的企业库存,相应的业务过程是面向服务的业务过程,每个过程都可能包含一些抽象服务 ASV,这样就构成了一个面向服务的产业生态协作网络。因此,图 5-1 可以看作是图 5-9 的一个实例,即当后者中的抽象服务都实例化后就可以得到一个如图 5-1 所示的实际的多级库存系统。

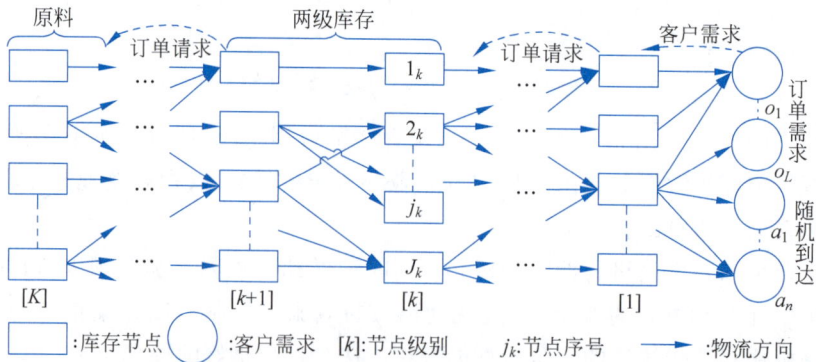

图 5-9　面向服务的产业生态协作网络结构图

当模型中的 $\{\text{ASV}_i\}$ 和每个 ASV_i 的可选物理服务 $\{\text{PSV}_{i,j}\}$ 数量较少、且协作网络模型中的库存节点数和层级数较小时,可以采取穷举法和系统仿真优化算法相结合的方法进行服务选择、服务匹配和多级库存系统的多级决策选择与匹配计算。

设协作网络有 k 个层级,每级有 1 个节点,每个节点有 n 个抽象服务 $\{\text{ASV}_i; i=1,$

$2,\cdots,n\}$；每个 ASV_i 有 m 个可选物理服务$\{\mathrm{PSV}_{i,j},j=1,2,\cdots,m\}$；则该协作网络系统的可能方案 $\omega\in\Omega$ 的方案数为

$$|\Omega|=((m^n)^l)^k \tag{5-34}$$

由于该协作网络系统中存在大量的不确定性，所以可以采用仿真的方法来计算系统的性能 $L(\theta,\xi)$，这里的 θ 是系统的参数，ξ 代表系统中的各种随机性。采用蒙特卡罗方法，可以估计系统的期望值为

$$J(\theta)\equiv E_\xi[L(\theta,\xi)]=\lim_{N\to\infty}\frac{1}{N}\sum_{i=1}^{N}L(\theta,\xi_i) \tag{5-35}$$

式(5.35)的期望值是对系统所有随机性的估计而言，且最后一项是一个极限。当 N 很大时，该极限可近似为

$$\frac{1}{N}\sum_{i=1}^{N}L(\theta,\xi_i) \tag{5-36}$$

这样，协作网络的性能分析问题可定义为选择可能的方案 $\omega\in\Omega$，以最小化系统的性能 $J(\theta)$，这里的 Ω 是包含所有可能 θ 值的系统设计和搜索空间。因为一次蒙特卡罗仿真实验的计算非常费时，所以通常难以穷举法搜索整个 Ω 空间来寻找到最小值。

面向服务的产业生态协作网络的性能分析正是这样一个问题。通常网络中供应链多业务过程模型中的虚拟服务和每个虚拟服务的可选物理服务数量都较大，从而使协作网络的设计空间非常大但是非常有限。

另一方面，由 5.1 节介绍的多级决策选择与匹配的性能分析可知，多级库存系统多级决策 $(R_{jk_i},S_{jk_i}),i=1,2,\cdots,k\times l$ 的选择与匹配方案 $\pi\in\Pi$ 的数量关系为

$$|\Pi|=\prod_{i=1}^{j\times k}|R_{jk_i}||S_{jk_i}| \tag{5-37}$$

其中，$|R_{jki}|$ 和 $|S_{jki}|$ 分别表示库存节点 j_{ki} 的再订货水平和最大库存的搜索空间。显然，ψ 的搜索空间也是随着节点数的增大而呈指数增大。这样，对于整个协作网络的多级库存控制策略方案 s 来说，其搜索空间 $|\Omega||\Pi|$ 就更为庞大了。

由于对于每个策略方案 p 必须进行多次仿真才能得到它的性能，这就要求我们必须提出计算效率更高的性能分析方法，以应对性能分析的复杂性。面向服务的产业生态协作网络的基于层次分析法和遗传算法的三阶段性能分析方法——AG-TSPA 算法的控制流程图如图 5-10 所示。

AG-TSPA 算法的具体步骤如下：

阶段 1，等待服务到达，基于 AHP 进行服务综合性能计算。

- 目的：确定各抽象服务 ASV_i 拟等待物理服务 $\mathrm{PSV}_{i,j}$ 的响应时间 τ_i 及拟等待的 $\{\mathrm{PSV}_{i,j};j=1,2,\cdots,m_i\}$ 个数 m_i。满足服务匹配、选择与绑定时性能分析与综合评价的需要。为每个抽象服务 ASV_i 选择若干(M_i)个符合性能要求的候选物理服务 $\{\mathrm{PSV}_{i,j};j=1,2,\cdots,M_i\}$。

- 说明：由于 SOA 环境下服务请求者 ASV_i 发出请求命令后，众多服务提供者 $\{\mathrm{PSV}_{i,j}\}$ 将陆续作出响应，并提供相应的服务质量(Quality of Service，QoS)，即服务的各个性能指标值 $\{P_{i,j}^k\}$。ASV_i 可依据响应者的到达规律和性能值确定拟等待的服务响应者的个数 m_i 和拟等待的响应时间 τ_i。

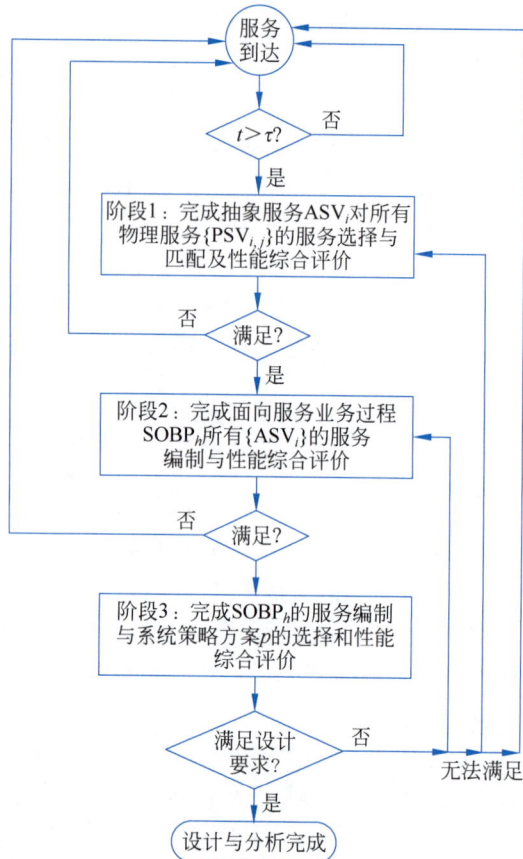

图 5-10　AG-TSPA 算法控制流程图

• 步骤：

步骤 1.1，等待响应者到达。

不失一般性，不妨假设物理服务 $\{PSV_{i,j}\}$ 的到达 $\{N(t),t\geqslant 0\}$ 是参数为 λ_i 的时齐泊松过程，其中 $N(t)$ 表示在 $(0,t]$ 内到达的服务个数。令 $S_0=0$，S_n 表示第 n 个物理服务到达的时刻 $(n\geqslant 1)$，则时间间隔 $\{X_n=S_n-S_{n-1},n\geqslant 1\}$ 是独立且参数同为 λ_i 的指数分布。

因此，ASV_i 在一定时间段 $(0,\tau_i]$ $(\tau_i>0)$ 内到达的 $\{PSV_{i,j}\}$ 的个数 $N(\tau_i)\geqslant m_i$ 的概率为

$$P(S_{m_i}\leqslant \tau_i)=P\{N(\tau_i)\geqslant m_i\}$$

$$=\sum_{k=m_i}^{\infty}\frac{(\lambda_i\tau_i)^k}{k!}\mathrm{e}^{-\lambda_i\tau_i}$$

$$=1-\mathrm{e}^{-\lambda_i\tau_i}\sum_{k=0}^{m_i}\frac{(\lambda_i\tau_i)^k}{k!}$$

$$=p_1 \tag{5-38}$$

即有 $100p_1\%$ 的概率保证等待 τ_i 时间将有不少于 m_i 个 $\{PSV_{i,j}\}$ 到达。

步骤 1.2，确定等待的响应者个数 m_i。

根据已到达的 m_i 个响应者的性能指标值 $\{P_{i,j}{}^k\}$，通过步骤 1.4 的算法计算，可得到

所有 $\{PSV_{i,j}\}$ 的综合性能 $\{u_{i,j}\ ;\ j=1,2,\cdots,m_i\}$，进一步可拟合得到它们的性能分布 $F(X_i)$。不失一般性，可假设 $F(X_i)$ 服从参数为 u_i 的指数分布，即

$$F(X_i) = 1 - e^{-x_i/u_i} \tag{5-39}$$

其中，u_i 的无偏估计为

$$\overline{u_i} = \frac{1}{m_i}\sum_{j=1}^{m_i} u_{i,j} \tag{5-40}$$

假设 ASV_i 综合性能的设计要求为大于或等于 x_i^1（例如，若设 x_i^1 为 Top-10%，即性能值处于前 10%，由式（5.39）得 $x_i^1 = u_i \ln 10 \approx 2.3u_i$），则在 $(0, \tau_i]$ 内到达的 m_i 个 $\{PSV_{i,j}\}$ 中的最大值满足设计要求的概率为

$$P\{\max(X_{i,1}, X_{i,2}, \cdots, X_{i,m_i}) \geqslant x_i^1\}$$

$$= 1 - P\{\max(X_{i,1}, X_{i,2}, \cdots, X_{i,m_i}) \leqslant x_i^1\}$$

$$= 1 - \prod_{j=1}^{m_i} P(X_{i,j} \leqslant x_i^1)$$

$$= 1 - (1 - e^{-x_i^1/u_i})^{m_i}$$

$$= p_2 \tag{5-41}$$

求解式（5.41）得到 m_i 的值为

$$m_i = \left\lceil \frac{\ln(1 - p_2)}{\ln(1 - e^{-x_i^1/u_i})} \right\rceil \tag{5-42}$$

即有 $100p_2\%$ 的概率保证在 m_i 个到达者中存在满足该虚拟服务 ASV_i 设计要求的物理服务 $PSV_{i,j}$。

步骤1.3，确定拟等待的响应时间 τ_i。

根据式（5.38），令 $n = m_i$，$\lambda = (\lambda_i \tau_i)$，若 n、λ 的值在泊松分布表的范围之内，则可查表求解 τ_i。

若该表不能满足要求，由泊松分布可用 χ^2-分布函数表示，即

$$P(x;\lambda) = \sum_{y=0}^{x} \frac{\lambda^y}{y!} e^{-\lambda}$$

$$= \int_{\lambda}^{\infty} \frac{y^x}{x!} e^{-y} \mathrm{d}y$$

$$= \int_{2\lambda}^{\infty} f_{\chi^2}(\chi^2; 2(x+1)) \mathrm{d}\chi^2 \tag{5-43}$$

其中，

$$f_{\chi^2}(\chi^2;n) = \begin{cases} \dfrac{1}{2\Gamma\left(\dfrac{n}{2}\right)} \left(\dfrac{\chi^2}{2}\right)^{\frac{n}{2}-1} e^{-\frac{\chi^2}{2}}, & 0 \leqslant \chi^2 < \infty \\[2mm] 0, & \chi^2 < 0 \end{cases} \tag{5-44}$$

为 χ^2-分布，$n = 1,2,3\cdots$ 为其自由度，$\Gamma(a) = \int_0^{\infty} x^{a-1} e^{-x} \mathrm{d}x$。

又由 χ^2-分布的分位点定义可知,对于给定的 $\alpha(0<\alpha<1)$,有

$$P(\chi^2 > \chi_\alpha^2(n)) = \int_{\chi_\alpha^2(n)}^\infty f_{\chi^2}(\chi^2;n)\mathrm{d}\chi^2 = \alpha \tag{5-45}$$

联合求解式(5-38)、式(5-43)和式(5-44),得

$$\tau_i = \frac{\chi_{(1-p_1)}^2(2(m_i+1))}{2\lambda_i} \tag{5-46}$$

若 $n=2(m_i+1)\leqslant 45$(即 $m_i<22$),通过查 χ^2-分布表可计算式(5-46)得到 τ_i 的值。

R. A. Fisher 曾证明,当 n 充分大时,近似地有

$$\chi_\alpha^2(n) \approx \frac{1}{2}(z_\alpha + \sqrt{2n-1})^2 \tag{5-47}$$

其中,z_α 是标准正态分布的上 α 分位点。由式(5-46)和式(5-47),可得

$$\tau_i = \frac{(z_{(1-p_1)} + \sqrt{4(m_i+1)-1})^2}{4\lambda_i} \tag{5-48}$$

步骤1.4,确定各物理服务{$\mathrm{PSV}_{i,j}$}的综合性能。

步骤1.4.1,确定服务的性能评价指标集,即确定 SOBP 中各个虚拟服务 ASV_i 的性能指标集 P_i,和每个 ASV 的 m_i 个物理服务 PSV 的性能指标 $P_{i,j}=\{P_{i,j}^k\}$。

步骤1.4.2,确定模糊评语集 V;

步骤1.4.3,确定基于 AHP 的各性能指标的权重集 W;

步骤1.4.4,确定模糊关系 R;

步骤1.4.5,确定模糊综合评价模型 B。

- 结果:这样就得到每个 ASV_i 等待的 $\mathrm{PSV}_{i,j}$ 的个数 m_i、等待时间 τ_i 和每个 ASV_i 的所有 $\mathrm{PSV}_{i,j}$ 的综合性能值 $u_{i,j}$,并可依据评价标准从 m_i 个物理服务中选择 M_i 个{$\mathrm{PSV}_{i,j}$}作为该 ASV_i 的候选物理服务。

阶段2:基于遗传算法与仿真计算的 SOBP 服务编制与性能综合评价。

- 目的:满足服务组合和以某个服务为中心的服务编制(orchestration)的性能分析与评价的需要。确定每个库存节点 h 的面向服务业务过程方案 SOBP_h。
- 步骤:

步骤2.1,确定 SOBP_h 的性能评价指标集 $P_h=\{P_h^k, k=1,2,\cdots,d\}$,其中,$k$ 为其第 k 维性能指标(参见表5.5)。

步骤2.2,确定 SOBP_h 的过程结构和相应的性能计算算子集 Φ_h(参见表5-6)。

步骤2.3,基于遗传算法(Genetic Algorithm,GA)的 SOBP_h 方案优化,得到其最优化方案 SOBP_s。

步骤2.3.1,确定服务编制方案优化目标。

当 SOBP_h 中的 n 个抽象服务{$\mathrm{ASV}_i, i=1,2,\cdots,n$}分别选择了一个物理服务 $\mathrm{ASV}_{i,ji}$ 并形成一个可行的物理服务组合时,就构成了 SOBP_h 的一个服务编制方案 $\mathrm{SOBP}_s = (\mathrm{PSV}_{1,j1}, \mathrm{PSV}_{2,j2}, \cdots, \mathrm{PSV}_{n,jn})$,则 SOBP_s 的第 k 维性能指标值为

$$p^k(\mathrm{SOBP}_s) = \Psi_k(p_{1,j1}^k, p_{2,j2}^k, \cdots, p_{n,jn}^k) \tag{5-49}$$

这里,Ψ_k 是依赖于 SOBP_s 组合的业务过程结构的一元或多元性能计算算子。

设各维性能权重为 W_k，且 $\sum W_k = 1$，$k = 1, 2, \cdots, d$，其取值可依据 AHP 预先确定。则服务编制问题的方案优化目标为寻找服务编制方案 SOBP_s，使下述目标函数最大化

$$\max P(\text{SOBP}_s) = \sum_{k=1}^{d} W_k \Psi_k(p_{1,j1}^k, p_{2,j2}^k, \cdots, p_{n,jn}^k) \tag{5-50}$$

步骤 2.3.2，GA 编码。

设在阶段 1 后 SOBP_h 各抽象服务 $\{\text{ASV}_i\}$ 的候选物理服务 $\{\text{PSV}_{i,j}; i = 1, 2, \cdots, n\}$ 的个数分别为 $\{M_i\}_{i=1}^{n}$；并置 ASV_i 各候选服务 $\text{PSV}_{i,j}$ 的序号为 j，显然有 $j = 1, 2, \cdots, M_i$；令 $b_i = \lceil \log_2^{M_i} \rceil$，$i = 1, 2, \cdots, n$。

采用二进制编码，用 b_i 位二进制码表示 $\text{PSV}_{i,j}$ 的序号 j，则 n 个 $\{\text{ASV}_i\}$ 的物理服务组合 $\{\text{PSV}_{1,j1}, \text{PSV}_{2,j2}, \cdots, \text{PSV}_{n,jn}\}$ 为一个长度为 $b_h = \sum_{i=1}^{n} b_i$ 的二进制字符串 X，表示 h 节点的一种服务编制方案 SOBP_s。

步骤 2.3.3，初始种群。选择种群规模为 N，随机的产生 N 个初始可行解 $X^{(1)}, X^{(2)}, \cdots, X^{(N)}$，进化代数上限为 $g_{\max}$，置初始代数 $g = 0$。

步骤 2.3.4，适应值函数。这里直接把目标函数，即式(5.50)选为适应值函数。该目标值不仅与所选取的物理服务有关，还与 SOBP 的结构和性能指标的维度有关。

步骤 2.3.5，遗传操作。"选择"操作可采用锦标赛选择策略；"交叉"操作可采用双位置次序交叉；"变异"操作则可采用互换变异或其他方法。

步骤 2.3.6，新种群产生。种群数量为定值 N，采用精英保留与随机选择相结合的策略，把父、子两代放在一起统一评价。选择其中目标值较大的 $M(1 \leqslant M < N)$ 个个体无条件的保留到新种群中，然后从所有个体中随机选取 $(N - M)$ 个个体进入新种群。这样既保留了较好个体以加快收敛速度，又不失种群的多样性。

步骤 2.3.7，终止条件。置 $g = g + 1$，直到 $g = g_{\max}$。

步骤 2.4，采用数值或仿真方法计算 SOBP_s 的性能值 P_i，进行统一量化，得到量化值 $U(P_i)$，并基于 AHP 法计算 SOBP_s 的综合性能 p_s，直到满足设计要求为止。

- 结果：库存节点 h 的面向服务业务过程 SOBP_h 的所有抽象服务 $\{\text{ASV}_i, i = 1, 2, \cdots, n\}$ 都分别选定了一个物理服务 $\text{PSV}_{i,j}$，并且该编制方案 $\text{SOBP}_{s^*} = \{\text{PSV}_{1,j1^*}, \text{PSV}_{2,j2^*}, \cdots, \text{PSV}_{n,jn^*}\}$ 是某种库存控制策略 p 下使得库存节点 h 取得最佳综合性能的服务编制方案。同理，可分别为每一个库存节点的面向服务业务过程 $\text{SOBP}_{h'}$，$h' = 1, 2, \cdots, k \times l$，都确定一个最佳编制方案 $\text{SOBP}_{s'^*}$，$s' = 1, 2, \cdots, k \times l$。这样，采用服务编排将得到一个面向服务的产业生态协作网络的实例 $\{\text{SOBP}_{s'^*}\}$（如图 5-9 所示）。

阶段 3：基于多业务过程仿真的企业网络性能分析。

- 目的：满足一个具体的面向服务产业生态协作网络实例中的多个面向服务业务过程 $\{\text{SOBP}_{h'}; h' = 1, 2, \cdots, k \times l\}$ 之间服务编排(choreograph)性能分析的需要。

- 步骤：

步骤 3.1，确定分属于不同企业节点的多个 $\{\text{SOBP}_{s'^*}, s' = 1, 2, \cdots, k \times l\}$ 之间的拓扑结构(参见图 5-9)。

步骤 3.2，确定所有{SOBP$_{s,*}$}之间的交互关系和数量关系。

步骤 3.3，确定该实例的可控因素（策略及参数）和响应变量。

步骤 3.4，选择仿真分析算法及其支持软件包和软件产品。

步骤 3.5，在具体的仿真软件中建立该协作网络的仿真实施模型并执行仿真。

- 结果：可确定该实例的各种业务策略、控制参数及其匹配关系（即多级库存系统的策略方案 p^*），实现整体性能的最优化，并得到该协作网络的最佳综合性能值。

终止条件：依据面向服务产业生态协作网络的设计目标，可以判定该实例是否满足设计要求。

- 如果满足，则该实例及其策略方案 p^* 即为要寻找的设计方案，性能分析结束；
- 否则，转阶段 2；
- 若仍不满足，转阶段 1；

若无法满足设计要求，则根据实际情况修改设计要求。

参考文献

[1] Sven A. On the First Come-First Served Rule in Multi-Echelon Inventory Control[J]. Naval Research Logistics,2007,54(1)：485-491.

[2] Nicholas G H，Chris N P. Supply Chain Scheduling：Batching and Delivery[J]. Operation Research,2003,51(4)：566-584.

[3] Ma D Y，Wang L. Control Policies in Multi-Echelon Inventory Systems with Inventory-Level Dependent Demand Rate[C]//The Sixth World Congress on Intelligent control and Automation,2006,WCICA 2006,2：6484-6488.

[4] Janakiraman G，Muckstadt J A. Inventory Control in Directed Networks：A Note on Linear Cost[J]. Operation Research,2004,52(4)：491-495.

[5] 卫忠，徐晓飞，战德臣，等.协同供应链多级库存控制的多目标优化模型及其求解方法[J].自动化学报,2007,33(2)：181-187.

[6] 金海和，郭仁拥.供应链多级库存随机模型及其优化研究[J].计算机集成制造系统——CIMS,2007,13(2)：257-261.

[7] 王正元，宋建社，何志德，等.一种备件多级库存系统的仿真优化模型[J].系统仿真学报,2007,19(5)：1003-1006.

[8] 高丽芳，杜秀华.一种考虑相关需求的多级库存控制优化模型[J].计算机仿真,2005,22(8)：163-165.

[9] 李刚，汪寿阳，于刚，等.供应链中牛鞭效应与信息共享的研究[M].长沙：湖南大学出版社,2006.

[10] 刘永胜.供应链协调理论与方法[M].北京：中国物资出版社,2006.

[11] 曾森，范玉顺，黄双喜.基于多过程仿真的多级库存系统性能优化[J].系统仿真学报,2009,21(23)：7622-7628.

[12] Stamer M. Intech-Cluster：A Study on Innovation Clusters [J]. Meyer-Stamer,2000.

[13] Audretsch D B. The Role of Information and Communication Technology in the World Bank's Development Strategy [J]. World Bank,2001.

[14] Huang S X，Jin Y. Research On The Evolution of Cluster Innovation System Based on SWARM Principles [C]//Proceedings of the 23rd International Conference on Design Theory and Methodology,2004.

[15] Langton C，Minar N，Burkhart R. The Swarm Simulation System：A Tool for Studying Complex

Systems［J］. Santa Fe Institute,1995.

［16］ Minar N，Burkhart R，Langton C，Askenazi M. The Swarm Simulation System：A Toolkit for Building Multi-Agent Simulations［R］. Santa Fe Institute,1996.

［17］ Tien J M. Services：A System's Perspective［J］. IEEE Systems Journal,2008,2(1)：146-157.

［18］ Vernadat F B. Enterprise Modeling and Integration(EMI)：Current Status and Research Perspectives ［J］. Annual Reviews in Control,2002,26：15-25.

［19］ 林闯.计算机网络与计算机系统的性能评价［M］.北京：清华大学出版社,2001.

［20］ Aalst W M P，Weijters A J M M，Maruster L. Workflow Mining：Which Processes can be Rediscovered?［R］. BETA Working Paper Series,Eindhoven University of Technology,2002.

［21］ Bonifati A，Casati F，Dayal U，et al. Warehousing Workflow Data：Challenges and Opportunities ［C］//Proc. of VLDB'01,Rome,Italy,2001：649-652.

第**6**章

基于演化博弈的产业互联网多方协同机制与模型

6.1　产业互联网多方协同机制分析

本节主要介绍产业互联网多方协同的机制,首先通过分析各方的角色确定产业生态系统的结构,并建立产业生态系统模型;然后通过分析各方利益主体加入产业互联网进行价值共创的动机,分析和描述各方之间价值共创的过程。

6.1.1　产业互联网多方协同主体

相比于经典的供需双方进行完全市场竞争的机制,产业背景下的市场以价值共创为作用机制,通过平台企业的引入,出现了产业生态系统的概念。产业生态系统在供给方、需求方的基础上引入平台企业、辅助支持方等多个利益主体,组成了一个复杂的生态系统。在外部政治、经济、科技、文化等因素的作用下,各个利益主体之间产生相互作用,形成复杂多变的合作关系和竞争关系,它们之间通过合作共赢最大化资源价值和关系价值,完成资源整合与共享,最终在产业机制下实现利益最大化和价值共创[1-4]。产业背景下的四方关系主体都在产业生态系统中占有重要的地位并产生显著的影响,因此对各方逐一进行分析,有助于识别各个利益主体在整个系统中的定位,从而对整个产业的结构有更好的认识(见图 6-1)。

1. 平台方

平台方是产业机制区别于传统完全市场竞争机制的核心要素。平台是系统内各个主体之间进行交互的桥梁,可以整合资源并建立关系,以实现价值共创。作为产业机制的核心参与者,平台企业通过制定规则、资源整合、运营管理、关系协调等手段主导着产业系统的运行和发展,平台针对不同利益主体的关系,整合外部资源,研判优化形式,综合内部管理,统筹利益关系,预判缓解竞争,协调内部合作,以最大程度地促进各方利益,提升产业系统的价值共创水平。

2. 供给方

供给方包括制造商、经销商等企业组织及个体,它们通过源源不断地生产和制造商品,为产业体系提供产品和服务,以满足需求方的需要,从而创造价值,获得经济利益。在产业

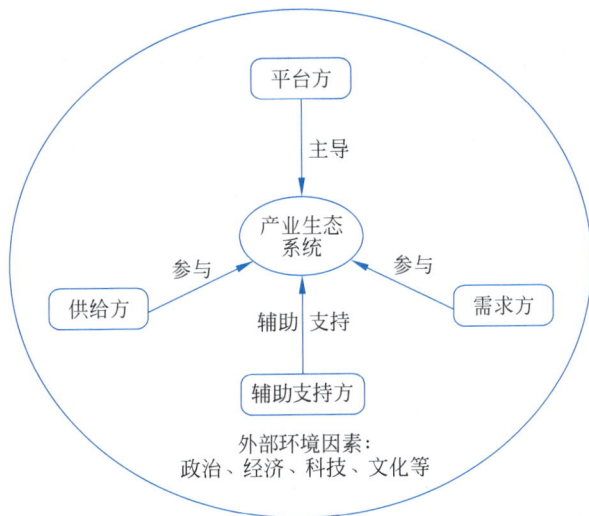

图 6-1　产业生态协同主体及其关系

背景下,供给方通过向需求方出售具有差异性的商品和服务,根据外部环境利用产业中的丰富资源进行产品迭代更新,开拓市场和业务,加大研发和创新投入,改善业务结构和运营方式,提升自身的价值和综合竞争力。最终与平台方和需求方产生合力,在此基础上,达成产业价值协同和共创。

3. 需求方

需求方消费供给方生产的商品和服务,是推动产业发展和价值共创的源头动力,供给方快速识别需求方变化的消费需求,并迅速开展相应的生产行动满足需求,同时为各个市场主体提供了宝贵的机会,能够根据市场需求调研和创造新的产品及提供新的服务,并验证产品的商业价值。在产业背景下,随着外部环境的变化,需求方通过提出多样化的需求帮助整个产业生态系统进行资源整合和业务迭代,通过向其他各方沟通自身价值诉求并反馈自身消费体验,促使供给方和平台改善制造和服务水平,提升各个主体的价值和经济利益,提高整个产业的质量和效率,进而实现价值共创。

4. 辅助支持方

辅助支持方是产业体系中对其他三方利益主体进行辅助支持的组织或个体,如投资机构、中介机构、广告公司等。它们进入产业体系共同参与价值共创,以获得更大的经济利益。得益于辅助支持方的积极参与,产业中的各个利益主体得到了各自需要的支持,以实现更好的运转。辅助支持方能够推动资源整合,它们根据自身丰富的资源和经验,为各利益主体优化资源配置,例如,金融机构为供给方企业提供必要的资金支持,助力企业实现业务扩张;广告公司为供给方企业打开产品销路,创造更大的经济收益。同时辅助支持方还具有优化产业链条的能力,为产业链上的各个主要环节提供技术和经济支持,链接上下游企业间的合作,实现产业整体的价值共创。

由上面对产业体系内各个利益主体的分析可知,产业生态系统包含 4 个主要的成员,分别都对产业系统产生不同的影响,因此从宏观和产业的角度,构建产业互联网多方协同的结构模型。

在产业背景下,随着外部因素如经济、政治、科技、文化等的影响,各个利益主体组成一个产业生态系统。平台企业是产业体系的核心部分,主导整个产业的发展;供给方是一个产业的重要成员,为了自身的经济利益加入到产业的价值共创活动中;需求方是产业中的另一个不可缺少的成员,需求方不断提出的消费需求维持着产业生态的健康发展,促进其他各方创造价值;辅助支持方在产业体系中为其他各方提供辅助支持,其存在有助于产业生态系统的良性和快速发展。在内外部因素驱动下,产业内的各方利益主体协同合作,形成互惠互利的格局,在核心平台的基础上实现产业互联网多方协同[5-8]。

6.1.2 产业互联网多方协同机制与过程

根据上面对产业中各个利益主体的分析,可以了解各个主体扮演的角色以及在产业体系中产生的影响。本节讨论各方进行价值共创的动机以及实现价值共创的过程,去掉重要性相对较低的辅助支持方,只对其他三方主体进行价值共创分析。首先列举三方的价值诉求,并确定三方进行价值共创的动机,再对三者两两之间的价值共创机制进行逐一分析,从而进一步讨论产业整体的价值共创机制[9-14]。

1. 平台方价值动机及诉求

1)经济价值

首先,平台企业是一个商业机构,需要盈利,实现利润最大化。其次,平台企业始终想要增加市场份额,扩大平台的用户量,以此增加收益。通过互联网,平台企业在某种程度上降低管理和营销成本,提高交易效率,实现降本增效。同时在互联网时代,提升平台的品牌价值也是营销的重要手段,有助于以较低成本赢得较多的客户。平台为供给方和需求方提供交易的场所,对供给方提升其产品的销量,对需求方满足其消费需求,帮助二者实现价值最大化,促进它们在平台上不断进行互动,形成良性循环,从而平台企业也得到更好的收益。

2)发展价值

围绕着平台企业的产业体系形成后,在平台上的各个生产企业和消费者会关注平台的长期可持续发展潜力,并希望能够在平台长期获得收益。通过组织能够实现价值共创的活动,平台方向供给方客户和消费者展示出自身的长期价值和投资潜力。在平台经济效益最大化的同时获得发展价值,形成良性循环,促进整个产业的良性发展,因此平台企业在一定程度上会关注自身的发展价值。

3)社会价值

以平台企业为核心的产业体系会显著受到外部环境因素影响,任何一个产业都无法独立于社会大环境而存在。当产业体系在整个社会中占据举足轻重的地位时,其中的平台企业就会深入考虑社会价值,承担起一定的社会责任,如贡献多少GDP、吸纳多少就业、缴纳多少税额等,平台企业承担的社会责任有助于推动社会向高质量发展,从长远角度也有助于自身的发展繁荣,这体现出平台方的社会价值。因此社会价值也是平台方的一个重要的价值共创动机(见图6-2)。

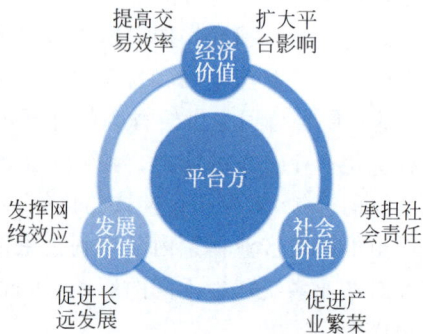

图 6-2 平台方的价值诉求

2. 供给方价值动机及诉求

1）经济价值

产品供给方为了经济利益而提供产品和服务,其参与产业中的价值共创的主要动机就是提升经济效益。参与产业体系的价值共创有助于供给方扩大市场,及时跟进市场需求,有针对性地调整生产和创新,借助平台向消费者提供优异的产品和服务,进一步提高自身的经济收益。

2）关系价值

供给方的收益依赖于消费者的需求以及平台企业的支持,但从商业的角度,供给方并不容易在产业中建立起稳定的互惠互利关系,难以培养用户黏性,因此关系价值诉求就成为供给方的重点关注价值。通过积极参与产业互联网多方协同,供给方能够更好地融入产业生态系统,获得需求方的信任,与平台方共享收益,与整个产业建立起密切的关系,以此得到更多的关系价值,实现长期盈利和健康发展。因此除了直接获利的经济价值外,关系价值也成为供给方积极参与产业互联网多方协同的动机。

3）商誉价值

供给方希望借助平台扩大消费者渠道,增强自身的品牌吸引力,打造良好的商誉,形成更强的用户黏性,因此在平台生态系统中,商誉价值成为供给方关注的核心价值之一。供给方通过主动加入价值共创,能够让自己的品牌更加深入人心,进一步获得平台企业的青睐,深化与平台方的互惠合作,获得更多的经济利益和商誉价值(见图 6-3)。

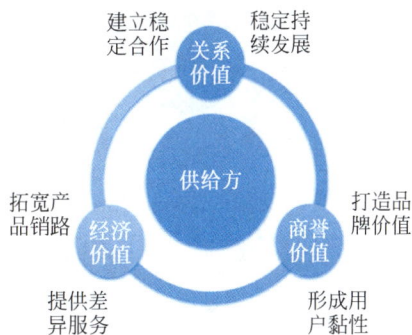

图 6-3　供给方的价值诉求

3. 需求方价值动机及诉求

1）经济价值

经济利益是每个利益主体都会考虑到的价值因素,需求方希望用尽量便宜的价格购买到尽量优质的服务和商品。相比于传统的完全竞争市场模式,产业模式能够让需求方发挥自身的影响力。需求方通过主动加入价值共创,对产品价格提出自己的要求,促使平台方和供给方提供满足需求方经济价值诉求的服务,最大化自身经济利益。因此,经济价值诉求是需求方加入价值共创的重要诉求。

2）使用价值

需求方加入产业生态系统进行消费的最重要目的就是获取服务和商品的使用价值,需求方会关注供给方所提供的服务和商品的功能,为了获得更高质量的服务,需求方会倾向于主动加入价值共创,向供给方反馈自己的亲身体验和建议,向平台企业反馈对供给方所提供服务的满意程度,积极投入产品生产消费的全生命周期中,以推动供给方和平台方提供更高质量的服务以满足自身的使用价值需求。因此,使用价值是需求方主动加入价值共创的核心动机。

3）精神价值

需求方在加入价值共创时能够在一定程度上获得情感精神满足。除了使用价值和经济价值的满足,消费者还会有情感精神的追求,在注重消费体验的潮流下,需求方对精神价值的渴求也就越发值得关注。在平台生态系统中,需求方与另外两方建立密切的关系,利用平台和供给方提供的资源和服务满足自身的精神需求。此外,需求方通过提出个性化需求,促使供给方提供差异化服务,最终获得满意的定制化产品和服务,获得精神情感价值。因此精神价值也是需求方加入价值共创的重要动机(见图 6-4)。

4. 价值共创的过程

基于前面对产业生态系统中的各方利益主体主动加入价值共创的动机以及各方的价值诉求的分析,下面对各方进行价值共创的过程进行讨论,分别从三方两两之间的价值共创展开,并由此探究产业互联网多方协同机制(见图 6-5)。

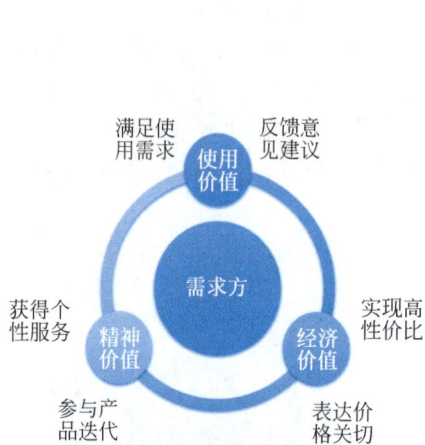

图 6-4　需求方的价值诉求

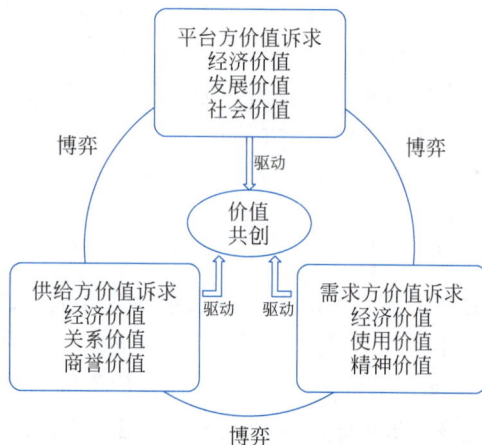

图 6-5　价值诉求驱动价值共创

首先是平台方与供给方的价值共创(见图 6-6)。

平台方进行业务服务平台的构建,并利用资源的优势以及领导地位对供给方给予资源以及服务的增效和助力。企业平台还可以通过先进的数字信息技术给予供给方技术支持和商业支持,使得供给方通过平台不仅提高了交易效率,获得了需求方的信任,获得更多的订单,还提高了服务水平,降低了营销成本,以及极大地规避了其经营风险。供给方从而扩大了市场范围,并实现了其价值的创造。

同样,在强大的网络作用下,供给方的规模越大,越能更多地为平台提供更优质的互补性产品以及服务。使平台的功能更加完善和强大,从而将更多的供给方吸引进平台,达到互利的良性循环。供给方还可以通过平台方的服务、各种规则制度,以及积极参与举办的活动,分享平台资源等,来进行意见及建议的反馈,与企业平台进行良好的互动。这些都有助于平台利用和整合这些资源信息并进行创新,从而促进平台的良性发展,实现其价值的创造。

然后是供给方与需求方的价值共创(见图 6-7)。

供给方是为需求方供应产品和服务的,供给方提供的产品和服务是需求方最直观最首要的价值。供给方与需求方通过频繁的互动交流并建立好优质的供需关系,获得需求方对产品及服务的意见建议反馈及其资源的利用,并吸收整合这些资源,供给方不断地为需求方升级其产品和服务的质量,满足其对产品及服务的需求,从而进一步实现需求方的价值创造。

同样,需求方通过购买产品和服务产生的消费行为,能够给供给方带来直观的经济效

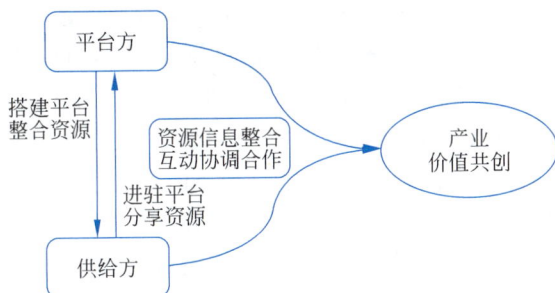

图 6-6　平台方和供给方价值共创过程

益。需求方可通过平台对所购产品及服务进行意见及建议的反馈和评价,并通过参与活动、口碑推荐等行为,帮助供给方提高经济效益。最终实现供给方的价值创造。

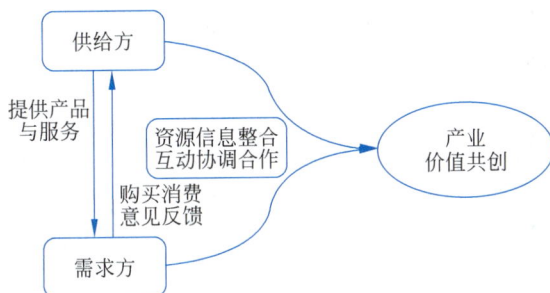

图 6-7　供给方和需求方价值共创过程

最后是平台方与需求方的价值共创(见图 6-8)。

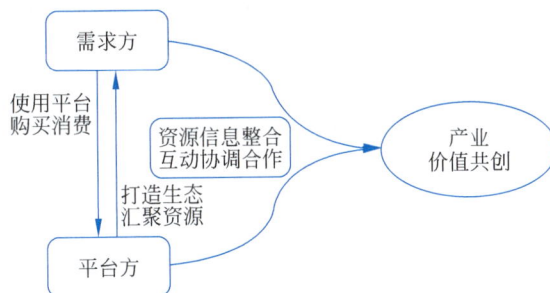

图 6-8　需求方和平台方价值共创过程

平台方进行业务服务平台的构建,并利用资源以及服务的增效和助力,构建互动通道和互评机制,提供增值服务,从而使需求方不仅能够获得种类繁多的产品和优质的服务,还能使需求方提升参与产品和服务的设计能力、生产能力、消费能力;使需求方取得个性化的服务和个人偏爱的产品;并可通过平台分享自己的体验,与其他需求方建立联系,得到认同,从而实现其价值的创造。

同样,需求方通过平台购买产品和服务产生的消费行为,给平台企业带来直观的经济效益。在强大的网络作用下,需求方进入的平台规模逐渐扩大,不仅能吸引更多的需求方,还能将更多的供给方吸引进入平台。供给方与需求方进入的平台规模越庞大,则产生的业务量越多,从而平台的功能更加完善和强大,获得更高的经济效益。需求方可以通过平台企业的各种增值服务、规则制度改进和管理等,来进行意见及建议的反馈;并通过与平台方进行良好的互动,促进平台的良性发展,从而实现平台的价值创造。

基于前面对各方利益主体两两之间价值共创的分析,可以进一步构建整个产业生态系统进行价值共创的模型,并对价值共创机制进行分析。

各方的价值诉求相互作用,紧密耦合,共同驱动着产业互联网多方协同的实现。在价值共创的过程中,多方利益主体以创造自身价值为目的,通过资源信息整合以及互动协调合作开展互惠互利的价值共创活动。平台方能够搭建供需双方的桥梁,整合资源和需求,通过运营平台创造价值。供给方也能够整合信息和资源,通过生产和交易,提供产品和服务来创造价值。需求方通过向平台方以及供给方提出需求并反馈建议,参与到产品和服务的全生命周期中,以满足自身需求,在获得自己偏好的商品的过程中创造价值。综上,产业生态系统中的各方利益主体依靠资源信息整合以及互动协调合作实现价值共创。

另外,区别于传统的价值创造和消费模式,价值共创能够使得各方创造价值的同时,向整个产业系统中贡献价值,某一方在创造自身价值的同时还能够帮助其他各方创造自身价值。因此良好的价值共创是正反馈的,良性循环的,有助于实现产业生态系统健康稳定的可持续发展。

产业互联网多方协同机制如图 6-9 所示。

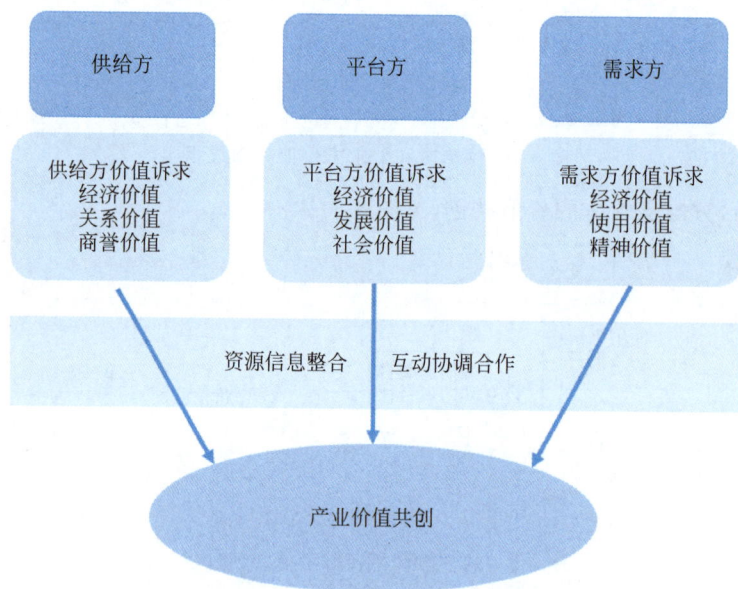

图 6-9　产业互联网多方协同机制

6.2　基于演化博弈的多方协同模型

基于前面对产业互联网多方协同机制的分析,本节通过引入演化博弈理论[15-18],建立价值共创演化博弈模型,进一步对价值共创问题进行理论研究。价值共创演化博弈问题的研究流程如图 6-10 所示。

首先,进行价值共创演化博弈问题描述,确定模型的基础假设及各种参数设置,从而构建起三方价值共创演化博弈模型。其次,建立各方的支付矩阵及期望收益,求解各方的复

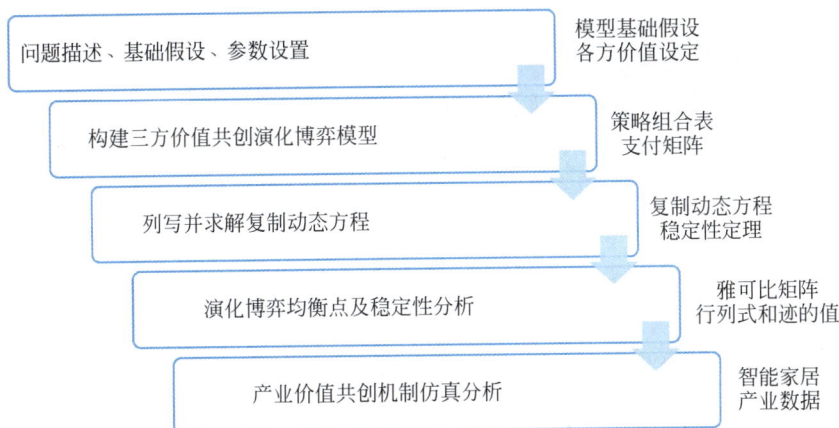

图 6-10 求解演化博弈的路线图

制动态方程并得到最终的演化稳定策略。最后,通过雅可比矩阵对演化博弈均衡点和稳定性进行分析。

6.2.1 问题描述

由于产业体系受到复杂的外部环境影响,同时也受到内部各利益相关方的决策影响,因此不能使用简单的经典博弈理论进行讨论。演化博弈理论正适合用于这种动态变化的多方博弈场景,由于第三方的存在,两方之间无法通过一回合的博弈达到自身的最大收益,也无法达到博弈均衡,而是在动态过程中不断向博弈均衡点接近,三方最终达到两两之间的博弈均衡。在以平台方作为核心,供给方作为关键参与者,需求方作为另一关键参与者的产业生态系统中,多方的价值共创是一个动态博弈、相互作用的过程,因此引入演化博弈理论对产业互联网多方协同机制进行研究,演示出动态博弈过程,最终求解出演化博弈均衡点。

在价值共创过程中进行动态演化博弈,各利益主体可能由于不同的利益考量、自身成本限制、有限理性决策等因素,做出不同的选择。当能够较大程度地获取经济等其他利益时,利益主体会积极主动地参加价值共创,从而选择"加入价值共创",与其他利益主体互惠互利,最大化整体价值;当无法获得明确的经济或其他利益时,利益主体并不愿意投入过多成本和资源进行价值共创,从而"回避价值共创",不选择与其他利益主体互惠互利,最大化自己能得到的价值。而这可能导致整个产业和平台生态系统的不健康、不可持续发展,同时多变不稳定的策略可能会导致大量的浪费。因此从整个产业的角度,利用演化博弈的方法,预先演示可能发生的演化博弈过程,求解最终的演化博弈均衡点,这有助于从宏观的系统角度,规划合作和竞争策略,从而得到对整体产业价值最大化的策略,优化各方决策,为各利益主体的利益最大化和价值共创提供指导。

6.2.2 基础假设

针对产业中多个利益主体的价值共创问题,建立演化博弈模型,使用动态复制方程进行求解,首先进行基础假设,并进行参数设置[3,4]。

1. 有限理性

3个博弈主体都是利益驱动下有限理性的。

平台企业等3个博弈主体是产业互联网多方协同体系下的重要组成部分，它们为了最大化自身利益而选择加入或回避产业互联网多方协同。但是由于各种外部因素错综复杂、信息差的存在以及各方自身能力不足，三方只能选择在有限理性下进行动态博弈。各方都会不断接收外界信息，也会根据其他各方的变化动态调整自身的策略，以实现有限信息和有限理性下的自身利益最大化，但是因为信息获取不充分，它们很难做到完全理性和绝对理性的博弈决策。因此，多方利益主体在利益最大化驱动下，基于有限理性和不完全的信息，参与价值共创，进行演化博弈。

2. 策略选择

各利益主体在博弈中可以选择主动"加入价值共创"或者选择消极"回避价值共创"。

平台企业可能由于经济利益，希望吸纳更多供给企业进驻平台，积极抢占更大的消费者市场，而愿意扩大产业生态体系，选择主动"加入价值共创"；也可能由于维护平台成本过高，对接供给企业流程繁杂，消费者消费意愿较弱，而不再愿意花费高昂的成本维持现有的生态体系，进行战略收缩，选择消极"回避价值共创"。综上，平台方的博弈策略空间可以表示为（加入价值共创，回避价值共创）。

供给方可能由于难以直接销售到消费者，需要在平台企业上打开销路，而愿意加入产业生态系统，选择主动"加入价值共创"；也可能由于产品非常受到欢迎，供不应求，而不愿意进驻到平台上，以获得最大化的利润，而选择消极"回避价值共创"。综上，供给方的博弈策略空间可以表示为（加入价值共创，回避价值共创）。

需求方可能由于难以找到可靠的生产商，希望货比三家，参考其他消费者的评价，希望在大众使用的平台上找到更令人满意的供应商，而愿意积极使用平台提供的服务，选择主动"加入价值共创"；也可能由于对平台的不信任，如平台上大量的水军等，及自身消费能力有限，而选择消极"回避价值共创"。综上，需求方的博弈策略空间可以表示为（加入价值共创，回避价值共创）。

- 策略选择概率

各个利益主体会以一定概率选择不同的博弈策略。

需求方选择主动"加入价值共创"的概率设为 x，选择消极"回避价值共创"的概率设为 $1-x$。供给方选择主动"加入价值共创"的概率设为 y，选择消极"回避价值共创"的概率设为 $1-y$。平台方选择主动"加入价值共创"的概率设为 z，选择消极"回避价值共创"的概率设为 $1-z$。其中，$0 \leqslant x \leqslant 1$，$0 \leqslant y \leqslant 1$，$0 \leqslant z \leqslant 1$。

3. 参数设置和模型构建

基于前面的基础假设，对三方利益主体的关键参数进行设置，完成模型构建。

首先是平台方的参数设置。平台企业在运营平台时，在供给方和需求方之间提供中间服务所能获得的经济收益，记作 S_1。当平台企业选择主动"加入价值共创"，同时另外两个利益主体也采取主动"加入价值共创"策略，参与产业互联网多方协同时，三方能够积极互动，互惠互利，高效完成资源和需求整合，实现价值共创，此时平台企业由于各方均参加价值共创而获得的额外经济收益、社会价值、发展价值等收益，记作 T_1。平台企业在运营平台时，进行软件开发、数据维护、系统审查等，也会花费一定的运营成本，记作 C_1。平台企业为了推广自己的平台,大力游说不同的供给方进驻平台,并投入广告向以广大消费者为代表的需求方宣传平台,同时为积极参与平台生态系统建设的利益主体提供补贴,在这个扩大平台客户量和影响力的过程中,平台方向其他利益主体进行转移的价值,记作 B。平台方在主动推动平台生态系统价值共创时,如果供需两方之一选择消极"回避价值共创",平台企业还能够同主动加入价值共创的供给方或需求方进行互惠互利的合作共赢,进行资源整合,一定程度上仍然能得到收益,记作 D_1,但是当供需两方均消极"回避价值共创"时,平台方就难以得到该收益。由于经营方面的问题,平台企业可能转而选择消极"回避价值共创",而平台吸引来的供需双方仍然在主动"加入价值共创",此时平台的商誉会严重降低,对整个产业带来负面影响,平台企业因此遭受的损失记作 Y_1。此时平台企业能够利用在平台上的其他利益主体提供的资源和服务进行利于自身经济收益的活动,这方面得到的收益记作 Z_1。如果平台企业消极"回避价值共创",而供给方仍在主动"加入价值共创",那么平台企业应根据合同向供给方进行赔偿,给平台企业带来的损失记作 P_1。

将平台方的参数设置及相应含义汇总于表 6-1 中。

表 6-1　平台方的参数设置

参数设置	含　义
S_1	平台方在运营平台时得到的收益
T_1	三方均主动加入时的三方价值共创收益
C_1	平台方在运营平台时花费的成本
B	平台给予主动加入的其他利益主体的补贴
D_1	其他一方主动加入时的两方价值共创收益
Y_1	平台方消极回避价值共创的自私损失
Z_1	平台方消极回避价值共创能获得的自利收益
P_1	平台方消极回避价值共创时的违约赔偿

然后是供给方的参数设置。供给方以营收为主要目的,在参与到产业互联网多方协同过程中,通过向需求方消费者提供产品与服务得到经济利益,记作 S_2。当供给方选择主动"加入价值共创",同时另外两个利益主体也采取主动"加入价值共创"策略,参与产业互联网多方协同中时,三方能够积极互动,互惠互利,高效完成资源和需求整合,实现价值共创,此时供给方由于各方均参加价值共创而获得的额外经济收益、关系价值、商誉价值等收益,记作 T_2。供给方在生产制造及参与产业体系的价值共创过程中所付出的成本记作 C_2。供给方主动"加入价值共创"可以得到平台方价值为 B 的补贴。供给方采取主动"加入价值共创"策略时,如果其他两方利益主体之一选择消极"回避价值共创",供给方还能够同主动加入价值共创的平台方或需求方进行互惠互利的合作共赢,进行资源整合,一定程度上仍然能得到收益,记作 D_2,但是当其他两方均消极"回避价值共创"时,供给方就难以得到该收益。如果加入平台生态系统无法显著提高经济收益,供给方可能转而选择消极"回避价值共创",而另外双方仍然在主动"加入价值共创",此时供给方的知名度和商誉会严重降低,对整个产业带来负面影响,供给方因此遭受的损失记作 Y_2。此时供给方能够利用在平台上的其他利益主体提供的资源和服务进行利于自身经济收益的活动,这方面得到的收益记作 Z_2。如果供给方消极"回避价值共创"时,平台方仍在主动"加入价值共创",供给方应根据合同向平台企业进行赔偿,给供给方带来的损失记作 P_2。

将供给方的参数设置及相应含义汇总于表 6-2 中。

表 6-2　供给方的参数设置

参数设置	含　义
S_2	供给方提供产品和服务得到的收益
T_2	三方均主动加入时的三方价值共创收益
C_2	供给方在加入价值共创时花费的成本
B	平台给予主动加入的供给方的补贴
D_2	其他一方主动加入时的两方价值共创收益
Y_2	供给方消极回避价值共创的自私损失
Z_2	供给方消极回避价值共创能获得的自利收益
P_2	供给方消极回避价值共创时的违约赔偿

最后是需求方的参数设置。需求方通过消费供给方和平台提供的服务与商品,可以获得一些服务与商品收益,记作 S_3。当需求方选择主动"加入价值共创",同时另外两个利益主体也采取主动"加入价值共创"策略,参与产业互联网多方协同中时,三方能够积极互动,互惠互利,高效完成资源和需求整合,实现价值共创,此时需求方由于各方均参加价值共创而获得的经济收益、精神价值、使用价值等收益,记作 T_3。需求方在参与价值共创的过程中进行消费所付出的经济和时间成本记作 C_3。需求方主动"加入价值共创"可以得到平台方价值为 B 的补贴。需求方采取主动"加入价值共创"策略时,如果其他两方利益主体之一选择消极"回避价值共创",需求方还能够同主动加入价值共创的其中一方整合需求,得到满足自己特殊需求的服务或商品,一定程度上仍然能得到收益,记作 D_3,但是当其他两方均消极"回避价值共创"时,需求方就难以得到该收益。如果加入平台生态系统无法显著提高消费体验,需求方可能转而选择消极"回避价值共创",而另外双方仍然在主动"加入价值共创",此时需求方会失去另外两方整合的资源及提供的服务与商品,需求方因此遭受的损失记作 Y_3。此时需求方能够不花额外成本,却能利用在平台上的其他利益主体提供的资源和服务,进行利于自身经济收益的活动,这方面得到的收益记作 Z_3。

将需求方的参数设置及相应含义汇总于表中 6-3。

表 6-3　需求方的参数设置

参数设置	含　义
S_3	需求方消费产品和服务得到的收益
T_3	三方均主动加入时的三方价值共创收益
C_3	需求方在加入价值共创时花费的成本
B	平台给予主动加入的需求方的补贴
D_3	其他一方主动加入时的两方价值共创收益
Y_3	需求方消极回避价值共创的自私损失
Z_3	需求方消极回避价值共创能获得的自利收益

6.3　基于复制动态方程的演化博弈分析与求解

本节在所建立的博弈模型的基础上,对产业互联网多方协同演化博弈模型进行求解,并对求解结果进行分析。首先建立三方利益主体各自的支付矩阵,以及各方期望收益的表达式,并以此建立复制动态方程。对复制动态方程进行求导并求解,可以得到利益主体在不同条件下的博弈策略选择及最终的演化稳定策略。随后通过联立三方的动态复制方程,可以求解出三方演化博弈的均衡点,进一步可以进行稳定性的讨论,从而在理论层面对产业互联网多方协同演化博弈问题形成深刻的认识和理解。

6.3.1　基于复制动态方程的演化博弈分析

首先列出平台方收益的支付矩阵(见表 6-4 和表 6-5)。

表 6-4　平台方选择加入价值共创的收益

平台方选择加入价值共创的收益		供给方	
		加入价值共创	回避价值共创
需求方	加入价值共创	$S_1+T_1-C_1-2B$	$S_1-C_1+D_1+P_2-B$
	回避价值共创	$S_1-C_1+D_1-B$	$S_1-C_1+P_2$

表 6-5　平台方选择回避价值共创的收益

平台方选择回避价值共创的收益		供给方	
		加入价值共创	回避价值共创
需求方	加入价值共创	$S_1+Z_1-P_1-Y_1$	S_1-Y_1
	回避价值共创	$S_1-Y_1-P_1$	S_1-Y_1

平台方选择主动加入价值共创的概率为 z。供给方和需求方均主动加入价值共创的概率为 xy,此时平台方的收益为 $S_1+T_1-C_1-2B$。供给方消极回避价值共创,需求方主动加入价值共创的概率为 $(1-y)x$,此时平台方的收益为 $S_1-C_1+D_1+P_2-B$。供给方主动加入价值共创,需求方消极回避价值共创的概率为 $(1-x)y$,此时平台方的收益为 $S_1-C_1+D_1-B$。供给方消极回避价值共创,需求方消极回避价值共创的概率为 $(1-x)(1-y)$,此时平台方的收益为 $S_1-C_1+P_2$。

因此平台方主动加入价值共创的收益的期望 E_{11} 为

$$E_{11}=xy(S_1+T_1-C_1-2B)+x(1-y)(S_1-C_1+D_1+P_2-B)+$$
$$y(1-x)(S_1-C_1+D_1-B)+(1-x)(1-y)(S_1-C_1+P_2)$$
$$=xy(T_1-2D_1)+x(D_1-B)+y(D_1-B-P_2)+S_1-C_1+P_2 \quad (6\text{-}1)$$

平台方选择消极回避价值共创的概率为 $1-z$。供给方和需求方均主动加入价值共创的概率为 xy,此时平台方的收益为 $S_1+Z_1-P_1-Y_1$。供给方消极回避价值共创,需求方主动加入价值共创的概率为 $(1-y)x$,此时平台方的收益为 S_1-Y_1。供给方主动加入价值共创,需求方消极回避价值共创的概率为 $(1-x)y$,此时平台方的收益为 $S_1-Y_1-P_1$。供给方消极回避价值共创,需求方消极回避价值共创的概率为 $(1-x)(1-y)$,此时平台方的收益为 S_1-Y_1。

因此平台方消极回避价值共创的收益的期望 E_{12} 为

$$E_{12}=xy(S_1+Z_1-P_1-Y_1)+x(1-y)(S_1-Y_1)+y(1-x)(S_1-Y_1-P_1)+$$
$$(1-x)(1-y)(S_1-Y_1)$$
$$=xyZ_1-yP_1+S_1-Y_1 \quad (6\text{-}2)$$

平台方收益的期望 $\overline{E_1}$ 可以表示为

$$\overline{E_1}=zE_{11}+(1-z)E_{12} \tag{6-3}$$

列出平台方的复制动态方程

$$F(z)=\frac{\mathrm{d}z}{\mathrm{d}t}=z(1-z)(E_{11}-E_{12})$$
$$=z(1-z)[xy(T_1-2D_1-Z_1)+x(D_1-B)+$$
$$y(D_1-B-P_2+P_1)-C_1+P_2+Y_1] \tag{6-4}$$

对 $F(z)$ 求导可得

$$F'(z)=(1-2z)[xy(T_1-2D_1-Z_1)+x(D_1-B)+$$
$$y(D_1-B-P_2+P_1)-C_1+P_2+Y_1] \tag{6-5}$$

列出复制动态方程后,根据弗里德曼的理论,即稳定性定理,当 $F(z)$ 满足如下条件,

$$F(z)=0 \tag{6-6}$$
$$F'(z)<0 \tag{6-7}$$

即 $F(z)$ 在稳态的一阶导为负数时,此时平台方的演化稳定策略以 z 来表示。

下面对平台方的演化博弈过程进行复制动态分析。

当 x 和 y 的关系满足

$$x=\frac{y(D_1-B-P_2+P_1)+C_1-P_2-Y_1}{y(T_1-2D_1-Z_1)+D_1-B} \tag{6-8}$$

此时 $F(z)\equiv0$,在这种情形下,平台方无论以何种程度或概率 z 参与价值共创,对其自身都是演化稳定策略,处于稳态。

如果 x 和 y 的关系满足

$$x>\frac{y(D_1-B-P_2+P_1)+C_1-P_2-Y_1}{y(T_1-2D_1-Z_1)+D_1-B} \tag{6-9}$$

则 $F'(z)|_{z=0}>0$,$F'(z)|_{z=1}<0$,在这种情形下,平台方的概率 $z=1$,平台方选择加入价值共创时获得的净利润大于平台方选择回避价值共创所能获得的净利润。因此平台方倾向于以程度或概率 $z=1$ 主动加入价值共创,“加入价值共创”是平台方的优先选择,最终达到演化稳定状态。

如果 x 和 y 的关系满足

$$x<\frac{y(D_1-B-P_2+P_1)+C_1-P_2-Y_1}{y(T_1-2D_1-Z_1)+D_1-B} \tag{6-10}$$

则 $F'(z)|_{z=0}<0$,$F'(z)|_{z=1}>0$,在这种情形下,平台方的概率 $z=0$,平台方选择回避价值共创时获得的净利润大于平台方选择加入价值共创所能获得的净利润。因此平台方倾向于以程度或概率 $z=0$ 消极回避价值共创,“回避价值共创”是平台方的优先选择,最终达到演化稳定状态。

根据以上分析可以观察到,平台方选择加入或回避价值共创受到多种因素的影响。首先受到需求方选择主动“加入价值共创”的概率 x,以及供给方选择主动“加入价值共创”的概率 y 的影响,如果 x 和 y 之间的关系发生变化,那么平台企业的博弈决策也需要进行相应的调整。其次,三方价值共创收益 T_1、平台运营成本 C_1、给其他各方的补贴 B、自利收益 Z_1、自私损失 Y_1、两方互利收益 D_1、违约赔偿 P_1、违约赔偿 P_2 等因素,也会一定程度上影

响平台方的博弈策略选择。

当 x 和 y 满足如下关系时，

$$0 < x < \frac{y(D_1 - B - P_2 + P_1) + C_1 - P_2 - Y_1}{y(T_1 - 2D_1 - Z_1) + D_1 - B} < 1 \tag{6-11}$$

平台方消极回避价值共创，此时如果模型设定发生如下变化，则可能导致平台方改变博弈策略。

如果三方均主动加入价值共创，高效资源整合，实现互惠互利的过程中，平台方参与价值共创能够得到的三方价值共创收益 T_1 增加，或者在此过程中付出的运营成本 C_1 减少。

在形成一定的寡头垄断及用户黏性后，平台方对其他主动加入平台生态系统进行价值共创的各方的补贴 B 向下调整。

当平台方加入价值共创时，而其他两方中的一方消极参与时，平台仍然能够获得的收益 D_1 增加，以及回避价值共创的供给方向平台方支付的赔偿 P_2 有所增加。

当平台方回避价值共创时，利用其他两方的资源和服务获得自利收益 Z_1 减少，或者对自身商誉的损失自私损失 Y_1 增加，或者向加入价值共创的供给方支付的违约赔偿 P_1 增加。

这些因素都可能导致 x 和 y 的关系变为

$$0 < \frac{y(D_1 - B - P_2 + P_1) + C_1 - P_2 - Y_1}{y(T_1 - 2D_1 - Z_1) + D_1 - B} < x < 1 \tag{6-12}$$

在这种情况下，平台方为了自身利益最大化，博弈策略将从最初的"回避价值共创"转向"加入价值共创"。据此可以观察到，增加三方价值共创收益 T_1，减少运营成本 C_1，减少对供需双方的补贴 B，增加两方互利收益 D_1，增加违约赔偿 P_2，减少自利收益 Z_1，增加自私损失 Y_1，增加违约赔偿 P_1，这些措施有助于推动平台方主动加入价值共创，并最终实现整个产业的价值共创。

现在进行供给方的复制动态方程求解。

首先列出供给方收益的支付矩阵（见表 6-6 和表 6-7）。

表 6-6　供给方选择加入价值共创的收益

供给方选择加入价值共创的收益		平台方	
		加入价值共创	回避价值共创
需求方	加入价值共创	$S_2 + T_2 - C_2 + B$	$S_2 - C_2 + D_2 + P_1$
	回避价值共创	$S_2 - C_2 + D_2 + B$	$S_2 - C_2 + P_1$

表 6-7　供给方选择回避价值共创的收益

供给方选择回避价值共创的收益		平台方	
		加入价值共创	回避价值共创
需求方	加入价值共创	$S_2 + Z_2 - P_2 - Y_2$	$S_2 - Y_2$
	回避价值共创	$S_2 - Y_2 - P_2$	$S_2 - Y_2$

供给方选择主动加入价值共创的概率为 y。平台方和需求方均主动加入价值共创的概率为 xz，此时供给方的收益为 $S_2 + T_2 - C_2 + B$。平台方消极回避价值共创，需求方主动加入价值共创的概率为 $(1-z)x$，此时供给方的收益为 $S_2 - C_2 + D_2 + P_1$。平台方主动加

入价值共创,需求方消极回避价值共创的概率为 $(1-x)z$,此时供给方的收益为 $S_2-C_2+D_2+B$。平台方消极回避价值共创,需求方消极回避价值共创的概率为 $(1-x)(1-z)$,此时供给方的收益为 $S_2-C_2+P_1$。

因此供给方主动加入价值共创的收益的期望 E_{21} 为

$$
\begin{aligned}
E_{21} &= xz(S_2+T_2-C_2+B)+x(1-z)(S_2-C_2+D_2+P_1)+ \\
&\quad z(1-x)(S_2-C_2+D_2+B)+(1-x)(1-z)(S_2-C_2+P_1) \\
&= xz(T_2-2D_2)+xD_2+z(D_2+B-P_1)+S_2-C_2+P_1
\end{aligned}
\tag{6-13}
$$

供给方选择消极回避价值共创的概率为 $1-y$。平台方和需求方均主动加入价值共创的概率为 xz,此时供给方的收益为 $S_2+Z_2-P_2-Y_2$。平台方消极回避价值共创,需求方主动加入价值共创的概率为 $(1-z)x$,此时供给方的收益为 S_2-Y_2。平台方主动加入价值共创,需求方消极回避价值共创的概率为 $(1-x)z$,此时供给方的收益为 $S_2-Y_2-P_2$。平台方消极回避价值共创,需求方消极回避价值共创的概率为 $(1-x)(1-z)$,此时供给方的收益为 S_2-Y_2。

因此供给方消极回避价值共创的收益的期望 E_{22} 为

$$
\begin{aligned}
E_{22} &= xz(S_2+Z_2-P_2-Y_2)+x(1-z)(S_2-Y_2)+ \\
&\quad z(1-x)(S_2-Y_2-P_2)+(1-x)(1-z)(S_2-Y_2) \\
&= xzZ_2-zP_2+S_2-Y_2
\end{aligned}
\tag{6-14}
$$

供给方收益的期望 $\overline{E_2}$ 可以表示为

$$
\overline{E_2}=yE_{21}+(1-y)E_{22}
\tag{6-15}
$$

列出供给方的复制动态方程:

$$
\begin{aligned}
F(y) &= \frac{\mathrm{d}y}{\mathrm{d}t}=y(1-y)(E_{21}-E_{22}) \\
&= y(1-y)[xz(T_2-2D_2-Z_2)+xD_2+z(D_2+B-P_1+P_2)- \\
&\quad C_2+P_1+Y_2]
\end{aligned}
\tag{6-16}
$$

对 $F(y)$ 求导可得:

$$
F'(y)=(1-2y)[xz(T_2-2D_2-Z_2)+xD_2+z(D_2+B-P_1+P_2)-C_2+P_1+Y_2]
\tag{6-17}
$$

列出复制动态方程后,根据弗里德曼的理论,即稳定性定理,当 $F(y)$ 满足如下条件时

$$
F(y)=0
\tag{6-18}
$$

$$
F'(y)<0
\tag{6-19}
$$

即 $F(y)$ 在稳态的一阶导为负数时,此时供给方的演化稳定策略以 y 来表示。下面对供给方的演化博弈过程进行复制动态分析。

如果 x 和 z 的关系满足

$$
z=\frac{-xD_2+C_2-P_1-Y_2}{x(T_2-2D_2-Z_2)+D_2+B+P_2-P_1}
\tag{6-20}
$$

则 $F(y)\equiv0$,在这种情形下,供给方无论以何种程度或概率 y 参与价值共创,对其自身都是演化稳定策略,处于稳态。

如果 x 和 z 的关系满足

$$z > \frac{-xD_2 + C_2 - P_1 - Y_2}{x(T_2 - 2D_2 - Z_2) + D_2 + B + P_2 - P_1} \tag{6-21}$$

则 $F'(y)|_{y=0} > 0$，$F'(y)|_{y=1} < 0$，在这种情形下，供给方的概率 $y=1$ 为稳定，供给方选择加入价值共创时获得的净利润大于供给方选择回避价值共创所能获得的净利润。因此供给方倾向于以程度或概率 $y=1$ 主动加入价值共创，"加入价值共创"是供给方的优先选择，最终达到演化稳定状态。

如果 x 和 z 的关系满足

$$z < \frac{-xD_2 + C_2 - P_1 - Y_2}{x(T_2 - 2D_2 - Z_2) + D_2 + B + P_2 - P_1} \tag{6-22}$$

则 $F'(y)|_{y=0} < 0$，$F'(y)|_{y=1} > 0$，在这种情形下，供给方的概率 $y=0$ 为稳定，供给方选择回避价值共创时获得的净利润大于供给方选择加入价值共创所能获得的净利润。因此供给方倾向于以程度或概率 $y=0$ 消极回避价值共创，"回避价值共创"是供给方的优先选择，最终达到演化稳定状态。

根据以上分析可以观察到，供给方选择加入或回避价值共创受到多种因素的影响。首先受到需求方选择主动"加入价值共创"的概率 x，以及平台方选择主动"加入价值共创"的概率 z 的影响，如果 x 和 z 之间的关系发生变化，那么供给方的博弈决策也需要进行相应的调整。其次，三方价值共创收益 T_2、进驻平台成本 C_2、来自平台的补贴 B、自利收益 Z_2、自私损失 Y_2、两方互利收益 D_2、违约赔偿 P_2、违约赔偿 P_1 等因素，也会一定程度上影响供给方的博弈策略选择。

当 x 和 z 满足如下关系时，

$$0 < z < \frac{-xD_2 + C_2 - P_1 - Y_2}{x(T_2 - 2D_2 - Z_2) + D_2 + B + P_2 - P_1} < 1 \tag{6-23}$$

供给方消极回避价值共创，此时如果模型设定发生如下变化，则可能导致供给方改变博弈策略。

如果三方均主动加入价值共创，高效资源整合，实现互惠互利的过程中，供给方参与价值共创能够得到的三方价值共创收益 T_2 增加，或者在进驻平台的过程中所花费的成本 C_2 减少。

在平台方的成长期，平台方为吸引供给方积极加入平台生态系统的价值共创，所提供的补贴 B 向上调整。

当供给方加入价值共创时，而其他两方中的一方消极参与时，供给方仍然能够获得的收益 D_2 增加，以及回避价值共创的平台方向供给方支付的赔偿 P_1 有所增加。

当供给方回避价值共创时，其利用另外两方的资源和服务获得自利收益 Z_2 减少，或者自身商誉的损失自私损失 Y_2 增加，或者向加入价值共创的平台方支付的违约赔偿 P_2 增加。

这些因素都可能导致 x 和 z 的关系变为下式

$$0 < \frac{-xD_2 + C_2 - P_1 - Y_2}{x(T_2 - 2D_2 - Z_2) + D_2 + B + P_2 - P_1} < z < 1 \tag{6-24}$$

在这种情况下，供给方为了自身利益最大化，博弈策略将从最初的"回避价值共创"转向"加入价值共创"。据此可以观察到，增加三方价值共创收益 T_2，减少进驻平台成本 C_2，增加平台对供给方的补贴 B，增加两方互利收益 D_2，增加违约赔偿 P_1，减少自利收益 Z_2，增加自私损失 Y_2，增加违约赔偿 P_2，这些措施有助于推动供给方主动加入价值共创，并最终实现整个产业的价值共创。

再进行需求方的复制动态方程求解。

首先列出需求方收益的支付矩阵（见表 6-8 和表 6-9）。

表 6-8　需求方选择加入价值共创的收益

需求方选择加入价值共创的收益		平台方	
		加入价值共创	回避价值共创
供给方	加入价值共创	$S_3+T_3-C_3+B$	$S_3-C_3+D_3$
	回避价值共创	$S_3-C_3+D_3+B$	S_3-C_3

表 6-9　需求方选择回避价值共创的收益

需求方选择回避价值共创的收益		平台方	
		加入价值共创	回避价值共创
供给方	加入价值共创	$S_3+Z_3-Y_3$	S_3-Y_3
	回避价值共创	S_3-Y_3	S_3-Y_3

需求方选择主动加入价值共创的概率为 x。平台方和供给方均主动加入价值共创的概率为 yz，此时需求方的收益为 $S_3+T_3-C_3+B$。平台方消极回避价值共创，供给方主动加入价值共创的概率为 $(1-z)y$，此时需求方的收益为 $S_3-C_3+D_3$。平台方主动加入价值共创，供给方消极回避价值共创的概率为 $(1-y)z$，此时需求方的收益为 $S_3-C_3+D_3+B$。平台方消极回避价值共创，供给方消极回避价值共创的概率为 $(1-y)(1-z)$，此时需求方的收益为 S_3-C_3。

因此需求方主动加入价值共创的收益的期望 E_{31} 为

$$E_{31}=yz(S_3+T_3-C_3+B)+y(1-z)(S_3-C_3+D_3)+$$
$$z(1-y)(S_3-C_3+D_3+B)+(1-y)(1-z)(S_3-C_3)$$
$$=yz(T_3-2D_3)+yD_3+z(D_3+B)+S_3-C_3 \tag{6-25}$$

需求方选择消极回避价值共创的概率为 $1-x$。平台方和供给方均主动加入价值共创的概率为 yz，此时需求方的收益为 $S_3+Z_3-Y_3$。平台方消极回避价值共创，供给方主动加入价值共创的概率为 $(1-z)y$，此时需求方的收益为 S_3-Y_3。平台方主动加入价值共创，供给方消极回避价值共创的概率为 $(1-y)z$，此时需求方的收益为 S_3-Y_3。平台方消极回避价值共创，供给方消极回避价值共创的概率为 $(1-y)(1-z)$，此时需求方的收益为 S_3-Y_3。

因此需求方消极回避价值共创的收益的期望 E_{32} 为

$$E_{32}=yz(S_3+Z_3-Y_3)+y(1-z)(S_3-Y_3)+z(1-y)(S_3-Y_3)+$$
$$(1-y)(1-z)(S_3-Y_3)$$
$$=yzZ_3+S_3-Y_3 \tag{6-26}$$

需求方收益的期望 $\overline{E_3}$ 可以表示为

$$\overline{E_3}=xE_{31}+(1-x)E_{32} \tag{6-27}$$

列出需求方的复制动态方程：

$$F(x) = \frac{\mathrm{d}x}{\mathrm{d}t} = x(1-x)(E_{31} - E_{32})$$

$$= x(1-x)[yz(T_3 - 2D_3 - Z_3) + yD_3 + z(D_3 + B) - C_3 + Y_3] \quad (6\text{-}28)$$

对 $F(x)$ 求导可得：

$$F'(x) = (1-2x)[yz(T_3 - 2D_3 - Z_3) + yD_3 + z(D_3 + B) - C_3 + Y_3] \quad (6\text{-}29)$$

列出复制动态方程后，根据弗里德曼的理论，即稳定性定理，当 $F(x)$ 满足如下条件时

$$F(x) = 0 \quad (6\text{-}30)$$

$$F'(x) < 0 \quad (6\text{-}31)$$

即 $F(x)$ 在稳态的一阶导为负数时，此时需求方的演化稳定策略以 x 来表示。

下面对需求方的演化博弈过程进行复制动态分析。

如果 y 和 z 的关系满足

$$y = \frac{-z(D_3 + B) + C_3 - Y_3}{z(T_3 - 2D_3 - Z_3) + D_3} \quad (6\text{-}32)$$

则 $F(x) \equiv 0$，在这种情形下，需求方无论以何种程度或概率 x 参与价值共创，对其自身都是演化稳定策略，处于稳态。

如果 y 和 z 的关系满足

$$y > \frac{-z(D_3 + B) + C_3 - Y_3}{z(T_3 - 2D_3 - Z_3) + D_3} \quad (6\text{-}33)$$

则 $F'(x)|_{x=0} > 0, F'(x)|_{x=1} < 0$，在这种情形下，需求方的概率 $x=1$ 为稳定，需求方选择加入价值共创时获得的净利润大于需求方选择回避价值共创所能获得的净利润。因此需求方倾向于以程度或概率 $x=1$ 主动加入价值共创，"加入价值共创"是需求方的优先选择，最终达到演化稳定状态。

如果 y 和 z 的关系满足

$$y < \frac{-z(D_3 + B) + C_3 - Y_3}{z(T_3 - 2D_3 - Z_3) + D_3} \quad (6\text{-}34)$$

则 $F'(x)|_{x=0} < 0, F'(x)|_{x=1} > 0$，在这种情形下，需求方的概率 $x=0$ 为稳定，需求方选择回避价值共创时获得的净利润大于需求方选择加入价值共创所能获得的净利润。因此需求方倾向于以程度或概率 $x=0$ 消极回避价值共创，"回避价值共创"是需求方的优先选择，最终达到演化稳定状态。

根据以上分析可以观察到，需求方选择加入或回避价值共创受到多种因素的影响。首先受到供给方选择主动"加入价值共创"的概率 y，以及平台方选择主动"加入价值共创"的概率 z 的影响，如果 y 和 z 之间的关系发生变化，那么需求方的博弈决策也需要进行相应的调整。其次，三方价值共创收益 T_3、参与平台成本 C_3、来自平台的补贴 B、自利收益 Z_3、自私损失 Y_3、两方互利收益 D_3 等因素，也会一定程度上影响需求方的博弈策略选择。

当 y 和 z 满足如下关系时，

$$0 < y < \frac{-z(D_3 + B) + C_3 - Y_3}{z(T_3 - 2D_3 - Z_3) + D_3} < 1 \quad (6\text{-}35)$$

需求方消极回避价值共创，此时如果模型设定发生如下变化，则可能导致需求方改变博弈

策略。

如果三方均主动加入价值共创,高效资源整合,实现互惠惠利的过程中,需求方参与价值共创能够得到的三方价值共创收益 T_3 增加,或者在此过程中付出的时间精力成本 C_3 减少。

在平台方的成长期,平台方为吸引消费者积极加入平台生态系统的价值共创,所提供的补贴 B 向上调整。

当需求方加入价值共创时,而其他两方中的一方消极参与时,需求方仍然能够获得的两方互利收益 D_3 增加。

当需求方回避价值共创时,利用其他两方的资源和服务获得自利收益 Z_3 减少,或者自私损失 Y_3 增加。

这些因素都可能导致 y 和 z 的关系变为

$$0 < \frac{-z(D_3 + B) + C_3 - Y_3}{z(T_3 - 2D_3 - Z_3) + D_3} < y < 1 \tag{6-36}$$

在这种情况下,需求方为了自身利益最大化,博弈策略将从最初的"回避价值共创"转向"加入价值共创"。据此可以观察到,增加三方价值共创收益 T_3,减少时间精力成本 C_3,增加来自平台的补贴 B,增加两方互利收益 D_3,减少自利收益 Z_3,增加自私损失 Y_3,这些措施有助于推动需求方主动加入价值共创,并最终实现整个产业的价值共创。

6.3.2 均衡点求解

在 6.3.1 节得到的三方利益主体的复制动态方程如下。

需求方的复制动态方程

$$F(x) = x(1-x)[yz(T_3 - 2D_3 - Z_3) + yD_3 + z(D_3 + B) - C_3 + Y_3] \tag{6-37}$$

供给方的复制动态方程

$$F(y) = y(1-y)[xz(T_2 - 2D_2 - Z_2) + xD_2 + z(D_2 + B - P_1 + P_2) - C_2 + P_1 + Y_2]$$
$$\tag{6-38}$$

平台方的复制动态方程

$$F(z) = z(1-z)[xy(T_1 - 2D_1 - Z_1) + x(D_1 - B) + y(D_1 - B - P_2 + P_1) - C_1 + P_2 + Y_1]$$
$$\tag{6-39}$$

令三式的值均为 0,即

$$F(x) = 0 \tag{6-40}$$

$$F(y) = 0 \tag{6-41}$$

$$F(z) = 0 \tag{6-42}$$

根据方程组可以求解出产业互联网多方协同问题中三方利益主体进行演化博弈的 9 个均衡点(见表 6-10)。

表 6-10　9 个均衡点

均衡点名称	均衡点位置	均衡点类型
E_1	$(0,0,0)$	纯策略纳什均衡
E_2	$(1,0,0)$	纯策略纳什均衡

续表

均衡点名称	均衡点位置	均衡点类型
E_3	$(0,1,0)$	纯策略纳什均衡
E_4	$(0,0,1)$	纯策略纳什均衡
E_5	$(1,1,0)$	纯策略纳什均衡
E_6	$(1,0,1)$	纯策略纳什均衡
E_7	$(0,1,1)$	纯策略纳什均衡
E_8	$(1,1,1)$	纯策略纳什均衡
E_9	(x^*,y^*,z^*)	混合策略纳什均衡

其中，$E_1 \sim E_8$ 表示当某利益主体选择好一个博弈决策时，只要其他利益主体的博弈选择没有出现变化，则该主体的博弈策略保持不变。在 $E_1 \sim E_8$ 包围的区域 $\{(x,y,z) \mid x \in (0,1), y \in (0,1), z \in (0,1)\}$ 中，存在另一个均衡点 $E_9(x^*,y^*,z^*)$，该均衡点可以使 3 个利益主体的复制动态方程均恒等于 0，表示系统处于稳定均衡状态，各个利益主体的博弈策略不会随时间变化。

将各个利益主体的复制动态方程分别对 x、y、z 求导。

$$\frac{\partial F(x)}{\partial x} = (1-2x)\left[yz(T_3 - 2D_3 - Z_3) + yD_3 + z(D_3 + B) - C_3 + Y_3\right]$$

$$\frac{\partial F(x)}{\partial y} = x(1-x)\left[z(T_3 - 2D_3 - Z_3) + D_3\right]$$

$$\frac{\partial F(x)}{\partial z} = x(1-x)\left[y(T_3 - 2D_3 - Z_3) + D_3 + B\right]$$

$$\frac{\partial F(y)}{\partial x} = y(1-y)\left[z(T_2 - 2D_2 - Z_2) + D_2\right]$$

$$\frac{\partial F(y)}{\partial y} = (1-2y)\left[xz(T_2 - 2D_2 - Z_2) + xD_2 + z(D_2 + B - P_1 + P_2) - C_2 + P_1 + Y_2\right]$$

$$\frac{\partial F(y)}{\partial z} = y(1-y)\left[x(T_2 - 2D_2 - Z_2) + D_2 + B - P_1 + P_2\right]$$

$$\frac{\partial F(z)}{\partial x} = z(1-z)\left[y(T_1 - 2D_1 - Z_1) + D_1 - B\right]$$

$$\frac{\partial F(z)}{\partial y} = z(1-z)\left[x(T_1 - 2D_1 - Z_1) + D_1 - B - P_2 + P_1\right]$$

$$\frac{\partial F(z)}{\partial z} = (1-2z)\left[xy(T_1 - 2D_1 - Z_1) + x(D_1 - B) + \right.$$
$$\left. y(D_1 - B - P_2 + P_1) - C_1 + P_2 + Y_1\right]$$

由求导结果可以列写出博弈系统的雅可比矩阵。

$$\boldsymbol{J} = \begin{bmatrix} \dfrac{\partial F(x)}{\partial x} & \dfrac{\partial F(x)}{\partial y} & \dfrac{\partial F(x)}{\partial z} \\[2mm] \dfrac{\partial F(y)}{\partial x} & \dfrac{\partial F(y)}{\partial y} & \dfrac{\partial F(y)}{\partial z} \\[2mm] \dfrac{\partial F(z)}{\partial x} & \dfrac{\partial F(z)}{\partial y} & \dfrac{\partial F(z)}{\partial z} \end{bmatrix} \tag{6-43}$$

根据雅可比矩阵可以进一步对均衡点的稳定性进行讨论。

6.3.3 稳定性讨论

求解该雅可比矩阵的行列式和迹(见表 6-11 和表 6-12)。

表 6-11 雅可比矩阵的行列式 $\det(\boldsymbol{J})$

均衡点	行列式 $\det(\boldsymbol{J})$
E_1	$(Y_3-C_3)(P_1+Y_2-C_2)(P_2+Y_1-C_1)$
E_2	$(-Y_3+C_3)(D_2+P_1+Y_2-C_2)(D_1-B-C_1+P_2+Y_1)$
E_3	$(D_3+Y_3-C_3)(C_2-P_1-Y_2)(D_1-B+P_1-C_1+Y_1)$
E_4	$(D_3+B+Y_3-C_3)(D_2+B+P_2+Y_2-C_2)(C_1-P_2-Y_1)$
E_5	$(C_3-D_3-Y_3)(C_2-D_2-P_1-Y_2)(T_1-Z_1-2B+P_1-C_1+Y_1)$
E_6	$(C_3-D_3-B-Y_3)(T_2-Z_2+B+P_2+Y_2-C_2)(C_1+B-D_1-P_2-Y_1)$
E_7	$(T_3-Z_3+B+Y_3-C_3)(C_2-D_2-B-P_2-Y_2)(C_1+B-D_1-P_1-Y_1)$
E_8	$(C_3+Z_3-T_3-B-Y_3)(C_2+Z_2-T_2-Y_2-B-P_2)(C_1+Z_1+2B-T_1-P_1-Y_1)$

表 6-12 雅可比矩阵的迹 $\mathrm{tr}(\boldsymbol{J})$

均衡点	迹 $\mathrm{tr}(\boldsymbol{J})$
E_1	$Y_3-C_3+P_1+Y_2-C_2+P_2+Y_1-C_1$
E_2	$-Y_3+C_3+D_2+P_1+Y_2-C_2+D_1-B-C_1+P_2+Y_1$
E_3	$D_3+Y_3-C_3+C_2-P_1-Y_2+D_1-B+P_1-C_1+Y_1$
E_4	$D_3+2B+Y_3-C_3+D_2+Y_2-C_2+C_1-Y_1$
E_5	$C_3-D_3-Y_3+C_2-D_2-Y_2+T_1-Z_1-2B-C_1+Y_1$
E_6	$C_3-D_3-Y_3+T_2-Z_2+Y_2-C_2+C_1+B-D_1-Y_1$
E_7	$T_3-Z_3+Y_3-C_3+C_2-D_2-P_2-Y_2+C_1+B-D_1-P_1-Y_1$
E_8	$C_3+Z_3-T_3-Y_3+C_2+Z_2-T_2-Y_2-P_2+C_1+Z_1-T_1-P_1-Y_1$

当雅可比矩阵满足如下条件时，

$$\det(\boldsymbol{J}) > 0 \tag{6-44}$$

$$\mathrm{tr}(\boldsymbol{J}) < 0 \tag{6-45}$$

均衡点就属于演化稳定均衡状态(ESS)，三方的价值共创达到演化稳定均衡状态。

根据前面的计算和分析，通过求解演化博弈模型虽然能够分析出整个系统的稳态特性，但是考虑到雅可比矩阵形式复杂，计算烦琐，难以直观判断行列式及迹取值的正负。另外，在动态博弈的过程中，任何一个参数发生变化都会导致产业体系中的每个利益主体调整博弈策略，从而导致多方的博弈策略的改变，最终的演化博弈均衡也会因此改变。由此可以看到之前求解的演化博弈均衡点难以适用于复杂多变的实际产业场景，并且演化博弈模型对博弈的动态过程的刻画有所欠缺，因此，为了对演化博弈的动态过程进行研究，可以引入系统动力学进行价值共创演化博弈的仿真分析，通过构建多方利益主体的演化博弈系统动力学模型，并编程进行仿真分析，进而表现出各方演化博弈的动态过程，观察出不同博弈策略选择下的演化趋势和博弈均衡点，进一步加深对价值共创演化博弈的认识。

本节在理论层面求解了产业互联网多方协同的演化博弈模型，并分析了模型求解结果。首先给出三方利益主体各自的支付矩阵形式，据此建立了期望收益的表达式，并建立了复制动态方程。随后对复制动态方程进行了求解，得到了不同利益主体不同的博弈策略及演化稳定策略。本节还联立了三方利益主体的动态复制方程,求解出三方演化博弈的均衡点,进一步讨论了各个均衡点的稳定性,在理论层面上,对产业互联网多方协同的演化博弈问题进行了深入的计算和分析。在对演化博弈模型进行理论求解后,本节讨论了演化博弈模型在刻画动态博弈过程上的不足,从而明确使用系统动力学方法以来解决的问题,为下面进行系统动力学仿真验证奠定了基础。

6.4　智能家居产业互联网多方协同建模与仿真

产业互联网多方协同问题是一个复杂的系统工程问题,通过演化博弈方法可以得到演化博弈均衡点以及均衡点的稳定性,但是演化博弈模型难以刻画出博弈的动态过程。因此,本节在进行演化博弈理论推导和求解后,引入系统动力学方法,对演化博弈模型进行仿真验证。在前面建立的假设和模型的基础上,本节通过建立系统动力学模型,基于小米 IoT 平台的产业数据,编程实现系统动力学仿真,以刻画出三方的动态博弈过程,同时描述各个关键因素对各方博弈策略及演化趋势的影响。最后根据仿真结果对各方利益主体提供政策建议,以有效地实现产业互联网多方协同。

6.4.1　系统动力学模型构建

根据前述基础假设、参数设置和博弈模型设定,建立系统动力学模型。3 个主要的存量分别是三方利益主体主动加入价值共创的概率 x、y、z。3 个主要的速率变量分别是三方利益主体主动加入的概率的变化率。中间变量包括平台方主动加入的期望收益 E_{11} 和消极回避的期望收益 E_{12} 及二者之差、供给方主动加入的期望收益 E_{21} 和消极回避的期望收益 E_{22} 及二者之差、需求方主动加入的期望收益 E_{31} 和消极回避的期望收益 E_{32} 及二者之差。外生变量主要包括在 6.2 节设置的一些参数。

在建立系统动力学模型后,根据小米智能家居产业平台的统计数据,设置各参数即模型中的外生变量的取值。

智能家居产业的平台方即为小米 IoT 平台。对小米 IoT 平台的相关参数进行取值,汇总于表 6-13 中。

表 6-13　小米 IoT 平台的参数取值

参　　数	含　　义	取　　值
S_1	平台方在运营平台时得到的收益	52
T_1	三方均主动加入时的三方价值共创收益	60
C_1	平台方在运营平台时花费的成本	38
B	平台给予主动加入的其他利益主体的补贴	11
D_1	其他一方主动加入时的两方价值共创收益	32
Y_1	平台方消极回避价值共创的自私损失	28
Z_1	平台方消极回避价值共创能获得的自利收益	47
P_1	平台方消极回避价值共创时的违约赔偿	15

智能家居产业的供给方包括各种智能家居产品的供应商,根据小米对与其合作的上千家企业的分析数据,对供给方的相关参数进行取值,汇总于表 6-14 中。

表 6-14 智能家居产业供给方的参数取值

参　　数	含　　义	取　　值
S_2	供给方提供产品和服务得到的收益	48
T_2	三方均主动加入时的三方价值共创收益	30
C_2	供给方在加入价值共创时花费的成本	27
B	平台给予主动加入的供给方的补贴	11
D_2	其他一方主动加入时的两方价值共创收益	21
Y_2	供给方消极回避价值共创的自私损失	16
Z_2	供给方消极回避价值共创能获得的自利收益	32
P_2	供给方消极回避价值共创时的违约赔偿	8

智能家居产业的需求方是智能家居产品的消费者,根据小米对接入其平台的消费者的调查统计,对需求方的相关参数进行取值,汇总到下表 6-15。

表 6-15 智能家居产业需求方的参数取值

参　　数	含　　义	取　　值
S_3	需求方消费产品和服务得到的收益	30
T_3	三方均主动加入时的三方价值共创收益	25
C_3	需求方在加入价值共创时花费的成本	9
B	平台给予主动加入的需求方的补贴	11
D_3	其他一方主动加入时的两方价值共创收益	18
Y_3	需求方消极回避价值共创的自私损失	6
Z_3	需求方消极回避价值共创能获得的自利收益	15

对各参数变量赋值后,对系统动力学模型分别进行初始状态仿真和外生变量仿真。

6.4.2　系统动力学模型构建

根据 6.3 节演化博弈理论求解均衡点的结果,三方博弈共有 8 个纯策略纳什均衡点。当三方的博弈策略处于这 8 个纯策略均衡点时,三方组成的系统处于均衡状态,但这种状态不一定是稳定的,如果有一方因为某种原因改变自身的博弈策略,则整个系统的均衡将会发生变化。因此本节通过模拟各方利益主体进行博弈策略选择的初始概率,对系统的演化博弈过程和最终演化结果进行仿真,进一步探讨初始状态对演化博弈的影响。仿真的初始时间设置为 0,截止时间设置为 8,仿真时间步长设置为 0.125,单位为月。

1. 初始状态仿真

本节先假设平台方率先主动加入价值共创,积极与供给方和需求方协调合作,互惠互利,对这种初始状态下的最终演化博弈结果进行仿真。

设定平台方主动加入价值共创的初始的概率 z 为 60%,需求方和供给方主动加入价值共创的初始的概率 x 和 y 分别为 10%,仿真结果如图 6-11 所示。

观察该仿真结果,当平台方率先主动加入价值共创时,尽管另外两方利益主体的初始概率较低,但是经过一段时间的演化博弈后,供给方和需求方愿意主动加入价值共创的概率都有明显升高,同时平台方加入价值共创的意愿也随之明显升高,最终三方利益主体达到 $(x=1, y=1, z=1)$ 的演化均衡。

观察各方利益主体的演化路径,供给方主动加入价值共创的意愿增速明显快于需求方

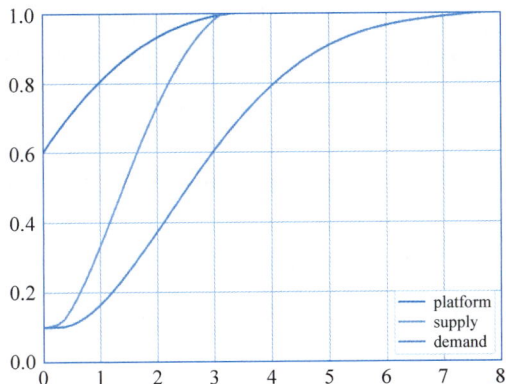

图 6-11　平台方初始状态仿真

的增速。该仿真结果表明,当平台方主动加入价值共创时,因为能为平台方和需求方提供交易渠道,还可为平台方提供资源整合价值等,供给方能够获得明显的收益,从而随之主动加入价值共创,显示出非常快的传导效应。因此,在供给方主动加入价值共创的初始概率较低时,平台方主动加入价值共创能够显著提高供给方的预期收益,从而促使供给方向 $y=1$ 的博弈均衡点演化。从需求方的角度,当平台方率先主动发起价值共创时,需求方期望收益的增加没有供给方的多,因此需求方加入价值共创的速度较慢。这也反映出平台方与供给方之间的联系比平台方和需求方之间的联系更紧密,甚至有时平台方对需求方的影响还会间接地通过供给方传导。因此,供给方的反应速度要快于需求方,最终各方都达到了演化博弈稳定状态,实现产业价值共创。

再假设需求方率先主动加入价值共创,积极与平台方和供给方协调合作,互惠互利,对这种初始状态下的最终演化博弈结果进行仿真。

设定需求方主动加入价值共创的初始的概率 x 为 60%,供给方和平台方主动加入价值共创的初始的概率 y 和 z 分别为 10%,仿真结果如图 6-12 所示。

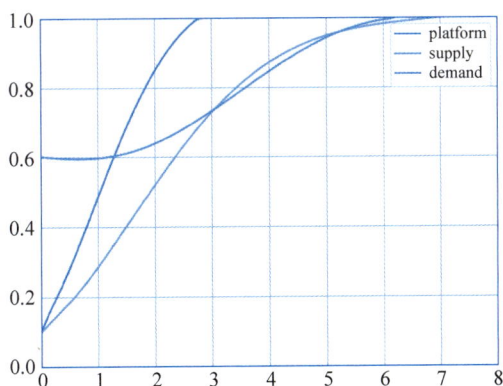

图 6-12　需求方初始状态仿真

观察该仿真结果,当需求方率先主动加入价值共创时,尽管另外两方利益主体的初始概率较低,但是经过一段时间的演化博弈后,平台方和供给方愿意主动加入价值共创的概率都有明显升高,同时需求方加入价值共创的意愿也随之明显升高,最终三方利益主体达到 $(x=1,y=1,z=1)$ 的演化均衡。

观察各方利益主体的演化路径,平台方主动加入价值共创的意愿增速明显快于供给方的增速。该仿真结果表明,当需求方率先主动加入价值共创时,因为平台方能较大程度地发挥供需双方之间的桥梁作用,在需求方涌入平台的过程中,能够获得明显的收益,从而随之主动加入价值共创,显示出非常快的传导效应。因此,在平台方主动加入价值共创的初始概率较低时,需求方主动加入价值共创能够显著提高平台方的预期收益,从而促使平台方向 $z=1$ 的博弈均衡点演化。从供给方的角度,当需求方率先主动发起价值共创时,供给方的运营收益不会突然性增长,供给方期望收益的增加没有平台方的多,因此供给方加入价值共创的速度较慢。因此,平台方的反应速度要更快于供给方,最终各方都达到了演化博弈稳定状态,实现产业价值共创。

2. 关键外生变量仿真

根据 6.2 节的理论分析,除了各方加入价值共创的概率外,还有多种参数假设的取值会对演化博弈产生影响,如运营收益、成本、三方价值共创收益、补贴、违约赔偿等。在系统动力学中,这些参数假设称为外生变量,这些外生变量会对演化博弈动态过程及演化均衡状态产生影响。

因此,本节以平台方为例,对三方价值共创收益、成本和补贴这 3 个关键因素对平台方博弈策略的影响进行仿真和分析。

1)三方价值共创收益

首先对仿真的初始状态进行设置,假设平台方加入价值共创的初始概率为 20%,供给方和需求方的初始概率为 60%。分别设置三方价值共创收益的取值为 16、32、64,对平台方加入价值共创的过程进行仿真分析。从仿真结果可以观察到,平台方加入价值共创的意愿随着三方价值共创收益的提高而明显提高,当三方价值共创收益取值为 64 时,平台方的概率快速收敛至 $z=1$,即主动加入价值共创。

仿真结果说明三方价值共创收益 T_1 能够明显推动平台方加入价值共创,因此提高三方价值共创收益 T_1 是提高平台方加入价值共创主动性的主要方法(见图 6-13)。

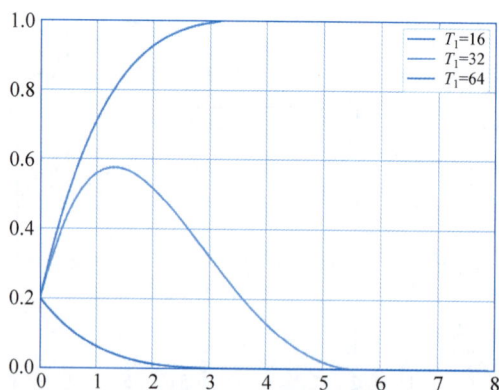

图 6-13 不同三方价值共创收益对价值共创的影响

2)成本

首先对仿真的初始状态进行设置,假设平台方加入价值共创的初始概率为 20%,供给方和需求方的初始概率为 60%。分别设置参与成本的取值为 10、20、30,对平台方加入价值共创的过程进行仿真分析。从仿真结果可以观察到,平台方加入价值共创的意愿随着成本的提高而明显降低,当成本取值为 10 时,平台方的概率快速收敛至 $z=1$,即平台方主动加入价值共创。

仿真结果说明成本因素 C_1 会明显影响平台方加入价值共创,因此降低成本 C_1 是提高平台方加入价值共创主动性的另一主要方法(见图 6-14)。

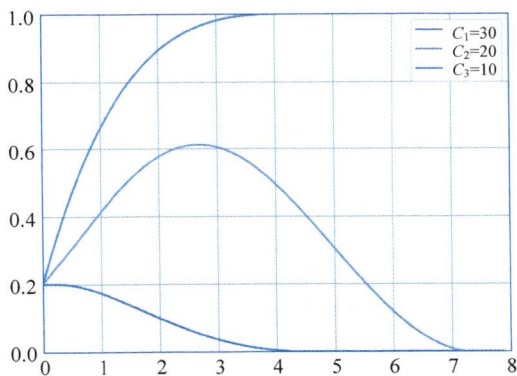

图 6-14 不同成本对价值共创的影响

3)补贴

首先对仿真的初始状态进行设置,假设平台方加入价值共创的初始概率为 20%,供给方和需求方的初始概率为 60%。分别设置平台给予其他加入价值共创的各方的补贴的取值为 2、10、24,对平台方加入价值共创的过程进行仿真分析。从仿真结果可以观察到,平台方加入价值共创的意愿随着补贴的提高而明显降低,当补贴取值为 2 时,平台方的概率快速收敛至 $z=1$,即平台方主动加入价值共创。

仿真结果说明补贴因素 B_1 会明显影响平台方加入价值共创,因此在供需双方均愿意主动加入价值共创时,适当降低给予供需双方的补贴 B_1 是提高平台方加入价值共创主动性的另一主要方法(见图 6-15)。

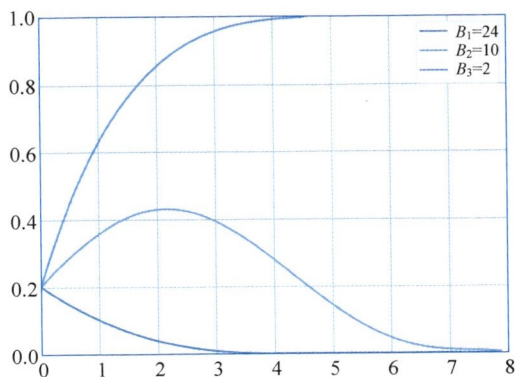

图 6-15 不同补贴对价值共创的影响

参考文献

[1] Jacobides M,Cennamo C,Gawer A. Towards a Theory of Ecosystems[J]. Strategic Management

Journal,2018,39(8)：2255-2276.

[2] 张秀妮.基于价值共创的平台企业商业生态系统演化研究[D].秦皇岛：燕山大学,2020.

[3] 韦晓泽.基于演化博弈的平台生态系统价值共创机制研究[D].重庆：重庆工商大学,2021.

[4] 蔡猷花,孟秋语,陈国宏.价值共创视角下核心企业主导型众创空间的合作创新演化博弈研究[J].中国管理科学,2022,30(12)：52-62.

[5] 王先甲,全吉,刘伟兵.有限理性下的演化博弈与合作机制研究[J].系统工程理论与实践,2011,31(S1)：82-93.

[6] 孙庆文,陆柳,严广乐,车宏安.不完全信息条件下演化博弈均衡的稳定性分析[J].系统工程理论与实践,2003(07)：11-16.

[7] Amit R,Zott C. Value Creation in E-Business[J]. Strategic Management Journal,2001,22(6/7)：493-520.

[8] Prahalad C K,Ramaswamy V. Co-creation experiences：The next practice in value creation[J]. Journal of Interactive Marketing,2004,3(1)：5-14.

[9] Vargo S L,Lusch R F. Evolving to a New Dominant Logic for Marketing[J]. Journal of Marketing,2004,68(1)：1-17.

[10] Vargo S L, Lusch R F. From repeat patronage to value co-creation in service ecosystem：A transcending conceptualization of relationship[J]. Journal of Business Market Management,2010,4(4)：169-179.

[11] Ind N,Iglesias O,Schultz M. Building Brands Together：Emergence and Outcomes of Co-Creation[J]. California Management Review,2013,55(3)：5-26.

[12] Thomas L,Wafa,Ingrid P. Ten years of value cocreation：An integrative review[J]. Recherche et Applications en Marketing(English Edition),2016,31(3)：26-60.

[13] 罗珉,李亮宇.互联网时代的商业模式创新：价值创造视角[J].中国工业经济,2015(01)：95-107.

[14] 简兆权,令狐克睿,李雷.价值共创研究的演进与展望——从"顾客体验"到"服务生态系统"视角[J].外国经济与管理,2016,38(09)：3-20.

[15] 汪旭晖,张其林.平台型电商声誉的构建：平台企业和平台卖家价值共创视角[J].中国工业经济,2017(11)：174-192.

[16] 王丽平,李艳.O2O商业生态系统的价值共创过程模型与机制[J].企业经济,2018(04)：42-49.

[17] 姜尚荣,乔晗,张思,等.价值共创研究前沿：生态系统和商业模式创新[J].管理评论,2020,32(2)：3-17.

[18] Dedehayir O,Mäkinen S J,Ortt J R. Roles during innovation ecosystem genesis：A literature review[J]. Technological Forecasting and Social Change,2018,(136)：18-29.

第7章

基于合作博弈的产业生态价值分配策略

7.1 产业互联网生态价值分配的研究背景

产业互联网已成为产业的新型组织方式与企业发展、学术探究的热点话题,网络化、生态化已是企业新型的组织方式[1]。而产业互联网这一产业新型组织方式的网络特性也抛出了许多问题。网络中的主体在资源、技术等方面进行合作来为用户提供最终产品或服务,而在分配市场份额或利益时形成竞争。以两个主体为例,可以根据两个主体间的竞争与合作关系是否存在,整理得到两个主体的策略选择,可以分为竞争-竞争、竞争-合作、合作-竞争、合作-合作4类情形,在不同的情境下各参与者会采用不同的决策,这一结论可自然地推广到多个主体的情形。

产业互联网的竞合机制是本章研究的主线。竞合理论主要指竞争、合作并不单纯存在,而是相互作用、相互影响。竞合理论最早是由企业家 Noorda 提出,他认为即使是竞争最激烈的公司,为了共同的利益也会在某些方面合作,比如研发技术攻关。在学术上,竞合理论最早由 Brandenburger 提出。在他之后,Padula 指出企业间竞争、合作关系是动态变化的,从竞合理论角度研究企业间的复杂关系更有效,公司间进行竞合能够实现扬长避短、资源互补。

通过研究竞合机制,推演产业互联网各主体竞合策略的选取与演化,对于提升产业互联网的整体利润、实现产业互联网主体间的"双赢"局面尤为必要。

在提升产业互联网整体利润的同时,网络中各主体间的利益分配对于整个产业互联网的稳定发展是十分重要的问题。如果各主体的利益分配不合理,各参与主体的合作积极性必然受到影响,这将对产业互联网的长远发展带来不利影响。因此探寻公平合理的利益分配机制十分重要。

综上,对于产业互联网竞合机制的研究,主要考虑各主体竞合策略的选取与演化、产业互联网整体的利益最大化与产业互联网中各主体的利益分配3个问题。本章主要聚集于产业生态中各主体的价值分配策略。

考虑具体的研究方法,博弈在现实生活中无处不在,是一种被用于研究竞争或合作场景,为优化问题寻找最优解的理论方法。博弈可分为合作博弈与非合作博弈,而合作博弈正是用于研究合作决策问题并随之而不断发展的、行之有效的研究多主体竞合条件下产业互联网利益最大化与各主体收益合理分配的理论。

7.2 基于合作博弈理论的产业生态价值分配方法

博弈论(Game Theory)又名对策论,其研究对象是具有竞争或对抗行为的参与者在互动时的决策行为[2]。博弈论的主要核心是形成对策,即博弈参与者根据对其他参与者可能采取的举措的分析作出相应判断,并从诸多判断中选择最优决策。博弈论通常假设博弈参与者是理性的——若一个博弈参与者的决策目标是追求个体收益的最大化,且其收益可用某个收益函数来衡量,我们便将该参与者视为理性的。

本节的研究目标是通过搭建产业生态模型,运用博弈理论推导博弈主体的策略,确立产业互联网收益最大化与各参与主体收益合理分配的方式,并将其应用到产业互联网龙头企业的决策中。

7.2.1 经典博弈理论

博弈主要可分为合作博弈与非合作博弈,这两种博弈的主要不同是参与者对于合作的态度,即是否形成合作联盟[3]。非合作博弈研究强调的是个体理性,参与主体认为其他对手都想置自己于最不利的境地,博弈参与者通过对策略的选择谋求个人的最大利益。而合作博弈研究的关注点在于集体理性,假定博弈参与者组成联盟,通过达成有约束力的承诺或协议来谋求尽可能多的收益,在联盟收益提升的基础上如何去分配合作收益是合作博弈的主要关注点。合作博弈源于 Nash(1950)的谈判博弈和 Shapley(1953)的 Shapley 值公理价值法[4]。整体而言,目前国内外学者对合作博弈的研究主要从合作动因、产业生态稳定性、区域合作[5-8]等视角进行。

1. 合作博弈理论与建模

合作博弈有三大基本问题:合作博弈的解(即如何分配合作收益)、合作博弈解的结构稳定性(如参与者进出联盟时联盟的稳定性)、合作博弈的解的形成机制。这里主要关注的是合作博弈的解的问题[9-12]。

几十年来,合作博弈理论的研究者提出了若干解的概念[13-14],这些解的概念着重强调了效率或公平的不同侧面,目前尚无一个合作博弈解的统一范式。整体而言,合作博弈的解可分为集合解和单值解,最早的集合解是 Von Neumann 提出的稳定集。在 20 世纪 50 年代,Gillies 引入了核心的概念来分析稳定集的有关性质与应用范围,之后 Shapley 和 Shubik 将相关概念进行推广,总结得到了以稳定集和核心为代表的优超解法(又称集合解)。

另一种主要的解法是以 Shapley 值为代表的单值解法(又称赋值解法)[15]。该解法的主要研究思路是从各参与者的边际贡献(marginal contribution)角度来考虑参与者的收益分配,单值解的特点是为合作参与者提供一个唯一的收益分配方案。考虑到集合解可能不存在并且不唯一,Shapley 值的概念特别是其基于 4 条公理的推导是合作博弈理论发展的一大关键。

考虑到实际应用场景,本章主要研究具有可转移效用的合作博弈,其含义是联盟收益可用相同尺度衡量,且各参与者所获得的效用可以互相转移。具体而言,我们关注的是,对于每一个联盟 S,通过联盟中成员的共同努力,各成员可以获得的最大共同收益是多少,这个值将与一个实数相对应,因此可用一个函数将联盟 S 与该收益值相对应,反映联盟收益的集值函数(其变元为集合)$v(S)$ 在合作博弈中称为特征函数(也称为支付函数,payoff function)。当各博弈参与企业独立运营时,其收益记为 $v(i)(i=1,2,\cdots,n)$。

若特征函数 $v(S)$ 满足如下两个条件:

(1) $v(\varnothing)=0$;

(2) $\forall S,T\subseteq N,S\cap T=\varnothing\Rightarrow v(S\cup T)\geqslant v(S)+v(T)$;

则称该合作博弈是超可加的(super-additive),这一性质是各博弈参与者加入联盟的前提条件,也符合对“合作”的直观认知。只有当两个不相交的联盟形成更大的联盟后所得收益不低于它们各自独立运营时,这两个联盟才有进行合作的动力。

合作博弈的理性由如下两个定义给出。

定义 7.1　整体理性。

$v(N)\geqslant\sum\limits_{i=1}^{n}v(\{i\})$,即合作的整体收益不低于各参与者单独运营时的收益之和。

定义 7.2　个体理性。

用 μ_i 表示参与主体 $i(i=1,2,\cdots,n)$ 从参与者联盟 N 中获得的最大收益,则有

$$\sum_{i=1}^{n}\mu_i=v(N) \tag{7-1}$$

$$\mu_i\geqslant v(\{i\}) \tag{7-2}$$

即每个参与者最后分得的收益高于其单独运营时的收益。

在应用合作博弈理论时,最有挑战性的问题便是如何去确定一个公认的“解”的概念,即如何从特性不同、适用范围也不同的各个解中选择的一个“最好”的收益分配方案。事实上,是否具备一个统一的解的概念正是合作博弈理论与非合作博弈理论很大的一个不同之处,这也是较为自然的。因为合作博弈研究的是联盟的收益分配问题,并没有一个解能符合联盟的所有参与者对“公平的收益分配”的理解;而非合作博弈研究的是个人的策略选择,有着纳什均衡(Nash equilibrium)这一最优策略组合的概念。

过去数十年里,人们提出了各种不同的解的概念来适应不同场景、不同人群对“公平”这一概念的不同理解与要求。通常而言,从人们共同认同的准则出发求得的解,是最容易被人们接受的。因此在讨论合作博弈的解的概念时,常会涉及解的公理化描述,希望所得到的合作博弈的解具备几条良好的性质,本节将具体探讨这些性质。

依据解是否唯一,合作博弈的解主要可以分成单值解和集合解两种,各个解具有不同的性质。

2. 合作博弈的集合解

大致按照各个方法被提出的先后顺序,合作博弈较重要的集合解包含核心、稳定集、议价还价集、核等[16-17]。

1)核心(core)

若所有参与者都决定加入联盟,进行合作,便自然地引出一个问题:如何在各个参与

之间分配总的合作收益？对于一个特定的收益分配方案，如果联盟的某个参与者认为该收益分配方案无法给自己带来足够的收益，那么该参与者便可能会选择退出联盟。怎样才能尽量确保联盟的所有参与者都不会离开联盟？于此便有了核心的概念。核心由 Gillies 提出，是最早的合作博弈的解，合作博弈的核心定义为如下集合：

$$C(v) = \{\boldsymbol{x} = (x_1, x_2, \cdots, x_n) \in \mathbf{R}^n \mid \sum_{i \in N} x_i = v(N), \sum_{i \in S} x_i \geqslant v(S), \forall S \subseteq N\}$$

由核心的定义可见，因为每个联盟所得的收益分配之和都不低于该联盟自身的收益，所以每个博弈参与者也就难以拒绝核心所给予的分配份额，也就不会有博弈参与者选择脱离大联盟，因此核心是一个能够维持产业生态的概念。然而核心的两大缺陷是有可能不存在，并且常常不唯一。

2）稳定集（stable set）

参与者的合作可能是不稳定的，因此解应具备的一个重要性质是稳定性，包括两类：内部稳定性与外部稳定性。以下用优超的概念来定义合作博弈的内部稳定性与外部稳定性。

定义 7.3：收益分配 $\boldsymbol{x}$ 通过联盟 $S \subseteq N$ 优超于收益分配 $\boldsymbol{y}$，当且仅当 $x(N) = v(N)$ 且 $x(i) \geqslant y(i), \forall i \in S$。当大于关系成立时，也称收益分配向量 $\boldsymbol{x}$ 通过联盟 S 优超于收益分配向量 $\boldsymbol{y}$。

定义 7.4：考虑某收益分配向量的集合，若该集合内的所有收益分配向量都不会通过联盟 S 优超于除了该向量外的收益分配向量，则称该集合具有内部稳定性。

定义 7.5：对于某收益分配向量的集合，若对于任意该集合外的收益分配向量，联盟 S 内都存在一个收益分配向量优超于该向量，则称该集合具有外部稳定性。

定义 7.6：合作博弈 (N, v) 的收益分配集合为稳定集的充分必要条件是该收益分配集合同时具有内部稳定性和外部稳定性。

相比于核心，稳定集是一个稍弱的概念，事实上对于一个合作博弈，该合作博弈的核心是其稳定集的子集。然而与核心一样，研究稳定集一个主要的难点在于，难以证明对于一个合作博弈，它的稳定集是存在的。

3）议价还价集（bargaining set）

议价还价集是 Aumann 和 Maschler 引入的概念，与核心的概念相比，议价还价集的概念更加"动态"，刻画了议价还价的动态过程，更多地聚焦于联盟成员对某收益分配策略的满意度，首先引入超出值的概念。

定义 7.7：对 $\forall S \subseteq N$ 和 $\forall x \in I(v)$，定义联盟 S 关于收益分配 $\boldsymbol{x}$ 的超出值（excess）为

$$e(S, \boldsymbol{x}) = v(S) - \sum_{i \in S} \boldsymbol{x}_i \tag{7-3}$$

从直观上理解，超出值反映了联盟 S 对于收益分配 $\boldsymbol{x}$ 的不满意程度。

为引入议价还价集的概念，再介绍异议（objection）与逆异议（counter objection）的概念。

定义 7.8：博弈参与者 i 对另一个参与者 j 以及收益分配向量 $\boldsymbol{x}$ 的一个异议是一个对偶 $(\boldsymbol{y}, S)$，其中，$\boldsymbol{y}$ 是另一个收益分配向量，$S \subseteq N, i \in S, j \notin S, (\boldsymbol{y}, S)$ 满足 $e(S, \boldsymbol{x}) = 0$，并且有 $y(i) > x(i), \forall i \in S$。

异议的含义是对于博弈参与者 i，其 i 提议组成的某子联盟的所有参与者都认为在异议中提出的新的收益分配方案 $\boldsymbol{y}$ 比原来的收益分配方案 $\boldsymbol{x}$ 好。

定义 7.9：博弈参与者 j 对于参与者 i 及其异议 (y,S) 的逆异议也是一个对偶 (z,T)，其中，z 是另一个收益分配向量，T 是另一个联盟，$j\in T,i\notin T,T\cap S\neq\varnothing$，并且有 $e(T,z)=0$，$z(i)\geqslant x(i),\forall i\in T,z(i)\geqslant y(i),\forall i\in T\cap S$。

总体而言，异议与逆异议都是指某个博弈参与者对于原收益分配方案或他人的异议感到不满，从而提出另行结盟，以改善自己的收益。现给出议价还价集的概念。

定义 7.10：对于合作博弈合作博弈 (N,v)，设 Q 为博弈参与者集合 N 的任意一个划分，对于划分 Q，收益分配向量 x 属于 v 的议价还价集的充要条件是 $x\in I(Q)$，并且对于 Q 中任意联盟 S 和 S 中的任意两个参与者 i 与 j，某参与者针对另一个参与者以及收益分配 x 的任何异议，都会存在一个逆异议。

其中，$I(Q)$ 是若干收益分配向量的集合，其定义是

$$I(Q)=\left\{x \mid x_i\geqslant v(i),\forall i\in N,\sum_{j\in S}x_j=v(S),\forall S\in Q\right\} \tag{7-4}$$

4）核（kernel）

核（也称内核）是议价还价集的子集，也是相对于某个划分 Q 的概念。

定义 7.11：合作博弈 (N,v) 相对应划分 Q 的核，定义为如下收益分配向量 x 的集合：$x\in I(Q)$，并且对于 Q 中任一联盟 S 和 S 中的任意两个参与者 i 和 j，均有

$$\max_{S\subseteq N\setminus\{j\},i\in S}e(S,x)=\max_{T\subseteq N\setminus\{i\},j\in T}e(T,x)$$

核的含义是：联盟 S 中的任意两个参与者 i 和 j 都不能通过收益分配 x 压制（outweigh）对方。

3. 合作博弈的单值解

包括个体理性和集体理性（有效性）在内，以核心为代表的合作博弈集合解所具有的良好性质已经较为直观，但集合解也存在着难以计算、可能不存在、常常不唯一等诸多不足，因此从集合解推广到单值解时，希望单值解具备更多良好的性质，这些性质也反映了人们对"公平"的不同要求。

对于合作博弈 (N,v)，单值解实际上是一个从 GN 到 Rn 的映射，记为 $f(v)$。以下给出合作博弈几个重要的单值解。

1）Shapley 值（Shapley value）

Shapley 值是最重要的单值解，它是根据以下 4 条性质推理得到的[4]。

（1）对称性（symmetry）：记 π 为 N 的一个排列，将 N 的所有排列记为 $\Pi(N)$，对于任意合作博弈 (N,v)，都有 $f_{\pi(i)}(\pi v)=f_i(v),\forall i\in N,\forall\pi\in\Pi(N)$，其中，博弈 πv 定义为对于任意 $S\in P(N)$，都有 $\pi v(\pi(S))\equiv v(S)$。对称性的含义是对于产业生态的某参与者，其所分配到的收益应主要取决于其对联盟的贡献大小，而与其身份或符号无关。对称性也称为匿名性（anonymity）。

（2）可加性（additivity）：对所有的合作博弈 $v,w\in G^N$，都有 $f(v+w)=f(v)+f(w)$。

（3）有效性（efficiency）：$\sum_{i=1}^{n}f(i)=v(N),\forall v\in G^N$，即合作博弈 (N,v) 的收益分配满足集体理性。

（4）哑元性（dummy player）：对于合作博弈 (N,v)，定义其哑元为满足条件 $v(S\cup$

$\{i\})=v(S),\forall S\subset N\backslash\{i\}$ 的参与者 i，即加入联盟与否对联盟收益无影响的参与者。合作博弈的哑元性是指对于哑元 i，$f_i(v)=0$，即对于未作出贡献的参与者，不分配给其任何收益。

根据上述 4 条性质，可定义得到 Shapley 值。Shapley 值的定义如下：

$$\phi_i = \sum_{i \in S} \frac{(\mid S \mid -1)!(n-\mid S \mid)!}{n!}(v(S)-v(S\backslash\{i\})) \tag{7-5}$$

Shapley 值最大的特点是根据博弈参与者的贡献大小来进行收益分配，边际贡献越多，所得的分配也越多，而且考虑到了每个博弈参与者所属的各个联盟。衡量了各参与者的"平均"贡献，严格论证了联盟内部一个合理而公平的收益分配方案应是所有参与者对联盟的贡献的加权平均值，而非简单地根据投入资金多少来衡量，是一种基于概率的解释。可以证明，Shapley 值等于博弈参与者所属的所有可能联盟的回报之和，且若一个博弈为凸博弈，则该合作博弈的 Shapley 值位于核心内。

可以证明，Shapley 值是满足对称性、可加性等 4 条性质的唯一解，这正是 Shapley 值得到广泛应用的重要原因。限于篇幅，本节不再给出该唯一性的证明。

由于 Shapley 值具有上述良好的性质而且是单值解，因此成为合作博弈中相当常见的一种求解方法。

2) 核仁（nucleolus）

另一种较有影响力的单值解是核仁，该方法承接了核心的思想，定义超出值的概念用来衡量博弈参与者的不满意度，同样具有唯一性。

Schmeidler 最早提出预核仁的概念，用每个联盟所分配到的收益值与该联盟内所有博弈参与者所得的收益分配值之差，即超出值的大小来表征该联盟对收益分配结果的不满意度。

本节在定义议价还价集时引入了超出值的概念，根据收益分配方案 x，联盟 S 中的博弈参与者总计分配到的收益为 $\sum_{i \in S} x_i$，而 S 自身的盈利为 $v(S)$，若超出值 $e(S,x) \geqslant 0$，则表示 S 自身能按照 x 的要求分配联盟内各成员的收益，之后余下的可转移的效用就是 S 关于 x 的超额收益。该超出值越小，S 内的各博弈参与者越愿意接受 x 这一分配方案。因此，超出值实际上衡量了联盟 S 对于分配 x 的不满意度。由于联盟个数有限（2^n-1 个），对于一个确定的收益分配方案 x，总存在一个联盟的不满意度达到最大。当收益分配方案 x 发生变化时，最大不满意度也相应发生变化，核仁的基本思路是从若干最大不满意度中选出一个最小的 x 作为合作博弈的解。

对于一个收益分配向量 $x \in I(v)$，从每个联盟 $S \in P(N)$ 关于 x 产生的超出值 $e(S,x)$ 中选取最大的超出值，记为 $\lambda_i(x)$，$i=1,2,\cdots,2^n-1$，现给出核仁的定义。

定义 7.12：对于每个收益分配向量 $x \in I(v)$，每个联盟 $S \in P(N)\backslash\varnothing$ 都有对应的超出值 $e(S,x)$，将各超出值对应的联盟根据超出值由小到大的顺序排列，记为

$$S(\lambda_1(x)),S(\lambda_2(x)),\cdots,S(\lambda_{2^n-1}(x)) \tag{7-6}$$

若部分联盟的超出值相同，则可指定一准则（例如联盟中的成员个数）来重新确定相关联盟的排列顺序。记 $B(1)$ 为 $\lambda_1(x)$ 相同的 x 的全体，类似地，$B(2)$ 即为 $\lambda_1(x)$、$\lambda_2(x)$ 都相同的 x 的全体，以此类推，相当于对所有收益分配向量 x 进行了一次词典序

(lexicographical order)编排。可以证明,集合序列 $\{B(k)\}(k=1,2,\cdots,2^n-1)$ 收敛于一点——核仁。

合作博弈的其他单值解还包括 τ 值、Banzhaf 值、词典编纂平均值、Alexia 值、一致值(consensus value)等,因其应用相对较少,在此不再展开。

4. 合作博弈的经典解法总结

综合对比合作博弈的各个主流解法,核仁和 Shapley 值都具有唯一性,同时也满足若干符合直觉的良好性质。核心与核仁在应用上较为符合直觉,核心追求的是所有参与者利益最大,核仁则追求总的不满意程度最低也就是所有参与者的损失最小。

然而核仁的最大化字典式排序带来的一个问题是核仁作为合作博弈的解不具有可加性,而且与 Shapley 值相比,核仁的求解往往复杂许多,属于 NP 难问题,不利于现实应用,同时核仁的另一个不足是不具有单调性。而 Shapley 值法最大的优势是在保证收益分配策略唯一的同时,又有通用且规律化的求解,易于改进也是 Shapley 值的一大优势。

由于收益分配配方法进行优劣比较,方能确定合作博弈的解,这也正是作博弈存在诸多的解,原因便是给定场景的条件不同,情形,必然会存在"此消彼长"的问题,而一个合理的收益分配应参与者的综合投入或贡献水平。

在具体应用中由于不存在一个最优解,所以通常采用的思路是根据确定若干收益分配原则,再根据各收益分配方法的优劣各参与者的贡献大小时,可以考虑应用 Shapley 值法。

7.2.2　基于模

在经典合作博弈模参与者在形成联盟前完全清晰地了解自身加入不同样在考虑是否参与某个联盟时,要么完全参与,要么完0"。

因此经典合作博弈存在方面:博弈成员参与程度的不确定性和博弈预期收。

本节提出了一种同时考虑收益分配策略,并证明了所提出的要素双模糊合作博经典合作博弈的相关性质。

1. 基于模糊联盟合作博弈的

传统合作博弈总是假定每个于联盟合作,参与者采取的态度是要么投入自身全部作并非都是这样的情形。以联合配送场景为例,由参与合作的兴趣或意愿不足以及掌握的相关资源和能是有限的。如果存在多个联盟,那么各个企业也常言之,对于某个联盟而言,该联盟的参与者常常仅根据其各开展行动。本节相应提出了一种联盟程度模糊的收益分配策略。

首先给出模糊联盟合作博弈的定义。

定义 7.13：设 $N=\{1,2,\cdots,n\}$ 为博弈全体参与者的集合，将 N 上所有模糊联盟的集合记为 IF(N)，对于任意模糊联盟 $\widetilde{S}\in$ IF(N)，其支撑集 $\mathrm{supp}(\widetilde{S})=\{i\in N\mid\mu_{\widetilde{S}}(i)>0\}$，若特征函数 v_{fc} 为直觉模糊联盟集合 IF(N) 到实数集 R 的映射，即 $v_{\mathrm{fc}}:\mathrm{IF}(N)\to R$ 且 $v_{\mathrm{fc}}(\varnothing)=0$，那么称 (N,v_{fc}) 为模糊联盟合作博弈，将所有模糊联盟合作博弈的全体记为 $G_{\mathrm{fc}}(N)$。

在求解模糊联盟合作博弈的 Shapley 值时，为让所得的合作博弈解具有较好的性质，且便于计算，需要应用 Choquet 积分，为此先引入模糊测度的概念。

定义 7.14：设非空集合 X 上的映射 $\varepsilon:X\to[0,+\infty]$ 满足如下两个条件。

边界条件：$\varepsilon(\varnothing)=0$；

单调性：$\forall A,B\in X,A\subseteq B\Rightarrow\varepsilon(A)\leqslant\varepsilon(B)$

则称 ε 为 X 上的模糊测度。Choquet 积分最早来自法国数学家 Choquet 提出的容度概念，之后 Sugeno 通过定义单调集函数等概念，建立起 Choquet 积分与模糊测度的联系。并且证明，当模糊测度满足可加性这一性质时，Lebesgue 积分便成了 Choquet 积分的特殊情形。得益于所具有的连续性和单调性等优点，Choquet 积分如今已在博弈论领域得到了较为广泛的应用。

若 X 是一有限集合，即 $X=\{x_1,x_2,\cdots,x_n\}$，则可将函数 f 表示为离散形式 $f(x_1)$，$f(x_2),\cdots,f(x_n)$。将各函数值按照单调不减的次序排列，不失一般性，假设 $f(x_1)\leqslant f(x_2)\leqslant\cdots\leqslant f(x_n)$，其中，$\{x_{(1)},x_{(2)},\cdots,x_{(n)}\}$ 为 $\{x_1,x_2,\cdots,x_n\}$ 按单调非减顺序的重新排列。此时 Choquet 积分可以表示为

$$\int f\,\mathrm{d}\varepsilon=\sum_{i=1}^{n}[f(x_i)-f(x_{i-1})]\varepsilon(\{x_1,x_2,\cdots,x_n\})\tag{7-7}$$

可以用 Choquet 积分将模糊联盟合作博弈的特征函数表示为

$$v_{\mathrm{fc}}(\widetilde{S})=[v_{\mathrm{fc}}^{-}(\widetilde{S}),v_{\mathrm{fc}}^{+}(\widetilde{S})]\tag{7-8}$$

其中，

$$v_{\mathrm{fc}}^{-}(\widetilde{S})=\sum_{l=1}^{d(\widetilde{s})}v([\widetilde{S}]_{a_l})(a_l-a_{l-1})\tag{7-9}$$

$$v_{\mathrm{fc}}^{+}(\widetilde{S})=\sum_{m=1}^{d'(\widetilde{s})}v([\widetilde{S}]_{b_m})(b_m-b_{m-1})\tag{7-10}$$

基于上述特征函数，本节提出了对应的 Shapley 值。给定一模糊联盟合作博弈 $v_{\mathrm{fc}}\in G_{\mathrm{fc}}(N)$，推导得到的模糊联盟合作博弈的 Shapley 值为

$$\overline{\phi_i}(v_{\mathrm{fc}})=[\phi_i^{-}(v_{\mathrm{fc}}),\phi_i^{+}(v_{\mathrm{fc}})]\tag{7-11}$$

其中，

$$\phi_i^{-}(v_{\mathrm{fc}})=\sum_{l=1}^{d(\widetilde{s})}\phi_i(v([\widetilde{S}]_{a_l}))(a_l-a_{l-1})\tag{7-12}$$

$$\phi_i^{+}(v_{\mathrm{fc}})=\sum_{m=1}^{d'(\widetilde{s})}\phi_i(v([\widetilde{S}]_{b_m}))(b_m-b_{m-1})\tag{7-13}$$

具体而言，对于直觉模糊联盟 $\widetilde{S}$，$\phi_i(v([\widetilde{S}]a_l))$ 对应的是最小参与度不低于 a_l 的所有

参与者的经典 Shapley 值；$\phi_i(v([\widetilde{S}]_{b_m}))$对应的是最大参与度不低于 b_m 的所有参与者的经典 Shapley 值。

现逐一证明本节提出的 Shapley 值同样满足传统合作博弈 Shapley 值的相关性质。

（1）**有效性**。

$$\sum_{i \in N} \phi_i(v_{fc}) = v_{fc}(N)$$

证明：

根据经典合作博弈的 Shapley 值的有效性，有

$$\sum_{i=1}^{n} \phi_i^-(v_{fc}) = \sum_{i=1}^{n} \sum_{l=1}^{d(\widetilde{s})} \phi_i(v([\widetilde{S}]_{a_l}))(a_l - a_{l-1})$$

$$= \sum_{l=1}^{d(\widetilde{s})} \sum_{i=1}^{n} \phi_i(v([\widetilde{S}]_{a_l}))(a_l - a_{l-1})$$

$$= \sum_{l=1}^{d(\widetilde{s})} (v([N]_{a_l}))(a_l - a_{l-1})$$

$$= v_{fc}^-(N) \tag{7-14}$$

同理可以得到

$$\sum_{i=1}^{n} \phi_i^+(v_{fc}) = v_{fc}^+(N) \tag{7-15}$$

故根据区间数的运算性质可知

$$\sum_{i \in N} \overline{\phi_i}(v_{fc}) = v_{fc}(N) \tag{7-16}$$

有效性得证。

（2）**可加性**。任有两个模糊联盟合作博弈 $v_{fc1}, v_{fc2} \in G_{fc}(N), v_{fc1}+v_{fc2} \in G_{fc}(N)$，若对任意直觉模糊联盟 $\widetilde{S} \in \mathrm{IF}(N)$，总满足$(v_{fc1}+v_{fc2})(\widetilde{S}) = v_{fc1}(\widetilde{S})+v_{fc2}(\widetilde{S})$，则有$\overline{\phi_i}(v_{fc1}+v_{fc2}) = \overline{\phi_i}(v_{fc1})+\overline{\phi_i}(v_{fc2})$成立。

证明：

根据经典合作博弈的 Shapley 值的可加性和区间数的运算性质，有

$$(v_{fc1}+v_{fc2})(\widetilde{S}) = v_{fc1}(\widetilde{S}) + v_{fc2}(\widetilde{S})$$

$$= [v_1^-(\widetilde{S}), v_1^+(\widetilde{S})] + [v_2^-(\widetilde{S}), v_2^+(\widetilde{S})]$$

$$= [v_1^-(\widetilde{S}) + [v_2^-(\widetilde{S}), v_1^+(\widetilde{S})] + v_2^+(\widetilde{S})]$$

$$= \left[\sum_{l=1}^{d(\widetilde{s})} (v_1+v_2)([\widetilde{S}]_{a_l})(a_l - a_{l-1}), \sum_{m=1}^{d'(\widetilde{s})} (v_1+v_2)([\widetilde{S}]_{b_m})(b_m - b_{m-1}) \right] \tag{7-17}$$

从而可以得到

$$\sum_{l=1}^{d(\widetilde{s})} (v_1+v_2)([\widetilde{S}]_{a_l}))(a_l - a_{l-1}) = \sum_{l=1}^{d(\widetilde{s})} v_1([\widetilde{S}]_{a_l}))(a_l - a_{l-1}) + \sum_{l=1}^{d(\widetilde{s})} v_2([\widetilde{S}]_{a_l}))(a_l - a_{l-1}) \tag{7-18}$$

因此可以得到

$$\phi_i^-(v_{fc1}+v_{fc2})=\sum_{l=1}^{d(\widetilde{s})}\phi_i(v_1+v_2)([\widetilde{S}]_{a_l})(a_l-a_{l-1})$$

$$=\sum_{l=1}^{d(\widetilde{s})}\phi_i(v_1)([\widetilde{S}]_{a_l})(a_l-a_{l-1})+\sum_{l=1}^{d(\widetilde{s})}\phi_i(v_2)([\widetilde{S}]_{a_l})(a_l-a_{l-1})$$

$$=\phi_i^-(v_{fc1})+\phi_i^-(v_{fc2}) \qquad (7\text{-}19)$$

同理有

$$\phi_i^+(v_{fc1}+v_{fc2})=\phi_i^+(v_{fc1})+\phi_i^+(v_{fc2}) \qquad (7\text{-}20)$$

故根据区间数的运算性质有

$$\overline{\phi_i}(v_{fc1}+v_{fc2})=\overline{\phi_i}(v_{fc1})+\overline{\phi_i}(v_{fc2}) \qquad (7\text{-}21)$$

（3）**对称性**。给定产业生态参与者，若对于直觉模糊联盟 $\widetilde{S}\subseteq(N\setminus\{i,j\})$，都满足 $v_{fc}(\widetilde{S}\cup\{i\})=v_{fc}(\widetilde{S}\cup\{j\})$，则有 $\overline{\phi_i}(v_{fc})=\overline{\phi_j}(v_{fc})$ 成立。

证明：

根据模糊合作博弈特征函数的定义有

$$v_{fc}(\widetilde{S}\cup\{i\})=[v^-(\widetilde{S}\cup\{i\}),v^+(\widetilde{S}\cup\{i\})]$$

$$=\Big[\sum_{l=1}^{d(\widetilde{s})}v([\widetilde{S}\cup\{i\}]_{a_l})(a_l-a_{l-1}),\sum_{m=1}^{d'(\widetilde{s})}v([\widetilde{S}\cup\{i\}]_{b_m})(b_m-b_{m-1})\Big]$$

$$(7\text{-}22)$$

同理有

$$v_{fc}(\widetilde{S}\cup\{j\})=[v^-(\widetilde{S}\cup\{j\}),v^+(\widetilde{S}\cup\{j\})]$$

$$=\Big[\sum_{l=1}^{d(\widetilde{s})}v([\widetilde{S}\cup\{j\}]_{a_l})(a_l-a_{l-1}),\sum_{m=1}^{d'(\widetilde{s})}v([\widetilde{S}\cup\{j\}]_{b_m})(b_m-b_{m-1})\Big]$$

$$(7\text{-}23)$$

故根据区间数的运算性质，有

$$v^-(\widetilde{S}\cup\{i\})=\sum_{l=1}^{d(\widetilde{s})}v([\widetilde{S}\cup\{i\}]_{a_l})(a_l-a_{l-1})$$

$$=\sum_{l=1}^{d(\widetilde{s})}v([\widetilde{S}\cup\{j\}]_{a_l})(a_l-a_{l-1})$$

$$=v^-(\widetilde{S}\cup\{j\}) \qquad (7\text{-}24)$$

因此可以得到

$$\sum_{l=1}^{d(\widetilde{s})}\phi_i(v([\widetilde{S}\cup\{i\}]_{a_l}))(a_l-a_{l-1})=\sum_{l=1}^{d(\widetilde{s})}\phi_j(v([\widetilde{S}\cup\{j\}]_{a_l}))(a_l-a_{l-1}) \quad (7\text{-}25)$$

即有

$$\phi_i^-(v_{fc})=\phi_j^-(v_{fc}) \qquad (7\text{-}26)$$

同理有

$$\phi_i^+(v_{fc}) = \phi_j^+(v_{fc}) \tag{7-27}$$

根据区间数的运算性质，

$$\overline{\phi_i}(v_{fc}) = \overline{\phi_j}(v_{fc}) \tag{7-28}$$

对称性得证。

（4）**哑元性**。若对所有含有产业生态参与者 i 的直觉模糊联盟，都满足 $v_{fc}(\widetilde{S}) = v_{fc}(\widetilde{S}\setminus\{i\})$，则有 $\overline{\phi_i}(v_{fc}) = 0$ 成立。

证明：

根据经典 Shapley 值的哑元性与模糊联盟合作博弈的定义，有

$$v_{fc}(\widetilde{S}) = v_{fc}(\widetilde{S}\setminus\{i\})$$

$$= [v^-(\widetilde{S}\setminus\{i\}), v^+(\widetilde{S}\setminus\{i\})]$$

$$= \Big[\sum_{l=1}^{d(\widetilde{s})} v([\widetilde{S}\setminus\{i\}]_{a_l})(a_l - a_{l-1}), \sum_{m=1}^{d'(\widetilde{s})} v([\widetilde{S}\setminus\{i\}]_{b_m})(b_m - b_{m-1})\Big] \tag{7-29}$$

根据特征函数的定义，可以得到

$$\sum_{l=1}^{d(\widetilde{s})} v([\widetilde{S}\setminus\{i\}]_{a_l})(a_l - a_{l-1}) = \sum_{l=1}^{d(\widetilde{s})} v([\widetilde{S}]_{a_l})(a_l - a_{l-1}) \tag{7-30}$$

故有

$$\phi_i^-(v_{fc}) = \sum_{l=1}^{d(\widetilde{s})} \phi_i(v([\widetilde{S}]_{a_l}))(a_l - a_{l-1})$$

$$= \sum_{l=1}^{d(\widetilde{s})} 0 \cdot (a_l - a_{l-1})$$

$$= 0 \tag{7-31}$$

同理可以得到

$$\phi_i^+(v_{fc}) = 0 \tag{7-32}$$

故根据区间数的运算性质，有

$$\overline{\phi_i}(v_{fc}) = 0 \tag{7-33}$$

哑元性得证。

2. 基于模糊收益合作博弈的价值分配策略

在计算博弈的 Shapley 值时，首先要计算产业生态 S 的收益 $v(S)$，这里隐含了一个结论是该联盟 S 的收益是一个确定的值，而这往往并不符合实际情况。因为博弈参与者的目标往往是多样的，同时知识经验也具备一定的局限性，而且实际中收益也存在波动，因此博弈联盟的支付函数通常是模糊值。

基于经典合作博弈理论与直觉模糊理论，首先给出直觉模糊收益的合作博弈定义如下。

定义 7.15：设博弈参与者集合 N 的全部子集组成的集合为 $P(N)$，$P(N)$ 中的任一元素 S 为参与者的联盟。若合作博弈 $(N, \widetilde{v})$ 中的支付函数 $\widetilde{v}$ 是 $P(N)$ 到直觉模糊数集 $\widetilde{R}$ 的映射，即 $\widetilde{v}: P(N) \to \widetilde{R}$ 且 $\widetilde{v}(\varnothing) = 0$，则称 $(N, \widetilde{v})$ 为模糊收益合作博弈。为论述方便，将这

类模糊收益合作博弈的集合记为 $G_{\mathrm{fp}}(N)$。对于一个定义在 $P(N)$ 上的联盟 S，其直觉模糊函数为 $\widetilde{v}(S)=(v(S),\mu(S),v(S))$。

$v(S)$ 表示 S 的预期收益，$\mu(S)$ 和 $v(S)$ 分别表示现有信息对联盟 S 收益判断的隶属度（也可以理解为可能性或支持度）与非隶属度。

$\widetilde{v}(S)$ 的 $\langle\alpha,\beta\rangle$ 水平集可表示为

$$\widetilde{v}\langle\alpha,\beta\rangle(S)=\{v\in R\mid\mu_{\widetilde{v}(S)}\geqslant\alpha,v_{\widetilde{v}(S)}\leqslant\beta\} \tag{7-34}$$

现对经典合作博弈理论中的分配概念进行推广，得到模糊收益合作博弈的分配概念。

定义 7.16：对于模糊收益合作博弈 $(N,\widetilde{v})$，有一联盟 $S\subseteq P(N)$，若存在一向量函数 $\widetilde{x}(S)=(\widetilde{x}_1(S),\widetilde{x}_2(S),\cdots,\widetilde{x}_n(S))$，满足

$$\begin{cases}\displaystyle\sum_{i\in N}x_i\geqslant\widetilde{v}(N)\\\widetilde{x}_i(S)\geqslant\widetilde{v}(i)\end{cases} \tag{7-35}$$

则称 $x(S)$ 为该模糊收益合作博弈 $(N,\widetilde{v})$ 的一个直觉模糊收益分配。

在模糊收益合作博弈的收益分配概念的基础上，定义模糊收益合作博弈的 $\langle\alpha,\beta\rangle$ 收益分配向量概念。

定义 7.17：对于模糊收益合作博弈，在给定的置信度 $\langle\alpha,\beta\rangle$ 下，对于任意联盟 $R\subseteq P(N)$，如果存在联盟 $S\subseteq P(N)$，满足

$$\widetilde{v}_{\langle\alpha,\beta\rangle}(R\cap S)=\widetilde{v}_{\langle\alpha,\beta\rangle}(R) \tag{7-36}$$

则称 S 为模糊收益合作博弈 $(N,\widetilde{v})$ 的一个 $\langle\alpha,\beta\rangle$ 承载，同时有

$$\widetilde{v}^-_{\langle\alpha,\beta\rangle}(R\cap S)=\widetilde{v}^-_{\langle\alpha,\beta\rangle}(R)$$
$$\widetilde{v}^+_{\langle\alpha,\beta\rangle}(R\cap S)=\widetilde{v}^+_{\langle\alpha,\beta\rangle}(R) \tag{7-37}$$

成立。

模糊收益合作博弈 $(N,\widetilde{v})$ 的 $\langle\alpha,\beta\rangle$ 承载满足如下性质：

假设 S 为模糊收益合作博弈 $(N,\widetilde{v})$ 的一个 $\langle\alpha,\beta\rangle$ 承载，那么 $\forall S\subseteq S'\subseteq P(N)$，$S'$ 是 $(N,\widetilde{v})$ 的一个 $\langle\alpha,\beta\rangle$ 承载。

假设 S 为模糊收益合作博弈 $(N,\widetilde{v})$ 的一个 $\langle\alpha,\beta\rangle$ 承载，那么 $\forall R\subseteq P(N)$，$i\notin S$，都有 $\widetilde{v}_{\langle\alpha,\beta\rangle}(R\cup\{i\})=\widetilde{v}_{\langle\alpha,\beta\rangle}(R)$。该性质的含义是承载外的任何博弈参与者均为哑元，即对任何联盟的收益不会造成影响。

基于对经典合作博弈理论中 Shapley 值所满足的性质进行拓展，来求解模糊收益合作博弈的 Shapley 值。

定理 7.1 模糊收益合作博弈的 Shapley 值，由 $\phi_{\langle\alpha,\beta\rangle}(\widetilde{v})$ 给出，并同时满足有效性、可加性和对称性 3 条性质。

（1）**有效性**。对模糊收益合作博弈 $(N,\widetilde{v})$ 的任意 $\langle\alpha,\beta\rangle$ 承载 $S\subseteq P(N)$，有

$$\sum_{i\in S}\phi_{i,\langle\alpha,\beta\rangle}(\widetilde{v})=\widetilde{v}_{\langle\alpha,\beta\rangle}(S) \tag{7-38}$$

即有

$$\sum_{i\in S}\phi^-_{i,\langle\alpha,\beta\rangle}(\widetilde{v})=\widetilde{v}^-_{\langle\alpha,\beta\rangle}(S)$$

$$\sum_{i\in S}\phi^+_{i,\langle\alpha,\beta\rangle}(\widetilde{v})=\widetilde{v}^+_{\langle\alpha,\beta\rangle}(S) \tag{7-39}$$

成立。此处需要指出的是,根据$\langle\alpha,\beta\rangle$承载的定义,收益分配时已无须再考虑对联盟收益无贡献的成员,即经典合作博弈理论中 Shapley 值的哑元性自然成立。

(2) **可加性**。假设$(N,\widetilde{v}_1)$与$(N,\widetilde{v}_2)$是任意两个模糊收益合作博弈,并且存在合作博弈使得对于任意联盟 $S\subseteq P(N)$,总满足

$$(\widetilde{v}_1+\widetilde{v}_2)_{\langle\alpha,\beta\rangle}(S)=(\widetilde{v}_1)_{\langle\alpha,\beta\rangle}(S)+(\widetilde{v}_2)_{\langle\alpha,\beta\rangle}(S) \tag{7-40}$$

即

$$(\widetilde{v}_1+\widetilde{v}_2)_{\langle\alpha,\beta\rangle}^-(S)=(\widetilde{v}_1)_{\langle\alpha,\beta\rangle}^-(S)+(\widetilde{v}_2)_{\langle\alpha,\beta\rangle}^-(S)$$
$$(\widetilde{v}_1+\widetilde{v}_2)_{\langle\alpha,\beta\rangle}^+(S)=(\widetilde{v}_1)_{\langle\alpha,\beta\rangle}^+(S)+(\widetilde{v}_2)_{\langle\alpha,\beta\rangle}^+(S) \tag{7-41}$$

则有

$$\phi_{i,\langle\alpha,\beta\rangle}(\widetilde{v}_1+\widetilde{v}_2)=\phi_{i,\langle\alpha,\beta\rangle}(\widetilde{v}_1)+\phi_{i,\langle\alpha,\beta\rangle}(\widetilde{v}_2) \tag{7-42}$$

等价于

$$\phi_{i,\langle\alpha,\beta\rangle}^-(\widetilde{v}_1+\widetilde{v}_2)=\phi_{i,\langle\alpha,\beta\rangle}^-(\widetilde{v}_1)+\phi_{i,\langle\alpha,\beta\rangle}^-(\widetilde{v}_2)$$
$$\phi_{i,\langle\alpha,\beta\rangle}^+(\widetilde{v}_1+\widetilde{v}_2)=\phi_{i,\langle\alpha,\beta\rangle}^+(\widetilde{v}_1)+\phi_{i,\langle\alpha,\beta\rangle}^+(\widetilde{v}_2) \tag{7-43}$$

类似于经典合作博弈情形,该性质表示给定置信程度$\langle\alpha,\beta\rangle$,某博弈参与者在和模糊合作博弈中所分配到的收益,等于该参与者在两个子合作博弈中的所分配收益之和。

(3) **对称性**。若对于任意博弈参与者 $i,j\in N$,联盟$S\subseteq P(N)\setminus\{i,j\}$,总满足

$$\widetilde{v}_{\langle\alpha,\beta\rangle}(S\cup\{i\})=\widetilde{v}_{\langle\alpha,\beta\rangle}(S\cup\{j\}) \tag{7-44}$$

即

$$\widetilde{v}_{\langle\alpha,\beta\rangle}^-(S\cup\{i\})=\widetilde{v}_{\langle\alpha,\beta\rangle}^-(S\cup\{j\})$$
$$\widetilde{v}_{\langle\alpha,\beta\rangle}^+(S\cup\{i\})=\widetilde{v}_{\langle\alpha,\beta\rangle}^+(S\cup\{j\}) \tag{7-45}$$

则有如下等式成立

$$\phi_{i,\langle\alpha,\beta\rangle}(\widetilde{v})=\phi_{j,\langle\alpha,\beta\rangle}(\widetilde{v}) \tag{7-46}$$

等价于

$$\phi_{i,\langle\alpha,\beta\rangle}^-(\widetilde{v})=\phi_{j,\langle\alpha,\beta\rangle}^-(\widetilde{v})$$
$$\phi_{i,\langle\alpha,\beta\rangle}^+(\widetilde{v})=\phi_{j,\langle\alpha,\beta\rangle}^+(\widetilde{v}) \tag{7-47}$$

该性质表明给定置信$\langle\alpha,\beta\rangle$,博弈参与者的收益分配和其在联盟中的排列记号无关。

结合模糊收益合作博弈的定义与给定置信度$\langle\alpha,\beta\rangle$的有效性、可加性和对称性 3 条性质,推导得到模糊收益合作博弈的 Shapley 值表达式如下。

定义 7.18:给定置信度$\langle\alpha,\beta\rangle$,$\alpha,\beta\in[0,1]$,$0\leqslant\alpha+\beta\leqslant1$,模糊收益合作博弈的 Shapley 值可以表示为

$$\phi_{\langle\alpha,\beta\rangle}(\widetilde{v})=\{\phi_{1,\langle\alpha,\beta\rangle}(\widetilde{v}),\phi_{2,\langle\alpha,\beta\rangle}(\widetilde{v}),\cdots,\phi_{n,\langle\alpha,\beta\rangle}(\widetilde{v})\} \tag{7-48}$$

其中,

$$\phi_{i,\langle\alpha,\beta\rangle}(\widetilde{v})=[\phi_{i,\langle\alpha,\beta\rangle}^-(\widetilde{v}),\phi_{i,\langle\alpha,\beta\rangle}^+(\widetilde{v})] \tag{7-49}$$

而且有

$$\phi_{i,\langle\alpha,\beta\rangle}^-(\widetilde{v})=\sum_{i\in S\subseteq P(N)}\frac{(|S|-1)!(n-|S|)!}{n!}[\widetilde{v}_{\langle\alpha,\beta\rangle}^-(S\cup\{i\})-\widetilde{v}_{\langle\alpha,\beta\rangle}^-(S)]$$
$$\phi_{i,\langle\alpha,\beta\rangle}^+(\widetilde{v})=\sum_{i\in S\subseteq P(N)}\frac{(|S|-1)!(n-|S|)!}{n!}[\widetilde{v}_{\langle\alpha,\beta\rangle}^+(S\cup\{i\})-\widetilde{v}_{\langle\alpha,\beta\rangle}^+(S)]$$

$$\tag{7-50}$$

与经典合作博弈理论相同，$|S|$ 表示联盟 S 中博弈参与者的个数，$S \cup \{i\}$ 表示博弈参与者 i 加入联盟 S 后形成的新的联盟。记 $\omega(S) = \dfrac{(|S|-1)!(n-|S|)!}{n!}$，$\omega(S)$ 表示各个博弈参与者所组成联盟形成的概率。

现依次证明该 Shapley 值表达式满足经典合作博弈理论中 Shapley 值满足的有效性、可加性、对称性 3 条性质。

有效性的证明。

设联盟 S 为模糊收益合作博弈 $(N,\widetilde{v})$ 的 $\langle \alpha, \beta \rangle$ 承载，根据 $\langle \alpha, \beta \rangle$ 承载的性质可知，对于任意 $R \in P(N)$，有

$$\widetilde{v}_{\langle \alpha, \beta \rangle}(R \cup \{i\}) = \widetilde{v}_{\langle \alpha, \beta \rangle}(R), \quad \forall i \in N \backslash S \tag{7-51}$$

故 $\forall i \in N \backslash S$，有

$$\phi_{i,\langle \alpha, \beta \rangle}^{-}(\widetilde{v}) = \sum_{i \in S \subseteq P(N)} \omega(S) [\widetilde{v}_{\langle \alpha, \beta \rangle}^{-}(S \cup \{i\}) - \widetilde{v}_{\langle \alpha, \beta \rangle}^{-}(S)]$$

$$= 0$$

$$\phi_{i,\langle \alpha, \beta \rangle}^{+}(\widetilde{v}) = \sum_{i \in S \subseteq P(N)} \omega(S) [\widetilde{v}_{\langle \alpha, \beta \rangle}^{+}(S \cup \{i\}) - \widetilde{v}_{\langle \alpha, \beta \rangle}^{+}(S)]$$

$$= 0 \tag{7-52}$$

而可以证明

$$\sum_{i=1}^{n} \phi_{i,\langle \alpha, \beta \rangle}^{-}(\widetilde{v}) = \widetilde{v}_{i,\langle \alpha, \beta \rangle}^{-}(N)$$

$$\sum_{i=1}^{n} \phi_{i,\langle \alpha, \beta \rangle}^{+}(\widetilde{v}) = \widetilde{v}_{i,\langle \alpha, \beta \rangle}^{+}(N) \tag{7-53}$$

故有

$$\widetilde{v}_{\langle \alpha, \beta \rangle}(S) = \widetilde{v}_{\langle \alpha, \beta \rangle}(S \cap N) = \sum_{i \in S} \phi_{i,\langle \alpha, \beta \rangle}(\widetilde{v}) \tag{7-54}$$

有效性得证。从证明过程可见，模糊收益合作博弈的 Shapley 值自然满足哑元性。

可加性的证明。

考虑到预期收益的不确定性，为确保从经典合作博弈理论延拓而来的由产业生态参与者的边际贡献来求解 Shapley 值这一思路可行，需先给出模糊收益合作博弈的 Shapley 值存在的充要条件，有如下引理。

引理 7.1：对于模糊收益合作博弈 (N,v)，若其满足以下两个条件

(1) 对于任意博弈参与者联盟 $R \subseteq S \subseteq P(N)$ 与任意给定的不同置信度 $\langle \alpha_1, \beta_1 \rangle$、$\langle \alpha_2, \beta_2 \rangle$，$\alpha_1, \alpha_2, \beta_1, \beta_2 \in [0,1]$，且 $0 \leqslant \alpha_1 + \beta_1 \leqslant 1, 0 \leqslant \alpha_2 + \beta_2 \leqslant 1, \alpha_1 \leqslant \alpha_2, \beta_1 \geqslant \beta_2$，且有

$$\widetilde{v}_{\langle \alpha_1, \beta_1 \rangle}^{-}(R) - \widetilde{v}_{\langle \alpha_1, \beta_1 \rangle}^{-}(S) \leqslant \widetilde{v}_{\langle \alpha_2, \beta_2 \rangle}^{-}(R) - \widetilde{v}_{\langle \alpha_2, \beta_2 \rangle}^{-}(S) \leqslant$$

$$\widetilde{v}_{\langle \alpha_2, \beta_2 \rangle}^{+}(R) - \widetilde{v}_{\langle \alpha_2, \beta_2 \rangle}^{+}(S) \leqslant \widetilde{v}_{\langle \alpha_1, \beta_1 \rangle}^{+}(R) - \widetilde{v}_{\langle \alpha_1, \beta_1 \rangle}^{+}(S) \tag{7-55}$$

(2) 对于任意博弈参与者 $i \in N$ 与任意给定的不同置信度 $\langle \alpha_1, \beta_1 \rangle$、$\langle \alpha_2, \beta_2 \rangle$，其中 $\alpha_1, \alpha_2, \beta_1, \beta_2 \in [0,1]$，且 $0 \leqslant \alpha_1 + \beta_1 \leqslant 1, 0 \leqslant \alpha_2 + \beta_2 \leqslant 1, \alpha_1 \leqslant \alpha_2, \beta_1 \geqslant \beta_2$，且有

$$\phi_{i,\langle \alpha_1, \beta_1 \rangle}^{-}(\widetilde{v}) \leqslant \phi_{i,\langle \alpha_2, \beta_2 \rangle}^{-}(\widetilde{v}) \leqslant \phi_{i,\langle \alpha_2, \beta_2 \rangle}^{+}(\widetilde{v}) \leqslant \phi_{i,\langle \alpha_1, \beta_1 \rangle}^{+}(\widetilde{v}) \tag{7-56}$$

当以上两个条件均成立时，该模糊收益合作博弈的 Shapley 值存在，且可以表示为

$$\phi_{i,\langle\alpha,\beta\rangle}(\widetilde{v}) = [\phi^-_{i,\langle\alpha,\beta\rangle}(\widetilde{v}), \phi^+_{i,\langle\alpha,\beta\rangle}(\widetilde{v})] \tag{7-57}$$

证明：首先给出条件(1)的证明。

对于模糊收益合作博弈$(N,\widetilde{v})$，当博弈参与者联盟$S,S\bigcup\{i\}\subseteq P(N)$满足所给条件时，即

$$\begin{aligned}&\widetilde{v}^-_{\langle\alpha_1,\beta_1\rangle}(S\bigcup\{i\})-\widetilde{v}^-_{\langle\alpha_1,\beta_1\rangle}(S) \quad \leqslant \widetilde{v}^-_{\langle\alpha_2,\beta_2\rangle}(S\bigcup\{i\})-\widetilde{v}^-_{\langle\alpha_2,\beta_2\rangle}(S)\leqslant\\ &\widetilde{v}^+_{\langle\alpha_2,\beta_2\rangle}(S\bigcup\{i\})-\widetilde{v}^+_{\langle\alpha_2,\beta_2\rangle}(S) \quad \leqslant\widetilde{v}^+_{\langle\alpha_1,\beta_1\rangle}(S\bigcup\{i\})-\widetilde{v}^+_{\langle\alpha_1,\beta_1\rangle}(S)\end{aligned} \tag{7-58}$$

根据经典集合理论和直觉模糊数的集合套性质，区间

$$[\widetilde{v}^-_{\langle\alpha_1,\beta_1\rangle}(S\bigcup\{i\})-\widetilde{v}^-_{\langle\alpha_1,\beta_1\rangle}(S),\widetilde{v}^+_{\langle\alpha_1,\beta_1\rangle}(S\bigcup\{i\})-\widetilde{v}^+_{\langle\alpha_1,\beta_1\rangle}(S)] \tag{7-59}$$

和

$$[\widetilde{v}^-_{\langle\alpha_2,\beta_2\rangle}(S\bigcup i)-\widetilde{v}^-_{\langle\alpha_2,\beta_2\rangle}(S),\widetilde{v}^+_{\langle\alpha_2,\beta_2\rangle}(S\bigcup i)-\widetilde{v}^+_{\langle\alpha_2,\beta_2\rangle}(S)] \tag{7-60}$$

对于任意给定的不同置信度$\langle\alpha_1,\beta_1\rangle,\langle\alpha_2,\beta_2\rangle,\alpha_1,\alpha_2,\beta_1,\beta_2\in[0,1]$，且$0\leqslant\alpha_1+\beta_1\leqslant1,0\leqslant\alpha_2+\beta_2\leqslant1,\alpha_1\leqslant\alpha_2,\beta_1\geqslant\beta_2$，均满足

$$[\widetilde{v}^-_{\langle\alpha_1,\beta_1\rangle}(S\bigcup\{i\})-\widetilde{v}^-_{\langle\alpha_1,\beta_1\rangle}(S),\widetilde{v}^+_{\langle\alpha_1,\beta_1\rangle}(S\bigcup\{i\})-\widetilde{v}^+_{\langle\alpha_1,\beta_1\rangle}(S)]\supseteq$$
$$[\widetilde{v}^-_{\langle\alpha_2,\beta_2\rangle}(S\bigcup\{i\})-\widetilde{v}^-_{\langle\alpha_2,\beta_2\rangle}(S),\widetilde{v}^+_{\langle\alpha_2,\beta_2\rangle}(S\bigcup\{i\})-\widetilde{v}^+_{\langle\alpha_2,\beta_2\rangle}(S)] \tag{7-61}$$

即可以形成区间套。故对于满足一定条件的置信度$\langle\alpha,\beta\rangle$，该置信度下的Shapley值可以形成区间

$$[\phi^-_{i,\langle\alpha,\beta\rangle}(\widetilde{v}),\phi^+_{i,\langle\alpha,\beta\rangle}(\widetilde{v})] \tag{7-62}$$

所有区间可以组成一个集合套，故满足条件(1)保证了按本节提出的方法计算模糊收益合作博弈的Shapley值的可行性。

再证明条件(2)。对于模糊收益合作博弈$(N,\widetilde{v})$，对任意博弈参与者$i\in N$，当参与者联盟S与$S\backslash\{i\}$满足给定关系时，即

$$\phi^-_{i,\langle\alpha_1,\beta_1\rangle}(\widetilde{v})\leqslant\phi^-_{i,\langle\alpha_2,\beta_2\rangle}(\widetilde{v})\leqslant\phi^+_{i,\langle\alpha_2,\beta_2\rangle}(\widetilde{v})\leqslant\phi^+_{i,\langle\alpha_1,\beta_1\rangle}(\widetilde{v}) \tag{7-63}$$

则可以得到

$$[\phi^-_{i,\langle\alpha_1,\beta_1\rangle}(\widetilde{v}),\phi^+_{i,\langle\alpha_1,\beta_1\rangle}(\widetilde{v})]\supseteq[\phi^-_{i,\langle\alpha_2,\beta_2\rangle}(\widetilde{v}),\phi^+_{i,\langle\alpha_2,\beta_2\rangle}(\widetilde{v})] \tag{7-64}$$

等价于

$$\phi_{i,\langle\alpha_1,\beta_1\rangle}(\widetilde{v})\geqslant\phi_{i,\langle\alpha_2,\beta_2\rangle}(\widetilde{v}) \tag{7-65}$$

这一条件保证了模糊收益合作博弈的Shapley值关于特征函数$\widetilde{v}$的单调非减性成立，因此条件(2)保证了在不同置信度$\langle\alpha,\beta\rangle$下，对应的Shapley值能构成集合套。

在Shapley值存在性的两个条件均成立时，因为$\phi_{i,\langle\alpha,\beta\rangle}(\widetilde{v})$的表达式中，等号左右两端均为特征函数的线性函数，故Shapley值的可加性成立。

对称性的证明。

为便于表示，记σ为所有博弈参与者的某个排列，则对称性也可表示为对于任意参与者联盟$S\subseteq P(N)$与任意博弈参与者$i\in N$，有

$$\begin{aligned}&\widetilde{v}_{\langle\alpha,\beta\rangle}(S)=\widetilde{v}_{\langle\alpha,\beta\rangle}(\sigma S)\\ &\phi_{i,\langle\alpha,\beta\rangle}(\widetilde{v})=\phi_{\sigma i,\langle\alpha,\beta\rangle}(\widetilde{v})\end{aligned} \tag{7-66}$$

现给出相关证明。

若排列σ满足$\widetilde{v}_{\langle\alpha,\beta\rangle}(S)=\widetilde{v}_{\langle\alpha,\beta\rangle}(\sigma S)$，则可以得到$|\sigma S|=|S|$，且有

$$\sigma S \subseteq N \backslash \{\sigma i\} \Leftrightarrow S \subseteq N \backslash \{i\} \ \forall i \in N \tag{7-67}$$

从而可以得到

$$\phi_{\sigma i, \langle \alpha, \beta \rangle}^-(\widetilde{v}) = \sum_{\sigma S \subseteq P(N)} \frac{(|\sigma S| - 1)!(n - |\sigma S|)!}{n!} (\widetilde{v}_{\langle \alpha, \beta \rangle}^-(S \bigcup \{\sigma i\}) - \widetilde{v}_{\langle \alpha, \beta \rangle}^-(\sigma S))$$

$$= \sum_{\sigma S \subseteq P(N)} \frac{(|S| - 1)!(n - |S|)!}{n!} (\widetilde{v}_{\langle \alpha, \beta \rangle}^-(S \bigcup \{i\}) - \widetilde{v}_{\langle \alpha, \beta \rangle}^-(S))$$

$$= \phi_{i, \langle \alpha, \beta \rangle}^-(\widetilde{v}) \tag{7-68}$$

同理有

$$\phi_{\sigma i, \langle \alpha, \beta \rangle}^+(\widetilde{v}) = \phi_{i, \langle \alpha, \beta \rangle}^+(\widetilde{v}) \tag{7-69}$$

即有

$$\phi_{\sigma i, \langle \alpha, \beta \rangle}(\widetilde{v}) = \phi_{i, \langle \alpha, \beta \rangle}(\widetilde{v}) \tag{7-70}$$

对称性得证。

具体求解时,考虑到预期收益的不确定性,确定模糊收益合作博弈的 Shapley 值可按如下步骤进行:

(1) 分别用最大隶属度函数与最小隶属度函数来表示合作博弈中各联盟的特征函数。

(2) 根据实际情况选取不同的置信度,再计算各参与者组成联盟的特征函数。

(3) 验证模糊收益合作博弈的 Shapley 值的存在条件。

(4) 求取不同置信度下所有参与者的收益模糊情形的 Shapley 值。将最高置信度下 Shapley 值的区间上限为所有参与者所得的收益分配值与各联盟在最高置信度下的特征函数值进行比较,可定出最优产业生态。

3. 基于要素双模糊合作博弈的价值分配策略

目前,同时考虑模糊收益与模糊联盟的合作博弈研究还相当少。本节综合前两节的内容,同时考虑联盟成员参与程度与联盟预期收益的不确定性,创新性地提出要素双模糊合作博弈的相关概念。

基于前两节定义的参与度与预期收益分别不确定情形下的合作博弈理论,定义联盟与支付双模糊(简称要素双模糊)的合作博弈。

定义 7.19:设 (N, v_{df}) 为参与者集合 $N = \{1, 2, \cdots, n\}$ 的模糊合作博弈,若特征函数 v_{df} 为直觉模糊联盟集合 $IF(N)$ 到直觉模糊数集合 $\widetilde{R}$ 的映射,即 $v_{df}: IF(N) \to \widetilde{R}$ 且 $v_{df}(\varnothing) = 0$,那么称 (N, v_{df}) 为具有模糊联盟和模糊收益的合作博弈,即要素双模糊合作博弈,同时称 v_{df} 为 (N, v_{df}) 的特征函数。记要素双模糊合作博弈的全体为 $G_{df}(N)$。

因为实数 R 其实是模糊数的特殊情形,所以如果将要素双模糊合作博弈 (N, v_{df}) 的特征函数 v_{df} 限制在映射 $IF(N) \to R$ 上,此时要素双模糊合作博弈 (N, v_{df}) 便退化为模糊联盟合作博弈 (N, v_{fc})。又因为 N 的所有子集的集合 $P(N) \subseteq IF(N)$,所以如果将要素双模糊合作博弈 (N, v_{df}) 的特征函数 v_{df} 限制在映射 $P(N) \to \widetilde{R}$ 上,此时要素双模糊合作博弈便退化为模糊收益合作博弈 $(N, \widetilde{v})$。因此要素双模糊合作博弈可以视为是模糊联盟合作博弈的推广与模糊收益合作博弈的推广。同时,模糊联盟合作博弈与模糊收益合作博弈又均为经典合作博弈的推广。

现定义要素双模糊合作博弈的超可加性、凸性、分配函数向量等概念。

定义 7.20：给定要素双模糊合作博弈(N, v_{df})，若任意直觉模糊联盟$\widetilde{R}, \widetilde{S} \in \text{IF}(N)$，且满足$\widetilde{R} \cap \widetilde{S} = \varnothing$，则有

$$v_{df}(\widetilde{R} \cup \widetilde{S}) \geqslant v_{df}(\widetilde{R}) + v_{df}(\widetilde{S}) \tag{7-71}$$

称要素双模糊合作博弈(N, v_{df})是超可加的。

定义 7.21：给定要素双模糊合作博弈(N, v_{df})，若任意直觉模糊联盟$\widetilde{R}, \widetilde{S} \in \text{IF}(N)$，且满足$\widetilde{R} \cap \widetilde{S} = \varnothing$，则有

$$v_{df}(\widetilde{R} \cup \widetilde{S}) + v_{df}(\widetilde{R} \cap \widetilde{S}) \geqslant v_{df}(\widetilde{R}) + v_{df}(\widetilde{S}) \tag{7-72}$$

称要素双模糊合作博弈(N, v_{df})是凸的。

由于要素双模糊合作博弈是经典合作博弈、模糊联盟合作博弈与模糊收益合作博弈的推广与泛化，故该凸性与超可加性同样适用于经典合作博弈、模糊联盟合作博弈和模糊收益合作博弈。

定义 7.22：给定要素双模糊合作博弈(N, v_{df})，对于任意直觉模糊联盟$\widetilde{S} \in \text{IF}(N)$，设$\text{supp}(\widetilde{S}) = \{i \in N \mid \mu_{\widetilde{S}}(i) > 0\}$，若存在定义在$\text{IF}(N)$上的$n$维向量$\boldsymbol{x} = (\widetilde{x}_1, \widetilde{x}_2, \cdots, \widetilde{x}_n)$满足

$$\widetilde{x}_i = 0, \quad i \notin \text{supp}(\widetilde{S});$$

$$\widetilde{x}_i \geqslant v_{df}(\{i\}), i \in \text{supp}(\widetilde{S});$$

$$\sum_{i \in S} \widetilde{x}_i = v_{df}(\widetilde{S})。$$

则称向量函数$\widetilde{\boldsymbol{x}}$为$G_{df}(N)$上的一个收益分配。

给定要素双模糊合作博弈，对于任意直觉模糊联盟，$[\widetilde{S}]_{a_l} = \{i \in N \mid \mu_{\widetilde{S}}(i) \geqslant a_l\}, a_l \in [0,1], a_0 = 0, l = 1, 2, \cdots, d(\widetilde{s}); [\widetilde{S}]_{b_m} = \{i \in N \mid 1 - v_{\widetilde{S}}(i) \geqslant b_m\}, b_m \in [0,1], b_0 = 0, m = 1, 2, \cdots, d'(\widetilde{s})$。其中，对于直觉模糊联盟$\widetilde{S}, [\widetilde{S}]_{a_l}$表示最小参与度不小于$a_l$的参与者的集合，$\widetilde{S}_{b_m}$表示最大参与度不小于$b_m$的参与者的集合，均为经典集合。记$D(\widetilde{S}) = \{\mu_{\widetilde{S}}(i) > 0, i \in N\}, D'(\widetilde{S}) = \{1 - v_{\widetilde{S}}(i) > 0, i \in N\}, d(\widetilde{s})$和$d'(\widetilde{s})$分别表示$D(\widetilde{S})$和$D'(\widetilde{S})$中元素的个数。由此可以用 Choquet 积分将要素双模糊合作博弈的特征函数表示为

$$v_{df}(\widetilde{S}) = [v_{df}^-(\widetilde{S}), v_{df}^+(\widetilde{S})] \tag{7-73}$$

其中，

$$v_{df}^-(\widetilde{S}) = \sum_{l=1}^{d(\widetilde{s})} \widetilde{v}([\widetilde{S}]_{a_l})(a_l - a_{l-1})$$

$$v_{df}^+(\widetilde{S}) = \sum_{m=1}^{d'(\widetilde{s})} \widetilde{v}([\widetilde{S}]_{b_m})(b_m - b_{m-1}) \tag{7-74}$$

结合直觉模糊数与 Choquet 积分,可给出要素双模糊合作博弈的 Shapley 值的定义。

定义 7.23:给定要素双模糊合作博弈 (N,v_{df}),对于任意直觉模糊联盟 $\widetilde{S}\in\mathrm{IF}(N)$,其 Shapley 值为

$$\overline{\phi_i}(v_{\mathrm{df}})=[\phi_i^-(v_{\mathrm{df}}),\phi_i^+(v_{\mathrm{df}})] \tag{7-75}$$

其中,

$$\phi_i^-(v_{\mathrm{df}})=\sum_{l=1}^{d(\widetilde{s})}\phi_i(\widetilde{v}([\widetilde{S}]_{a_l}))(a_l-a_{l-1})$$

$$\phi_i^+(v_{\mathrm{df}})=\sum_{m=1}^{d'(\widetilde{s})}\phi_i(\widetilde{v}([\widetilde{S}]_{b_m}))(b_m-b_{m-1}) \tag{7-76}$$

由于要素双模糊合作博弈的特征函数的形式是区间值,故对应的模糊收益合作博弈的 Shapley 值也为区间值。现证明要素双模糊合作博弈的 Shapley 值同样具有经典合作博弈的相关性质。其中有效性的证明已内含于要素双模糊合作博弈特征函数的定义,故此处不再赘述,主要证明 Shapley 值满足可加性和对称性。

可加性。给定两个要素双模糊合作博弈 $(N,v_{\mathrm{df1}}),(N,v_{\mathrm{df2}})\in G_{\mathrm{df}}(N)$,对于任意联盟 $S\in P(N)$,若有模糊收益合作博弈 $(\widetilde{v}_1+\widetilde{v}_2)(S)=\widetilde{v}_1(S)+\widetilde{v}_2(S)$,则对任意直觉模糊联盟 $\widetilde{S}\in\mathrm{IF}(N)$,要素双模糊合作博弈的 Shapley 值满足可加性,即有

$$\overline{\phi_i}(v_{\mathrm{df1}}+v_{\mathrm{df2}})=\overline{\phi_i}(v_{\mathrm{df1}})+\overline{\phi_i}(v_{\mathrm{df2}}) \tag{7-77}$$

证明:

因为上述要素双模糊合作博弈分别与对应的模糊收益合作博弈相关联,而模糊收益合作博弈的 Shapley 值具有可加性(为便于表示,此处略去置信度 $\langle\alpha,\beta\rangle$ 的符号,下同),即有

$$\begin{aligned}\bar{\phi}_i(v_{\mathrm{df1}}+v_{\mathrm{df2}})&=\sum_{l=1}^{d(\widetilde{s})}\phi_i(\widetilde{v}_1+\widetilde{v}_2)([\widetilde{S}]_{a_l})(a_l-a_{l-1})\\&=\sum_{l=1}^{d(\widetilde{s})}\phi_i(\widetilde{v}_1)([\widetilde{S}]_{a_l})(a_l-a_{l-1})+\sum_{l=1}^{d(\widetilde{s})}\phi_i(\widetilde{v}_2)([\widetilde{S}]_{a_l})(a_l-a_{l-1})\\&=\bar{\phi}_i(v_{\mathrm{df1}})+\bar{\phi}_i(v_{\mathrm{df2}})\end{aligned}$$

可加性得证。

对称性。若对于任意博弈参与者 $i,j\in N$,直觉模糊联盟 $\widetilde{S}\subseteq P(N)\backslash\{i,j\}$,总满足

$$v_{\mathrm{df}}(\widetilde{S}\cup\{i\})=v_{\mathrm{df}}(\widetilde{S}\cup\{j\})$$

即

$$v_{\mathrm{df}}^-(\widetilde{S}\cup\{i\})=v_{\mathrm{df}}^-(\widetilde{S}\cup\{j\})$$

$$v_{\mathrm{df}}^+(\widetilde{S}\cup\{i\})=v_{\mathrm{df}}^+(\widetilde{S}\cup\{j\})$$

则有如下等式成立

$$\bar{\phi}_i(v_{\mathrm{df}})=\bar{\phi}_j(v_{\mathrm{df}})$$

等价于

$$\phi_i^-(v_{\mathrm{df}})=\phi_j^-(v_{\mathrm{df}})$$

$$\phi_i^+(v_{df}) = \phi_j^+(v_{df})$$

该性质表明在要素双模糊合作博弈中,参与者的收益分配和其在联盟中的排列记号无关。

证明:

类似于可加性的证明,由于要素双模糊合作博弈(N, v_{df})也与模糊联盟合作博弈(N, v_{fc})相关联,故根据要素双模糊合作博弈特征函数的定义有

$$v_{df}(\widetilde{S} \bigcup i) = \Big[\sum_{l=1}^{d(\widetilde{s})} \widetilde{v}([\widetilde{S} \bigcup \{i\}]_{a_l})(a_l - a_{l-1}), \sum_{m=1}^{d'(\widetilde{s})} \widetilde{v}([\widetilde{S} \bigcup \{i\}]_{b_m})(b_m - b_{m-1})\Big]$$

$$v_{df}(\widetilde{S} \bigcup j) = \Big[\sum_{l=1}^{d(\widetilde{s})} \widetilde{v}([\widetilde{S} \bigcup \{j\}]_{a_l})(a_l - a_{l-1}), \sum_{m=1}^{d'(\widetilde{s})} \widetilde{v}([\widetilde{S} \bigcup \{j\}]_{b_m})(b_m - b_{m-1})\Big]$$

$$(7\text{-}78)$$

根据区间数的运算性质,有

$$v_{df}^-(\widetilde{S} \bigcup \{i\}) = \sum_{l=1}^{d(\widetilde{s})} \widetilde{v}([\widetilde{S} \bigcup \{i\}]_{a_l})(a_l - a_{l-1})$$

$$= \sum_{l=1}^{d(\widetilde{s})} \widetilde{v}([\widetilde{S} \bigcup \{j\}]_{a_l})(a_l - a_{l-1})$$

$$= v_{df}^-(\widetilde{S} \bigcup \{j\}) \tag{7-79}$$

因此可以得到

$$\sum_{l=1}^{d(\widetilde{s})} \phi_i(\widetilde{v}([\widetilde{S} \bigcup \{i\}]_{a_l}))(a_l - a_{l-1}) = \sum_{l=1}^{d(\widetilde{s})} \phi_j(\widetilde{v}([\widetilde{S} \bigcup \{j\}]_{a_l}))(a_l - a_{l-1}) \tag{7-80}$$

即有

$$\phi_i^-(v_{df}) = \phi_j^-(v_{df}) \tag{7-81}$$

同理可以得到

$$\phi_i^+(v_{df}) = \phi_j^+(v_{df}) \tag{7-82}$$

故有

$$\overline{\phi_i}(v_{df}) = \overline{\phi_j}(v_{df}) \tag{7-83}$$

对称性得证。

本节在现有的基于模糊数的合作博弈理论基础上进行推广,引入直觉模糊数这一表现力更丰富的工具,分别考虑联盟成员参与程度的不确定性与合作后预期收益的不确定性,定义了模糊联盟合作博弈与模糊收益合作博弈,并对应推导得到了 Shapley 值表达式,证明了推广后的 Shapley 值同样具有经典合作博弈理论中 Shapley 值所具有的有效性、可加性等性质。并且本章创新性地同时考虑成员参与程度与联盟预期收益的两重不确定性,定义了要素双模糊的合作博弈,之后推导得到了要素双模糊合作博弈的 Shapley 值,并证明其同样具有经典合作博弈的相关性质。

7.2.3　模糊合作博弈价值分配策略的改进

前面给出的3种模糊合作博弈的收益分配策略较好刻画了产业生态价值的收益分配中存在的两重不确定性,同时也仍然存在着合作博弈方法的既有不足,主要体现在忽视了各

博弈参与者的差异性上。

基于对称性假设,Shapley 值赋予了各个博弈参与者同等地位,例如,Shapley 值将各博弈参与者的初始投入与联盟运营过程中的贡献与努力程度视为相同,忽视了各参与者贡献的初始投资额。又如 Shapley 值在考虑各成员承担的风险时,往往假设各参与者所面临的风险相同,但各参与者的风险偏好很可能并不相同。这都并不符合实际情况,故在本节对已得到的模糊合作博弈的解进行改进。

1. 产业生态价值分配影响因素的确定

首先对收益分配的影响因素进行识别,在 Web of Science、IEEE XPlore、ScienceDirect、Springer、CNKI、万方等数据库中以"收益分配改进"、"改进 Shapley 值"、Improved Shapley value、Modified Shapley value、Modification of Shapley value 等为关键词检索相关文献,同时也考虑若干其他领域的收益分配策略研究,选取近 5 年内被引用量靠前且相关度较高的多篇文献经过统计分析,选取出现频率较高的关键词,简要合并相似语义的关键词后整理得到如表 7-1 所示的影响因素。

表 7-1　基于文献调研的产业生态价值分配影响因素选取

编号	影响因素	编号	影响因素	编号	影响因素
1	研发能力	9	服务投入程度	17	供应链上地位
2	承担风险	10	专业技术	18	合作实施程度
3	客户满意度	11	行业发展前景	19	新技术投入程度
4	供需不确定性	12	合作信任程度	20	核心竞争力
5	核心竞争力	13	议价能力	21	合作信任度
6	基础资源投入	14	合作迫切程度	22	风险应对能力
7	保障效率	15	继续合作意愿	23	主导权
8	运营成本	16	政府政策影响	24	额外补贴

以物流业为例,选取产业生态项目示范企业进行实地调研,整理调研过程中从业人员的反馈意见,最终确定 15 个影响因素。即 X_1 创新能力、X_2 承担风险、X_3 基础资源投入、X_4 行业前景、X_5 政策影响、X_6 继续合作意愿、X_7 议价能力、X_8 信息对称水平、X_9 合作迫切程度、X_{10} 运营成本、X_{11} 核心竞争力、X_{12} 保障效率、X_{13} 合作信任程度、X_{14} 供应链上地位、X_{15} 客户满意度。

由于现有的收益分配影响因素较多,为便于计算,考虑对各影响因素进行归类整理。

经过因子载荷分析,可将产业生态价值分配影响因素的 15 个变量分为 5 组,将第一个公因子 f_1 命名为能力因素,该因素反映了各参与者自身具有的各项资源与能力,包含的影响因素有创新能力、议价能力、运营成本与核心竞争力;将第二个公因子 f_2 命名为投入因素,该因素主要反映了产业生态的各参与者对于合作的投入水平,包含的影响因素有基础资源投入与合作迫切程度;将第三个公因子 f_3 命名为贡献因素,该因素反映了各参与者对企业产业生态的贡献程度,包含的影响因素有供应链上地位、保障效率、合作信任程度和信息对称水平;将第四个公因子 f_4 命名为风险因素,它的含义是各参与者在合作中所面临的各项风险,包含承担风险、行业前景与政策影响;将第五个公因子 f_5 命名为客户因素,该项因素包含的影响因素有客户满意度和继续合作意愿。

最终得到如图 7-1 所示的产业生态价值分配影响因素体系。

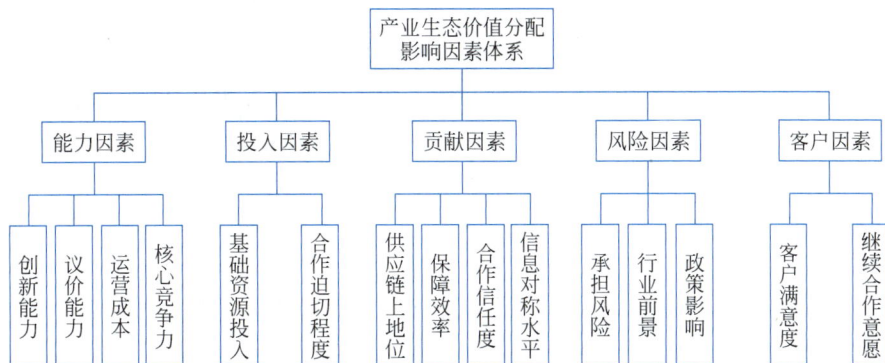

图 7-1　产业生态价值收益分配影响因素体系

2. 产业生态价值分配修正值的求解

在确定所选择的 5 个产业生态价值的收益分配影响因素后,需求取产业生态价值的收益分配修正值。收益分配改进值的计算分两步进行:第一步是确立 5 个收益分配影响因素的权重;第二步是基于博弈联盟各参与者在各项影响因素上的表现来确定各参与者的综合贡献因子,并基于该综合贡献因子得到收益分配的调整值。

产业生态价值收益分配修正值计算的两个步骤在一定程度上都可以归结为一个权重计算问题,第一步是求解收益分配影响因素的权重,第二步是基于产业生态价值各成员在各影响因素上的"权重"来求解各成员的综合贡献因子。

当前的权重计算方法主要可分为 3 种:第一种是相对比较主观的直接赋值法,例如,Delphi 法、序关系分析法、AHP 法、G1 法等;第二种方法相对客观,多由决策矩阵来进行求解,例如,CRITIC 法、RSR 法、功效系数法与 EWM 等;第三种权重计算方法结合了第一种方法的主观性和第二种方法的相对客观性,例如,AHP 法与 CRITIC 法相结合的组合权重计算法。

现逐一分析产业生态价值收益分配改进的两个步骤各自需应用的权重计算方法。

(1) 收益分配影响因素权重计算。

考虑到产业生态价值的收益分配影响因素较多,而常用的 AHP、ANP 等方法不仅因完全建立在专家的经验判断上而较为主观,并且在影响因素较多时判别矩阵常常无法通过一致性检验(在该类方法中,当影响因素超过 3 个时,由于专家意见不统一,常常会出现一致性问题),并且以 AHP 为代表的主观赋值法始终需要进行影响因素间重要性的两两比对(pairwise comparison),还需要花较多时间去征询专家意见,这显然都会提升方法应用的时间成本。

而以 EWM 为代表的客观赋权法虽然具有对数据的分布形式与数量均无限制的特点,且计算较为便捷,但也存在忽视了指标间彼此关联的问题,且该类客观赋权法由于需精确计算判断值,故容易受到数据误差的影响。另外,组合赋权法也仍存在客观性不足的问题。故本节对传统灰色关联度分析法(Grey Relational Analysis,GRA)方法进行改进,提出了一种改进 GRA 方法用于计算收益分配影响因素权重。

(2) 产业生态价值各参与者关于收益分配各影响因素的综合贡献因子求解。

该问题实质上可以归结为一个多属性决策(MADM)或多标准决策(MCDM)问题,即根据若干评价指标给出多个备选方案的优劣排序，以定出最佳方案。在本节的背景中备选方案即为 n 个产业生态参与者，评价指标即 m 个收益分配影响因素，根据各参与者在各项指标（即不同的收益分配影响因素）上的"得分"与理想值的接近程度，来量化各参与者对于产业生态价值的综合贡献因子。与传统的 MADM 问题不同的是，本节的综合贡献因子求取更多侧重于给出产业生态价值各成员的"综合得分"，而非选出最优值。

在众多的 MADM 问题求解方法中，优劣解相似度距离度量法（TOPSIS）是一种应用较为广泛的方法，它的基本思想是：使用者期待的方案应在尽量趋向正理想解的同时，也实现对负理想解的远离。这种综合评价方法具有充分利用现有数据分布（特别是"距离"上的分布）且计算复杂度低的优点，可较充分地衡量现有值与理想值间"位置"的贴近程度，并且随着各评价指标的调整，TOPSIS 能较方便地给出调整后的方案排序，即结构兼容性好。并且与 SAW、ELECTRE 等方法相比，TOPSIS 易于计算，便于处理较多影响因素和较多备选方案（本节中即产业生态价值的各参与者）的情形，故本节选用 TOPSIS 来评价产业生态价值各参与者在各收益分配影响因素上的"表现"。

同时，TOPSIS 也存在只能反映被评价方案与理想方案的距离关系，难以反映各评价方案对于各指标的变化趋势等不足，例如，当两个待排序的方案同时垂直平分正、负理想解的连线时，便难以确定哪个备选方案更优，又如当两个备选方案与理想解的距离相近（直观上理解，备选曲线与理想曲线围成的面积相同）却又在各指标上表现互有优劣时，难以判断哪个方案的表现更好，即 TOPSIS 存在难以刻画"形状"相似性的问题。而 GRA 可根据各因素趋势的相似性来衡量各因素间的关联程度，与 TOPSIS 的思路有一定的相似性，与侧重捕捉现有取值和理想解间"位置"相似性的 TOPSIS 不同，GRA 侧重捕捉现有取值和理想解间"形状"的相似性。

结合 GRA 来给产业生态价值各企业"打分"可以有效弥补 TOPSIS 只能刻画"位置相似性"的不足，同时考虑到"形状"与"位置"的相似性。考虑到原始样本量有限，本节决定将 GRA 与 TOPSIS 方法相结合，提出一种混合的应用于产业生态价值收益分配改进的决策方法。

同时在本节的研究应用中，为充分提升收益分配策略的可解释性、扩大应用范围，考虑到现实中产业生态价值各成员企业在各影响因素上的表现存在一定的波动，并且评价判断存在较多不确定性，因此用精确数来表征判断矩阵的元素的合理性不足。同样引入直觉模糊数，并将其和 GRA 与 TOPSIS 方法相结合，考虑主观与客观因素来共同确定模糊合作博弈的 Shapley 值的影响因素的权重。

在确定产业互联网中各成员在各收益分配因素上的"表现"（即综合贡献度）前，需先计算收益分配各影响因素的权重，因为在实际场景中，根据应用的不同侧重点，各影响因素有着不同的权重。结合前面的分析，应用改进 GRA 方法来求解权重。

GRA 作为 MADM 问题的主要求解方法之一，在本节中应用于影响因素权重求解时的核心思想是参考理想解，来求解各评价指标的权重。传统 GRA 方法在应用时的具体步骤如下：

（1）建立评价矩阵。

假设有 m 个影响因素，且各影响因素的数值越大，越接近理想值（即影响因素属于"效益型"而非"成本型"，对于"成型"影响因素的权重求解同理），现有 n 个数据来源对各影

响因素的权重作出判断,形成评价矩阵 $\boldsymbol{X} = [x_{ij}]_{m \times n}$

$$\boldsymbol{X} = (\boldsymbol{X}_1, \boldsymbol{X}_2, \cdots, \boldsymbol{X}_n) = \begin{pmatrix} x_{11} & x_{12} & \cdots & x_{1n} \\ x_{21} & x_{22} & \cdots & x_{2n} \\ \vdots & \vdots & \ddots & \vdots \\ x_{m1} & x_{m2} & \cdots & x_{mn} \end{pmatrix} \tag{7-84}$$

(2)确定理想解。

根据评价矩阵,确定理想解 $\mathrm{IS} = [x_j^+]_{1 \times n}$。本节研究中各影响因素的数值大小与其权重呈正相关,即均为"效益型"指标,则有

$$x_j^+ = \max_j (x_{ij}) \tag{7-85}$$

(3)计算关联系数与关联度。

某个影响因素在每个评价指标下的关联系数为

$$\mathrm{IS}(\xi_{ij}) = \frac{\min\limits_{1 \leqslant i \leqslant m} \min\limits_{1 \leqslant j \leqslant n} |x_{ij} - x_j^+| + \rho \max\limits_{1 \leqslant i \leqslant m} \max\limits_{1 \leqslant j \leqslant n} |x_{ij} - x_j^+|}{|x_{ij} - x_j^+| + \rho \max\limits_{1 \leqslant i \leqslant m} \max\limits_{1 \leqslant j \leqslant n} |x_{ij} - x_j^+|} \tag{7-86}$$

其中,ρ 为分辨系数,通常取值为 0.5。

某个影响因素整体的关联系数为

$$\mathrm{TIS}(\xi_{ij}) = \sum_{j=1}^{n} \mathrm{IS}(\xi_{ij}) \tag{7-87}$$

关联度为

$$\gamma_i = \frac{\mathrm{TIS}(\xi)}{n} \tag{7-88}$$

影响因素的关联度大小反映了其与理想解的相似度高低,即某个影响因素关联度越大,其权重也越大。

在对上述传统 GRA 方法进行分析后,发现应用传统 GRA 方法来求解权重主要存在如下不足,即分辨系数取值缺乏合理性,权重区分度差。从式(7-88)可见,关联度(即影响因素权重)受分辨系数 ρ 的影响大,在大多数研究中分辨系数的取值为 0.5。可以证明对于这样的取值,始终会有关联度 $\gamma_i > 0.3333$ 成立。

因此对传统 GRA 方法进行改进,提出了一种基于改进 GRA 的影响因素权重方法,摒除了分辨系数对权重计算结果的影响,在充分利用判断信息的同时,计算也较为简便。同时考虑到收益分配影响因素权重判断的不确定性和仍存在的部分主观性,用区间直觉模糊数而非确定数来表示权重的判断值,用区间数代替传统的确定数来表征判断值以对 GRA 进行改进。改进后的 GRA 方法具体步骤如下:

(1)构建初始判断矩阵。

现有 m 个影响因素,假设有 n 个数据来源来对各影响因素权重大小进行判断,考虑到各影响因素的权重大小可能有所变动,判断值用区间数 $[a_{ij}^{\mathrm{l}}, a_{ij}^{\mathrm{r}}]$ 表示,其矩阵形式为

$$\boldsymbol{X} = (\boldsymbol{X}_1, \boldsymbol{X}_2, \cdots, \boldsymbol{X}_n) = \begin{pmatrix} [a_{11}^{\mathrm{l}}, a_{11}^{\mathrm{r}}] & \cdots & [a_{1n}^{\mathrm{l}}, a_{1n}^{\mathrm{r}}] \\ \vdots & \ddots & \vdots \\ [a_{m1}^{\mathrm{l}}, a_{m1}^{\mathrm{r}}] & \cdots & [a_{mn}^{\mathrm{l}}, a_{mn}^{\mathrm{r}}] \end{pmatrix} \tag{7-89}$$

（2）求取影响因素权重评价的参考值。

从判断矩阵选择一个最大的数值作为权重评价的参考值。

$$x_0 = \max([a_{ij}^l, a_{ij}^r]), \quad i=1,2,\cdots,m; j=1,2,\cdots,n \tag{7-90}$$

为便于表记，又将 x_0 记为 $x_0 = [x_0^l, x_0^r]$。

（3）计算各区间数序列与参考值间的距离。

根据区间数距离计算公式求解各影响因素表现与权重评价参考值间的距离

$$d_i = \sum_{j=1}^{n} \sqrt{(a_{ij}^l - x_0^l)^2 + (a_{ij}^r - x_0^r)^2}, \quad j=1,2,\cdots,n \tag{7-91}$$

（4）计算各影响因素的权重。

$$\omega_i = \frac{1}{1+d_i} \tag{7-92}$$

（5）归一化各影响因素的权重。

$$\overline{\omega_i} = \frac{\omega_i}{\sum_{i=1}^{m} \omega_i} \tag{7-93}$$

可以证明，求解影响因素权重时应用的改进 GRA 方法具有若干良好性质，例如，当影响因素数量增加时，某项影响因素的权重减少；当其他影响因素不变时，某个影响因素的指标评价值与理想值越接近，权重越大等。

在求解得到各影响因素权重的基础上，需要具体测算产业生态参与者在各项影响因素上的"得分"。考虑到联盟各成员表现的波动与评价判断的不确定性，应用直觉模糊数理论，引入区间直觉模糊数概念，借助语义变量对传统 TOPSIS 方法进行改进，提出一种基于区间直觉模糊数的 TOPSIS-GRA 方法求来取各博弈参与者的收益分配改进系数，进一步提升模糊 TOPSIS 方法对评价不确定性的表征能力。该方法与传统 TOPSIS 相比，通过利用区间直觉模糊数而非确定数来表征参与者在收益分配各影响因素上的"表现"，并且综合了 TOPSIS 与 GRA 分别刻画备选方案与理想值的"位置"与"形状"的相似性的优点，有利于刻画实际问题中常见的不确定情形，具体步骤如下：

（1）识别参与者集合与属性集。

用 $P = \{P_1, P_2, \cdots, P_n\}$ 来表示产业互联网的 n 个参与者。$F = \{F_1, F_2, \cdots, F_m\}$ 为参与者 P_i 的属性集（在本文中即为影响因素的集合，即 $m=5$），其中，F_i 分别表示收益分配各影响因素，如能力、贡献、风险等。因为在收益分配过程中，各主体的各影响因素的权重均不同，记 $\omega = (\omega_1, \omega_2, \cdots, \omega_m)$ 为影响因素的权重向量，应有 $\sum_{i=1}^{m} \omega_i = 1$，各影响因素的权重值计算已在改进 GRA 方法中给出。

（2）构建模糊评价矩阵。

记直觉模糊集评价矩阵为 $\boldsymbol{J} = ([u_{ij}^l, u_{ij}^r], [v_{ij}^l, v_{ij}^r])_{m \times n}, i=1,2,\cdots,m; j=1,2,\cdots,n$，其中 $[u_{ij}^l, u_{ij}^r]$ 与 $[v_{ij}^l, v_{ij}^r]$ 分别表示对于第 i 项评价指标 J_i（即影响因素），产业生态参与者表现的好坏程度（也可理解为对其表现的满意度与不满意度），且有 $0 \leqslant u_{ij}^l \leqslant u_{ij}^r \leqslant 1, 0 \leqslant v_{ij}^l \leqslant v_{ij}^r \leqslant 1, u_{ij}^r + v_{ij}^r \leqslant 1$。

考虑到原始数据的评价维度不一定一致，判别矩阵的各元素已经过标准化处理，标准

化的操作为

$$u_{ij}^{\mathrm{l}} = \frac{u_{ij}^{\mathrm{l}}}{\sqrt{\sum\limits_{j=1}^{n}(2 - v_{ij}^{\mathrm{l}} - v_{ij}^{\mathrm{r}})^2}}$$

$$u_{ij}^{\mathrm{r}} = \frac{u_{ij}^{\mathrm{r}}}{\sqrt{\sum\limits_{j=1}^{n}(2 - v_{ij}^{\mathrm{l}} - v_{ij}^{\mathrm{r}})^2}}$$

$$v_{ij}^{\mathrm{l}} = 1 - \frac{1 - v_{ij}^{\mathrm{l}}}{\sqrt{\sum\limits_{j=1}^{n}(u_{ij}^{\mathrm{l}} + u_{ij}^{\mathrm{r}})^2}}$$

$$v_{ij}^{\mathrm{r}} = 1 - \frac{1 - v_{ij}^{\mathrm{r}}}{\sqrt{\sum\limits_{j=1}^{n}(u_{ij}^{\mathrm{l}} + u_{ij}^{\mathrm{r}})^2}}$$

(7-94)

（3）确定模糊集的正、负理想解。

经典 TOPSIS 方法中的正、负理想解多选取为评价矩阵中某项指标的最大值与最小值，即"相对正、负理想解"，当参与者数量发生变化时，如果理想解发生改变，可能会相应带来各参与者评价排序的变化（即逆序问题，rank reversal）。故提出"绝对正、负理想解"，以区间形式的二元直觉模糊数中的最大值（[1,1]，[0,0]）为企业联盟的正理想点，这既便于计算，也符合实际（（[1,1]，[0,0]）的含义是对于某项影响因素，某企业理论上可达到的最佳表现的评价值），而且不会导致逆序问题。正理想解为

$$\mathrm{PIS} = (\mathrm{PIS}_1, \mathrm{PIS}_2, \cdots, \mathrm{PIS}_m)$$

$$\mathrm{PIS}_i = ([u_i^{\mathrm{l}+}, u_t^{\mathrm{r}+}], [v_i^{\mathrm{l}+}, v_i^{\mathrm{r}+}]) = ([1,1], [0,0]), \quad i = 1, 2, \cdots, m \quad (7\text{-}95)$$

以区间形式的二元直觉模糊数中的最小值（[0,0]，[1,1]）为企业联盟的负理想点，则负理想解为

$$\mathrm{NIS} = (\mathrm{NIS}_1, \mathrm{NIS}_2, \cdots, \mathrm{NIS}_m)$$

$$\mathrm{NIS}_i = ([u_i^{\mathrm{l}-}, u_i^{\mathrm{r}-}], [v_i^{\mathrm{l}-}, v_i^{\mathrm{r}-}]) = ([0,0], [1,1]), \quad i = 1, 2, \cdots, m \quad (7\text{-}96)$$

（4）计算合作各参与者表现与模糊集正、负理想解的距离。

考虑到在应用 TOPSIS 方法时，主要是基于备选方案与理想方案间的距离来进行方案排序，因此建立一个合理的距离测度方式十分重要。而目前对于 IVIFS 的距离测度研究还较为有限，现有的 IVIFS 的距离测度公式多数忽视了犹豫度的大小且计算复杂，并且在求解过程中未充分考虑到隶属度与非隶属度的同等重要性。因此这里定义了一种新型的 IVIFS 距离测度，将"犹豫度"概念纳入考量以丰富对不确定性的表征，引入精确度 c_{ij} 的概念来衡量合作各参与者表现接近正、负理想的程度，其含义是某个 IVIFN 的精确程度。

记 $J_{ij} = ([u_{ij}^{\mathrm{l}}, u_{ij}^{\mathrm{r}}], [v_{ij}^{\mathrm{l}}, v_{ij}^{\mathrm{r}}])$，则某项评价值接近模糊集正理想解或远离模糊集负理想解的程度为

$$a_{ij}^{+} = \frac{(u_{ij}^{\mathrm{l}} + u_{ij}^{\mathrm{r}}) \times (v_i^{\mathrm{l}+} + v_i^{\mathrm{r}+})}{(v_{ij}^{\mathrm{l}} + v_{ij}^{\mathrm{r}}) \times (u_i^{\mathrm{l}+} + u_i^{\mathrm{r}+})}$$

$$b_{ij}^{-} = \frac{(u_{ij}^{\mathrm{l}} + u_{ij}^{\mathrm{r}}) - (u_i^{\mathrm{l-}} + u_i^{\mathrm{r-}})}{u_{ij}^{\mathrm{l}} + u_{ij}^{\mathrm{r}}} \times \frac{(v_i^{\mathrm{l-}} + v_i^{\mathrm{r-}}) - (v_{ij}^{\mathrm{l}} + v_{ij}^{\mathrm{r}})}{v_i^{\mathrm{l-}} + v_i^{\mathrm{r-}}}$$

$$c_{ij} = \frac{u_{ij}^{\mathrm{l}} + u_{ij}^{\mathrm{r}} \times (1 - u_{ij}^{\mathrm{l}} - v_{ij}^{\mathrm{l}}) + u_{ij}^{\mathrm{r}} + u_{ij}^{\mathrm{l}} \times (1 - u_{ij}^{\mathrm{r}} - v_{ij}^{\mathrm{r}})}{2}$$

$$t(J_{ij}, \mathrm{PIS}_i) = a_{ij}^{+} \times b_{ij}^{-} \times c_{ij} \tag{7-97}$$

同理可知,某项评价值远离模糊集正理想解或接近模糊集负理想解的程度为

$$a_{ij}^{-} = \frac{(v_{ij}^{\mathrm{l}} + v_{ij}^{\mathrm{r}}) \times (u_i^{\mathrm{l-}} + u_i^{\mathrm{r-}})}{(u_{ij}^{\mathrm{l}} + u_{ij}^{\mathrm{r}}) \times (v_i^{\mathrm{l-}} + v_i^{\mathrm{r-}})}$$

$$b_{ij}^{+} = \frac{(u_i^{\mathrm{l+}} + u_i^{\mathrm{r+}}) - (u_{ij}^{\mathrm{l}} + u_{ij}^{\mathrm{r}})}{u_i^{\mathrm{l+}} + u_i^{\mathrm{r+}}} \times \frac{(v_{ij}^{\mathrm{l}} + v_{ij}^{\mathrm{r}}) - (v_i^{\mathrm{l+}} + v_i^{\mathrm{r+}})}{v_{ij}^{\mathrm{l}} + v_{ij}^{\mathrm{r}}}$$

$$c_{ij} = \frac{u_{ij}^{\mathrm{l}} + u_{ij}^{\mathrm{r}} \times (1 - u_{ij}^{\mathrm{l}} - v_{ij}^{\mathrm{l}}) + u_{ij}^{\mathrm{r}} + u_{ij}^{\mathrm{l}} \times (1 - u_{ij}^{\mathrm{r}} - v_{ij}^{\mathrm{r}})}{2}$$

$$t(J_{ij}, \mathrm{NIS}_i) = a_{ij}^{-} \times b_{ij}^{+} \times (1 - c_{ij}) \tag{7-98}$$

由此可以得到合作参与者与模糊集正理想解的距离为

$$T(P_j, \mathrm{PIS}) = \sum_{i=1}^{m} \omega_i t(J_{ij}, \mathrm{PIS}_i) \tag{7-99}$$

合作参与者与模糊集负理想解的距离为

$$T(P_j, \mathrm{NIS}) = \sum_{i=1}^{m} \omega_i t(J_{ij}, \mathrm{NIS}_i) \tag{7-100}$$

同样地,计算现有评价值与模糊集理想解间的灰色关联系数

$$\xi_{ij}^{+} = \frac{\min\limits_{1 \leqslant i \leqslant n} \min\limits_{1 \leqslant j \leqslant m} d(J_{ij}, \mathrm{PIS}_i) + \rho \max\limits_{1 \leqslant i \leqslant n} \max\limits_{1 \leqslant j \leqslant m} d(J_{ij}, \mathrm{PIS}_i)}{d(J_{ij}, \mathrm{PIS}_i) + \rho \max\limits_{1 \leqslant i \leqslant n} \max\limits_{1 \leqslant j \leqslant m} d(J_{ij}, \mathrm{PIS}_i)} \tag{7-101}$$

$$\xi_{ij}^{-} = \frac{\min\limits_{1 \leqslant i \leqslant n} \min\limits_{1 \leqslant j \leqslant m} d(J_{ij}, \mathrm{NIS}_i) + \rho \max\limits_{1 \leqslant i \leqslant n} \max\limits_{1 \leqslant j \leqslant m} d(J_{ij}, \mathrm{NIS}_i)}{d(J_{ij}, \mathrm{NIS}_i) + \rho \max\limits_{1 \leqslant i \leqslant n} \max\limits_{1 \leqslant j \leqslant m} d(J_{ij}, \mathrm{NIS}_i)} \tag{7-102}$$

需要说明的是,考虑到便于 IVIFS 的应用以及实际情况(三家企业的权重均不会少于 1/3),本书在传统 GRA 的基础上进行拓展。

相应地可以得到合作参与者与模糊集正理想解的灰色关联度为

$$G(P_j, \mathrm{PIS}) = \sum_{i=1}^{m} \omega_i \xi_{ij}^{+} \tag{7-103}$$

同理可知,合作参与者与模糊集负理想解的灰色关联度为

$$G(P_j, \mathrm{NIS}) = \sum_{i=1}^{m} \omega_i \xi_{ij}^{-} \tag{7-104}$$

(5) 计算合作参与者与直觉模糊集正理想解的相对贴近度。

为便于进行距离测算整合,先对基于直觉模糊 TOPSIS 得到的距离测度与基于直觉模糊 GRA 得到的灰色关联度进行无量纲化处理,即

$$\begin{cases} T(P_j,\text{PIS})^* = \dfrac{T(P_j,\text{PIS})}{\sqrt{\displaystyle\sum_{j=1}^{n}(T(P_j,\text{PIS}))^2}} T(P_j,\text{NIS})^* = \dfrac{T(P_j,\text{NIS})}{\sqrt{\displaystyle\sum_{j=1}^{n}(T(P_j,\text{NIS}))^2}} \\[4mm] G(P_j,\text{PIS})^* = \dfrac{G(P_j,\text{PIS})}{\sqrt{\displaystyle\sum_{j=1}^{n}(G(P_j,\text{PIS}))^2}} G(P_j,\text{NIS})^* = \dfrac{G(P_j,\text{NIS})}{\sqrt{\displaystyle\sum_{j=1}^{n}(G(P_j,\text{NIS}))^2}} \end{cases} \tag{7-105}$$

当上两个相对贴近度越大时,对应合作参与者的表现不论在"位置"还是"形状"上都越接近正理想解;而当下两个相对贴近度越大时,对应合作参与者的表现不论在"位置"还是"形状"上都越接近负理想解。因此建立如式(7-106),对 TOPSIS 给出的距离测度与 GRA 给出的灰色关联度进行组合,从"位置"与"形状"上综合考量合作参与者在各项影响因素上的表现与理想情形的关联。同时一般认为"位置"相似度与"形状"相似度同等重要,也可根据决策者的意愿进行调整。

$$\begin{cases} TG(P_j,\text{PIS}) = \alpha T(P_j,\text{NIS}) + \beta G(P_j,\text{PIS}) \\ TG(P_j,\text{NIS}) = \alpha T(P_j,\text{PIS}) + \beta G(P_j,\text{NIS}) \end{cases} \tag{7-106}$$

其中,α 与 β 分别给出了在比较企业联盟各成员在各收益分配影响因素上的表现与理想值的差距时,对位置相似性与形状相似性的侧重,具体数值由决策者给出,满足和为 1 即可。

基于直觉模糊 TOPSIS-GRA 得到的合作参与者与直觉模糊集正、负理想解的相对贴近度为

$$\gamma(P_j) = \frac{TG(P_j,\text{PIS})}{TG(P_j,\text{PIS}) + TG(P_j,\text{NIS})} \tag{7-107}$$

相对贴近度越大,可以理解为其对应的产业生态参与者做出的贡献越多。

再对该相对贴近度进行归一化处理,得到产业生态参与者的综合贡献因子

$$\zeta(P_j) = \frac{\gamma(P_j)}{\displaystyle\sum_{j=1}^{n} P_j} \tag{7-108}$$

从直观上理解,综合贡献因子的大小与产业生态参与者关于相关指标的评价值成正比,而该评价值可理解为各参与者在相应影响因素上之于联盟的贡献因子。故对于特定的影响因素,综合贡献度越大,相应参与者所应分得的收益也越多。

3. 模糊合作博弈的 Shapley 值求解

综合前面提出的改进 GRA 方法与直觉模糊集 TOPSIS-GRA 方法,得到改进的模糊合作博弈的 Shapley 值求解算法的具体步骤如下:

1) 计算影响因素权重

根据改进 GRA 方法计算能力因素、投入因素、贡献因素、风险因素、客户因素 5 个企业联盟收益分配影响因素的权重。

2) 确定直觉模糊集评价矩阵

根据实地调研、专家访谈、文献分析等方法对企业联盟中的各参与者进行评价,得到相应的直觉模糊集评价矩阵。

3）求取产业生态参与者的贡献因子

根据前面的分析，先计算各产业生态参与者和直觉模糊集正、负理想解建的距离和评价值与理想解间的灰色关联系数，再对该距离与灰色关联系数进行无量纲化处理，计算产业生态参与者与直觉模糊集正、负理想解的相对贴近度，再对相对贴近度进行归一化处理，得到合作参与者对联盟的综合贡献因子。

4）求取收益分配影响因素的改进系数以及改进后的收益分配值

因为经典与模糊合作博弈理论均将各参与者的自身能力、承担风险、贡献程度、投入程度等因素视为相等，故收益分配影响因素的改进系数为

$$\xi_j = \zeta_j - \frac{1}{n}, \quad j = 1, 2, \cdots, n \tag{7-109}$$

则改进后的模糊合作博弈 Shapley 值为

$$\overline{\phi'_i}(v_{df})(\widetilde{S}) = \overline{\phi_i}(v_{df}) + \xi_j v_{df}(\widetilde{S}) \tag{7-110}$$

7.3 产业生态价值分配策略应用与分析

本节进行产业生态价值分配策略应用与分析，研究的假设包括：供应链项目并未在决策方面出现显著改变，具备较为稳定的法律以及政治环境；通过协商谈判，价值分配即可获取公平以及公正的理想效果；供应链总收益已知，且并未对本节提及的影响因素以外的各类其他因素加以考虑；供应链各个节点企业成员均属于理性经济人。本节研究的供应链中每一级只有一个成员。

7.3.1 研究动机与问题定义

随着信息技术的不断发展，传统生产制造业基于互联网技术赋能实现数字化转型已经成为当下发展的趋势。

在产业互联网的背景下，企业与企业的竞争逐渐演化为产业链与产业链、生态与生态之间的竞争。作为传统产业体系变革转型中基数最大的主体，"融资难、融资慢、融资贵"仍然是制约中小企业发展的痛点问题。供应链金融作为一种融资服务在一定程度上解决了中小企业的融资困境，在助力产业互联网快速发展的同时也给产业链带来了新的盈利途径。然而由于供应链金融各参与主体的地位、诉求和目标等不同，往往会造成主体之间利益分配不均，影响供应链金融长期运作的稳定性。

在任何的合作博弈过程中，都涉及最终的利益分配。利益分配方式千变万化，但一个合理的利益分配方式总能对合作起到促进作用。同时由于收益在特定的收益函数及其定义域内是连续转移的，理论上在合作的实际过程中的收益机制存在无穷多种解，而且只要这些解能够实现各参与者的 Pareto 改进，这些解就可被认为是合理的。由于产业互联网中各参与者存在着强势与弱势的合作关系，强势的合作方往往利用其优势地位使得自身在利益分配过程中也凌驾于其他合作方之上，这就使得产业互联网中存在依照谈判的力度分配协同收益的情况。尽管各参与方在拥有预期 Pareto 改进的情况下就会参与合作，但是一旦出现更优的选择，各参与方就会选择其他合作方重新构建产业生态，这就为合作的稳定性埋下了隐患，所以制定更为合理的分配机制是平衡各参与方合作意愿的必要手段。

本节研究以产业互联网为基础构建供应链金融生态系统,运用模糊合作博弈理论建立核心企业及金融机构、上下游中小企业之间的利益分配模型,结合改进 GRA 与直觉模糊 TOPSIS-GRA 法修正利益分配机制,利用算例进行仿真分析,进一步针对利益分配机制提出优化策略,以期实现产业链上生产活动效率的提升和供应链金融服务的持续发展。

7.3.2 产业生态价值分配的场景测算

该场景以产业互联网为基础构建的供应链金融生态系统为研究对象。

供应链上各成员通过投入的原材料、信息、服务等进行生产经营,丰富了组织资源,实现了对投入贡献的增值,获得了合理的效益。节点企业通过集成化的协调合作实现资源合理配置,一方面提高了供应链运作效率及稳定性,扩大了供应链的影响力,带来价值的增值;另一方面减少了运行成本,从而获得比之前分散经营时更高的利润。对于产业互联网的供应链的典型应用场景,选取 3 个对象进行分析,分别是金融服务提供商 1、运营平台的核心企业 2 与负责生产的中小企业 3,对中小企业融资的场景进行分析,以提升合作的稳定性。

假定 3 家企业独立开展经营活动时,核心企业 2 可获取的收益达到[365839,370061, 382930]元,中小企业 3 可获得的收益为[327576,331946,334697]元,金融服务提供商 1 可获得的收益为[203463,207600,232721]元。用三角模糊数的性质整理得到此合作博弈的特征函数值。

$$v(1) = [203463,207600,232721],$$
$$v(2) = [365839,370061,382930],$$
$$v(3) = [327576,331946,334697],$$
$$v(1,2) = [871086,875849,878760],$$
$$v(1,3) = [734852,741514,746389],$$
$$v(2,3) = [957297,962186,968364]$$
$$v(1,2,3) = [1472544,1483210,1494125]$$

7.3.3 产业生态价值分配策略的场景验证

首先,简单验证上述收益是否满足合作博弈理论中的超可加性,对比分析可知,各企业联盟的收益均高于对应的企业独自运营时的收益之和,即超可加性满足,各企业有形成联盟的动力,有助于合作联盟的稳定。

现逐一应用前述若干模糊合作博弈方法,测算企业联盟的各参与者所分得的收益。

1. 基于模糊联盟合作博弈的产业生态价值分配

首先结合实际确定各企业参与合作联盟的积极程度,分别用直觉模糊集来表示 3 家企业的参与程度,进而可以形成直觉模糊联盟

$$\widetilde{S} = (\{\langle 1,0.2,0.7 \rangle\},\{\langle 2,0.4,0.4 \rangle\},\cdots,\{\langle 1,0.2,0.7 \rangle,\langle 2,0.4,0.4 \rangle,\langle 3,0.5,0.2 \rangle\})$$

则有

$$D(\widetilde{S}) = \mu_{\widetilde{S}}(i) > 0, \quad i \in N = 0.2,0.5,0.7$$

$$D'(\widetilde{S}) = 1 - \nu_{\widetilde{S}}(i) > 0, \quad i \in N = 0.3, 0.6, 0.8$$

$$d(\widetilde{s}) = d'(\widetilde{s}) = 3$$

先计算出经典合作博弈下的 Shapley 值,此时各合作联盟的收益选取为测算收益的中间值。

$$\phi_i(v)(\{1\}) = 207600$$

$$\phi_i(v)(\{2\}) = 370061$$

$$\phi_i(v)(\{3\}) = 331946$$

$$\phi_i(v)(\{1,2\})_1 = 356694$$

$$\phi_i(v)(\{1,2\})_2 = 519155$$

$$\phi_i(v)(\{1,3\})_1 = 308584$$

$$\phi_i(v)(\{1,3\})_3 = 432930$$

$$\phi_i(v)(\{2,3\})_2 = 500151$$

$$\phi_i(v)(\{2,3\})_3 = 462035$$

$$\phi_i(v)(\{1,2,3\})_1 = 395434$$

$$\phi_i(v)(\{1,2,3\})_2 = 596360$$

$$\phi_i(v)(\{1,2,3\})_3 = 491416$$

再计算模糊联盟合作博弈的 Shapley 值,以 $\widetilde{S} = \{\langle 1, 0.2, 0.7 \rangle, \langle 1, 0.4, 0.4 \rangle, \langle 1, 0.5, 0.2 \rangle\}$ 的特征函数求解为例。此时因收益为确定值,故选取为各联盟收益区间的中间值。首先将各企业的最大与最小参与率按从小到大顺序排列,计算各直觉模糊联盟的收益。

$$v_{\text{fc}}^{-}(\widetilde{S}) = \sum_{l=1}^{d(\widetilde{s})} v([\widetilde{S}]_{a_l})(a_l - a_{l-1})$$

$$= v(\{1,2,3\})(0.2 - 0) + v(\{2,3\})(0.4 - 0.2) + v(\{3\})(0.5 - 0.4)$$

$$= 1483210 \times 0.2 + 962186 \times 0.2 + 331946 \times 0.1 = 522273.8$$

$$v_{\text{fc}}^{-}(\widetilde{S}) = \sum_{m=1}^{d'(\widetilde{s})} v([\widetilde{S}]_{b_m})(b_m - b_{m-1})$$

$$= v(\{1,2,3\})(0.3 - 0) + v(\{2,3\})(0.6 - 0.3) + v(\{3\})(0.8 - 0.6)$$

$$= 1483210 \times 0.3 + 962186 \times 0.3 + 331946 \times 0.2 = 800008$$

现计算直觉模糊联盟 $\widetilde{S} = \{\langle 1, 0.2, 0.7 \rangle, \langle 1, 0.4, 0.4 \rangle, \langle 1, 0.5, 0.2 \rangle\}$ 中企业 1 的收益分配

$$\phi_1^{-}(v_{\text{fc}}) = \sum_{l=1}^{d(\widetilde{s})} \phi_1(v([\widetilde{S}]_{a_l}))(a_l - a_{l-1})$$

$$= \phi_1(v)(\{1,2,3\})(a_1 - a_0) = 395434 \times 0.2 = 79086.8$$

$$\phi_1^{+}(v_{\text{fc}}) = \sum_{l=1}^{d'(\widetilde{s})} \phi_i(v([\widetilde{S}]_{b_m}))(b_m - b_{m-1})$$

$$= \phi_1(v)(\{1,2,3\})(b_1 - b_0) = 395434 \times 0.3 = 118630.2$$

同理对于企业 2,有

$$\phi_2^-(v_{\mathrm{fc}}) = \sum_{l=1}^{d(\widetilde{s})} \phi_2(v([\widetilde{S}]_{a_l}))(a_l - a_{l-1})$$

$$= \phi_2(v)(\{1,2,3\})(a_1 - a_0) + \phi_2(v)(\{2,3\})(a_2 - a_1)$$

$$= 596360 \times 0.2 + 500151 \times 0.2 = 219302.2$$

$$\phi_2^+(v_{\mathrm{fc}}) = \sum_{l=1}^{d(\widetilde{s})} \phi_2(v([\widetilde{S}]_{b_m}))(b_m - b_{m-1})$$

$$= \phi_2(v)(\{1,2,3\})(b_1 - b_0) + \phi_2(v)(\{2,3\})(b_2 - b_1)$$

$$= 596360 \times 0.3 + 500151 \times 0.3 = 328953.3$$

对于企业 3,有

$$\phi_3^-(v_{\mathrm{fc}}) = \sum_{l=1}^{d(\widetilde{s})} \phi_3(v([\widetilde{S}]_{a_l}))(a_l - a_{l-1})$$

$$= \phi_3(v)(\{1,2,3\})(a_1 - a_0) + \phi_3(v)(\{2,3\})(a_2 - a_1) + \phi_3(v)(\{3\})(a_3 - a_2)$$

$$= 491416 \times 0.2 + 462035 \times 0.2 + 331946 \times 0.1 = 223884.8$$

$$\phi_3^+(v_{\mathrm{fc}}) = \sum_{l=1}^{d(\widetilde{s})} \phi_3(v([\widetilde{S}]_{b_m}))(b_m - b_{m-1})$$

$$= \phi_3(v)(\{1,2,3\})(b_1 - b_0) + \phi_3(v)(\{2,3\})(b_2 - b_1) + \phi_3(v)(\{3\})(b_3 - b_2)$$

$$= 491416 \times 0.3 + 462035 \times 0.3 + 331946 \times 0.2 = 352424.5$$

因此,得到的 Shapley 值为

$$\phi_i(v)(\{1\}) = [41526,62289]$$
$$\phi_i(v)(\{2\}) = [148024,222036]$$
$$\phi_i(v)(\{3\}) = [165973,265557]$$
$$\phi_i(v)(\{1,2\})_1 = [71339,107008]$$
$$\phi_i(v)(\{1,2\})_2 = [177843,266765]$$
$$\phi_i(v)(\{1,3\})_1 = [61717,92575]$$
$$\phi_i(v)(\{1,3\})_3 = [186170,295852]$$
$$\phi_i(v)(\{2,3\})_2 = [200060,300091]$$
$$\phi_i(v)(\{2,3\})_3 = [218009,343610]$$
$$\phi_i(v)(\{1,2,3\})_1 = [79087,118630]$$
$$\phi_i(v)(\{1,2,3\})_2 = [219302,328953]$$
$$\phi_i(v)(\{1,2,3\})_3 = [223885,352425]$$

2. 基于模糊收益合作博弈的产业生态价值分配

首先将企业各联盟收益整理为直觉模糊数的形式。

根据直觉模糊收益合作博弈的 Shapley 值推导过程,首先计算得到各联盟特征函数的隶属度函数与非隶属度函数。

$$\mu_{\widetilde{v}(1)}(x) = \begin{cases} \dfrac{13x}{82740} - \dfrac{10933}{342}, & x \in [203463, 207600) \\ 0.65, & x = 207600 \\ \dfrac{-3x}{115943} + \dfrac{1951}{324}, & x \in (207600, 232721] \\ 0, & x \in (-\infty, 203463) \cup (232721, +\infty) \end{cases}$$

$$1 - v_{\widetilde{v}(1)}(x) = \begin{cases} \dfrac{27x}{137900} - \dfrac{7569}{190}, & x \in [203463, 207600) \\ 0.81, & x = 207600 \\ \dfrac{-7x}{217095} + \dfrac{1951}{260}, & x \in (207600, 232721] \\ 0, & x \in (-\infty, 203463) \cup (232721, +\infty) \end{cases}$$

$$\mu_{\widetilde{v}(2)}(x) = \begin{cases} \dfrac{16x}{92537} - \dfrac{19103}{302}, & x \in [365839, 370061) \\ 0.73, & x = 370061 \\ \dfrac{-4x}{70515} + \dfrac{3671}{169}, & x \in (370061, 382930] \\ 0, & x \in (-\infty, 365839) \cup (382930, +\infty) \end{cases}$$

$$1 - v_{\widetilde{v}(2)}(x) = \begin{cases} \dfrac{26x}{135521} - \dfrac{8633}{123}, & x \in [365839, 370061) \\ 0.88, & x = 370061 \\ \dfrac{-3x}{47663} + \dfrac{3061}{127}, & x \in (370061, 382930] \\ 0, & x \in (-\infty, 365839) \cup (382930, +\infty) \end{cases}$$

$$\mu_{\widetilde{v}(3)}(x) = \begin{cases} \dfrac{9x}{54625} - \dfrac{15058}{279}, & x \in [327576, 331946) \\ 0.72, & x = 331946 \\ \dfrac{-6x}{22925} + \dfrac{8497}{97}, & x \in (331946, 334697] \\ 0, & x \in (-\infty, 327536) \cup (334697, +\infty) \end{cases}$$

$$1 - v_{\widetilde{v}(3)}(x) = \begin{cases} \dfrac{87x}{437000} - \dfrac{4239}{65}, & x \in [327576, 331946) \\ 0.87, & x = 331946 \\ \dfrac{-15x}{47431} + \dfrac{6245}{59}, & x \in (331946, 334697] \\ 0, & x \in (-\infty, 327536) \cup (334697, +\infty) \end{cases}$$

$$\mu_{\widetilde{v}(1,2)}(x) = \begin{cases} \dfrac{22x}{156397} - \dfrac{29163}{238}, & x \in [871086, 875849) \\ 0.67, & x = 875849 \\ \dfrac{-9x}{39103} + \dfrac{22855}{113}, & x \in (875849, 878760] \\ 0, & x \in (-\infty, 871086) \cup (878760, +\infty) \end{cases}$$

$$1-v_{\widetilde{v}(1,2)}(x)=\begin{cases} \dfrac{9x}{51647}-\dfrac{6679}{44}, & x\in[871086,875849) \\ 0.83, & x=875849 \\ \dfrac{-13x}{45594}+\dfrac{22049}{88}, & x\in(875849,878760] \\ 0, & x\in(-\infty,871086)\bigcup(878760,+\infty) \end{cases}$$

$$\mu_{\widetilde{v}(1,3)}(x)=\begin{cases} \dfrac{17x}{171597}-\dfrac{10933}{151}, & x\in[734852,741514) \\ 0.66, & x=741514 \\ \dfrac{-11x}{81250}+\dfrac{12227}{121}, & x\in(741514,746389] \\ 0, & x\in(-\infty,734852)\bigcup(746389,+\infty) \end{cases}$$

$$1-v_{\widetilde{v}(1,3)}(x)=\begin{cases} \dfrac{23x}{186861}-\dfrac{40793}{451}, & x\in[734852,741514) \\ 0.82, & x=741514 \\ \dfrac{-8x}{47561}+\dfrac{10797}{86}, & x\in(741514,746389] \\ 0, & x\in(-\infty,734852)\bigcup(746389,+\infty) \end{cases}$$

$$\mu_{\widetilde{v}(2,3)}(x)=\begin{cases} \dfrac{12x}{82631}-\dfrac{12373}{89}, & x\in[957297,962186) \\ 0.71, & x=962186 \\ \dfrac{-5x}{43507}+\dfrac{6566}{59}, & x\in(962186,968364] \\ 0, & x\in(-\infty,957297)\bigcup(968364,+\infty) \end{cases}$$

$$1-v_{\widetilde{v}(2,3)}(x)=\begin{cases} \dfrac{9x}{51164}-\dfrac{10272}{61}, & x\in[957297,962186) \\ 0.86, & x=962186 \\ \dfrac{-7x}{50286}+\dfrac{122533}{909}, & x\in(962186,968364] \\ 0, & x\in(-\infty,957297)\bigcup(968364,+\infty) \end{cases}$$

$$\mu_{\widetilde{v}(1,2,3)}(x)=\begin{cases} \dfrac{7x}{109797}-\dfrac{6290}{67}, & x\in[1472544,1483210) \\ 0.68, & x=1483210 \\ \dfrac{-17x}{272875}+\dfrac{1117}{12}, & x\in(1483210,1494125] \\ 0, & x\in(-\infty,1472544)\bigcup(1494125,+\infty) \end{cases}$$

$$1-v_{\widetilde{v}(1,2,3)}(x)=\begin{cases} \dfrac{8x}{101581}-\dfrac{7770}{67}, & x\in[1472544,1483210) \\ 0.84, & x=1483210 \\ \dfrac{-21x}{272875}+\dfrac{7819}{68}, & x\in(1483210,1494125] \\ 0, & x\in(-\infty,1472544)\bigcup(1494125,+\infty) \end{cases}$$

结合实际,为便于计算,设定 $\langle\alpha,\beta\rangle=\langle0.65,0.19\rangle$ 为最高的置信度(也可理解为可能性)水平,此时假设各企业 100% 投入到联盟中。设定置信度变换的步长为 0.05,得到一系列的置信度取值,再根据直觉模糊收益合作博弈的相关定义,可求出不同置信度下各企业联盟的特征函数值。经过验证,前述内容中给出的相关情形下 Shapley 值的存在条件满足。据此可以求出其他不同置信度下各企业收益的分配值,限于篇幅并考虑到大联盟的收益最大,此处主要计算最大置信度下大联盟的收益分配值,求得的直觉模糊收益合作博弈的 Shapley 值为

$$\phi_i(v)(\{1,2,3\})_1=[394854,395435]$$
$$\phi_i(v)(\{1,2,3\})_2=[587150,588038]$$
$$\phi_i(v)(\{1,2,3\})_3=[499847,501014]$$

3. 基于要素双模糊合作博弈的产业生态价值分配

首先计算联盟程度确定的情形下各企业所分得的模糊收益值。为便于计算与标记,假定置信度(可能性)水平为最高值(不同的置信度水平可同理计算得到)。

根据模糊收益下不同企业在联盟程度确定情况下的收益分配值,计算各企业联盟程度模糊时的收益分配值,假定 3 家企业参与联盟的最小参与度最小值与最大参与度最小值依次为 0.2、0.4、0.5 和 0.7、0.4、0.2(其他参与联盟程度同理计算可得),记为模糊联盟 $\widetilde{S}=\{\langle1,0.2,0.7\rangle,\langle2,0.4,0.4\rangle,\langle3,0.5,0.2\rangle\}$。此时计算得到的要素双模糊合作博弈的 Shapley 值的上下界均为区间值,此时可以用 COWA 算子等算子将其转换为实数,也可以将直觉模糊集转换为模糊集来进行求解,或者选取各区间的均值。

对于企业 1,其收益分配值为

$$\phi_1^-(v_{df})=\sum_{l=1}^{d(\widetilde{s})}\phi_1(\widetilde{v}([\widetilde{S}]_{a_l}))(a_l-a_{l-1})$$
$$=\phi_1(\widetilde{v})(\{1,2,3\})(a_1-a_0)=[394854,395435]\times0.2=[78971,79087]$$

$$\phi_1^+(v_{df})=\sum_{l=1}^{d(\widetilde{s})}\phi_i(\widetilde{v}([\widetilde{S}]_{b_m}))(b_m-b_{m-1})$$
$$=\phi_i(\widetilde{v})(\{1,2,3\})(b_1-b_0)=[394854,395435]\times0.3=[118456,118631]$$

同理,对于企业 2,有

$$\phi_2^-(v_{df})=\sum_{l=1}^{d(\widetilde{s})}\phi_2(\widetilde{v}([\widetilde{S}]_{a_l}))(a_l-a_{l-1})$$
$$=\phi_2(\widetilde{v})(\{1,2,3\})(a_1-a_0)+\phi_2(\widetilde{v})(\{2,3\})(a_2-a_1)$$
$$=[587150,588038]\times0.2+[499925,500235]\times0.2=[217415,217655]$$

$$\phi_2^+(v_{df})=\sum_{l=1}^{d(\widetilde{s})}\phi_2(\widetilde{v}([\widetilde{S}]_{b_m}))(b_m-b_{m-1})$$
$$=\phi_2(\widetilde{v})(\{1,2,3\})(b_1-b_0)+\phi_2(\widetilde{v})(\{2,3\})(b_2-b_1)$$
$$=[587150,588038]\times0.3+[499925,500235]\times0.3=[326123,326482]$$

对于企业 3,有

$$\phi_3^-(v_{df}) = \sum_{l=1}^{d(\widetilde{s})} \phi_3(\widetilde{v}([\widetilde{S}]_{a_l}))(a_l - a_{l-1})$$

$$= \phi_3(\widetilde{v})(\{1,2,3\})(a_1 - a_0) + \phi_3(\widetilde{v})(\{2,3\})(a_2 - a_1) + \phi_3(\widetilde{v})(\{3\})(a_3 - a_2)$$

$$= [499847,501014] \times 0.2 + [461848,462309] \times 0.2 + [331521,332135] \times 0.1$$

$$= [225491,225878]$$

$$\phi_3^+(v_{df}) = \sum_{l=1}^{d(\widetilde{s})} \phi_3(\widetilde{v}([\widetilde{S}]_{b_m}))(b_m - b_{m-1})$$

$$= \phi_3(\widetilde{v})(\{1,2,3\})(b_1 - b_0) + \phi_3(\widetilde{v})(\{2,3\})(b_2 - b_1) + \phi_3(\widetilde{v})(\{3\})(b_3 - b_2)$$

$$= [499847,501014] \times 0.3 + [461848,462309] \times 0.3 + [331521,332135] \times 0.2$$

$$= [354813,355424]$$

因此,计算得到要素双模糊合作博弈的 Shapley 值为

$$\phi_i(v)(\{1\}) = [41520,41520],[62280,62280]$$

$$\phi_i(v)(\{2\}) = [147839,148024],[221759,222037]$$

$$\phi_i(v)(\{3\}) = [165761,166068],[265217,265708]$$

$$\phi_i(v)(\{1,2\})_1 = [71346,71371],[107019,107057]$$

$$\phi_i(v)(\{1,2\})_2 = [177690,177850],[266535,266776]$$

$$\phi_i(v)(\{1,3\})_1 = [61348,65704],[92022,98556]$$

$$\phi_i(v)(\{1,3\})_3 = [180189,186252],[286859,295984]$$

$$\phi_i(v)(\{2,3\})_2 = [199970,200094],[299955,300141]$$

$$\phi_i(v)(\{2,3\})_3 = [217891,218137],[343413,343812]$$

$$\phi_i(v)(\{1,2,3\})_1 = [78971,79087],[118456,118631]$$

$$\phi_i(v)(\{1,2,3\})_2 = [217415,217655],[326123,326482]$$

$$\phi_i(v)(\{1,2,3\})_3 = [225491,225878],[354813,355424]$$

4. 基于改进模糊联盟合作博弈的产业生态价值分配

首先根据 7.2 节的改进 GRA,计算企业联盟的 5 个收益分配影响因素的权重,以文献分析与实地调研相结合的方式来求取权重的判断值,并用区间值来表示。

确定权重评价参考值后,根据前述计算公式,可以得到各判断值与权重评价参考值间的距离、各影响因素的权重与归一化后的影响因素权重。归一化后 5 个影响因素的权重分别为 0.1735、0.2162、0.2758、0.1713 与 0.1632。

再构建直觉模糊集评价矩阵,根据 5 个收益分配影响因素来对三家企业进行对应影响因素的表征(见表 7-2)。

表 7-2 直觉模糊集评价矩阵

影响因素	企业 1	企业 2	企业 3
能力因素	([0.2,0.3],[0.7,0.8])	([0.6,0.7],[0.1,0.2])	([0.4,0.5],[0.2,0.4])
投入因素	([0.7,0.8],[0.2,0.4])	([0.3,0.4],[0.1,0.2])	([0.4,0.5],[0.2,0.3])
贡献因素	([0.5,0.6],[0.3,0.4])	([0.6,0.7],[0.3,0.4])	([0.5,0.6],[0.2,0.3])

续表

影响因素	企业 1	企业 2	企业 3
风险因素	$([0.4,0.5],[0.2,0.3])$	$([0.3,0.5],[0.1,0.2])$	$([0.3,0.4],[0.1,0.2])$
客户因素	$([0.4,0.6],[0.2,0.3])$	$([0.6,0.7],[0.3,0.5])$	$([0.5,0.6],[0.3,0.4])$

基于直觉模糊集评价矩阵,计算企业联盟各参与者与直觉模糊集正、负理想解间的距离,再求解各合作参与者与直觉模糊集正理想解的相对贴近度,并对相对贴近度进行归一化处理,得到各参与者的贡献因子,分别为 0.3068、0.3573 与 0.3359。限于篇幅,本节将直觉模糊 TOPSIS 与直觉模糊 GRA 的重要性视为相同。

在得到企业联盟各参与者的综合贡献因子后,可计算得到各主体收益分配影响因素的改进系数,分别为 -0.02655、0.02394 与 0.00261。

故可以得到修正后的 Shapley 值,以基于要素双模糊合作博弈的收益分配策略为例,选取大联盟为对象,置信度水平和各成员的参与度沿用前面的取值,改进后的收益分配策略给出的收益分配值为

$$\phi_i(v)(\{1,2,3\})_1 = [76874,76987],[115311,115481]$$

$$\phi_i(v)(\{1,2,3\})_2 = [222620,222866],[333930,334298]$$

$$\phi_i(v)(\{1,2,3\})_3 = [226080,226468],[355739,356352]$$

同样,对基于直觉模糊收益合作博弈所得的收益分配值进行改进,置信度设定为最大值,求解得到的结果为

$$\phi_i(v)(\{1,2,3\})_1 = [384371,384936]$$

$$\phi_i(v)(\{1,2,3\})_2 = [601206,602116]$$

$$\phi_i(v)(\{1,2,3\})_3 = [501152,502322]$$

7.3.4 结果比较与分析

基于不同的合作博弈理论,可以为产业生态价值提供 4 种不同的收益分配策略。首先简要验证各收益分配方法的合理性,即是否满足有效性(即集体理性)与个体理性这两条合作博弈收益分配的重要性质。经过验算可知,各企业结盟后的收益均大于其独自运营的收益,且联盟的收益能够全部分配给每一个联盟的参与者,故各收益分配策略均满足个体理性与集体理性。

作为合作博弈的解,这几种收益分配方法给出的解均能满足集体理性和个体理性,现将不同收益分配策略的结果进行对比分析,考虑到产业互联网中各成员的参与度不同,选取基于直觉模糊联盟合作博弈、要素双模糊合作博弈与改进后的模糊合作博弈 3 种策略的收益分配结果进行对比分析,如图 7-2 所示。

再将基于直觉模糊收益合作博弈所得的收益分配值与相应的改进后的模糊收益分配值进行对比,如图 7-3 所示。

根据如图 7-2 和图 7-3 所示的结果,可知应用改进 GRA 方法和直觉模糊集多属性决策 TOPSIS 方法后,企业联盟各成员所分配到的收益均发生了变化。具体而言,产业生态中企业 1 所分配到的收益略微下降,而企业 2 和企业 3 所分配到的收益相对增加,这也较为符合实际情况。首先企业 1 作为金融服务提供商,所从事的工作存在一定可替代性,对于整个企

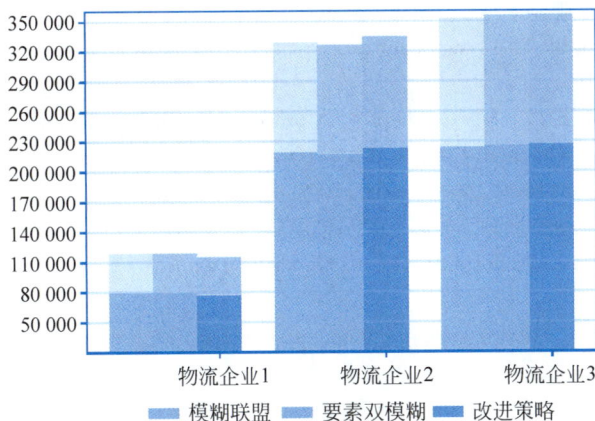

图 7-2　基于不同策略的产业生态价值分配结果对比图 1

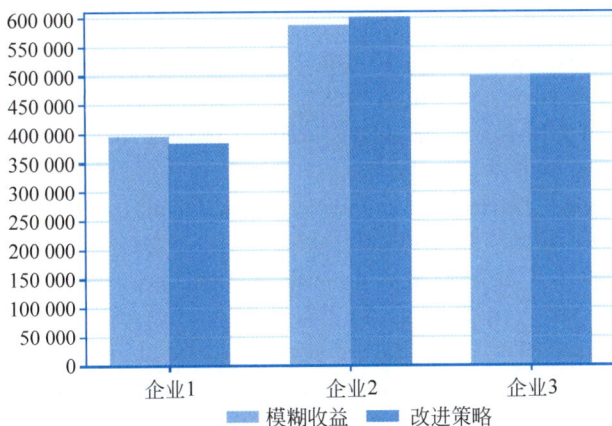

图 7-3　基于不同策略的产业生态价值分配结果对比图 2

业联盟的贡献与另两家承担实体工作的企业相比稍有不足；不过企业1在信息高速流动的现状下，其承担的风险也略大于另两家企业，这也反映在收益分配的补偿上。

同时对比模糊联盟、模糊收益、要素双模糊与改进后的收益分配结果，可以发现当各企业的参与程度相同时，企业2所分得的收益均最多，这也较好地对应了企业2作为平台企业核心运营方的现状。而当各企业结盟程度不同时，求取得到的收益分配结果也能真实有力地体现出各企业的参与度情况。而且要素双模糊合作博弈与直觉模糊联盟合作博弈、直觉模糊收益合作博弈相比，所得到的收益分配结果所涵盖的范围更大，可解释性更强，企业间分得的收益差距也更小，即有效弥补了仅考虑单一不确定性时的不足。

综上可见，通过这4种不同的收益分配策略计算得到的产业互联网中各成员的收益分配值与各企业的贡献、能力、承担风险、结盟程度等均呈正向相关，这也符合各企业对收益分配的预期，较具有实际价值。

参考文献

［1］　张维迎.博弈论与信息经济学［M］.上海：上海人民出版社,2009.
［2］　侯定王.博弈论导论［M］.合肥：中国科学技术大学出版社,2004.

［3］ 丁尚. 基于供应链企业合作博弈的利益分配模型［D］. 长沙：长沙理工大学,2009.

［4］ Shapley L S,Shubik M. The assignment game i：The core［J］. International Journal of Game Theory, 1971,1(1)：111-130.

［5］ Martinez-de Albeniz F J,Rafels C,Ybern N. A procedure to compute the nucleolus of the assignment game［J］. Operations Research Letters,2013,41(6)：675-678.

［6］ Faigle U,Kern W. On some approximately balanced combinatorial cooperative games［J］. Zeitschrift für Operations Research,1993,38(2)：141-152.

［7］ Liu Z. Complexity of core allocations for the bin packing game［J］. Operations Research Letters,2009, 37(4)：225-229.

［8］ Ritala P L U O. Competition strategy—When is it successful? Empirical evidence on innovation and market performance［J］. British Journal of Management,2012(No. 3)：307-324.

［9］ Co-opetition between differentiated platforms in two-sided market［J］. Journal of Management Information Systems,2012,29(2)：109-140.

［10］ Brandenburger A M,Nalebuff B J. Competition：A revolutionary mindest that combines competition and cooperation in the marketplace［M］. Boston：Harvard Business School Press,1996：235-239.

［11］ Chen X. Inventory centralization games with price-dependent demand and quantity discount［J］. Operations Research,2009,57(6)：1394-1406.

［12］ Chen X,Zhang J. A stochastic programming duality approach to inventory centralization games［J］. Operations Research,2009,57(4)：840-851.

［13］ He S,Zhang J,Zhang S. Polymatroid optimization,submodularity,and joint replenishment games［J］. Operations Research,2012,60(1)：128-137.

［14］ Zhang J. Cost allocation for joint replenishment models［J］. Operations Research, 2009, 57(1)： 146-156.

［15］ Aydinliyim T,Vairaktarakis G L. Coordination of outsourced operations to minimize weighted flow time and capacity booking costs［J］. Manufacturing & Service Operation Management,2010,12(2)： 236-255.

［16］ Cai X,Vairaktarakis G L. Coordination of outsourced operations at a third-party facility object to booking,overtime,and tardiness costs［J］. Operations Research,2012,60(6)：1436-1450.

［17］ Arani H V,Rabbani M,Rafiei H. A revenue-sharing option contract toward coordination of supply chains［J］. International Journal of Production Economics,2016,178(8)：42-56.

［18］ Edward C. Rosenthal. A cooperative game approach to cost allocation in a rapid-transit network［J］. Transportation Research Part B,2017,97：64-77.

［19］ Mashchenko S O,Morenets V I. Shapley value of a cooperative game with fuzzy set of feasible coalitions［J］. Cybernetics and Systems Analysis,2017,53(3)：432-440.

［20］ Tatarczak A. Profit allocation problems for fourth party logistics supply chain coalition based on game theory approach［J］. Journal of Economics & Management,2018,33(9)：19-26.

［21］ Saberi Z,Hussain O,Saberi M,et al. Stackelberg game-Theoretic approach in joint pricing and assortment optimizing for small-scale online retailers：seller-buyer supply chain case［J］. Computers & Industrial,2018：834-838.

第8章

产业互联网生态系统发展模式与演进路径

8.1 产业互联网生态系统发展关键要素

8.1.1 产业互联网平台发展驱动力

随着互联网与产业的融合不断深化,数字化平台与生产场景结合,对传统产业进行赋能升级,产生了大量产业互联网平台,改变了原有行业的发展逻辑。因此,产生了影响产业互联网平台发展的关键要素,其中的核心要素进而成为产业互联网发展的驱动力。

产业互联网发展驱动力的内核是社会发展对产业发展的需求,生产者、消费者、服务企业等对产业提出更高效、便捷等适应现代新技术的要求。如图 8-1 所示,产业互联网发展的关键要素包括行业标准化程度、行业信息化及云化程度、与其他行业关联性、政策宽容度、企业开放程度。

行业标准化程度
标准化程度越高,平台发展越快

企业开放程度
汇聚资源的关键,越开放,平台发展越快

行业信息化与云化程度
数据化的基础,信息化与云化程度越高,越易出现平台

关键要素

政策宽容度
政策宽容度越高,平台发展越快

与其他行业关联性
促进跨界的关键,关联性越高平台成长越快

图 8-1　影响产业互联网平台发展的关键因素

行业信息化与云化程度、政策宽容度是产业互联网发展的外因,行业信息化与云化程度越高,越会促进产业数据化,加速产业互联网发展;政策宽容度越高则会使得产业发展的政策环境越开放自由,产业互联网平台发展越快。这些都是加速产业互联网发展的外部因素,由于产业外部的技术环境、政策环境带来的良好产业互联网发展市场,诱使产业自发向产业互联网转型。

与其他行业关联性、企业开放程度、行业信息化与云化程度是产业互联网发展的内因，是由产业内部特征驱动的自发向产业互联网方向转化。与其他行业关联性越高，就越会加快加深产业跨界融合，对产业互联网的需求越强；企业开放程度越高，企业整合汇聚的产业资源要素越多，像欧冶云商等由龙头企业领导的产业互联网平台多是因此而产生的，同时产业互联网越发展对企业开放程度要求越高；行业信息化与云化程度越高，行业内资源要素协同度越高，产业互联网发展越快，同时产业互联网也对行业信息化与云化提出了更高要求。

综合产业互联网平台发展的关键要素及产业互联网实际发展中的成功案例可以看到，产业互联网发展的主要驱动力可以总结为以下 3 个核心驱动力：数字化转型、生态服务体系及应用场景开放创新。其中数字化转型及生态服务体系是产业互联网发展的必要条件和必然结果，是产业互联网发展的底线，应用场景开放创新是产业互联网的上限，应用场景的开放创新程度决定产业互联网发展的水平（见图 8-2）。

1. 驱动力之一：数字化转型

数字化转型的初级阶段是信息化、网络化，核心在于数据驱动。历经土地主导的农业时代和资本主导的工业时代，当今的人类社会迈入了数据主导的新经济时代，数据成为数字经济发展的核心引擎，成为最具时代特征的生产要素。信息是数据的内容，数据是信息的数字化表现形式。随着以信息技术为代表的数字技术不断迭代升级，移动互联网、大数据、云计算、5G、物联网、区块链、人工智能等应用加快落地，不仅使得数据的产生速度和存储规模有了爆发式增长，也使得对海量的、非结构化数据的处理、分析和使用成为了可能。在此过程中，数据的经济价值凸显，成为推动经济社会发展的变革性要素，并由此诞生了数字经济、数字社会、数字政府等全新的形态。

数字化转型的过程就是产业互联网纵深发展的过程，产业互联平台是实现全链条、全环节数字化转型的载体，二者相互依存、相互促进。数字化贯穿产品（服务）的所有环节。数字化不是作为增量或者叠加，不是只搞一个市场应用或者节能管理，而是要基于此设计、生产和推销产品。因此数字化必须贯穿产品（服务）的所有环节，必须考虑上下游和供应商之间的协同问题。这意味着需要"产业互联网平台"帮助工业企业进行数据的搜集、处理，再以数据去驱动具体的业务，包括两个层面：首先是边缘服务，通过传感器、物联网等技术去采集设备数据，解决设备链接的问题；其次是平台层，包括数据智能模型库、工业大数据引擎、工业应用开发框架等通用性功能，构建工业大数据工作台。

2. 驱动力之二：生态服务体系

以构建生态服务系统的思想全面指导产业互联网平台建设。"新经济生态"是区域内各类新经济主体及其环境的统称，由创新创业生态、产业生态、治理生态等子生态共同构成。其中，创新创业生态是新经济发展的源头，具有很强的跨界能力和产业包容性，会不断涌现出各类新场景、新物种、新赛道；产业生态是新经济发展的结果，由创新创业生态衍生而来，具有专业化特征，并以平台型企业的出现为标志；治理生态是新经济运转的基石，体现为政府和市场两种力量的共同作用，为其他子生态的演化提供制度保障。产业互联网平台集成业务、供应链、资金融通等功能，作为整个生态系统的基础层，服务于创新创业、产业融合发展和数字化下的新治理。"新基建"是产业向下一世代发展的重要基础，通过市场力量和新能源、融合 5G、物联网等前沿技术，形成推动产业升级的核心动力。这一动力将穿透互联网的"云层",深入渗透并巩固能源、服务、消费品和装备制造等传统行业的"基础"。特别是以 5G、人工智能、工业互联网、物联网等为代表的信息化、数字化、智能化基础设施,将为实现系统性的动能转换提供关键支撑[1]。此外,由消费互联网时期积累下的庞大流量,基于大数据和算法分析,可以有效地预测大部分细分市场和行业的消费趋势,便于供给端精准把握市场需求,实现资源的合理配置,从消费端倒逼产业链上的每个环节消除资源的错配和浪费,从而推动产业链实现降本增效。

3. 驱动力之三：应用场景开放创新

新场景成为科技创新的试验场。场景是指由互联网、大数据、人工智能等新技术催生的,由伟大的创业者和独角兽企业创造出来的,具有前沿性、科技感、体验感和创造性的新的生产生活方式。在数据驱动下,场景创新模式天然是促进创新链与产业链对接的科技创新模式。场景创新从创意出发、运用商业化机制促进新技术应用场景的落地,再依托场景落地产生的大数据资源反向促进技术研发迭代与产品集成创新,从而同步实现技术突破与商业爆发。这在大数据、云计算、人工智能领域尤为明显,新冠疫情期间中国大量涌现出"无人"新场景,大数据、云计算技术因而得以飞速发展。

场景开放创新推动产业互联网突破应用边界。产业互联网是新一代网络信息技术与制造业深度融合的产物,其诞生就是因为互联网找到了正确的使用场景——工业制造领域。所以,新技术只有找到了场景才能实现商业爆发。场景创新的目的是满足真实的技术应用需求或产业需求,以问题为导向,集聚各类创新主体和创新资源,遵循市场竞争规则,以商业竞争倒逼技术的突破与迭代。而推动产业链服务和生态治理创新本就是产业互联网的核心目的,与场景创新的目的不谋而合。作为一种探索科技创新的模式,场景创新的过程是将技术应用于某个特定领域,进而实现更大价值的过程,这一过程也是产业互联网突破传统领域、应用范围、技术边界的探索过程。图 8-2 给出了产业互联网和典型产业业态创新相融合的态势图。可以看到,家电、服装、餐饮等互联网渗透率高,信息技术成熟度高的行业,其产业互联网发展成熟度也高。

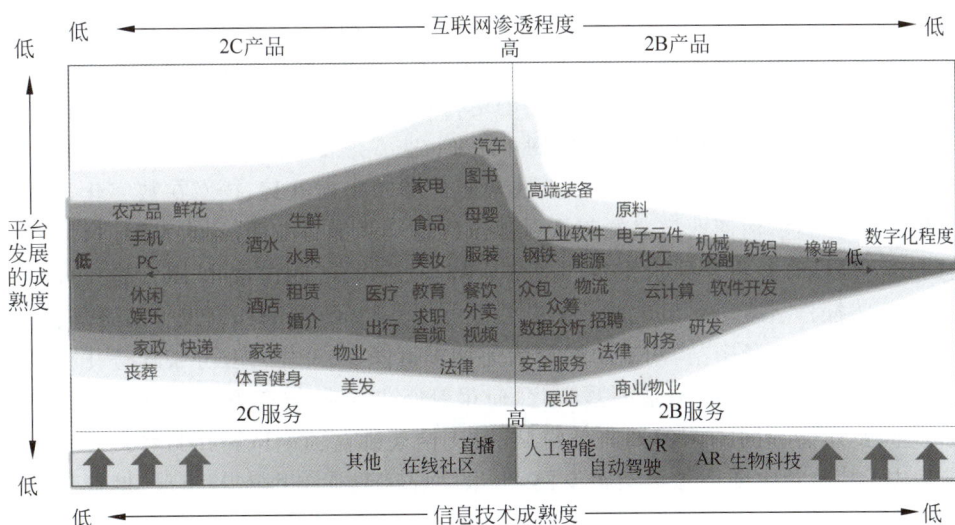

图 8-2　互联网＋产业业态创新

8.1.2 数字化转型加速产业互联网形成

1. 产业数字化转型

1）产业数字化背景

近年来,随着从经济视角研究数字化问题的活动增多,数字经济开始升温,2017年3月,数字经济首次写入政府工作报告,数字经济是随着信息技术的发展而产生的一种新的经济形态。信息技术的突破性发展,尤其是移动互联网、物联网、云计算、区块链、大数据和人工智能等领域的相互融合,为数字经济的快速增长注入了强劲动力。随着数字技术的持续创新和应用潜力的全面释放,数字产业不仅实现了自身的快速发展,还向其他行业领域渗透,推动了全球经济模式的变革。2020年,中国数字经济产业规模达到39.2万亿元,同比增长9.7%,占GDP的比重达到38.6%。"互联网＋"战略的实施,通过促进互联网与各行业的深度融合,为产业数字化转型提供了坚实的基础。新业态和新模式的不断涌现,加速了产业数字化转型的进程,数字经济与产业的深度融合已成为推动经济增长的新引擎[2]。G20杭州峰会发布的《二十国集团数字经济发展与合作倡议》指出,"数字经济"中的"数字"根据数字化程度的不同,可以分为3个阶段:信息数字化(Information Digitization)、业务数字化(Business Digitization)、数字转型(Digital Transformation)。数字转型是目前数字化发展的新阶段,指数字化不仅能扩展新的经济发展空间,促进经济可持续发展,而且能推动传统产业转型升级,促进整个社会转型发展。

2）产业数字化内涵

不同国家战略中对数字化及数字化转型的定义有所区别,各有侧重,国务院发展研究中心综合各个国家对产业数字化转型的定义和发展战略要点,提炼总结出数字化转型的定义:"利用新一代信息技术,构建数据的采集、传输、存储、处理和反馈的闭环,打通不同层级与不同行业间的数据壁垒,提高行业整体的运行效率,构建全新的数字经济体系。"根据数字化转型的定义,产业数字化是传统行业与IT行业的深度融合,其本质是通过促进数据的流动来提升产业的效率。目前各行各业正在经历数字化转型,全面的数字化将为行业的生产者、决策者和消费者带来更好的体验和更高的效率,而行业之间或产业之间的数字化沟通,可以在更大程度上提升产业的社会经济的运行效率[3]。

2. 产业数字化对产业互联网作用机制

产业数字化转型是技术与商业模式深度融合的产物,其中IT技术在数字化进程中扮演着关键工具的角色,而商业模式的革新则是转型的最终目标。在传统行业中,尽管IT技术与业务的融合一直在进行,但两者往往保持相对独立,信息化主要体现为将传统业务流程数字化,即将操作从线下转移到线上,以此提高效率和降低成本。产业数字化转型的深入实施,将技术与产业紧密结合,进而影响整个业务流程,并可能对业务架构进行根本性的重构。这将促进不同行业间关系的紧密化,使得跨行业合作与竞争成为行业发展的新趋势。跨行业融合合作形成不同的商业集团,规模逐渐增大,关联日益增多,管理难度及风险控制难度对于传统行业来说是无法接受的,但数字化架构促进数据的流动,使复杂的体系能够平稳运行。

产业数字化转型对传统产业带来的商业模式变革以及对新一代信息技术的应用加速了产业互联网的形成。产业数字化的核心问题是数字技术的发展,产业数字化是新经济时代的必然趋势,而产业数字化发展水平的关键就在于信息技术的发展程度以及数字经济的成熟。

随着时代的进步,包括云计算、大数据、物联网和移动互联网在内的新一代信息技术都得到了快速发展。其中,CPS(信息物理系统)被认为是支撑未来工业发展的关键技术。CPS的应用不局限于工业,它同样适用于农业和服务业,为这些行业提供了强大的技术支持。在信息技术的助力下,各行业的数据整合与发展得以加速,为数字经济的数字化转型提供了坚实的基础,引领其迈向一个崭新的发展阶段[3]。产业数字化的日臻成熟使得我们逐步进入万物互联社会,产业互联网应势而生。

产业数字化通过对传统产业商业模式的变革来重构传统产业结构,而数字经济的迭代发展使得产业数字化更加深入,产业与互联网进一步融合,从而加速产业互联网的形成、发展和成熟。传统产业数字化转型拓宽了数字经济的边界,数字经济的发展繁荣加速了产业数字化转型,随着产业数字化转型的不断深入在市场的作用下产业互联网加速形成,可以说,产业数字化是产业互联网发展的基础。

8.1.3 以场景驱动赋能产业互联网发展

1. 场景的内涵及特征

场景一词最早诞生于20世纪80年代,由传播学学者梅罗维茨基于戈夫曼的"拟剧理论"提出,因此,场景最早用于影视领域,指电影拍摄的场地和布景。2014年左右,罗伯特·斯考伯提出场景五力模型,即大数据、移动设备、社交媒体、传感器和定位系统5种重要力量。从此场景一词广泛应用于经济领域。场景是新经济科技企业提出的,通过大数据、人工智能等新技术在真实世界中的创造性应用,所产生的具有前沿性、科技感和变革性的生产生活方式。

在新经济时代,场景是面向真实的市场需求、运用商业化机制、以企业为主体,能够连接技术需求端和供给端以及各类数据及流量、加速技术迭代、成熟以及应用的技术试验场。场景能够切中问题痛点,是对需求、创意、新技术供给进行系统化设计形成的问题解决方案。开放场景将在产业互联网发展中发挥重要作用。新场景不是一次性应用示范,而是要在真实的商业应用和产业配套中实现爆发。具有爆发潜力的新场景往往具备五大核心要素与特征,即创意、小切口、大赛道、简单、爆发。

(1) 创意:场景是创意+技术的结合,以创意应用为导向开展技术研发、集成和商业化,是场景驱动的创新不同于传统科研创新的最大特点。

(2) 小切口:场景一定是从真实具体的"小切口"切入,新场景不是宏观层面的"摊煎饼式创新",而是在微观世界,从"小切口"入手解决大问题,将新技术应用于真实而具体的某个"点",通过点的突破带动一类问题的突破。

(3) 大赛道:场景一定是诞生于万亿级大赛道,万亿级大赛道可提供前所未有的场景,加速各种新技术的创新和集成,带来新的赛道和新的业态,是场景得以实现的基础。

(4) 简单:场景的交付要足够"简单",新场景要实现快速爆发,需要一个好的商业模式,这就要求场景背后的新产品、新服务要足够"简单",容易交付。

(5) 爆发:场景必须要实现快速爆发式成长,场景是以"爆发增长"为前提的变革性创新,场景的爆发主要有3层含义,即商业的爆发、技术的爆发和社会的爆发。

场景业态创新围绕市场需求、市场应用、市场交易、终端服务、消费体验等,从正向配置资源的链式创新到反向配置资源的逆向创新,从支持行业供给到支持市场需求,进而产生全新的业态,是新科技革命与产业变革的重要突破口。产业互联网为新业态、新机会提供发展空间,新业态催发场景应用,场景应用推动产业互联网发展,产业互联网成为产业场景创新的核心载体与基础设施。

2. 场景驱动产业互联网升级

场景驱动不是一次性应用示范,而是要在真实的商业应用和产业配套中实现爆发,近年来现实生产生活中新场景的爆发也进一步印证了该理论,新场景在真实的商业应用和产业配套中爆发、推广、迭代,逐渐由单一的小场景升级成为可复制的高效率多产业可应用场景。

以传统产业中随信息技术发展及用户、生产的需求催生的仓储物流场景为例,最初是从无人驾驶重卡货运、长途车货精准匹配、机器人物流分拣、物流云管理等小场景切入的生产端成本缩减场景,在该场景发展成熟可复制之后,市场催发该场景的进一步迭代,形成零售业的智慧供应链补货场景,AI智能补货预测对仓储、采购、运输、销售等环节的数据提出了一定的要求,这就要求企业提供一个全供应链、全流程的一体化线上管理平台。一体化线上管理平台通过更多功能及场景的集成逐渐发展成为成熟的产业互联网。

场景的迭代驱动产业互联网平台的建设发展,同时高效率的场景爆发也吸纳更多企业加入平台,形成小范围的产业互联网生态,产业互联网生态外循环及场景的推广应用推动区域内产业生态形成,信息数据的共享、新基础设施的支持及产业互联网无视时空限制的特点催生全国甚至国际范围内的产业互联网生态。

8.1.4　以供应链为核心推进产业多链融合

产业互联网平台通过连接流通和生产两端,将企业价值链的关键环节——研发、设计、生产、销售等——整合到网络平台上,以实现供需双方的高效匹配。这一过程有效破解了信息不对称的难题,促进了大规模生产与广阔市场的紧密融合。传统产业链上、中、下游供需关系被改造,供应链、价值链、创新链和产业链相衔接,实现生产环节和流通环节的互联互通,促进供给侧与需求侧紧密对接,实现生产对需求快速响应的产业发展方式[4]。以往的人流、物流、信息流、资金流转化为数据流、价值流,最终实现要素设施共享、企业互联融通、开放协同创新、资源优化配置以及产业业态快速生成,并产生全新的生产组织方式。

以往产业链、供应链、价值链、创新链、资金链在产业互联网平台上发展为网状结构,形成供应网、价值网、创新网,从注重产业价值链上的串联式的生产消费供应链,到注重产业价值网上的并联式的开放创新生态圈。产业链各主体之间由传统产业价值链上你死我活的竞争关系转变为共生共荣的竞合关系,从注重产业价值链上产业分解、产业融合的线性增长,到注重产业价值网上产业融合、产业跨界的爆发成长。

由图8-3可以看到,产业互联网中各产业功能链形成产业互联网的基础,在各产业功能链的基础上,由于产业功能链的分布不同以及供应链环节的发展重心差异催生了不同的产业互联网模式。产业互联网各个链分开来分析是图8-3的并联式开放结构,实际产业互联网发展中的新型产业互联网功能链关系为有机融合的"合作"关系。

产业互联网形成的多链融合格局并非是某一条功能链兼并其他功能链的关系,而是由产业数据链的信息共享协同带来的各功能链基于信息互联形成的多元协同合作共生关系。

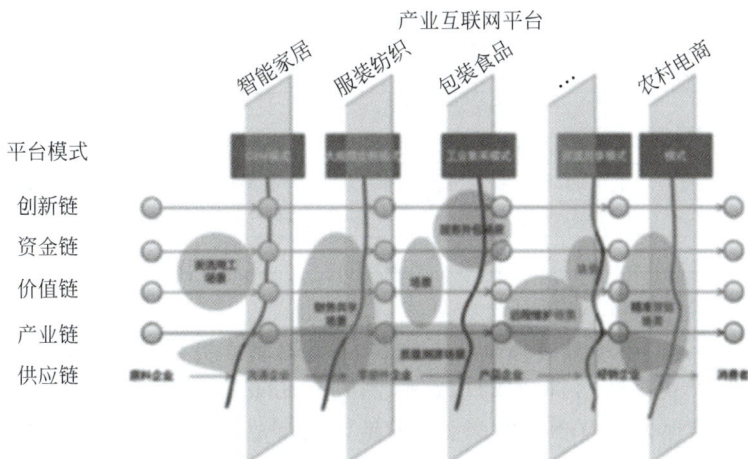

图 8-3　产业互联网功能链层次结构图

每条链不再独立发展,而是形成产业互联网多链融合格局,以产业供应链为核心,以产业价值链作为发展的基石,以产业创新链为动力,以资金链为产业发展的血液,以产业数据链作为神经链接产业功能链。

产业供应链是产业互联网发展的实体及意义,是产业互联网的核心;产业价值链是产业发展的意义和导向,是产业互联网的基石,没有产业价值链,产业互联网也无意义;产业创新链为产业发展提供不竭的力量和创新资源,是产业互联网的动力;产业资金链是支撑产业发展的关键要素,是产业互联网发展的血液;产业数据链保障产业的畅通运作,是产业互联网的神经。

1. 核心:产业互联网供应链

1) 供应链含义及演进

产业通常是指构成国民经济的各个行业或部门,它们是由从事相同或相似活动的同类企业所组成的集合体,有时也简称为行业。供应链则描述了产品或服务的生产和流通过程中涉及的一系列网链结构关系。产业供应链则是在特定产业领域内,包括相关联的产业之间,基于共同的经济目标,企业之间建立的相互联系和协作关系。这种关系通常由一个或多个主导企业牵头,与其上下游的供应商、分销商以及相关的合作伙伴共同构建,形成一个复杂的网链结构[5]。

产业供应链是在传统企业供应链的基础上,经历了不断的动态演变过程而形成的。产业供应链随经济发展及技术进步由企业供应链演变而来。企业间在初期的单向供需关系之上,随着时间的推移,超越了传统市场交易的范畴,逐步发展出更为稳固的上下游合作伙伴关系,从而构建起了企业供应链。

随着市场的发展,同类企业的数量日益增加,为上下游企业提供了更广泛的选择,这促使企业供应链向纵向发展,形成更为复杂和多层次的供应链结构。企业纵向扩展会导致在一定市场范围内同质企业竞争加剧,企业开始加强业务合作及产品配套,于是企业供应链开始横向扩展;企业的横纵向扩展一般都集中在特定的产业范畴内,从而逐步由企业供应链形成产业供应链;随着产业供应链的发展成熟,相互关联程度较高的产业也可能融合到一个产业链中,产业的融合使产业供应链不断优化(见表 8-1)。

表 8-1　产业供应链形成过程及特征

形成过程	供应链特征
企业供应链形成	上下游之间的单向供需关系
企业供应链纵向扩展	上下游之间多向供需关系；追求企业效益最大化、上下游协同效率最优化
企业供应链横向扩展	上下游之间多向供需关系；同质企业集聚，追求规模经济效益
产业供应链形成	产业内部与产业之间的竞合关系
产业供应链优化	多个相关产业融合到一个产业链中

2）产业互联网供应链生态化

随着互联网的发展及技术的不断革新，人工智能、物联网的运用以及后台云计算和大数据能力的提高，产业互联网日渐发展成熟，供应链也随之演化改变。区别于传统产业中的供应链特征，产业互联网背景下的产业供应链则是产业集群及产业集群之间的协同与合作，这种协作关系，既包括各个产业环节上下游之间的供需合作，也包括同一产业环节跨区域、跨行业的横向协作关系（见图8-4）。

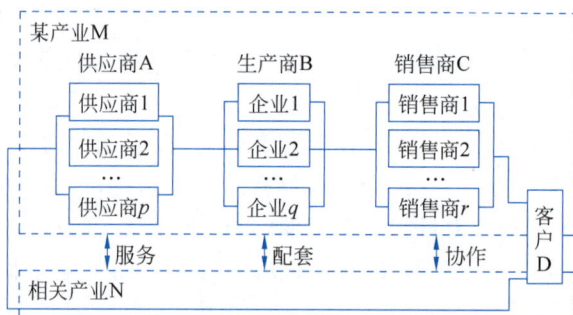

图 8-4　产业互联网供应链结构

随着产业互联网的发展，供应链整体流程呈现出多维的复杂交织过程，全产业环节参与者基于各自核心的资源、技术和能力，跨界融合，细化分工，推动产品设计、采购、生产、销售、交付等全过程的高效运营，产业互联网不同于传统产业链的垂直线性结构，演变为现在复杂、动态化、虚实结合的供应链网络。产业互联网供应链逐渐由供应链网络向供应链生态系统发展，不同供应链之间存在依赖化、动态化的共生关系。以阿里集团为例，阿里集团基于其强大的技术资源及核心电商平台，横向跨越多个行业，催生出生鲜零售、家居销售、二手交易、线上批发等销售场景，不同销售场景存在不同的供应链，这些供应链网络相互连接形成供应链生态系统，阿里集团的产业互联网供应链结构如图8-5所示。

2. 基石：产业互联网价值链

1）价值链形成及演变

价值链理论起源于20世纪80年代的波特价值链分析模型，美国哈佛大学商学院教授迈克尔·波特在《竞争优势》中提出"企业价值链模型"，并将"价值链"作为企业判定竞争优势的基本工具和增强竞争优势的核心方法。将波特价值链的分析对象进一步拓展到一个产业，便形成了产业价值链模型。产业价值链代表了产业层面上企业价值融合的更加庞大的价值系统，每个企业的价值链包含在更大的价值活动群中，实现整个产业链的价值创造和实现。

在此基础上，长城战略研究所提出了四维价值链分析原理。四维价值链围绕企业展开

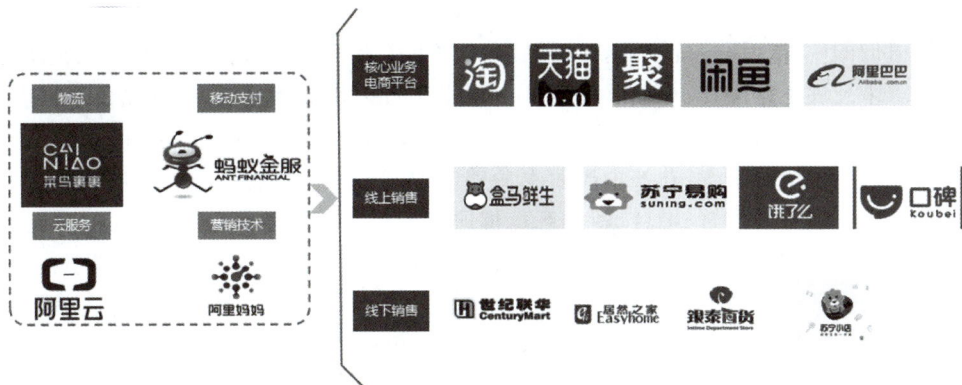

图 8-5　阿里集团产业互联网供应链结构

分析,围绕一个企业主要存在以下 4 种价值:企业内部价值形成企业内部价值链、企业外部关联的企业形成企业外部价值链、企业所处的产业中存在产业价值链以及企业所在空间价值形成的空间价值链(见图 8-6 和表 8-2)。

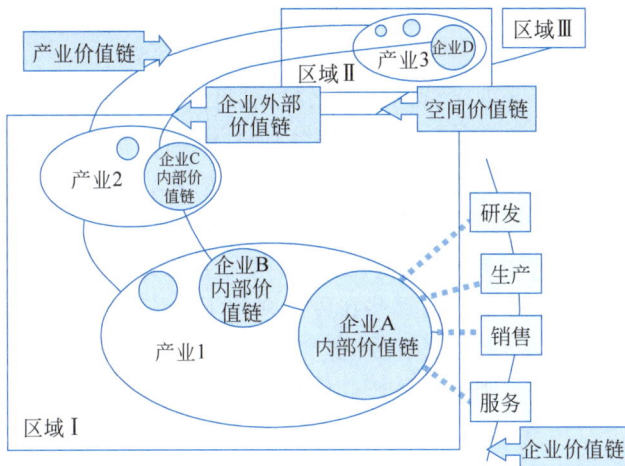

图 8-6　四维产业价值链

表 8-2　四维产业价值链类别及特征

类　别	特　征
企业内部价值链	从企业内部以微观的角度进行分析,以企业生产的某一类产品或服务的买方为单位形成价值链
企业外部价值链	以企业与上下游关联企业为单位形成的价值链,着重表现的是企业与企业之间的联系
产业价值链	以企业所在产业为单位形成的价值链,将相关行业以及产业联系在一起,表现的是不同业态之间的关系
空间价值链	处于产业价值链不同环节的企业在地理区域形成专业化集聚,使区域间也呈现出价值链形态,称之为空间价值链

20 世纪 90 年代宏碁集团董事长施振荣从价值分配的角度,对企业内部价值链的各个环节进行价值比较,提出了微笑曲线理论,即技术开发、标准制定和品牌等研发和行销环节是附加值高的一端,渠道、服务等是附加值高的另一端,制造则是附加值最低的环节。纵观

全球经济发展,可以看到产业价值链同样如此,服务是产业价值链附加值高的一端,生产制造是附加值低的一端。而传统产业价值链往往以"生产者"为中心,整条产业价值链根据供给端的要求来开展生产活动,产业互联网的出现正是打破传统产业链、供应链结构,将产业链去中心化从而使价值链去中心化,产业价值环节向消费者转移,即向服务端转移。

从产业的演变历程来看,在一个产业生命周期中,产业价值链持续不断地运动,产业价值链运动的主要模式是分解、融合、新业态。价值链的运动是产业价值链的本质,产业价值链运动推动产业链的分解融合,激发新业态的诞生,运动行为的发生一定伴随要素的流动。产业互联网的发展会逐渐加深传统产业同互联网的融合,随着5G等技术的进步,互联网信息共享数据流动的效率大大提升,从而加速推动产业价值链的运动[6]。

2) 产业互联网价值链生态化

产业互联网的出现打破了传统产业结构,消弭了产业层级边界,使产业链环节去中心化,打破了传统产业的空间限制,这也使得原有四维产业价值链产生变化,刚性的产业上下级环节的消弭促使企业外部价值链与产业价值链发生融合,而互联网平台对产业的支撑也打破了产业地理空间局限,全产业都集成到互联网平台这一虚拟空间中,从而使得空间价值链也融合到产业价值链中。因此,产业互联网背景下的价值链主要分为两种模式:企业内部价值链及产业价值链。

产业互联网的核心在于企业运营向数字化和虚拟化转型,这一转型涉及对企业所有业务流程的升级。在升级过程中,企业需要采用各种技术手段,通过信息平台和软件工具实现生产过程中各种物质要素的连接;利用物理分析、预测算法和关键学科的专业知识,构建起关键设备与信息系统的协同运作体系;通过网络连接不同地点、不同职能的人员,共同支持智能设计和提供高质量的服务。这种转型使得产业互联网企业在内部价值链上相较于传统企业能够创造更高的附加值。而那些在传统模式下价值附加值较低的制造环节,通过业务流程的数字化,实现了成本的大幅度降低和效率的提升,从而增加了价值[7]。

产业互联网的产业价值链则由传统产业价值链的单一价值链转为综合价值链,企业平台化、产业虚拟化会产生一个商业生态圈,原有的单一线性产业链结构去中心化,产业的各环节以及产业与产业之间不断发生跨界融合,信息的共享交互促使产业价值链由线性结构向网络化发展;同时,这种网状产业价值链也使得传统价值链的刚性结构转为柔性结构,在应对外部环境及产业环节中数据的变化时反应更为迅速灵敏。产业链结构的去中心化也促使产业价值链摆脱依赖性走向自主性:传统产业价值链要么依赖于上游原材料的供应,要么依赖于下游市场的需求,而产业互联网的生态环境使得企业能直接接触到消费者用户,信息共享也使得企业可以快速获取原材料供应信息,信息的实时共享打破了依赖惯性,使供应链更为自主,从而释放出更多产业价值。

3. 动力:产业互联网创新链

1) 创新链含义及发展

2020年4月,习近平总书记在陕西调研时强调:"要坚定信心加快转变经济发展方式,围绕产业链部署创新链,围绕创新链布局产业链。"习近平总书记在2022年2月中央全面深化改革委员会第二十四次会议上强调,要促进产业链创新链深度融合。现阶段的产业发展离不开产业链和创新链的融合,创新链更是产业互联网持续发展的底层动力。

创新链描述了一个创新主体通过整合内外部资源,围绕创新核心,协同多节点主体和多维要素,共同创造全链条价值的过程。这一过程不仅在科技、市场和价值3个维度上得到体现,而且通过实现知识经济化和创新系统目标的优化,构建起一种可持续的竞争优势。随着经济的持续发展和科技的飞速进步,产业互联网作为新的产业组织形式出现,促进了产业链和创新链的深度融合[8]。

企业创新链是围绕研发设计、检验检测、成果转化等生产研究环节形成的链条,随着产业发展成熟,催生出研发设计、中试熟化、技术转移转化、检验检测认证、知识产权、科技金融各类科技服务机构,这些科技服务机构之间及科技服务机构与企业之间的横向纵向协同形成产业创新链。产业创新链作为产业发展的技术支撑环节,其未来发展方向是必须与产业链紧密深度融合:基于足够成熟的创新链,产业链才能高效长足发展;紧紧围绕产业链的创新链,才能完全支撑产业链的需求。没有产业链,创新链的效能价值无法释放;没有创新链,产业链无法在技术支持引导下迭代优化。

2)产业互联网创新链特征

产业链及创新链双向融合的深度在很大程度取决于政、产、学、研、用、介、金六方结合的广度和强度[9]。双链融合是未来创新链发展的主要方向,双链深度融合要求产学研合作深化、提升联合研发能力、提升科技中介机构及科技金融机构的活跃度及其在产业环节中的参与度,等等。产业互联网的发展可以大大推动双链融合进度,双链融合同样支撑产业互联网持续发展。

阿里集团从门户交易网站发展至现在的阿里家族产品,离不开其创新链的发展及产业链与创新链的融合。阿里集团的核心业务电商平台淘宝、天猫等在各个产业环节都有相应的创新链环节支撑:在整个平台运行、产业流转过程中,有成熟的阿里云服务支撑并保证其数据安全,运输环节有物联网技术及专业的物流系统菜鸟裹裹管理供应链,交易环节有移动支付技术蚂蚁金服作为支撑,销售环节对产业链参与企业商家提供专业的营销技术中心(阿里妈妈),此外,还有产业链供应链深度融合的芝麻信用花呗等科技金融产品。

4. 血液:产业互联网资金链

1)产业资金链含义及特征

与创新链、价值链等产业链条类似,产业资金链也分为企业内资金链及企业外资金链,其中企业内资金链管理包括资本的运作、利益分配、企业收入和支出、资金预算、资金回收等步骤;企业外资金链则是产业内各个市场主体间的资金流动链。而在企业在实际业务运作中,企业内外资金链是紧密相连的,两者的资金流转共同构成了一个完整的资金循环路径。企业获得资金,便能购买生产所需的原材料,或进行并购和投资;接着,通过销售产品和投资回报,实现资金的回流和资本的增值;最后,这些资金与新筹集的资金会汇聚在一起,投入到新一轮的运营周期,以维持和促进企业的持续发展[10]。

在资金周转中,货币资本—生产资本—商业资本—货币资本三者结合成一个闭环资金链,资本循环过程中相匹配的购买、生产以及销售这几个不同的阶段与资金的筹集链、投资链和回收链一一对应。产业互联网中资金链相对于传统产业资金链更为灵活,数据链的丰富和信息的实时互联共享使得资金链参与主体选择更广、潜在资金链更多。产业互联网立足于整条产业链供应链,结合云计算、物联网、大数据、人工智能、区块链等技术渗透到整个资金链环节的管理与运营中,最终实现信息化、数字化、集成化和自动化相融合的资金管理模式。

2）产业互联网资金链特征

产业互联网的发展推动企业虚拟化，企业内部管理线上化、数据的实时互联加强企业对各子公司及各业务线产品的监控管理。通过建立生态财务共享中心，统一风险管控模式，构建完善合理的财务预警系统，实时监控各项财务指标，不间断地把控公司风险，确保资金链安全。较为典型的如海尔集团建立的财务共享平台，统一财务平台与其他平台的信息处理规范，实时共享信息，同时建立内部控制和外部风险控制，提高资金风险管控水平。海尔财务共享平台主要分为两部分：会计平台和资金平台，理清管理各子公司及业务线资金链，提升财务人员工作效率及精准度。

产业互联网中产业链、供应链等产业数据信息开放共享，云计算等技术的渗透促使资金链数据化，通过对大量数据进行数据分析，实现对企业闭环资金链进行透视监控，提高投融资的风险评估精准度。产业互联网构建的良好生态使得生态内分布大量投资商，全产业数据分析有助于资金精准配置，提供最优资金筹集投资方案。产业互联网具有金融成本低、效率高的优势，互联网金融模式可解决信息不对称等问题，通过互联网融资服务体系在中小微企业融资领域发挥重要作用，为小微企业发展提供良好服务[7]。

5. 神经：产业互联网数据链

1）数据链概念及组成

数据是产业发展运动的要素与产物之一，更是互联网运行的基础。传统产业数据多为经济型数据，其数据链条紧紧围绕供应链、价值链产生，数据类型单一且数据量较小，捕捉外部数据能力差，因此对外部环境反应慢。产业互联网基于 5G、云计算、大数据、物联网等技术，其数据庞杂繁复、质量不一、来源迥异且数据量庞大，由此产生的数据链也不再是单一数据链，而是多种多样。产业互联网的数据链主要分为两种：企业内部数据链和产业数据链。

5G 基建的完善和人工智能技术的进一步发展，使企业操作流程的虚拟化成为可能；而采用云计算服务与人工智能技术进行预测分析，则进一步推动了整体业务流程的大数据化[10]。企业虚拟化产生的数据上云，以技术云化共享实现中小企业边际成本最小化，进而形成以数据分析能力为主的数字经济环境。

在产业同互联网深度融合，产业互联网日臻成熟发展的过程中，行业技术开放和产业资源共享，产生了大量信息数据，数据分析能力成为数据环境的支撑。而如何识别有效信息、剔除无用噪声数据，如何高效精准治理底层原始数据也成为新的考验。

2）数据链实现"多流合一"

产业要素主要包括人员、材料、资金、信息等，在产业互联网重构传统产业结构后被转化为数据流、价值流，在新一代信息技术支撑下最终被转化为产业互联网平台上的数据流。供应链物流产生的物流仓储数据、创新链产生的技术成果数据、供应链金融产生的经济数据和资本数据、供应链上游的原材料供给成本数据、供应链下游的用户需求数据、产业外部的政策数据等，形成不同口径、不同量纲的数据存储于云端，流转于产业互联网全部节点。产业数据链主要围绕产业供应链展开，以数字供应链打造数字生态圈，建设数字供应链，协同推进供应链要素数据化和数据要素供应链化。推动智能化改造与产业协同发展，建设传统产业数字化转型服务平台。

6. 多链融合孵化产业互联网生态

产业互联网重构传统产业结构,将传统产业中的产业功能链转化为数据,这些数据的存储流动形成了多链融合的产业互联网结构。产业互联网平台的出现及新基础设施的使用,将传统产业链的关键环节,如生产、仓储、运输、采购、销售等通过物联网、无人机等技术数字化,同时产业构成的基本要素,如企业、技术、资本、人才等,也通过数字化形成数据。产业互联网通过新技术将传统产业转化为数据形式存储计算,产业互联网平台为数据的有机流动提供了物理基础。

技术的迭代升级及新场景的爆发,加速了产业互联网数据的流通共享,同时也促进了企业经营管理的线上化,企业经营管理线上化形成的企业内部数据结合产业链的数据通过市场的发展和交易的发生而流动,逐渐形成企业内部的数据循环及企业外部产业内各链条的数据循环,企业内外部的数据交互及内循环、外循环逐渐形成产业互联网生态,产业互联网生态的出现使得产业结构更为稳定高效。

8.2　产业互联网典型发展模式

8.2.1　产业互联网的 3 种发展模式

以产业互联网钻石模型结构为基础,演化出了产业互联网的发展模型。以产业互联网中间层的商业模式数字化为发展核心的企业,着重以数字化平台进行赋能,形成数字化赋能型的发展模式。以产业互联网顶层产业组织的重构为核心的企业,则以打通垂直产业链、整合产业链上下游资源为发展目标,形成了产业链垂直整合型的发展模式。以产业互联网底层的生态发展为导向的企业注重生态圈内主导企业对生态伙伴开放优势资源,演变成为全产业链生态型的发展模式。以产业互联网中间层的资本运作为核心的企业,借助金融科技手段对企业、产业进行资金融通和风险管理,形成了供应链金融型的发展模式。不同发展模式的数字化程度越高、互联网在产业链中渗透的程度越深,产业互联网平台的赋能就越明显,进而形成了不同的运行机制特征。

由消费互联网发展而来的平台数字化程度高、技术基础扎实、赋能水平较高。产业互联网的发展经历了信息互联网和消费互联网的阶段,也是互联网相关的云计算、大数据和人工智能等技术不断发展成熟的历程。因此,可以说信息互联网和消费互联网为产业互联网的发展提供了技术基础和运营经验。近年来,由消费互联网发展而来的产业互联网平台普遍具备较高的数字化程度,积累了庞大的流量和平台运营管理经验,平台赋能的发展也相对较为成熟。

互联网在产业链较长、环节较多的 2B 平台中发展成熟度更高。在从消费互联网向产业互联网的演变过程中,平台化逐渐从 2C 向 2B 渗透,产业的环节更多、分工更细,对标准化、智能化、协同化的要求更高,互联网平台也会更早、更快地进入其中。例如,重工业中的钢铁、能源、机械等,通常涉及第二产业中重要的原材料、生产设备,几乎贯穿于经济活动的各个环节,其产业互联网平台在垂直产业中发挥了重要作用。

供应链金融的发展,不能脱离产业数字化而实现。产业数字化融合了信息流、物流、商流和资金流,前三者天然容纳于传统供应链体系中,而资金流由于其自身的特殊性,在过去很长一段时间内并未被融入供应链体系之中,现在企业内部的财务系统已逐渐接入产业互联网平台中,但涉及外部资金融通的信用管理体系,并未真正并入平台原来的体系之中。因此,供应链金融的需求方更多见于现金周转率低、账期长的重资产企业,如建筑、化工等行业,在日常生产活动中确实有较大的业务需要,并且有能力、有意愿支付这一部分成本。此外,像京东这样供应链已十分完善的产业互联网企业,也在推动供应链金融科技战略,以"数智供应链+供应链金融"的双链联动模式,向政府、企业和金融机构输出供应链金融科技平台。

综上,结合归纳与演绎的方法,根据钻石模型结构,结合不同发展阶段,企业所处行业属性、数字化程度、互联网在产业链中渗透的程度、供应链金融的发展程度,将产业互联网的发展模式归纳为数字化赋能型、产业链垂直整合型、全产业链生态型和供应链金融型4类。

8.2.2 产业互联网发展模式一:数字化赋能型

1. 数字化赋能型的内涵

以数字技术为基础,支撑企业前中后端用数赋智。这类模式主要是从消费互联网发展而来的大型平台企业,拥有5G、云计算、人工智能等技术迭代升级能力,具备庞大的数据基础,便于形成标准化、可复制、可推广的模式,适用于多元场景。

2. 数字化赋能型的运行机制特征

这类模式的大数据-智慧化平台通过构建前台-中台-后台的清晰边界,连接了供给和需求两端。平台经济是数字经济的重要组成部分,平台经济的健康发展是加快发展数字经济的重要内容。平台企业应以互联网平台为纽带,集合各方力量,让数字经济不断向实体经济扩散,服务各行各业的数字化进程。企业的供需两端,即采购端和销售端,以产业互联网平台为纽带,实现供给端打通 B2B、B2C、O2O、线下门店等不同渠道,需求端货物共享、优化货物的周转效率。通过大数据的智通分析、预测、计划,实现全渠道运营、财务业务一体化,同时使线上/线下的客户享受一致的体验。

互联网改革深入影响着供需两端,作为信息技术与制造业深度融合的产物,产业互联网通过全面整合工业的各个要素,形成产业链和价值链,为制造业的数字化、网络化和智能化转型提供支持,重塑了工业生产和服务体系,持续孕育出新的模式和业态,正逐渐成为连接供给侧与需求侧,推动制造业向高质量发展转型的新工具。产业互联网在实现供需精准对接方面具有坚实的基础,它能够消除人、机器和物品协同作业中的障碍,建立起供需之间的数字化"桥梁"。一方面,产业互联网通过全面连接工业设备、产品、系统和服务,实现了消费端与生产端、供应链与制造业、产品与服务之间的数据流通,推动了数据从源头到应用端的全面整合,促进了研发设计、生产制造、运维服务等环节的工业资源大规模在线聚合;另一方面,产业互联网汇聚了制造商、供应商、消费者和开发者等多方参与者,促进了更广泛范围内的数据交换和流动,带动了技术、资金、人才等要素的有效流动。基于平台的新型业务协同、能力共享和市场拓展模式得以形成,实现了社会资源的网络化和动态优化配置[11]。

产业互联网还能实现大规模生产和个性化定制深度融合,构建供给体系在新水平上的动态均衡。一方面,将使生产过程极具柔性与自由度,通过将个性化用户信息注入到设计、供应链、制造、物流、服务等各个环节,使用户全程参与到生产和价值创造的过程中;另一方面,通过汇聚海量工业数据,推动生产要素配置方式和生产经营方式的变革,使整个供给体系呈现平台化、分散化、创客化、交互化的趋势,制造企业组织生态将更加多元、活跃、体量庞大且松散,进而形成新的动态均衡的供给体系。

此外,数字化赋能型的产业互联网是从供给与需求两侧出发进行双向建设,而传统消费互联网大多从需求侧出发,建立流量最大化的服务与生态,为向2B的全面转型积累了规模庞大的数据,这些数据可用于建立大企业的画像,同时也为销售渠道建立了品牌效应。在这一模式下,利润增长点逐渐从下游销售端向整个产业链辐射,产业融合从消费领域向产业深化,价值链从微笑曲线的底部转向更高价值环节[12]。

3. 数字化赋能型的实践案例

创办于2006年的良品铺子在2023年全渠道销售额超过80亿元,虽然出身传统,但良品铺子近年来线上转身极快,并在数字化转型方面形成了自己独特的一套打法。良品铺子在向数字化转型时实行的策略是:以智慧化供应链前、中、后平台保障全渠道战略的实施。

经过持续的信息化建设和投入,良品铺子已经实现了核心业务的全系统化管理,并完成了不同系统之间的集成整合,实现了前台系统的灵活覆盖、中台系统的高效集成和后台系统的稳健支撑,并在此基础上不断进行数字化的应用探索,有效改善了公司的运营效率和运营质量,保障了高端战略的持续推进[13]。良品铺子智慧供应链平台见图8-7。

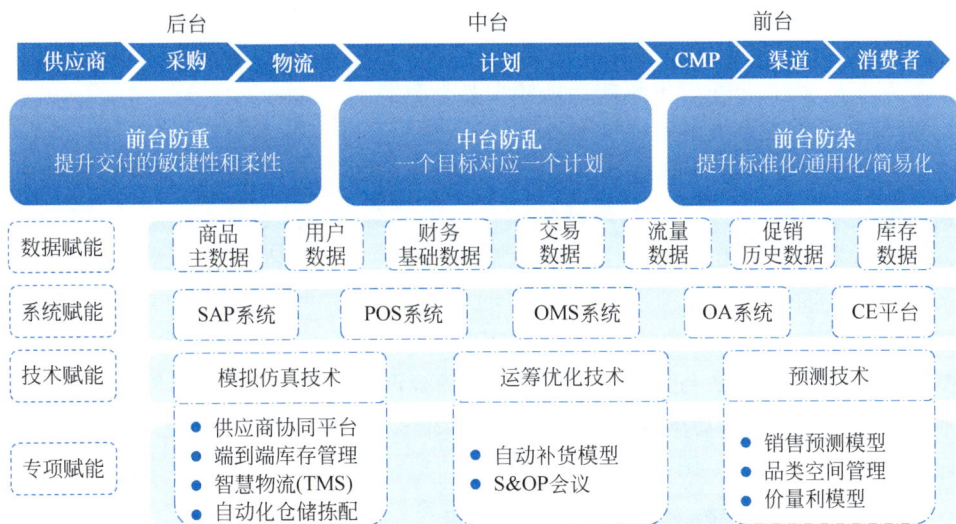

图 8-7　良品铺子智慧供应链平台

前台系统集中连接并管理各线下门店和线上店铺,实现了各种支付渠道的接入。通过统一的前台系统,公司可以快速连接并管理前台渠道的商品、价格、促销、库存等信息,提升了渠道管理的效率,同时保证了前端渠道相互之间的协同和用户体验的一致。

中台系统实现了公司全渠道订单、库存、会员信息、促销活动、商品配置等方面的统一管理,有利于公司资源的高效协同利用,实现了公司全渠道的运营能力支撑。目前,公司订单系统可支持线上单日交易超过200万笔、线下单日交易超过100万笔,物流系统可支持单日发货包裹超过60万个,会员系统支持数千万会员的积分、储值等信息管理,为公司全渠道运营提供了有力的支持。

后台系统对商品、门店、用户、供应商、员工等企业资源进行整合,实现了财务和业务一体化以及信息流、物流、资金流的统一管理和资源的高效配置。同时,通过建立数据分析系统,公司实现了对运营过程的事前分析、事中监控和事后检核,构建了基于数据的科学决策管控体系。

全渠道的核心在于所有的客户信息、资金流信息、订单信息必须由一个系统管理。现在良品铺子的自动补货系统,可通过大数据系统进行完全匹配。良品铺子将门店当作一个单独的仓库,店面每销售一件产品,后台系统就会自动生成库存的减少量。当库存量不足以支撑 3 天的销售时(一般要求门店的库存不超过 3 天),系统的最低库存预警池就会报警。与此同时,总仓物流就会收到该门店需要配货的通知,并及时配货。

8.2.3　产业互联网发展模式二:产业链垂直整合型

1. 产业链垂直整合型的内涵

整合上下游产业链,可提升各环节配置效率。以订单、需求驱动的 C2M 模式,以 SaaS 建立上下游链接,整合产业链的需求,打破信息壁垒,在产业链的各个环节精益生产,消除资源错配,对产业链的各个环节进行垂直整合,形成产业互联网平台。一方面,通过采用互联网技术对传统产业链进行全面的整合与优化,打通供应与销售的渠道,剔除冗余且不增值的环节,实现信息的连通和供需的精准匹配,建立基于新模式的产业价值网络;另一方面,基于共享经济理念,汇聚产业服务资源,为产业链的上下游企业提供了包括技术、金融在内的多方面赋能,促进了产业链的整体转型和升级[14]。

2. 产业链垂直整合型的运行机制特征

产业组织形式从产业价值链重组到产业价值模型转变。产业链垂直整合型模式位于钻石模型的顶层,体现了产业组织形式的重构。随着新一代信息技术的快速发展,产业链条得到了前所未有的赋能,促使产业互联网加速向数字化运维转型。特别是对于垂直产业互联网平台,技术的推动加速了数据和资源的流动与连接,形成了紧密的产业链闭环。这种转型专注于垂直产业链的独特需求,解决其核心问题,为实现产业平台间的有效整合提供了基础[15]。数字化平台与生产场景结合,对传统产业进行赋能升级,形成产业互联网,将产业链的上游、中游、下游的原材料、加工制造、销售服务打通,以互联网技术和思维推动产业链整体结构的优化(见图 8-8)。

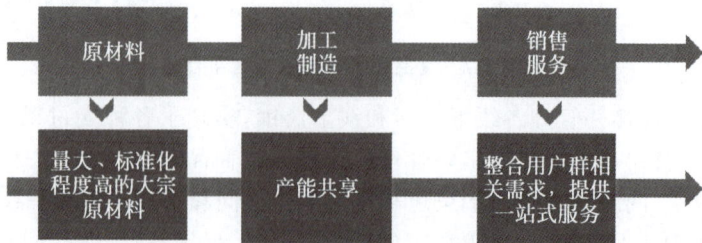

图 8-8　产业链垂直整合型运行机制

整合优化传统产业链,有助于供应链的创新和整个产业链进行价值再创造。优化和稳定产业链,供应链需要提升链条治理水平,以降低交易费用,形成共生利益,化解市场失灵。

治理的核心就是"链主"控制。当前,我国提升产业链、供应链治理,重点是加强产业链"链长"统筹协调,产业互联网就是重要的手段和工具。产业互联网的底层是数据集成,运用数据工具,制造业可以提升供应链管理能力,实现产业链与供应链协同发展。产业互联网平台通过打通供应链生产端、需求端、市场供应、物流运输等环节的数据,帮助产业链上下游主体实现高效对接,实现产业链与供应链数据融通是打破产业链主体间服务断点和信息孤岛的重要手段。产业互联网作为数字基础设施,支撑并促进产业链与供应链转型升级和持续发展。产业链与供应链通过工业互联网平台将上下游的数据流动和管理工作数字化,从而向相关人员提供准确的表达、评估和预测能力。数字化转型不再是模块化、单点式的能力补足,而是以全局管控为视角,促进全产业、全价值链协同发展。转型顺应国家供给侧结构性改革的要求,持续去库存、去产能,持续提升企业竞争力。

打通供销通道,去除不增值的冗余环节,为整个产业链降本增效。产业互联网数字经济的价值体现在降本增效,利用智能降低成本,提升供应链运作效率。按生产方式,分为离散性工业和流程性工业,前者的原材料主要是物理变化和顺序作业,后者的原材料涉及物理和化学变化,生产连续性强、流程比较规范。产业互联网的出现打破了这两种分类的界限,使二者得以有机结合,并形成标准化的工作流程。在此过程中,通过流程再造、标准化作业,最大限度地实现了工业企业的降本增效。产业互联网推动企业的产业数字化升级,最终目的是为了产业升级,打通产业链上的各个环节,在生产上实现质量全程追溯,在销售上实现产品追踪和库存实时管理,在零售环节实现面向客户特征的精准营销,在售后环节实现个性化的高质量服务。

建立价值网络连接,打造"产业状态一网感知、产业数据一网共享"的数字底座。通过这一底座贯通产业链,实现整体资源的有效配置。产业互联网平台应用于产业链与供应链中,不仅可以发挥其对人、机、物、系统等要素强大的全面连接能力,也可以依托其数据平台优势,在打通"信息孤岛"的同时,将数字化智能科技与供应链相关业务场景深度融合,实现"全链智能化"的融会贯通。对于产业链与供应链整体而言,从单点智能到联合智能,其转型可以打造产业链协同优势,促进产业链整体高效、资源整合、自主可控,提升管抗风险能力。具体而言,利用智能解决复杂问题、降低断链风险,并且实现产业链与供应链资源协同和有效配置、培育和补全产业链、优化产业布局。对于内部供应链而言,通过产业互联网挖掘数据背后的潜在价值,增强预测并辅助决策,帮助工厂实现模型化、可视化、全局化的内部供应链运营,以此达成智能化转型的目标。制造企业基于产业互联网平台实现新一代信息技术与工业生产各环节的深度融合渗透,推动智能制造单元、智能产线、智能车间的建设,进而达到内部供应链"信息流"和"实物流"的双维智能化,从"被动"到"主动",从"孤立"到"汇通",从"个体"到"平台"的全面智能化升级。

3. 产业链垂直整合型的实践案例

酷特主动专注研究"互联网＋工业"领域,将互联网、物联网等信息技术融入规模化生产中,由用户需求的大数据驱动工厂流水线,实现个性化柔性制造,在工业流水线上制造出版型、款式、面料完全不同的个性化定制产品,以此跳出传统生产模式的桎梏。酷特 C2M 产业互联网平台见图 8-9。

酷特于 2007 年开始"个性化定制"转型之路,并于 2011 年将工商一体化的 C2M 商业模式定为公司战略。C 端需求直达 M 端工厂,工厂通过个性化定制生产直接满足客户需求,

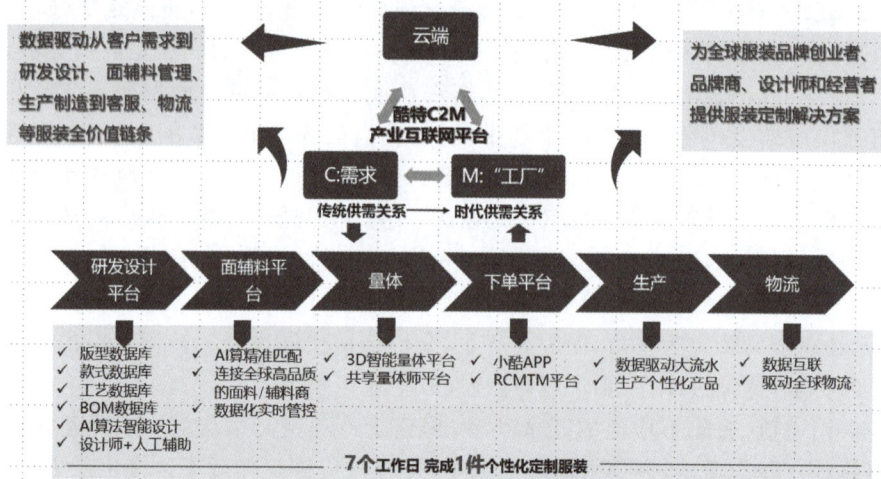

图 8-9 酷特 C2M 产业互联网平台

去除渠道商、代理商等中间环节,为客户提供高性价比的定制产品和服务,重塑制造端的源头价值。这种"客户先付款、工厂后生产"的模式,使酷特的每一件服装在生产前都已销售出去,实现了产品的零库存,大大降低了运营风险。

酷特建立了版型、款式、面料、BOM 四大数据库,达到百万、万亿量级的数据,可以满足99.99%的人体个性化定制需求。酷特还自主研发了专利量体工具和量体方法,采集人体19个部位的 22 个尺寸,并采用 3D 激光量体仪,实现人体数据在 7 秒内自动采集完成,解决了与生产系统自动智能化对接、转化的难题。用户体型数据的输入,驱动系统内近 10 000个数据的同步变化,能够满足驼背、凸肚、坠臀等 113 种特殊体型特征的定制,全面覆盖用户个性化设计需求[16]。

得益于大数据的驱动,实现 7 个工作日的交付周期。酷特实现了以工业化的手段、效率、成本制造个性化产品的能力,与传统定制工厂一个月甚至更长的生产周期相比,酷特只需 7 个工作日就可交货,酷特已不再是传统的制造企业,看似"相同产品"的背后,驱动的却是无法用眼睛洞察的数据力量。

8.2.4 产业互联网发展模式三:全产业链生态型

1. 全产业链生态型的内涵

全产业链生态型的产业互联网平台往往发端于实力雄厚的互联网平台型企业,自身已经构建起生态圈,并愿意开放自身资源,不断延展生态经济,围绕不同场景、需求、交易、供应等形成开放创新生态圈,利用自身的生产、品牌、渠道、供应链、物流等优势为企业造血、输血。

2. 全产业链生态型的运行机制特征

产业互联网集成一批产业组织者在若干领域促进"多流合一",逐渐形成自发展的生态体系。成熟的商业模式是形成各方生态参与者能够交互赋能的圈层体系,企业方在提供服务和输出能力的同时,也接受圈内其他生态伙伴的反向赋能,其他生态伙伴之间也可以相互赋能,从而产生高效生态协同。生态之所以能够形成并持续发展,是因为它的参与者围绕一个共同的目标,在一套共享的规则和制度的引导下,共同创造价值。因此,打造产业互联网生态实质上是建立一套共享的规则和制度的过程。产业互联网的发展需要传统参与者的加入,这要求新的共享制度能够融合新旧逻辑,在生态的共同进化中自然形成。生态的共同进化是在主导者的指导下,多样化的参与者利用科技进步和流量积累作为动力,以平台作为工具,寻求多方面、多资源的全局性优化,这是一个动态的、不断发展的过程[17]。

科技的不断迭代助力产业与消费者形成更具开放性的新型连接生态。首先,以强大的行业＋互联网,涵盖 2C-2B 领域,实现对产业链生产关系的改造优化和生产力的赋能提升;其次,以打造"数据驱动＋平台赋能＋智能终端＋场景服务＋社交生活＋敏捷供应"推动盈利模式的转变,消除流通环节的一切障碍,提升行业效率。技术的实现依赖于流量的支持,而流量的生成源自人与人之间的互动。只有当流量达到一定规模时,技术才有将其货币化的能力。互联网巨头在各个领域不断崛起,随着流量的货币化,利润越来越多地流向了这些头部平台,在平台经济、粉丝经济、流量经济和网络效应的共同作用下,许多行业出现了"赢者通吃"的现象。在中国,超过 80％的独角兽企业集中在消费互联网领域,它们成为中国在全球互联网创新中领先的主要推动力。然而,随着人口红利的逐渐减少,互联网对行业和经济的带动作用开始减弱,依赖流量经济的消费互联网进入了成熟阶段。2018 年,移动互联网用户数量首次出现下降,增速放缓。面对这一挑战,互联网企业迫切需要寻找新的增长点,将关注点从需求端转移到了供给端[15]。

开放技术平台帮助产业伙伴定制智慧工具,使其能够用好新的技术,更好地实现智能化的升级。生态演化的重心应放在不同行业、不同公司合在一起该如何实现整体发展上。将产业、科技、金融三方借助大数据和产业互联网高度耦合,打造一种数字生态运营模式,推动万物互联。生产性服务业、生态运营平台和产业三者的结合构成了所谓的数字生态。这一生态系统通过新基础设施的建设和数据化、本地化、标准化、一体化的推进,促进了从万物互联到万物数联的转变。数据基础平台利用大数据、云计算、人工智能等新一代信息技术,打造了一个以数据为核心、以网络为支撑的数据资源开发服务系统。该平台提供了多样化的服务模式,实现了数据的感知、传输、重组、开发,并在人工智能的赋能下进行增值和应用。这为产业生态的各参与方提供了更加丰富和有价值的产品和服务[18]。

平台的基本功能是整合分散资源、促进多方互动,以此为手段实现生态圈参与者的相生相伴,促进相互融合的生态共演。生态平台的功能不仅限于将价值链延伸至更前端的环节,更重要的是,它能够将积累的能力进行平台化的封装,并以 SaaS 等标准化、可复制的模式进行输出。这些能够封装并输出的能力通常是轻资产、标准化程度较高的业务环节,例如,订单管理、组货方案、商业智能等。它们充当了大规模生产、采购谈判、渠道销售等传统线下流程的"黏合剂"和价值的"放大器"。这对企业的数字化架构建设、流程管理机制和平台运营策略提出了更高的标准[19]。

能由消费互联网完成这一蜕变的互联网平台型公司在供应链、价值链整合方面的积累尤为重要。企业不仅基于生产这一核心环节向后端延展,同时还延伸向前端的流通、营销等环节,提供更深度的端到端运营服务与支持,从微笑曲线的两端同时攫取更高的利润价值,为客户提供研、产、供销组合服务,从而将这一模式推广至生态圈中的伙伴,对其进行赋能。此外,生态圈中的平台企业不仅是优势能力的输出方,还会作为平台方连接与匹配上下游企业资源,并从中获得佣金收益。这样一来便抓住了客户更为多元化的需求,并通过平台优势调动与整合其他资源提供方的能力来满足,不仅突破了自身能力瓶颈,同时也从种类丰富的生态伙伴身上汲取了产业数据等资源反哺自身。

3. 全产业链生态型的实践案例

数智供应链天生就具备推动社会化分工的特质,京东科技将具有优势的"科技＋产业"能力开放出来,与供应链环节中有比较优势企业实现价值互补、分工协作。京东科技以数智供应链为核心的"1＋6＋X"能力体系(见图 8-10)激发出数智化、全链路、社会化的强劲动能。作为集团对外科技能力输出的"集成商",京东科技整合科技、零售、物流、工业、健康、金融等版块以及外部生态能力,构建了"数智供应链"能力体系。据京东科技京东云副总裁王涛介绍,以 1 个"数智化"基础平台,6 大"全链路"数据能力,X 个"社会化"行业创新为核心的数智供应链能力体系,正激发出数智化、全链路、社会化的强劲动能,携手合作伙伴,共同推动全社会数字化转型。

(1)"1"个云平台。京东云数智平台包括混合多云、物联边缘、数据智能、组织智能、生态智能五大部分,向上开放生态,以 PaaS 形式整合数智化组件;向下融合,支持主流厂商基础设施,实现多云一体,应用一致。

(2)"6"大数据能力。京东对研采产供销服等核心环节的能力做了矩阵分布梳理,包含数智采购、协同研发、智能制造、全域营销、价值服务。依托京东集团供应链能力,结合京东科技、京东零售、京东物流、京东工业品、京东安联、京东京车会等业务生态的线上线下优势能力,以数智供应链为核心,助力行业研产供销服核心环节,覆盖行业全域数字化转型所需能力。

(3)"X"个行业创新场景。在"1 个数智平台"＋"6 大数据能力"基础上,通过集成与被集成的形式,面向具体行业上中下游和不同细分行业企业打造创新方案。面向传统与新兴等不同的细分企业,提供 X 个行业业务场景的解决方案。

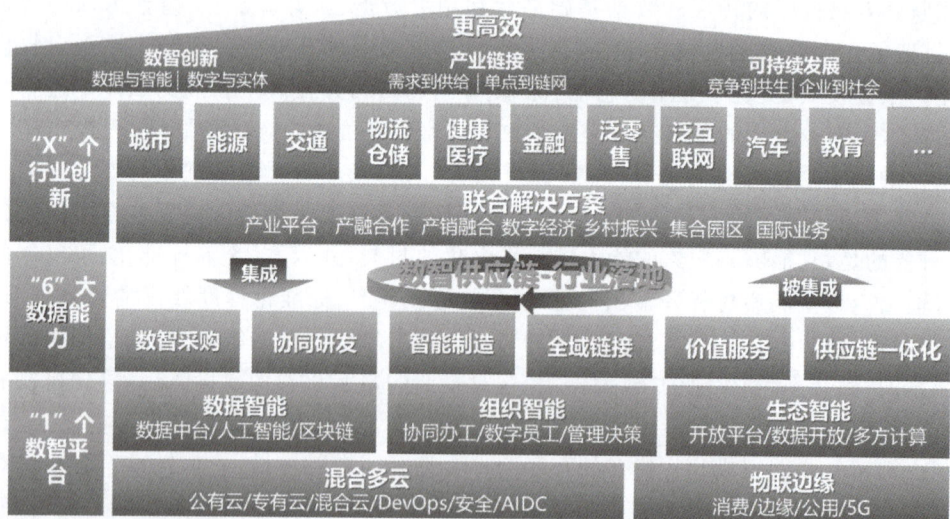

图 8-10　京东云"1＋6＋X"能力体系

数智供应链开放平台以统一的数智技术为基础,向合作伙伴提供包括混合多云、人工智能、大数据、物联边缘、区块链等多种技术能力。平台还将开放供应链等通用能力模块。京东科技已面向零售、物流、互联网、健康、政务、农业、交通、能源、制造、汽车等 12 个垂直行业,聚焦于 200 个解决方案来应对客户不同的数字化需求。平台将技术能力开放,与合作伙伴共同开拓丰富多彩的场景,从而形成的倍增效应。

8.3　产业互联网生态发展路径

8.3.1　产业互联网发展的重要意义

中国目前正处于由消费互联网向产业互联网过渡的关键时期。产业互联网的兴起和持续发展预示着传统产业在生产、销售、流通和融资等环节的全面革新。同时,产业互联网的进步也将极大地提升跨行业协作的效率,为传统产业的转型和经济的升级提供动力。产业互联网时代的来临具有深远的意义,主要体现在以下 4 个方面:

(1) 实现生产企业与消费者的直接联系。产业互联网利用大数据、云计算、人工智能等技术,深化了传统产业与互联网的融合,通过减少中间环节和降低流通成本,提高了效率。设备和数据的互联互通汇聚于统一平台,实现了生产者与消费者的直接联系,从而降低了成本,提升了效益。

(2) 形成生产者与消费者结合的供应链。产业互联网通过整合互联网技术,提升了产业发展的效率,实现了供应链的升级。技术的应用改变了整个产业链和价值链,提高了整体的运转和生产效率。产业互联网通过连接和打通从源头到终端的所有流程,减少了中间环节,形成了新的消费者与生产者之间的供应链。

(3) 构建高效率的商业模式。在产业互联网的背景下,创业者利用数据新技术构建了高效的商业模式。这些模式重组了人才、资本、信息、数据等经济要素,形成了新的产业链结构和关系。通过互联网交易平台,实现了生产者与消费者的直接联系,创造了新的盈利模式。

(4) 促进新型基础设施的发展。新型数字基础设施的发展,通过数字化技术和人工智能的产业化应用,催生了新业态,促进了商业模式的变革。互联网产业的发展为新旧动能转换提供了支持,推动了制造业的技术改造,支撑了新经济的发展,形成了产业互联网新的经济增长点,推动了新一代信息技术、通信网络设备、人工智能等的发展,加速了智能制造和相应商业模式的快速发展,促进了产业生态系统的转型升级[4]。

8.3.2　产业互联网发展面临的挑战

传统产业数字基础设施薄弱,产品和技术大多处于产业链的中低端,数字技术与传统产业融合程度有待加深。我国产业互联网的发展目前还处于早期阶段,许多平台企业在数据、模型、模式和软件方面的积累尚显不足。在向制造企业提供数字化服务的过程中,通常需要经历一个初步阶段,即通过承接"项目"来满足这些企业的特定需求。在执行这些"项目"的过程中,企业可以逐步积累工业数据、模型和专业知识,这些积累对于平台功能的持续改进和完善至关重要。

数字化赋能的产业链协作程度不高,大量工业数据未充分采集,大量工业知识和模型未完全实现数字化的问题。这使得很多工业互联网平台在提供企业服务时,存在"30%功能靠平台支撑,70%功能靠个性化开发"的问题。未来随着工业数据和模型的积累不断丰富,以及不同类型平台分工合作的不断加深,将形成"70%功能靠平台支撑,30%功能靠个性化开发"的格局,基于平台的解决方案应用价值将会得到更为充分的释放,产业互联网平台的基础系统价值将显著提升[20]。

产业互联网的发展因涉及的领域广泛和技术类别复杂,目前尚未建立统一的技术与应用标准。鉴于工业制造领域现场控制的显著差异,实现技术标准的统一对于推动产业互联网的快速发展至关重要。这就涉及如通信协议、操作系统和平台架构的标准化。

8.3.3 产业互联网的发展路径

一是以数据驱动价值链、以技术驱动互联网平台智能化发展。其核心是基于数据协同的价值链分割与整合,在具体方案方面,包括制造过程数据化,即通过工业大数据的方式,预测生产过程,减少生产过程的故障。通过生产过程的数据化与智能化,实现按需生产。制造过程智能化是指引进机器人、智能控制技术、互联网技术等,实现从自动化工厂到智能化工厂的转型。制造过程一体化是指依托移动互联网终端等智能设备实现产供销一体化。将企业的创新活动、供应链、营销链等数据全面整合到产业互联网平台中,从而使企业实现由数据驱动价值链。

二是网络化、生态化协同制造平台,强化大型企业平台化赋能效应。大型企业依托协同制造平台推进智能制造、大规模个性化定制、网络化协同制造和服务型制造,推动网络化分布式生产设施的实现;中小企业则依托平台建设"智能工厂",重点应用智能化生产系统及过程,并融入到平台的资源网络之中。建设一批云设计平台,通过整合各类设计资源,通过将资源虚拟化、任务分解化、设计互动化、交流社区化等模式,使云平台为设计过程发挥更大的作用。以供应链的智能化,推动"智慧物流"应用,推动协同制造平台应用。通过互联网、物联网、物流网,整合物流资源,充分发挥现有物流资源供应方的效率,需求方能够快速获得服务匹配,得到物流支持[21]。产业互联网发展较为成熟的大型企业应该重视由此构建生态圈,对生态圈中的基础硬件、基础软件、应用软件等底层技术进行兼容化、开放化的设置,降低生态圈内的企业的进入门槛,同时帮助生态圈中的企业进行技术、产能的升级。

三是建立产业互联网技术标准、业务的统一标准。要充分发挥产业互联网的信息技术价值以及技术储备优势,就应形成"统一市场",做到协议的统一、操作系统的统一以及工业计算控制平台架构的统一,真正实现产业资源向生态圈内企业群体的全面开放,从而极大地推进行业物联网基础设施的建设进程。国家标准 GB/T 42021—2022《工业互联网总体网络架构》发布,这是我国工业互联网领域发布的首个国家标准,围绕工业互联网网络规划、设计、建设和升级改造,规范了工业互联网工厂内、工厂外网络架构的目标和功能要求,提出了工业互联网实施框架和安全要求。

四是发展"1+1+1"模式,即"产业+互联网+金融"。这种模式是产业本身与互联网技术和金融服务的协同发展,其实质是利用互联网打通金融和实体产业,支撑产业发展。具体框架是通过产业互联网化,并利用互联网为产业提供金融服务。例如,在产业互联网的基础上,采取"科技创新中心+领军企业+产业金融"的联动平台策略,实现产业链、创新链和资金链的整合,建立融合政府投资、社会资本和银行信贷的多元化产业金融支持体系。通过设立孵化基金、并购基金、股权投资基金和策略基金等方式,进一步促进主营业务的扩展和增长。通过产业互联网金融服务整合资源,放大资产规模,孵化业务创新,实现资源的高效配置和产业的持续发展[21]。

8.3.4　典型领域产业互联网发展路径建议

1. 包装食品产业互联网发展路径建议

1)行业情况

从市场规模看,中国休闲食品行业空间大、增长快,有望从打价格战抢份额阶段,过渡到头部集团明确、差异化竞争阶段。2022年,全国包装食品行业市场规模超15 000亿元,随着市场渗透率提高,年复合增长率维持在11%以上。在细分品类中,市场规模增速随着集中度聚合而放缓,目前糖果类市场集中度最高,其次是膨化食品,卤制品、坚果炒货、烘焙糕点集中度较低,但增长率尚可。渠道以线下为主,线上销售占比11%但增长迅速。在经历了2017—2019年线上发力狂奔后,现已形成了头部三强格局,随着格局稳定,头部差异化竞争,行业整体利润率有望逐渐提升。

从细分品类看,相对国际头部零食大厂(亿滋、雀巢、家乐氏、好时等),我国休闲零食品牌比较年轻,主要可分为坚果炒货、卤制品、烘焙糕点、膨化食品等细分品类,主要分成两类:一是聚焦单一产品的单品类公司,二是全品类综合平台型企业。

从产业链看,包装食品产业链上游为原材料的供应,从种植和养殖环节开始,包括坚果、水果、肉类、水产和五谷等。产业链中游主要是食品的加工环节,包括烘焙、糖果的制作、饼干的制作、食品膨化处理和食品炒货的加工等。产业链下游直接触达消费者,分为线上电商平台的销售和线下实体商超或连锁店铺的销售(见图8-11)。

图 8-11　包装食品产业链图

从商业模式看,单一品类和全品类截然不同。经营单一品类的企业都是较传统的品牌,聚焦某一类或某一种产品,只售卖此类产品。这类企业主要以线下模式为主,保持重资产的运营模式,通常自建生产线,供应链能力较强,也在逐步加码线上化布局。这类企业的典型代表为煌上煌、绝味鸭脖和桃李。全品类综合平台型企业通常横跨多种品类,经营多种零食产品,并且多具备互联网基因,因此产品更新迭代迅速,以轻资产模式运营,与工厂合作进行代加工,免去产能布局的长周期,销售端推行全渠道战略,同时在线上线下进行售卖。这类企业的典型代表为三只松鼠、良品铺子、盐津铺子(见图8-12)。

2)实例分析

盐津铺子是一家集食品研发、生产、销售于一体的集团公司。2017年2月8日,盐津铺子在深圳A股中小企业板上市,被媒体誉为"休闲零食自主制造第一股"。

图 8-12　包装食品产业链图谱

2020 年的新冠疫情背景下极大地推动了生鲜电商、社区团购等新型零售模式发展。新型零售模式一发不可收，对商超零售造成巨大压力，分流了大量消费者。在此背景下，一直以传统"商超中岛"为主阵地、线下为王的盐津铺子，面临流量的转移，因此加大了在线上电商渠道的投入。

盐津铺子的电商销售渠道较弱。目前，盐津铺子已推出全渠道变革和战略转型计划，将向商超、社区团购、流通渠道（便利系统）、线上电商等全渠道布局，并向"产品矩阵＋大单品""散装＋定量装"进行战略转型。这些战略无一例外需要产业互联网平台进行全面数字化赋能。

从产业互联网平台看，目前主要集中在食品包装产业环节的线上化，现有产业互联网平台主要服务于产业供应链的线上化，对产业价值链、创新链、资金链等功能链关注不够，产业功能链融合不充分，产业互联网协同互联水平较差，企业对外开放程度不够，集聚产业资源要素过少，不足以支撑产业创新生态的形成。总体来说，产业互联网平台发展水平目前仍处于初级阶段。

3）特色做法建议

一是全渠道叠加全品类稳健均衡发展。以大数据为支撑，建立以智能化供应链和全渠道销售优势为核心的战略经营模式，保持全品类和全渠道全面发展。智能化供应链和全渠道销售体系，主要是保障消费者高端体验和产品高端健康品质，建立集市场研究、食品研发、采购质检、物流配送及全渠道销售于一体的全产业链品牌运营模式。形成全面覆盖肉类零食、坚果炒货等多个品类、多品种的产品组合，有效地满足不同消费者群体在不同场景下的多元化休闲食品需求；全渠道体系包括铺设智慧门店、平台电商、O2O 外卖、社交平台、自营 App 等线上及线下渠道。

二是通过数字化技术，全面掌控上中下游定位。公司主要从事休闲食品的研发、采购、销售及运营业务，以线下门店和线上平台为主要销售渠道，面向加盟门店、个人消费者及企业等客户进行休闲食品的销售，通过研发、采购、物流配送和运营等环节连接起上游供应商、下游客户以及物流服务商、销售平台等各类合作伙伴，建立上中下游增值性供应链体系，保证高端战略定位。上游端保障产品品质，加工环节由认证供应商完成，经公司分装和全面质检后完成产品入库，保证高端品质。中游端保障产品品牌与研发，公司基于对消费数据和行业数据的研究，在综合考虑消费者生理、口味、口感和营养健康等方面需求的基础上,不断探索产品品类、工艺及口味特点,推陈出新,以满足消费者不断变化的消费需求,保证精准化经营。在线上销售环节,消费者可以通过公司的自营平台或第三方平台提出产品购买需求。公司的信息管理系统与这些销售平台实现对接,自动生成订单。随后,订单经过集中处理和审核,再传递给物流部门,物流部门随即开始准备发货事宜。在线下销售环节,公司的线下直营店或加盟店根据需求定期向公司提出备货请求。公司统一安排货物配送,确保门店库存充足,消费者可以直接到店选购。这样不仅保证了产品的质量和真实性,也确保了服务的高标准和一致性。

4)平台搭建建议

由图 8-13 可以看到,包装食品产业互联网平台架构的核心在于企业内部包装食品相关业务流程的线上化工作,包括数据产品、包装食品产业环节数据资产管理存储治理;智慧生产、供应、物流、营销等场景智慧应用系统;业务中台聚焦于企业内业务管理,核心的物流交付平台、生产制造平台较完善,交易平台及增信融资平台缺失,这使得包装食品行业产业互联网商业模式很难出现创新,难以形成创新链激励,无法形成产业互联网多链融合格局,难以孵化产业互联网创新生态。

平台集成的产业主体只有本公司,上下游企业、产业相关企业、投融资机构、产学研机构等缺失,平台开放度不够,平台参与合作的企业、人才等稀少,且投融资机构、产学研机构的缺失使得产业互联网资本运作不够灵活、创新动力不足,产业互联网应对风险能力不足,发展动力不足。

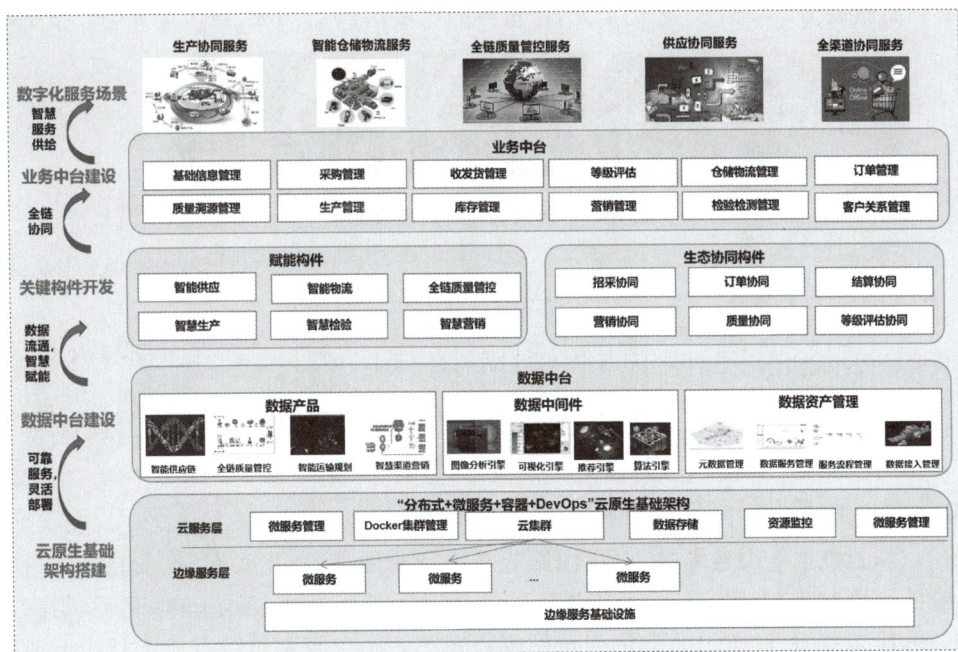

图 8-13 包装食品产业互联网平台架构

结合包装食品产业互联网平台架构来看,其产业互联网仍处于初期发展阶段,尽管平台功能架构基本完善,但细节处功能并不完备,主要由于相关产业本身未形成产业互联网模式,产业互联网结构模型中关键的产业组织、创新生态、商业模式、资本运作都处于传统向产业互联网转型阶段,尚未成型,因此产业互联网平台架构也局限于企业内部业务,资源集聚度较低。

相关产业企业应加速产业互联网平台转型,由对内工作平台转向开放式服务平台,可以先由企业所在产业及区域入手,吸引洽谈企业上下游合作企业机构进入平台,吸引投融资机构、科创服务机构等加入平台,将非私密资源通过平台进行知识、资源有偿/无偿共享,通过吸引更多专业企业、人才进入,加速产业互联网的发展。

2. 服装纺织行业产业互联网发展路径建议

1)行业情况

从市场规模看,我国内销市场规模大。伴随着我国经济保持较快增长、国民收入稳步提升、消费升级趋势稳步推进,我国服装纺织内销市场规模总体呈现增长态势。根据国家统计局的数据,2000—2019年,我国限额以上服装鞋帽、针、纺织品类零售额由959.2亿元增长至1.35万亿元,年均复合增速约为14.94%;限额以上服装类零售额由587.9亿元增长至9778.1亿元,年均复合增速约为15.95%[22]。

从产业链看,服装纺织行业属于劳动密集型产业,产业链上下游关联度较大。产业链上游原材料主要包括棉花、麻、蚕丝等天然纤维以及人造纤维、合成纤维等化学纤维,涉及农业种植、养殖、化工等相关业,产业链中游主要包括纺织品、服装加工及制造环节,产业链下游主要包括各种销售渠道(见图8-14和图8-15)。目前我国服装纺织行业在全球价值链中地位稳固,产业链整体竞争力不断增强。2020年,我国纺织纤维加工总量达5800万吨,占世界纤维加工总量的比重保持在50%以上,化纤产量占世界的比重70%以上。2020年,我国纺织品服装出口额达2912亿美元,占世界的比重达到37.5%,稳居世界第一位[23]。

图 8-14　服装纺织业产业链图谱

图 8-15　服装纺织业智能生态图

从商业模式看,互联网+纺织有望成为我国纺服行业未来发展趋势之一。在大数据、电商平台、新冠疫情等因素影响下,我国服装纺织行业逐步向"互联网+"的趋势迈进。以2020年"618购物节"为例,京东、天猫累计下单金额分别为2692亿与6982亿元,均创新纪录。其中,服装鞋帽、针纺织品类位列全网零售额第一。在服装纺织行业产品线上消费量增加的同时,纺织企业在产品的设计与生产中亦积极地结合应用互联网信息技术,优化产品结构。因此,纺服行业与互联网的深度融合或将一定程度上提升纺服企业的盈利水平,有望成为我国纺服行业未来发展的趋势之一(见图8-16)。

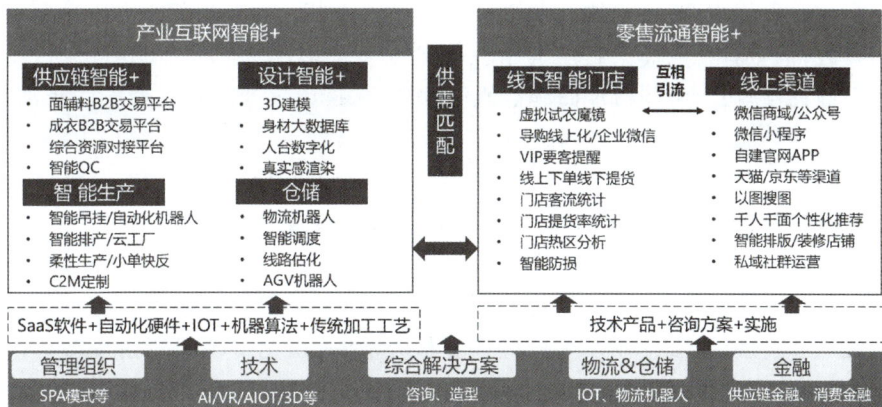

图 8-16　服装纺织业技术实现路径

2）实例分析

青岛酷特智能股份有限公司(简称"酷特")成立于 2007 年,是拥有 C2M 产业互联网核心技术和核心能力的科技企业。酷特以打造 C2M 产业互联网平台生态为战略,目前形成了"科技为核心、服装为载体、资本为关键"三足鼎立的战略格局。但在产业互联网建设与应用方面仍有一些不足。

(1)产业链不畅通导致流量不足,订单偏少。从 B 端看,酷特近年在更多地往定制化方向扩张,但其自身并未掌握终端的客户流量,公司业务主要为定制化平台代工定制订单。从 C 端看,虽然酷特自建了针对 C 端客户个人化定制的酷特云蓝 App 和微信小程序定制化入口,但订单明显偏少。

(2)未形成品牌效应。贴牌加工个性化定制服装毛利率逐年下降,主要原因是最初的订单主要为国外小型 B 端客户,单价较高,所以毛利率也相对高。

(3)产业互联网平台业务层建设不够充分,平台产业资源整合不足,目前酷特平台C2M 平台仍主要以生产端数字化及企业内部线上化为主,业务层面平台建设欠缺,企业对外开放程度和业务层面的资源整合数据获取也不够,使得该平台产业组织能力不够、产业内活跃程度不足从而导致订单流量少,企业难以产生品牌效应。一味地重视生产端和消费端的结合,对传统产业链的重构力度不够,忽视产业价值链、创新链对产业发展的作用。

3）特色做法建议

一是强化酷特 C2M 平台连接生产端与消费端的特性,将产业互联网平台的个性化柔性定制向产业链上下游延展。互联网已经基本完成了对消费领域的覆盖,部分领域甚至已达到市场饱和状态。在产业互联网背景下,酷特应将平台积累的消费大数据向上游制造厂商传导,开始转向生产端寻求新的市场机遇。互联网及相关服务企业可利用自身的技术优势驱动上游制造厂商转型升级,赋能上下游供应链。上游制造厂商开始寻求数字化转型,但仍存在上下游交易信息传导不畅、供应链的全局性和协同性不完善、综合运营效率低下等问题。因此,像酷特一样的制造厂商需借助产业互联网的创新能力,打通生产端和消费端的有效连接,提升传统产业效率,创造新的价值点。C 端需求直达 M 端工厂,工厂通过个性化定制生产直接满足客户需求,重塑制造端的源头价值,保证上游品质的柔性化、供应链的个性化和下游消费流量的畅通性[24]。

二是强化研发能力,扩大自主品牌效应。产业互联网 C2M 电商模式通过电商平台直接连接消费者,消费者在电商平台填写个性化参数下订单,电商平台收到订单后将数据向上游制造厂商传导,使上游制造厂商具备消费者视角,拉近生产端和消费端的距离,从而更好地把控产品的选品、设计和生产,让消费者真正参与到产品生成的全过程中,满足消费者个性化定制需求。在此基础上,酷特应不断积累、沉淀客户个性化需求,形成自己的选品库,不断提升在布料选择、款式设计方面的研发能力,形成自主品牌和影响力。

三是加强企业对外开放程度,吸纳更多产业资源进入平台。目前产业互联网 C2M 平台打破了生产端和消费端的距离,使得生产需求更为精准,但是平台内仅有消费者和生产者很难激发产业发展活力,企业及平台应该更加开放,吸引更多的投资研发服务机构进入平台,刺激产品研发迭代,获取更多招商投资资源,快速形成产业集聚,使得产业内资源更加丰富,激发更多新场景、新业态的爆发,只有新场景的出现才能帮助平台及企业走入更多用户的视线。

4)服装纺织行业产业互联网平台搭建建议

由图 8-17 可以看到,服装纺织产业互联网平台工作的核心主要围绕在生产制造环节,包括生产线的智能化互联、研发设计工作的智能及智能设备的深度应用等。在产业互联网平台必备的 4 类关键平台中,交易平台、生产制造平台较为完善,物流交付平台及增信融资平台相对弱势。在产业互联网结构中,资本运作环节是短板,创新生态环节仍处于初期不成熟阶段。

服装纺织产业互联网平台中产业链环节不够完备,产业功能链中价值链、创新链缺失,产业资源集聚度较低,且目前服装纺织产业互联网平台关注的产业环节集中在采购、生产、设计等,物流、仓储、交付等环节相对来讲智能化水平不高。产业互联网平台对上游供应商及产业领域内相关企业关注较低,资源信息共享度较差,存在信息壁垒、数据孤岛现象。

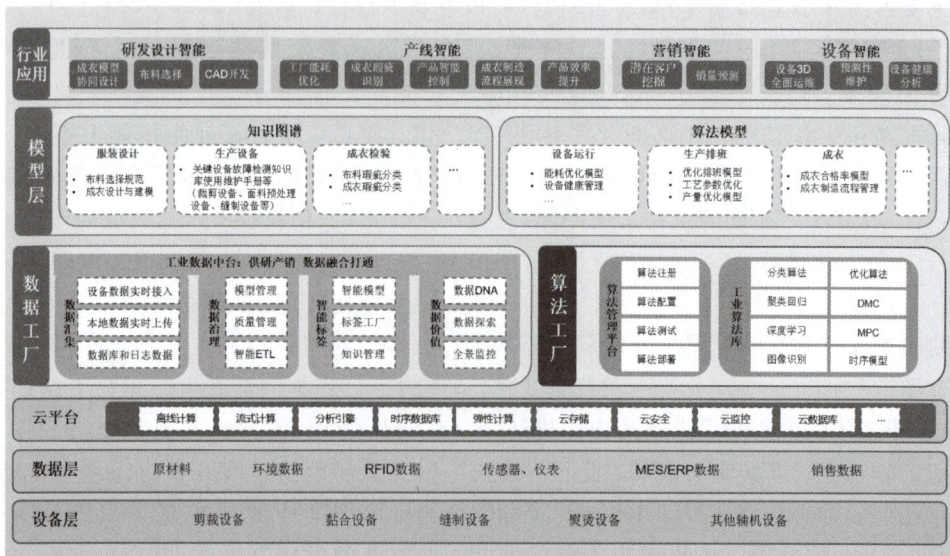

图 8-17 服装纺织产业互联网平台架构

根据服装纺织行业中个人定制场景的特点及研发设计的特色环节,在应用层可以通过构建开发者社区、App 等线上交流社区应用,吸引相关人才、消费者及用户等的进入,实现平台的小范围推广,吸纳更多企业机构加入产业互联网平台,丰富平台信息资源,提高平台的开放程度,加速创新生态的形成。

基于服装纺织行业产业互联网平台精准服务个人用户的特色及丰富经验,可以通过适当的营销手段配合现有社交平台等打造爆款产品推广平台,打造知名度,树立品牌形象,以大品牌形象吸引资源集聚。后续如何服务管理外部平台,如何适当开放资源共享等也是值得讨论的课题,现阶段工作的重点是打响市场知名度。

3. 智能家居产业互联网发展路径建议

1) 行业情况

从市场规模看,智能家居以个性化服务为出发点,应用场景不断拓宽。智能家居是以住宅为平台,利用综合布线技术、网络通信技术、安全防范技术、自动控制技术、音视频技术将家居生活有关的设施集成在一起,将网络通信、自动控制、物联网、云计算及人工智能等技术与家居设备相融合,形成便捷舒适的居住环境。2019年,中国智能家居市场出货量达到2.08亿台,首次突破2亿台大关,2017—2019年复合增速为35.07%。2021年上半年,中国智能家居设备市场出货量约为1亿台,同比增长13.7%,预计全年出货量为2.3亿台,同比增长14.6%。

从产业链看,家居市场的定制家具、全屋定制模式以其专业定制为特色,更能彰显家居和主人个性,符合当代消费者个性化的消费潮流,并成为行业发展的一种趋势。此外,5G、AR/VR、人工智能等技术的发展推动了智能家居整体市场的壮大。2021年,中国智能家居市场规模近2000亿元[25]。智能家居上游产业涉及技术及硬件,如传感器、芯片及面板、材料及屏幕等,主要供应商有金山科技、华为和京东方等;产业链中游为家居系统,如智能安防系统、网关控制、医疗系统等,主要供应商为小米、欧瑞博智能家居和科沃斯电器等;产业链下游为智能家居的单品,主要供应商有海尔、美的和小米等,主要销售渠道分为B端和C端,前者主要为房地产商、酒店和家装公司,后者主要为线上及线下的商场,如天猫、京东和苏宁易购等(见图8-18)。

从商业模式看,随着物联网、5G等技术的不断发展和在家居制造领域的应用,人们在购买家居时更关注"智能家居让生活省心"的特点,推动了智能家居在中国市场的渗透,使用场景也不断扩大。智能家居将家庭环境管理、安全防卫、消费服务和影音娱乐与家居生活有机结合,并通过数据收集与分析为客户提供个性化服务。随着各项基础设施的逐渐完善与居民消费结构的不断转型升级,智能家居的应用场景不断拓宽,主要运用领域涵盖智能光感、智能家电、智能安防、智能连接控制、智能家庭娱乐和智能家庭能源管理等方向。

2) 实例分析

小米智能家居依托小米手机、小米电视、小米路由器三大核心产品,从各方面多角度为人们的生活智能化提供服务。小米智能家居由智能照明、视频监控、传感器、儿童看护、健康管理、生活家居、电动窗帘、车载出行、智能遥控、自动门窗、餐厨、卫浴、运动穿戴十三项功能组合而成。面向小米生态的产业互联网建设是小米集团一项重点任务,但目前仍存在一些问题。

行业标准不规范,小米生态链相对"封闭"。目前智能家居行业虽然在迅速发展,规模不断扩大,但是国家还没有出台相关的行业标准,智能家居系统产品各自为营,不同厂家生产的智能产品往往不能实现互联互通,用户选择不同品牌厂商的智能家居产品进行组合使

图 8-18 智能家居产业链图谱

用的想法受到了极大的限制。小米智能家居系统的控制中心米家 App 目前大部分智能家居产品也只能兼容小米生态链企业的智能产品,与其他各大智能家居产品很少兼容,这导致了如果一个用户想使用小米的热水器、海尔的冰箱、美的电磁炉,那么不仅需要安装米家 App、海尔的海尔优家,还需要安装美的美居 3 款不同的智能控制中心。

过于依赖移动终端 App,产品独立性差。目前大多数小米智能家居产品都能通过移动终端 App 来进行控制,有些甚至只能通过移动终端的 App 进行控制,离开了智能终端 App,智能家电成了智障家电,这极大地削弱了用户对智能化家居生活的热情。过分依赖移动终端 App 使得手机成了智能家居的核心部分,一旦手机出现问题或者被盗,智能家居系统的安全和使用状况就会受到极大的威胁。

3）特色做法建议

一是建立产业互联网生态圈，开放优质资源，在向生态圈内企业赋能的同时也反哺自身进行技术迭代。通过承担生态链公司前期的渠道、供应链、生态构建成本，迅速将生态链公司推进行业第一梯队，后期通过股权投资分享生态链公司自身的发展红利。纳入生态圈中的企业可与小米共享技术架构、生态体系、供应链、品牌效应等优质资源，从而形成开放型、共享型生态圈。

二是尽快协商制定智能家居业内标准。目前我国智能家居行业缺乏行业标准，这不仅是制约小米智能家居体系化发展的障碍，也是制约我国整体智能家居行业发展的绊脚石。在目前的智能家居领域，无论是以华为、小米、三星、苹果等为代表的手机厂商，还是以海信、格力、海尔、美的等为代表的传统电器厂商，抑或是以京东、阿里等为代表的电商平台，都没有领跑业内标准的能力。只有通过合作才能共赢，加强企业合作，尽快制定智能家居行业标准，才是当务之急。应加强与其他智能家居巨头企业的对话与协商，追求互利共赢，走出小米智能家居生态保护圈。

4）智能家居行业产业互联网平台搭建建议

由图 8-19 可以看到，智能家居产业互联网平台架构包括边缘层、IaaS 层、PaaS 层及 SaaS 层。在功能方面包括四大关键平台——交易平台、生产制造平台、物流交付平台及增信融资平台，其产业结构中产业组织、资本运作、商业模式、产业互联网平台都较为成熟，创新生态在小范围内初步形成，但在产业范围内仍处于初期阶段。

智能家居产业互联网平台由行业龙头企业搭建，且由于其产业特点，智能生产设备、网络安全服务、交易平台等关键平台及应用层 App 等平台关键环节都已具备，但是由于数据隐私等问题，现行智能家居产业互联网主要集聚于产业龙头集团下相关企业，不同大企业之间的产业互联网平台不能互通，产业互联网被分割为几个小范围的"产业互联网"，造成产业互联网的割裂及产业内资源的分割，难以形成良性创新生态。

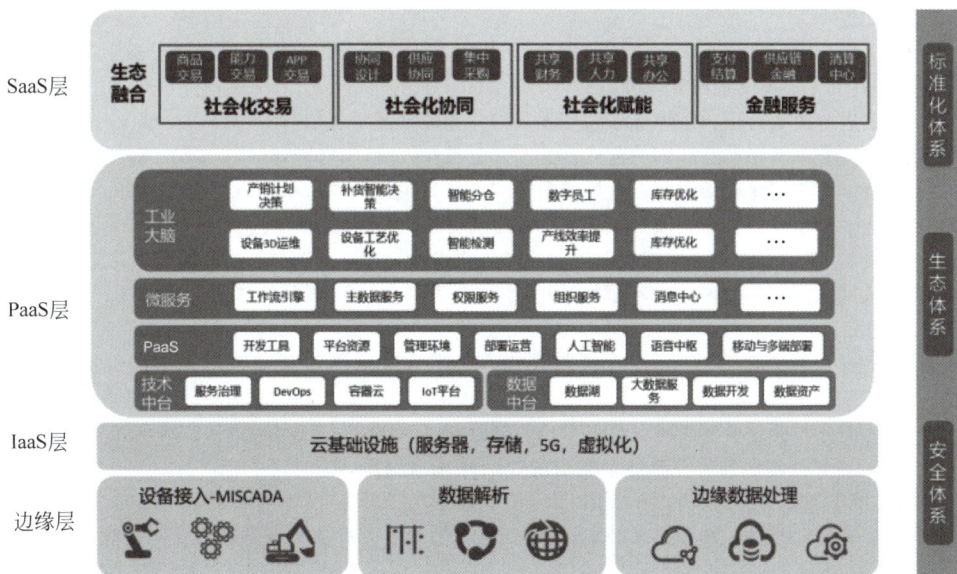

图 8-19　智能家居产业互联网平台架构

　　结合智能家居产业互联网平台架构及智能家居产业目前发展情况来看,智能家居产业目前发展的关键问题不同于前两个产业,主要是数据孤岛问题及产业内部竞争导致的资源不能共享,产业互联网开放程度不够,难以形成良性创新生态循环;且已有产业互联网平台中创投机构、初创微小企业、创新服务机构等参与度低。

　　考虑到竞争、隐私等问题,智能家居产业互联网平台可以考虑打造开放社区,招引产学研机构、专业人才等进入产业互联网平台,加速智能家居创新发展,打破技术瓶颈,解决数据孤岛等问题,加速不同企业产业互联网平台之间的合作及资源共享。

参考文献

[1] 谢玮.提升产业基础高级化、产业链现代化水平工业互联网的驱动力[J].中国经济周刊,2020,(09):14-18+112.

[2] 杨文溥.中国产业数字化转型测度及区域收敛性研究[J].经济体制改革,2022,(01):111-118.

[3] 国务院发展研究中心."传统产业数字化转型的模式和路径"研究报告[R].北京,2018.

[4] 任保平.我国产业互联网时代的新特征及其发展路径[J].人民论坛,2021,(01):66-68.

[5] 鄢飞,董千里.产业供应链形成路径及特性[J].长安大学学报(社会科学版),2008,(01):30-34+42.

[6] 长城企业战略研究所.产业价值链运动三规律[J].高科技与产业化,2014,(03):26-29.

[7] 荆浩,刘垭.尚品宅配:"互联网+"的商业模式创新[J].企业管理,2016,(02):107-109.

[8] 谢柳芳.促进产业链与创新链融合的审计协同机制探索——"双循环"背景下国家审计视角的理论分析框架[J].会计之友,2022,(20):2-9.

[9] 钟荣丙.产业链创新链双向融合:成效、困境及路径——基于株洲·中国动力谷的案例分析[J].科技创业月刊,2022,35(01):1-8.

[10] 任保平,朱晓萌.中国经济从消费互联网时代向产业互联网时代的转型[J].上海经济研究,2020,(07):15-22.

[11] 王刚.工业互联网:跨越供给侧与需求侧"鸿沟"的新手段[N].通信产业报,2019-12-02.

[12] 产业互联三问 2019 中国产业互联网基础逻辑[C]//艾瑞咨询系列研究报告(2019 年第 8 期).2019:22.

[13] 程虹,王华星,范寒冰.我国传统企业如何通过"平台化"促进高质量发展?——基于"良品铺子"的案例研究[J].宏观质量研究,2020,8(04):1-21.

[14] 刘巍.推进自由贸易试验区产业互联网发展[J].党政干部学刊,2019,(04):60-64.

[15] 熊静.经济变革下移动互联网的范式演进[J].金融科技时代,2022,30(11):34-38.

[16] 彭卉.数字化智能化服装定制运营模式研究[J].纺织报告,2021,40(06):30-32+39.

[17] 侯宏.从平台领导到生态共演:产业互联网的制度视角[J].清华管理评论,2019,(12):94-103.

[18] 樊荣,梁婧.产业互联网推动产业深度融合[N].贵阳日报,2019-05-28(002).

[19] 贺晓青,刘晓龙,华雨菁.产业互联网六大生态模式[J].北京石油管理干部学院学报,2022,29(03):73.

[20] 谢玮.提升产业基础高级化、产业链现代化水平工业互联网的驱动力[J].中国经济周刊,2020,(09):14-18+112.

[21] 李勇坚.充分释放产业互联网的公共价值:以服务业为例[J].互联网经济,2020,(05):94-99.

[22] 智雅.2023 年纺织服装行业整体预期乐观[N].中国服饰报,2023-01-20(006).

[23] 中国纺织工业联合会.建党百年宏图壮　纺织强国梦正圆[N].中国纺织报,2021-06-30(001).

[24] 汪娟,赵士凤,张丙铜.产业互联网 C2M 电商模式的价值分析及实现路径[J].安徽职业技术学院学报,2021,20(01):53-56.

[25] 杨洸.家居出口逆势上涨——智能家居未来可期[N].中国建材报,2021-03-08.

第**9**章

产业互联网平台运维与管理

9.1 产业互联网组织架构

产业互联网运维与管理是一个多维度的任务,它要求组织明确战略定位,持续投资于技术创新,并能构建开放、可扩展的平台以促进资源整合和协同工作,本节重点介绍平台管理的组织架构模型,后续各节将介绍产业互联网的服务体系、运营保障、平台用户评估和选择以及平台管理策略等。

9.1.1 平台管理组织架构模型

产业互联网平台的管理组织架构由平台运营商、服务提供商以及包括生产商、供应商、分销商和消费者在内的用户群体共同构成。平台管理组织架构模型如图 9-1 所示。

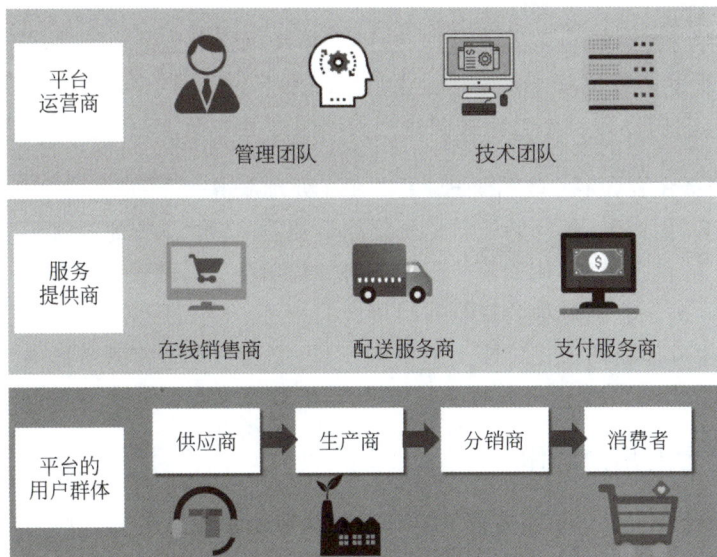

图 9-1 平台管理组织架构模型

9.1.2　平台运营商

平台运营商是整个服务平台的核心,负责制定平台的整体战略、政策以及监督平台的日常运营。平台运营商拥有专业的管理团队和技术团队,确保平台能够高效、有序地运行。

管理团队:负责制定平台的长期发展规划、市场定位、运营策略等,并对平台的整体运营情况进行监督和评估。管理团队由经验丰富的行业专家和资深管理人员组成。

技术团队:负责平台的技术研发、系统维护和数据安全。技术团队拥有专业的技术背景和丰富的实战经验,能够确保平台的技术领先性和稳定性。

9.1.3　服务提供商

服务提供商是平台上提供各类服务的专业机构,包括在线销售、配送、支付等服务的提供者。服务提供商与平台运营商紧密合作,共同为平台的用户提供优质的服务。

其中在线销售商是指利用互联网技术和平台,将企业的产品或服务在线上进行销售和推广的商家。提供的主要服务包括:产品展示,在线销售商通过平台展示产品信息,包括图片、描述、价格等,供消费者浏览和选择;订单管理,消费者下单后,在线销售商负责处理订单,包括确认订单、修改订单、取消订单等;支付处理,在线销售商通常与支付服务商合作,提供多种支付方式供消费者选择,确保交易的安全和便捷;物流配送,与配送服务商合作,将商品从仓库发往消费者手中。在线销售商选择产业互联网平台主要在于平台具备的3方面优势,包括:时间灵活,消费者可随时随地购物;空间无限,突破地域限制,扩大市场范围;成本低廉,降低店面租金、人工成本等费用。

配送服务商负责从在线销售商或仓库取货,到根据消费者的订单信息进行配送,最后到提供配送跟踪服务,确保消费者随时了解商品位置的全套物流配送流程。提供的服务主要包括:个性化服务,根据客户的特定需求进行定制化处理,如特定时间送货、指定送货地点等;增值服务,提供包装、配送跟踪等额外服务,提升服务整体价值;集约化服务,通过集中采购和库存管理,减少成本并提升服务效率。

支付服务商是商家的支付服务提供方,它允许其客户使用支付服务商平台进行电子支付。它提供的服务主要包括:支付处理,提供在线处理服务,用于通过多种支付方式进行电子支付,如信用卡、借记卡、银行转账等;简化注册流程,支付服务商通过创建子商户平台,减少了商户账户的审批流程,使商家能更快获得支付服务;提供安全保障,采用先进的数据加密和安全技术,确保交易过程的安全和消费者的权益。支付服务商是产业互联网平台的支撑方,通过其服务加速商家支付账户的审批流程,提高效率;为商家提供多种支付方式,满足不同消费者的需求;提供专业的支付安全保障,降低交易风险。

9.1.4　平台的用户群体

平台的用户群体主要包括供应商、生产商、分销商和消费者等,通过平台实现商品的交易和流通。

供应商为生产商提供原材料、包装材料等物资支持,确保生产商能够顺利地进行生产活动。供应商与生产商之间建立了紧密的合作关系,共同推动整个产业链的发展。

生产商是平台上的重要供应方,负责提供各类产品的生产和供应。生产商可通过平台展示自己的产品,与供应商、分销商和消费者建立联系,实现产品的销售和推广。

分销商负责将生产商的产品分销到各个销售渠道,包括线上和线下渠道。分销商通过平台与生产商、供应商建立联系,获取产品信息和价格信息,实现产品的快速流通和销售。

消费者是平台上的最终用户,通过平台购买自己需要的产品或服务。消费者可以在平台上浏览各种产品信息,比较价格和质量,选择适合自己的商品进行购买。平台为消费者提供了便捷、安全的购物环境,以及优质的售后服务。

9.1.5 各参与主体的管理要求

产业互联网平台管理过程中对各参与主体的管理要求可参见 GB/T 31524—2015 电子商务平台运营与技术规范[1]。

对于平台运营商,关注其资质和经营条件、人员管理与培训能力、信息管理系统建设能力、平台用户资质审核与备案流程、交易过程监督与信息披露等方面。

对于服务提供商,关注其商品质量和服务质量管理体系、网上支付合规性、订单确认和服务过程、售后管理等环节。

对于服务使用方,应从不同角色对平台的需求和期望入手,通过满足各类服务使用方的需求,提供多样化、个性化的服务,不断优化和完善平台的功能和性能。其中生产商主要关注平台的供应链管理、订单处理等功能,希望通过平台降低运营成本、提高生产效率。供应商主要关注平台的采购管理、库存管理等功能,希望通过平台与生产商建立稳定的合作关系。分销商主要关注平台的物流配送、财务管理等功能,希望通过平台实现订单的快速处理和资金的快速回笼。消费者主要关注平台的产品质量、价格和服务水平,希望通过平台购买到优质、实惠、便捷的产品或服务。

9.2 产业互联网服务体系

9.2.1 产业互联网服务协同需求

产业互联网的服务协同是建立在产业内部分工和供需关系的基础上,围绕核心企业,通过对信息流、物流、资金流的控制,在产品的整个生命周期中,形成的一种企业群体的关联图谱[2]。服务需求的多样化带来了网络化技术服务事务处理的复杂性与多变性。

- 计划需求协同:生产商在制定外购计划时,希望确保供应商的生产能力与外购计划需求相匹配,避免计划与供应商能力之间的冲突,从而减少对生产过程的潜在影响。
- 信息交互协同:在传统的外购外协管理中,生产商与供应商之间的信息交流多依赖于电子邮件、传真和电话等传统方式,这些方式容易受到人为因素的干扰,导致信息传递不及时和不准确。为了提高业务协同性和可控性,生产商和供应商需要采用更现代化、更可靠的信息交流方式,确保信息的及时性、准确性和可追溯性。
- 生产加工协同:面对复杂的产品结构和长工艺流程,生产商需要与供应商建立有效的加工过程反馈机制。通过这一机制,生产商能够实时监控生产进度,并对生产过程进行必要的干预,以确保加工质量和效率。
- 物流协同:在物流过程中,尤其是长途运输,缺乏实时的物流信息交互会影响物料的有效管理。生产商和供应商希望建立即时的物流信息交互机制,确保双方能够及时了解物料的在途状态和到货情况,保障生产的连续性。

- 库存协同:资源共享对于生产商和供应商都至关重要。通过共享库存资源信息,生产商可以合理制定业务计划,而供应商则可以根据这些信息提前准备生产,以更好地满足生产商的需求。
- 订单协同:当前企业订单管理多依赖于纸质订单,这在处理大量订单时显得不够高效。在网络化协同制造环境中,通过数字化的订单管理系统,生产商和供应商可以实时查看订单状态,进行在线对单、结算和收付款等操作,提高订单管理的效率。
- 设计制造协同:设计与制造的协同是工业产品开发的关键。通过建立统一的数据源,实现数据反馈的协同改善、集成信息系统、促进设计与制造知识交互以及知识匹配,进而有效地降低成本、缩短研发周期,并提高整体的设计制造效率。

9.2.2　产业互联网服务构成要素

针对上述需求,产业互联网需要有针对性地提供相应服务,构成服务的要素包括人、资源、信息、技术、交互行为等。

1. 人

服务中"人"的要素又可称为服务主体,包括服务提供者、服务使用者和服务使能者。表 9-1 给出了服务要素"人(服务主体)"的示例。

表 9-1　服务要素"人(服务主体)"的示例

服　　务	服务使用者	服务提供者	服务使能者
智慧供应与集采	供应商	核心生产制造企业	资金监管方、产业互联网服务平台
个性化定制	消费者	核心生产制造企业	供应商、物流企业、产业互联网服务平台
协同生产调度	经销商、消费者	核心生产制造企业	配套制造商、产业互联网服务平台
智慧物流配送	经销商、消费者	原材料供应商、核心生产制造企业、配套生产企业、物流企业	物流企业、车队、产业互联网服务平台、货代、船代等
品质管控	经销商、消费者	原材料供应商、生产商、物流企业	质检方、产业互联网服务平台
协同营销	核心制造企业	经销商、零售商、电商企业	消费者、配套生产企业、物流企业、产业互联网服务平台
共享财务	核心制造企业、供应商、物流企业以及经销商	产业互联网服务平台	银行系统、支付系统、产业互联网服务平台
产业链数字化金融	核心制造企业、配套生产商、供应商、经销商	资金方	核心制造企业(担保方)、产业互联网服务平台
灵活用工	用工企业	就业人员、人力资源公司	人力资源公司、产业互联网服务平台
科学决策	核心制造企业	产业互联网服务平台	产业互联网服务平台

2. 资源

服务资源主要包括环境、软件、硬件或设备等类型,其中环境是服务执行的物理类或 IT 类场地。

3. 信息

服务信息分为两类:资源类信息和指令类信息。资源类信息是服务资源要素在服务系统中虚拟化后的信息,用于向服务交互行为提供支持。指令类信息在服务主体及其行为之间进行控制指令和业务信息的传递,决定后续服务流程如何运转[4]。

4. 技术

产业互联网服务的本质是为全产业链提供智慧的协同服务,而新一代信息技术和新一代人工智能技术是实现智慧的协同服务的基础和手段。产业互联网服务所用到的技术主要包括数据挖掘技术、用户画像技术、业务流程重构技术、资源智能匹配技术、过程协同优化技术、个性化推荐技术以及云原生产业互联网服务平台的构建和数据存储处理技术等。

5. 交互行为

交互行为刻画产业互联网服务系统内包含的各服务任务、过程、活动、动作,以及这些行为单元之间的交互关系。服务的任务是完成服务供需双方主体的一次协同过程。过程由一组服务活动及其之间的时序关系构成,每个活动由特定的服务主体发出。活动可被继续分解为原子的服务动作。

9.2.3 产业互联网服务体系模型

在明确产业互联网服务的需求和服务构成要素的基础上可以构建面向全产业链的产业互联网服务体系框架,如图 9-2 所示。图 9-2 详细描述了各服务的内容,主要包括服务要素、服务平台、服务内容、服务特点等。

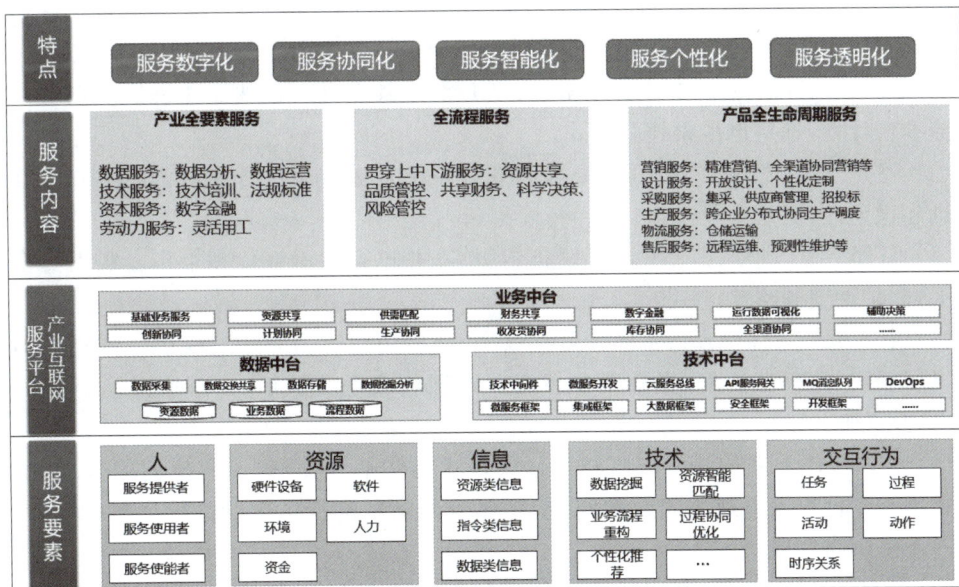

图 9-2 服务体系框架

9.2.4 产业链协同服务运营

1. 运营内容

（1）平台运营与维护：负责平台的基础设施搭建与维护，包括服务器管理、网络监控等，确保平台的稳定性和高效运行。定期更新平台功能，根据用户反馈和市场需求进行迭代优化，提升用户体验。监控平台运营数据，分析用户行为、交易趋势等，为产业链协同服务提供数据支持。

（2）服务内容策划与推广：根据产业链上下游企业的实际需求，策划并推出具有针对性的服务内容，如定制化金融服务、供应链优化方案等。制定并执行服务推广计划，通过线上线下渠道进行广泛宣传，吸引更多企业加入平台，扩大服务覆盖范围。定期组织行业交流会和研讨会，加强企业间的合作与交流，推动产业链协同发展。

（3）客户关系管理：建立完善的客户档案，记录企业基本信息、业务需求、服务反馈等，为后续的客户服务提供支持。提供专业的客户服务支持，包括咨询解答、业务指导、问题处理等，确保企业能够快速获得帮助。定期收集企业反馈，了解服务满意度和改进点，持续优化服务内容和流程。

（4）合作伙伴关系管理：与产业链上下游企业建立稳固的合作伙伴关系，共同推动产业链协同发展。定期与合作伙伴进行沟通和交流，了解他们的需求和期望，共同制定合作计划和方案。协调解决合作过程中出现的问题和纠纷，确保合作顺利进行。

（5）市场研究与拓展：密切关注行业动态和市场趋势，进行深入研究和分析，为服务内容的优化和拓展提供决策依据。拓展新的服务领域和市场，寻找新的增长点，推动产业链协同服务的持续发展。

2. 运营流程

（1）需求分析：通过市场调研、用户访谈等方式，收集产业链上下游企业的实际需求和痛点问题。对收集到的需求进行整理和分析，明确服务内容和方向。

（2）服务策划：根据需求分析结果，策划并设计具有针对性的服务内容和功能点。制定服务推广计划，确定推广渠道和方式。

（3）服务开发：组建开发团队，根据服务策划结果进行服务开发和测试工作。确保服务质量和稳定性，满足企业需求。

（4）服务上线与推广：在平台上发布新服务，并进行广泛宣传和推广。吸引更多企业加入平台，扩大服务覆盖范围。

（5）服务运营与优化：监控服务运营数据，分析用户行为和市场趋势。根据数据分析结果，优化服务内容和流程，提升用户体验。定期收集企业反馈，了解服务满意度和改进点，持续改进服务质量。

（6）合作伙伴关系维护：定期与合作伙伴进行沟通和交流，了解他们的需求和期望。协调解决合作过程中出现的问题和纠纷，确保合作顺利进行。寻求新的合作机会和领域，推动产业链协同发展。

（7）市场研究与拓展：密切关注行业动态和市场趋势，进行深入研究和分析。根据市场研究结果，拓展新的服务领域和市场，寻找新的增长点。不断优化服务内容和流程，提升产业链协同服务的竞争力和影响力。

9.3　平台运营保障

9.3.1　基本要求

产业互联网平台运营保障是指确保信息技术系统稳定、安全、高效地运行,以满足业务需求和用户期望。产业互联网的基本要求主要体现在如下方面。

(1) 可靠性:系统应具备高可靠性,能够持续稳定运行,减少故障和中断。

(2) 可用性:应保证高可用性,即使在部分组件出现故障的情况下,也能继续提供服务。

(3) 性能:应具备良好的性能,响应时间短,处理能力强,满足用户和业务的需求。

(4) 安全性:系统应保护数据和资源不受未授权访问和攻击。

(5) 备份与恢复:建立数据备份和灾难恢复计划,确保在数据丢失或系统故障时能够快速恢复。

(6) 维护与升级:定期对系统进行维护和升级,以适应新的技术发展和业务需求。

(7) 持续改进:基于用户反馈和系统性能数据,持续优化和改进系统,提升服务质量。

9.3.2　日常运营保障

产业互联网平台的日常运营保障是确保系统持续、稳定、高效运行的关键环节。下面介绍日常运营保障方面的主要措施。

(1) 数据备份:制定详细的数据备份计划,包括备份频率、备份类型(全备份、增量备份或差异备份)。确保备份数据的安全性,通过加密和访问控制保护备份文件。

(2) 系统监控:实施实时监控系统,跟踪关键性能指标,如 CPU 使用率、内存使用、磁盘 I/O 等。配置警报机制,当系统指标超出正常阈值时,能够及时通知运维团队。

(3) 数据库维护:执行数据库索引优化、碎片整理和查询优化,以提高数据库访问速度。清理过时或冗余数据,释放存储空间,提高系统性能。

(4) 系统升级:在升级前进行全面的系统评估,确保新版本与现有系统和业务流程兼容。在受控环境中测试升级过程,确保升级不会影响生产环境。

(5) 用户培训:定期举办用户培训课程,提高用户对新功能和最佳实践的认识。提供在线帮助文档和用户指南,方便用户随时查阅。

(6) 持续改进:收集用户对系统的意见和建议。定期审查系统使用情况,根据业务发展调整系统配置和功能。

通过实施上述细节措施,可以确保产业互联网平台的日常运营保障工作更加系统化、规范化,从而提高系统的稳定性和可靠性,支持服务平台的持续运营和发展。

9.3.3　用户管理

产业互联网平台应确保对用户账户和访问权限进行有效控制,同时提高用户满意度和系统的整体安全性。下面介绍用户管理方面的主要措施。

(1) 用户档案管理:维护用户档案信息,包括联系信息、部门、职位等,确保信息的准确性和及时更新。

（2）密码管理：管理用户密码设置、修改、重置策略。

（3）权限分配：根据用户的角色和职责，分配系统访问权限和资源使用权限。

（4）访问控制：实施基于角色的访问控制（RBAC）或其他访问控制模型，以限制用户对系统资源的访问。

（5）用户培训：提供必要的系统使用培训和安全意识教育。

（6）用户支持：提供技术支持和用户帮助，解决用户在使用系统过程中遇到的问题。

（7）用户反馈处理：收集用户反馈，用于改进系统功能和用户体验。

（8）用户生命周期管理：管理用户的整个生命周期，包括账户的创建、维护、禁用和删除。

9.3.4 数据安全

产业互联网平台数据安全的主要工作内容涵盖了保护数据免受未授权访问、泄露、破坏和丢失的一系列措施。下面介绍数据安全方面的主要措施。

（1）数据安全策略制定：制定全面的数据安全政策和程序，包括数据保护、访问控制和数据分类。

（2）用户身份验证和授权：强化用户身份验证机制，如多因素认证，并确保正确的授权。

（3）数据备份和恢复计划：定期备份关键数据，并制定灾难恢复计划以确保数据可恢复性。

（4）漏洞管理和补丁程序：定期进行系统和软件的漏洞扫描，并及时应用安全补丁。

（5）网络安全措施：使用防火墙、上网行为管理系统等控制平台保护网络。

（6）数据库安全：保护数据库免受 SQL 注入和其他攻击，限制数据库访问。

（7）安全意识培训：定期对员工进行安全培训，提高他们对数据保护的安全意识。

通过这些工作内容，可以确保平台数据安全得到妥善管理，减少数据泄露和滥用的风险。

9.4 平台用户的评估和选择

9.4.1 平台评估的目的和意义

产业互联网平台与业务、产业和数字化能力密切关联。在平台建立初期，以及运行一段时间后，应对平台的用户进行评估和画像，以保证平台的专业性和安全性。平台评估的目的和意义主要体现在以下几个方面。

（1）个性化服务：通过对用户的行为、偏好和需求进行评估和画像，平台能够提供更加个性化的服务和产品推荐，提高用户体验。

（2）精准营销：用户评估和画像可以帮助平台更准确地定位目标市场，实现精准营销，提高广告和促销活动的有效性。

（3）风险管理：用户评估有助于识别潜在的风险，例如信用风险、欺诈行为等，从而采取相应的预防措施。

（4）产品开发：用户画像为产品开发提供了宝贵的数据支持，从而帮助平台开发更符合用户需求的新产品或服务。

（5）市场研究：用户画像可以作为市场研究的工具，帮助平台了解不同用户群体的特征，为市场策略制定提供依据。

与传统互联网平台的用户评估不同，产业互联网平台更关注用户自身的管理和数字化水平，以及与产业的协同能力，因此本书参考 GBT 39116—2020 智能制造能力成熟度模型[3]，确定了产业互联网用户评估的 3 个维度，即组织能力、基础条件、数据能力，如表 9-2～表 9-5 所示。

表 9-2　产业互联网用户评估考察的能力域

能力域	能力子域
组织能力	组织建设
	企业战略
	流程管理
基础条件	基础设施
	应用支撑资源
	资金
	知识资源
数据能力	数据采集
	数据管理
	数据共享
	数据安全

表 9-3　平台用户组织能力要求

能力子域	分级	要　　求
组织建设	一级	针对产业链协同需求，配备必要的人员；积极培育主要人员在产业链协同方面的意识；识别产业上下游协同所需要的人才
	二级	在组织架构层面，考虑相关团队或岗位设置；通过职责、考核、培训等措施，确保相关活动有效展开；配备满足产业链协同需求的人员，包括但不限于信息技术人员、信息安全人员等
	三级	在各管理与业务领域，配置相关职责岗位，并将相关职责纳入岗位绩效考核；建立满足持续推进产业链协同和产业生态建设的人员队伍、考核机制和培训体系等，将产业链协同能力纳入管理指标项；培育人员使用数据发现问题、分析问题、解决问题的能力，并确保人员能够正确认识产业链协同带来的各类生产活动变化；识别外部专家需求，逐步建立专家库
	四级	通过量化管理方式，管理相关岗位的任职资格及人才储备等；通过对数据进行分析判断问题，并做出调整优化；确保人员树立科学观念与方法，并以数字化、软件化的方法，共享知识、技能和经验；识别人才需求，有意识地吸纳和培养相关人才
	五级	基于产业生态发展的要求优化调整战略，适时优化调整组织结构与岗位职能；建立专门的专家团队、研究团队、执行团队，支撑整个产业生态体系建设与发展

能力子域	分级	要　　求
企业战略	一级	明确产业链协同的重点和方向；组织管理者应具备产业链协同的意识
	二级	制定与组织发展相契合的产业链协同战略框架；主要负责人应具备数据洞察、数据分析等能力
	三级	落实完善产业链协同战略，包括目标、愿景、策略、路径、组织架构、关键指标等等文件；统筹团队，开展评估、指导、监督企业各层面的产业链协同活动
	四级	基于产业生态战略形成具体的实施路径及计划，并采用数字化技术对计划执行进行监控；分别对产业生态战略各方面成效评估评价，如业务、管理创新、技术、产品和服务等
	五级	具备顶层战略规划设计，形成对外输出的规划策略；具备利用数字化技术进行产业生态战略实施的能力；基于历史数据，预测、模拟产业生态战略的效果，明确下一阶段产业生态发展的需求
流程管理	一级	具有局部业务流程的管理规范或规章制度
	二级	使用信息技术手段管理流程制修订过程、宣贯活动、配套成果等；基于需求优化相关业务流程
	三级	使用信息技术手段跟踪各项流程并获取流程关键数据；开展关键流程效能和成效的评估分析
	四级	建立流程数据库，使用信息系统开展流程测试、发布和固化，并实现流程模板的版本管理和迭代优化；评估部门间的流程协同效果，开展流程改进，以消除流程间的冲突与矛盾
	五级	建立常见的流程设计评测模型，对流程设计成果进行模拟和评价；基于流程管理与各业务管理系统的集成，实现流程发布、执行、反馈、监控的闭环管理；建立主要流程改进影响因素模型，结合流程全局图谱和历史数据等，预测流程改进面临的问题，基于知识库给出解决方案

表 9-4　平台用户基础条件要求

能力子域	分级	要　　求
基础设施	一级	现有信息技术基础设施应满足为产业链协同提供基础设施资源保障的要求
	二级	建立产业链协同基础设施资源管理机制，为产业链协同提供资源
	三级	对产业链协同相关资源的采购、储备及调配形成有效规划及具体措施
	四级	将基础设备资源集中统合管理，形成资源库，对基础设备进行统一调配
	五级	构建面向业务服务管理的基础设施资源支撑体系；构建基础设施资源的可伸缩、可拓展、可监控的动态管理机制，形成对产业生态的支撑
应用支撑资源	一级	具备支撑产业链协同信息系统建设所需的基本应用支撑资源
	二级	对产业链协同信息系统建设所需的应用支撑资源进行系统性规划
	三级	支持为组织应用和系统提供开发、运行和管理服务及基础能力和集成环境
	四级	具备跨企业协同的能力，支持多种类型数据库的访问，支持多种缓存以及多种展现方式，便于应用扩展；支持集群部署、分布式服务、横向扩展等
	五级	具备应用支撑资源的动态、敏捷、安全扩展能力；基于资源服务进行资源量化管理，建立资源应用和管理模型，并持续优化；建立应用支撑资源的上下游生态协同
资金	一级	安排专项资金计划支持产业链协同的实现
	二级	在局部业务中落实资金计划并设立产业链协同资金管理措施

续表

能力子域	分级	要　　求
资金	三级	建立与行业特点、数字化水平等相匹配的产业链协同资金的投入预算及管控机制；建立资金保障管理制度，并持续优化和改进资金保障管理
	四级	对产业链协同资金进行统筹协调利用、优化调整、动态协同管理和量化精准核算；持续识别的风险，制定应急储备资金方案
	五级	建立产业生态建设相关的资金预算；针对产业生态环境建设相关工作所需资金和保障机制，建立相对独立的管控与审计体系，创新资金使用和保障模式
知识资源	一级	重视知识在产业链协同中的作用，具备知识获取意识
	二级	识别产业链协同所需的知识资源要素，建立知识管理体系
	三级	对产业链协同所需的知识资源进行管理，全面建立并维护知识资源，构建产业链协同知识库
	四级	建立知识资源的规划模型，对企业所在的产业生态所需知识资源进行预期规划；建立知识资源的管理平台，对数据模型及其关系模型、路径模型等实现平台化管理，形成模型要素间的整合管理
	五级	支持企业内、行业内知识库的互联共享，实现知识创新；推动实现知识在上下游生态中的知识资源协同，创新和引领知识管理新模式，实现知识重组和再造

表 9-5　平台用户数据能力要求

能力子域	分级	要　　求
数据采集	一级	以信息技术手段方式实现局部业务数据的记录
	二级	识别局部业务的转型需求，形成关键数据的需求清单；根据需求实现关键数据的自动或半自动采集
	三级	实现业务数据的分类、封装；支持业务数据的分析；具备基于数据支撑的业务管理能力
	四级	识别业务模式的数据要素，建立业务数据模型；支持业务数据的融合、互通；具备基于数据支撑的业务融合能力
	五级	基于业务数据支撑组织的业务创新和转型；具备基于数据自分析的业务自优化能力
数据管理	一级	获取产业链协同相关业务数据并提供数据接口；在现有数据安全规范要求下使用数据
	二级	定义数据管理制度和过程；对局部业务所涉及的数据管理过程定义标准、规范和指南
	三级	建立组织内完备的数据管理体系，其要求应符合 GB/T 36073—2018 中 7.1.4(c)、7.2.4(c)和7.3.4(c)的规定；建立数据管理平台，利用平台开展数据管理
	四级	建立数据管理过程的考核评估模型；基于模型对管理过程开展量化绩效评估，对管理过程进行迭代优化；对各管理域的绩效指标进行统计分析
	五级	引导生态伙伴参与构建数据管理过程体系，覆盖生态业务，并与其他相关流程有效配合；构建智能化的数据管理工具平台，支撑生态合作伙伴的融合数据管理
数据共享	一级	识别相关数据资源并形成可共享的数据目录
	二级	明确数据共享目标，建立数据共享制度和流程；制定数据共享实施方案；建立数据的授权使用机制，确保数据使用合法合规
	三级	建立数据资产管理组织和框架，发布数据资产管理策略；建立数据资产管理机制；定期开展数据盘点、共享效果评估和流通风险分析等工作
	四级	建立数据共享管理平台，实现数据资产互通，及时响应服务、统计、分析等需求；基于算法和模型实现数据共享的自动提供和价值度量，具备实时响应新需求的能力
	五级	建立数据共享相关的收益分配机制，将自身数据资产融入生态，支撑生态可持续发展

续表

能力子域	分级	要　　　求
数据安全	一级	明确产业链协同活动中的数据安全要求
	二级	将数据安全风险纳入风险管理的全过程,通过技术和管理手段将相关风险控制到可接受范围
	三级	对整体信息环境进行监测预警,定期开展检测评估活动;确保安全漏洞与威胁能够及时发现并得到有效处置
	四级	建立完善的安全防护体系,实现主动防御和安全事件应急处置;能通过数据模型实现安全预警
	五级	基于大数据、人工智能等技术,预测新技术、新模式、新业态带来的潜在安全风险,并给出有针对性的解决方案

9.4.2　评估方式

1. 评分方法

平台管理部门组织评估组,将采集的证据与评估要求进行对照,按照满足程度对评估域的每一项要求进行打分。满足程度与得分对应关系如表 9-6 所示。

表 9-6　满足程度与得分对应关系

成熟度要求满足程度	得分
全部满足	1
大部分满足	0.8
部分满足	0.5
不满足	0

2. 用户等级判定方法

若评估对象在某一能力等级下的得分超过评分区间的最低分则视为满足该能力等级要求;反之,则视为不满足。在计算能力总分时,已满足的能力等级的得分取值为 1,不满足的能力等级的成熟度得分取值为该能力等级的实际得分。一名用户的能力总分为各能力等级评分结果累计求和后的平均值。根据表 9-7 给出的分数 S 与能力等级的对应关系表,可判断企业当前所处的能力等级。

表 9-7　产业互联网用户能力评估分级

能力评估等级	对应得分区间
五级	$4.8 \leqslant S \leqslant 5$
四级	$3.8 \leqslant S < 4.8$
三级	$2.8 \leqslant S < 3.8$
二级	$1.8 \leqslant S < 2.8$
一级	$0.8 \leqslant S < 1.8$

9.4.3　针对不同能力等级企业的建议

对待不同能力等级的企业,如小微企业、中型企业、大型企业及跨国企业,应采取差异化的管理策略:

1. 小微企业(能力一级或二级)

对于小微企业而言,产业互联网平台可以提供易于接入的解决方案,降低技术门槛,帮助它们快速实现数字化转型。平台可以组织数字化转型伙伴行动,建立政府—金融机构—平台—中小微企业联动机制,实行部分服务费用减免、组织基础技术联合攻关、发展开源社区等普惠性举措,降低小微企业数字化转型的成本,激发其转型意愿,提升转型效率。

2. 中型企业(能力三级)

中型企业通常具备一定的市场竞争力和资源,但可能面临资金和技术的双重挑战。产业互联网平台应提供定制化的服务,帮助中型企业优化供应链管理,实现产需精准对接,提高生产效率和市场响应速度。平台可以通过建设数字供应链,推动订单、产能、渠道等信息共享,为企业数字化转型指明方向。

3. 大型企业(能力四级)

大型企业往往拥有较强的资源整合能力和市场影响力。产业互联网平台可以与大型企业合作,共同开发行业解决方案,推动产业链上下游的协同创新。同时,大型企业可以作为平台的引领者,带动整个行业的数字化转型。

4. 国际型企业(能力五级)

国际型企业在全球范围内运营,对供应链的透明度和协同效率有更高要求。产业互联网平台应提供跨国运营的解决方案,包括跨区域的数据集成、供应链优化和风险管理等,帮助跨国企业实现全球资源的最优配置和运营效率的提升。

9.5 基于产业生态生命周期的平台管理策略

9.5.1 生命周期的划分

参考生态学理论,产业生态的生命周期也可以划分为 4 个阶段,即生态构建期、扩张发展期、稳定发展期和生态进化/衰退期,每个阶段的特点可参见 3.2.3 节。

9.5.2 各阶段的主要管理问题

1. 生态构建期

在平台的生态构建期,为了迅速增加用户基础和吸引企业加入,平台可能会采取免费或补贴策略,提供高价值产品或服务。通过利用网络效应,平台吸引更多用户加入,逐步实现规模经济。然而,在这个阶段,平台的管理规则和基础设施可能还不够完善,成员间缺乏有效沟通和信任,可能导致整体效益降低和竞争力提升缓慢。需求裂缝的存在也可能阻碍用户增长和规模经济的形成[4]。

2. 扩张发展期

随着平台的成长,用户数量的增加带来生态系统规模的扩大。平台通过数据分析了解用户需求,提供个性化推荐,增强用户黏性,形成正向反馈循环。这种循环促进产品和服务的持续改进,扩大网络效应,提升平台价值。但随着成员数量的增加,资源竞争加剧,信息不对称问题出现,平台需要平衡投资者回报和用户接受度,同时应对高质量需求对原有产品的冲击。

3. 稳定发展期

进入成熟期的平台生态系统,以平台企业为核心,成员数量庞大,经营范围交叉,竞争更加激烈。平台系统的主要挑战是内部利益分配和寻找新的利润点。成员间的竞争、业务覆盖和跨领域竞争现象普遍。随着新平台的崛起和原有平台的完善,市场竞争加剧,平台面临创新转型的压力。

4. 生态进化期/衰退期

在衰退阶段,用户和成员的流失导致平台生态系统规模缩小,失去市场地位。竞争导致弱势企业退出,剩余成员可能形成垄断或联盟。如果无法持续更新和改造,用户将继续流失,平台可能最终衰退甚至消亡。因此,平台需要注重创新和加强成员合作,以适应新环境,实现强强联合,推动平台生态系统的持续发展和进化[5]。

9.5.3　不同阶段的管理策略

1. 生态构建期

在产业互联网生态系统的初始阶段,信任的缺失是主要障碍。成员间的信任对于平台竞争力的提升至关重要。为此,平台需建立内部信任机制,可采取的管理策略有如下两种。

(1) 建立契约和信誉机制:通过第三方监管和违约处罚,增强成员诚信度,保障交易安全。

(2) 促进信息共享:成员需超越个体资源限制,通过信息共享加强合作,建立信任,支持共同发展。

2. 扩张发展期

在这一阶段,平台企业保持领导地位并开始获得超额利润。随着系统成员和业务功能的增加,竞争加剧,信息不对称问题出现,可采取的管理策略有如下两种。

(1) 降低合作风险:通过非正式制度和双赢合作填补契约不完整,扩大合作范围,减少系统开销,激发创新。

(2) 建立协调机制:形成信息和运作协调机制,制定产品和服务标准,缓解信息不对称,提高协作效率。

3. 稳定发展期

成员在稳定发展期已提升用户量、市场信用和销量,拥有优质资源和品牌形象,运营体系成熟。但随着用户接受度提高和需求多样化,内部和外部约束显现,需加强治理,可采取的管理策略有如下 3 种。

(1) 提升管理能力:成员需补充管理知识,调整管理方式,与平台发展相匹配。

(2) 扩展业务渠道:成员需寻找新的推广渠道,增加用户接触机会。

(3) 建立资金互助机制:加强资金互助,支持困难成员,维护系统稳定。

4. 生态进化/衰退期

在衰退阶段,成员需警惕外部威胁,创新改进以适应变化,可采取的管理策略有如下两种。

(1) 转型升级:分析当前情况,战略调整,维护内部关系,推进协同合作,避免市场淘汰。

(2) 良性竞争与协作:形成良好交互关系,激励成员共同努力,确保生态系统在市场竞争中的生存。

　　在每个阶段,平台和成员都需适应环境变化,通过创新和合作,实现持续发展和竞争力提升。

参考文献

［1］　GB/T 31524—2015,电子商务平台运营与技术规范［S］.

［2］　刘天全.装备制造企业对于网络化协同制造的需求分析［J］.现代制造技术与装备,2020,56(10)：31-33.

［3］　GB/T 39116—2020,智能制造能力成熟度模型［S］.

［4］　杰弗里·摩尔.跨越鸿沟［M］.赵娅,译.北京：机械工业出版社,2009.

［5］　伊超男.平台型商业生态系统组织治理研究［D］.哈尔滨：黑龙江大学,2019.

第 10 章

产业互联网生态服务平台行业案例

10.1 智能家居产业互联网生态服务平台案例

10.1.1 行业背景与需求

智能家居以住宅为平台,利用网络通信、自动控制、音视频等技术集成家居生活有关设施,为用户提供智能化服务,兼具安全性、便利性、舒适性、艺术性,实现环保节能的居住环境。2000 年,国内开始涌现智能家居生产研发企业,如今小米、华为、施耐德电气等智能家居企业开始在全屋智能家居系统方向发力布局。智能家居产业链结构清晰,核心是产品端的智能家居产品研发企业。目前我国智能家居产业的主要特点是以更新速度快的消费电子产品为核心,依托小米、华为、京东、NEST 等产业头部企业,以家居、家电等高频应用为场景展开。图 10-1 给出了智能家居产业链组成及特点。

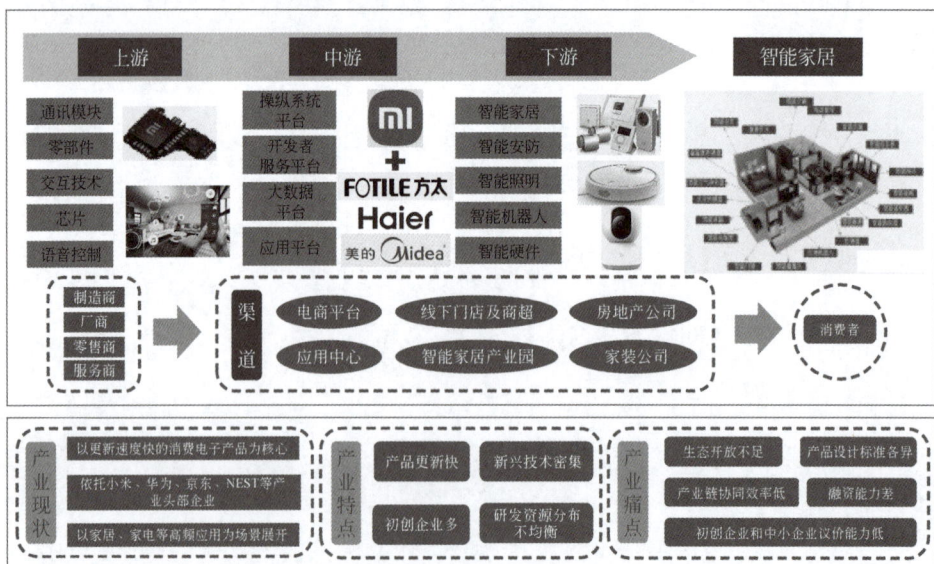

图 10-1 智能家居产业链组成及特点

我国智能家居行业虽然处于蓬勃发展阶段,但由于智能家居领域存在产品更新快、新兴技术密集、初创企业多、研发资源分布不均衡等特点,产业发展存在生态开放不足、产品设计标准各异、产业链协同效率低、初创企业与中小企业采购议价能力低、融资能力差等痛点问题,具体表现在以下5方面:

一是生态开放不足,抗风险能力较差。智能家居与电子行业中的核心企业虽然大多数已经拥有较为成熟的供应链生态管理体系,但目前仅仅是以自身为中心的封闭式生态,不足以解决供应链的系统性问题,无法有效防范"黑天鹅事件"。以小米为例,2014年在小米手机4大获成功的同时,一场意想不到的缺货问题对小米手机的生产链路造成了几乎致命的冲击。由于债务危机,为小米提供手机核心器件的触控屏供应商Wintek突然倒闭,触控屏储备不足导致小米为生产手机而采购的其余所有物料和元器件都只能被堆放在代工厂而无法完成整机的组装生产。由此次事件,小米认识到供应链韧性的打造和风险管理水平的提高,需要整合产业整体资源,共同打造开放式生态服务平台,吸纳行业中尽可能多的企业,共享企业服务信息,实现互助发展、抵御风险、共创未来。

二是行业供应链水平参差不齐,供应链协同效率低。行业中的核心企业,如华为等,经过多年的供应链建设,已逐步打通了自身生态链业务协同,然而同处行业中的广大中小型企业由于大多处在企业发展初期,缺乏足够的人才、技术和资金储备,很难独立承担供应链信息化系统实施,不能有效地利用信息化工具提升其工作效率,从而导致整个行业供应链协同水平很难有质的飞跃。智能家居核心企业每月有近几十个产品的发布或更新,生态链企业与代工厂和原材料供应商计划协同工作面临翻倍或者几何倍数增长,纯靠人力计算和信息协同,不仅经常犯错,反馈不及时,更不能满足柔性制造理念下对产品生产交付计划进行灵活、快速调整的需求。

三是供应链数字化能力低,管理韧性不足。面对当今行业的白热化竞争,要求企业必须具备对供应链现状的全面分析能力,对供应链各节点供需关系进行全面预测,提升抗风险能力。但当前的供应链平台仅能解决流程信息传递问题,对行业供应链数据的整合、挖掘、分析与决策能力不足,尤其是面对海量行业大数据时,产业供应链缺少大数据分析和决策平台,同时亟待升级平台系统,建设数据中台和行业数据大脑,实现对供应链实时、智慧化决策,以及供应链节点间资源的精准匹配。

四是生态链企业资源短缺,供给风险高。若要保证生态链产品的生产效能和质量管控,必须帮助生态链企业解决采购难题。由于产业生态链企业多处于初创阶段,对于供应链资源掌控难,尤其是采购议价难,不利于生态链企业发展。鉴于此问题,有些产业生态链已经形成了关键器件和基础材料的集采模式。但是为了更好地全面把控生态链关键器件和原材料质量,产业头部企业必须承担起关键器件和原材料采购质量管控重任,利用工业品电商平台载体,推广平台化采购服务,实现对生态链企业的采购能力和质量提升,降低生态链企业采购成本。

五是融资流通性不足,制约产业链良性发展。以小米供应链金融为例,小米供应链平台通过数据接入,截至2022年已经为小米生态链内2700多家企业累计融资数十亿元,支持了大量初创企业快速发展。但对于企业信用评估,仅能在企业完成了产品交付后,以应收账款作为融资评估主要对象,不能支持对企业产品生产开工前融资,同时也无法有效地为小米生态链以外的其他中小微企业提供融资。由于很多生态链企业普遍成立时间较短、企业规模较小、缺乏足够的可抵押资产或其他增信措施,并且采购、生产、物流信息不够透明,导致在传统融资业务模式下很难满足贷款方的风控要求。

针对上述问题,通过建立智能家居行业产业互联网生态服务平台,以现有商业模式和产业链服务为基础,利用大数据、云计算、人工智能和移动互联网等新兴技术,通过技术创新和模式创新的方式,对以头部企业为核心的垂直供应链服务平台进行升级改造,构建开放、合作、共赢的公共服务平台,用新技术赋能传统的服务模式,解决行业的初创企业供应链管理薄弱、制造资源紧张、生产柔性较低和融资困难等问题,实现供应链管理的系统优化,促进智能家居产业整体提质增效,实现智能家居产业协同创新发展。

10.1.2 生态协同场景与模型

智能家居行业生态服务平台将采用综合型供应链管理的服务模式,即头部企业作为生态链龙头和供应链核心,充分发挥引领和示范作用,以供应链信息整合、智慧供应链服务和供应链资源优化为突破口,依托头部企业专业的全球供应链服务网络,面向供应链上的节点用户,提供关键原材料采购执行、工业品电商服务、金融服务等,具体服务内容可以覆盖订单管理、市场调研、供应商选择、统一采购、电商销售及管理、通关服务、库存管理、物流配送、媒体宣传、市场营销、货款结算、供应链金融、行业研报等供应链一体化综合性服务,实现供应链上各节点企业在设计、采购、生产、销售及服务方面的高效协同、资源共享和互利共赢。具体包括以下 3 类服务。

1. 智能家居工业品集采服务

平台以头部企业为核心,利用头部企业在供应链领域强大的资源管控能力和成熟的资源整合能力,面向智能家居行业高科技中小微企业提供原材料、半成品集采服务,特别聚焦通用性高、需求量大、附加值高、议价难度大的电子器件及模组(如芯片等)等核心零部件的集中采购。集采完成后再以低于市场一般价格的水平提供给供应链企业,改造行业采购链条,同时结合标准化模组,帮助企业和行业解决电子原材料和模组的标准化和规范化,整合产业资源,提升产品定制化、协同化能力。

2. 供应链全链金融服务

供应链金融通过集成产业资源、IoT(物联网)资源及数字化技术,服务于产业中小企业的应收账款管理、产业升级、资源互通等多维度、全场景资金资源需求。头部企业依托电子制造行业背景及产品资源优势,基于互联网数字技术,凭借完备的风控体系,结合自身金融科技基因,实现传统行业与互联网、金融的高度融合,全方位服务产业链中的各级企业,创立良性、健康的供应链生态圈。

平台为行业中小微企业提供供应链的全链金融服务。全链金融服务是数字产业金融的核心产品,关注智能家居行业中资金需求迫切却最难获得资金的群体,即制造业中的中小微企业。全链金融服务通过集成商流、物流、信息流、资金流等各类信息,以互联网为载体,以大数据预警为核心风控手段,为供应链上的企业,尤其是中小微企业,提供融资、结算、现金管理等从原材料采购到终端销售的全链条综合金融服务(见图 10-2)。

以融资服务为例,平台首先凭借头部企业庞大的经营规模、优秀的信用评级筹集低成本资金,然后依托大数据分析能力,充分利用企业供应链经营数据(企业过往的供应链订单、库存或者往来账款数据等信息),重新定义信用状态,帮助企业获得与其自身实力、真实需求相匹配的、低成本的资金(见图 10-3)。

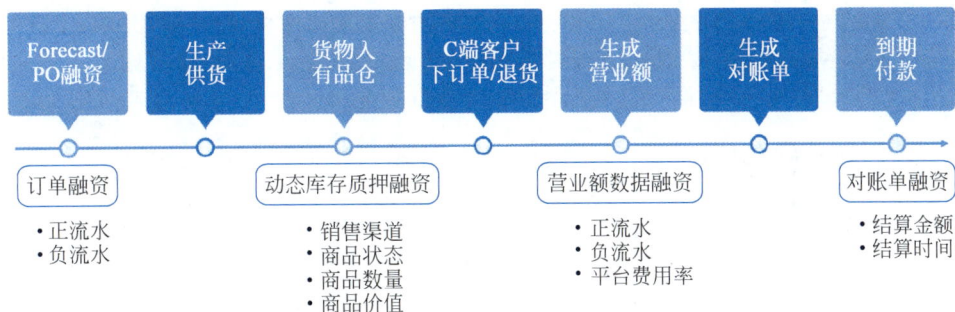

图 10-2 全链金融服务业务场景

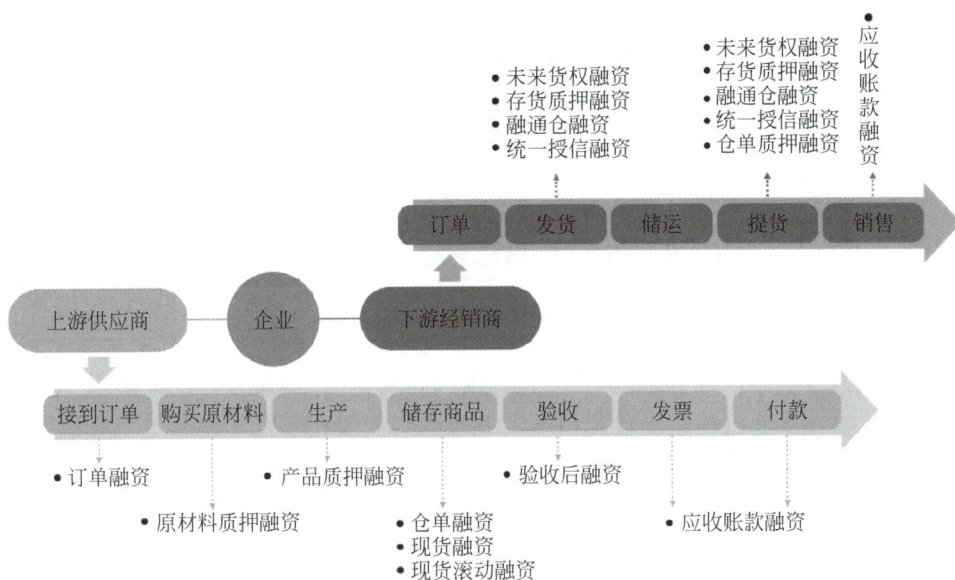

图 10-3 供应链融资流程及方式

3. 基于智能物联网的智能家居开放创新服务

智能家居产品研发周期短,基于开放合作平台的众包、众筹、众创是行业重要研发创新模式。借助行业开放合作创新平台的资源、能力和产品智能化解决方案,企业能够以极低的成本快速提升产品的智能化水平,满足不同用户对智能产品的使用需求和体验要求,与加入平台的其他开发者共同打造极致的智能产品开发体验。图 10-4 给出了基于智能物联网的开放创新服务业务场景。

智能物联网平台可以为用户提供一站式服务,赋能全产业链。通过集成面向智能硬件的物联网能力体系的软硬件模组,实现大规模产业化,建立覆盖智能硬件全品类的产业链。为接入企业提供低门槛接入,缩短产品上市周期,产品端、云端、控制端融合,让中小企业的产品轻松实现智能化。打造全场景联动,智能硬件生态圈,实现对产品的远程控制,实现多设备的协同工作,完成多场景联动。

10.1.3 智能家居产业互联网生态服务平台研发与建设

针对智能家居产业链发展中存在的生态开放不足、产品设计标准各异、产业链协同效

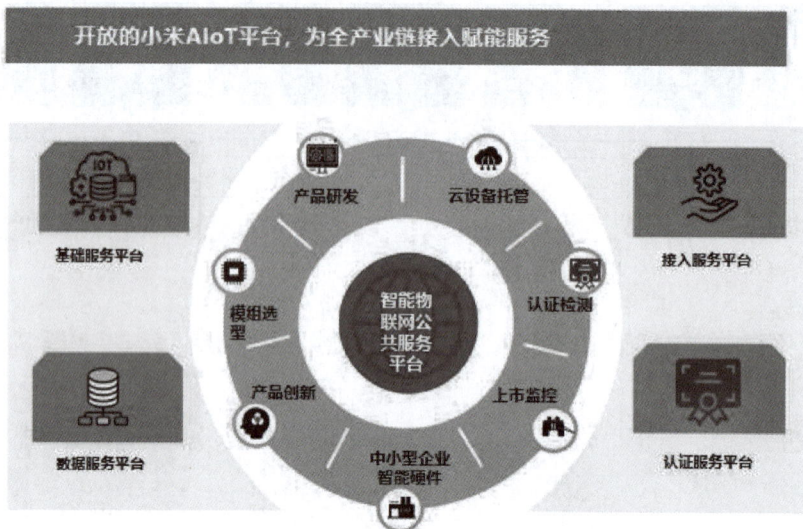

图 10-4 基于智能物联网平台的开放创新服务模式

率低,初创企业与中小企业采购议价能力低、融资能力差等痛点问题进行服务升级与赋能。通过关键技术研究和平台建设实现以产业链资源要素共享、智慧供应与集采、财务共享、智慧数字金融、产业链协同创新为特征的智能家居产业链服务平台,构建智能家居产业链硬件、服务、内容、技术、开发者生态,普遍提升产业协同创新能力,加速产业标准化,增强产业链韧性与抗风险性。通过先进制造业和现代服务业两业深度融合发展服务千家以上企业,塑造产业的核心竞争优势和特色发展路径。

在平台研发建设过程中,需要突破业务驱动的多层级数据协同与共享、面向时间成本协同优化的采销一体化集成与集采策略、基于企业金融信用画像的评估服务、面向智能家居创新的开放式设计服务与管控等关键核心技术,开发基于开放式服务化平台架构的智能家居产业链服务平台,基于平台实现链式智能家居领域产业平台生态构建并进行应用示范。平台研发与建设工作包括关键技术研究和平台开发两方面内容(见图 10-5)。

1. 智能家居产业互联网平台服务关键技术研究

1)业务驱动的资源要素协同与共享技术

面向产业链资源要素协同共享,研究分布式异构资源要素的发现与感知、注册与更新方法,研究基于语义与机器学习的资源分布式索引构建,实现研发设计资源的高质量组织;围绕产业链资源要素的协同共享需求,研究业务驱动的资源要素智能匹配技术、业务进度与资源状态监控技术,实现业务驱动的资源要素自适应组织。

2)面向时间成本协同优化的采销一体化集成与集采策略研究

针对用户订单个性化和供应链敏捷变化带来的效率、成本和质量等问题,以及采购供应时序不协调的问题,研究订单驱动的采销、基于时间序列的成套物料精准供应、进度与关键质量信息实时跟踪等用户订单驱动的产品采销一体化集成供应协同技术。

针对市场动态变化、小微企业议价能力差、缺乏采购需求分析与采购布局等问题,基于种群动力学与强互惠理论,设计集中采购战略管理的递阶层次结构模型,基于综合采购成本设计策略目标函数,优化生成集成采购策略,研究考虑具有众多约束与产品特征的集采

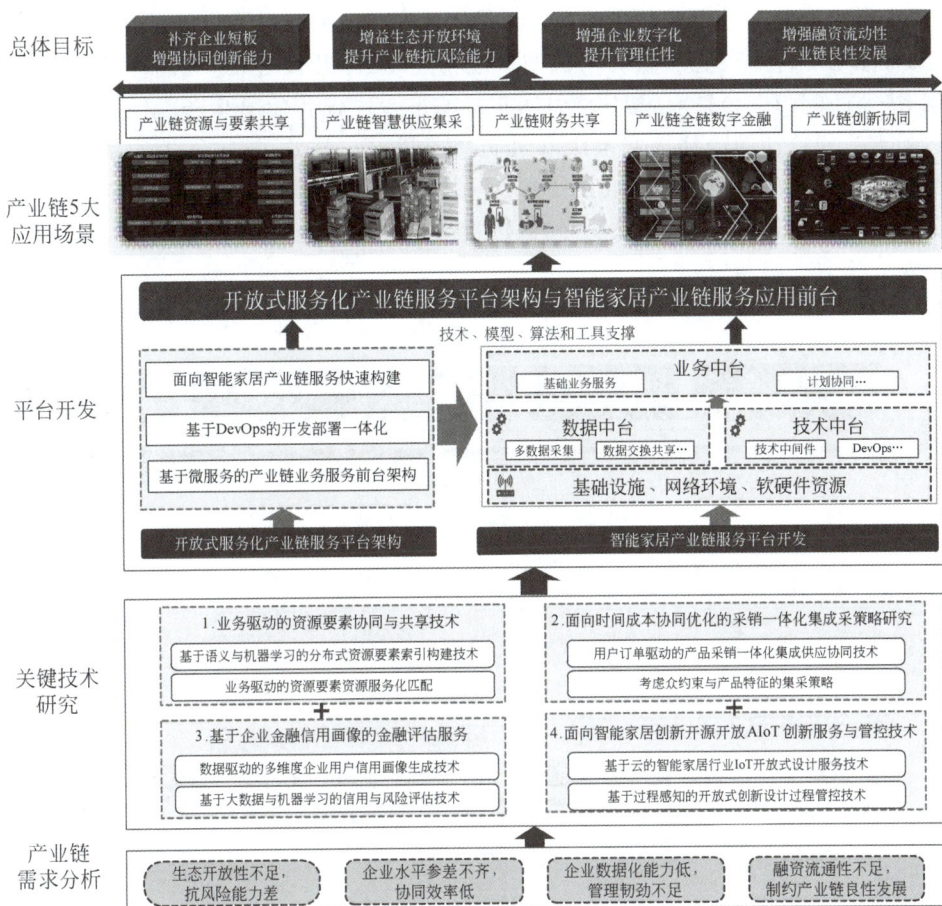

图 10-5　智能家居产业互联网生态服务平台研发与建设

策略。

3）基于企业金融信用画像的金融评估服务技术

针对企业用户画像个性化、动态化、全面化的需求，综合运用 PO 订单、BOM 成本等企业绩效数据，研究数据驱动的多维度企业用户信用画像生成技术；综合运用企业信用画像生成的各类标签及相应权重信息作为决策因子，构建基于大数据与机器学习的智能信用评估与风险评估模型。

4）面向智能家居创新的开源开放智能物联网（IoT）创新服务与管控技术

针对智能家居领域对开放协同创新的需求，研究基于云的 IoT 开放式设计服务技术，开放 IoT 相关能力，通过模组/SDK 接入或云对云接入的方式接入到智能 IoT 开放服务，支持产品在线开发、测试。

针对基于 IoT 开放式设计过程动态性及各类设计风险等，研究基于过程状态的实时高可靠测度模型，构建量化的协同过程监控管理指标体系，研究协同设计创新活动中系统风险发展与传播原理，构建模糊风险评价模型，实现异常风险源辨识。

2. 开放式智能家居产业互联网服务平台开发

基于"云应用框架＋服务单元框架＋服务网关"的微服务框架和 API 服务网关等技术，构建具有灵活性、复用性和高效性的智能家居行业产业互联网"前台＋中台＋后台"三层平台架构,实现应用的快速开发和迭代创新(见图 10-6)。基于容器化和组件化的微服务框架,实现智能家居行业产业互联网平台的快速构建,支撑开发过程中所需微服务组件的自动解耦、快速匹配与融合集成,构建柔性可扩展的平台;基于 CSB 服务总线技术,提供常见协议适配支持和独特的跨环境服务级联机制,实现敏捷、高效、统一管控的系统对接集成;基于快速迭代开发部署运行一体化的 DevOps 技术,实现开发的敏捷化部署、一体化运维工具链,支撑智能家居行业产业互联网平台应用快速扩展、更新,保障智能家居行业产业互联网平台业务趋向零中断。

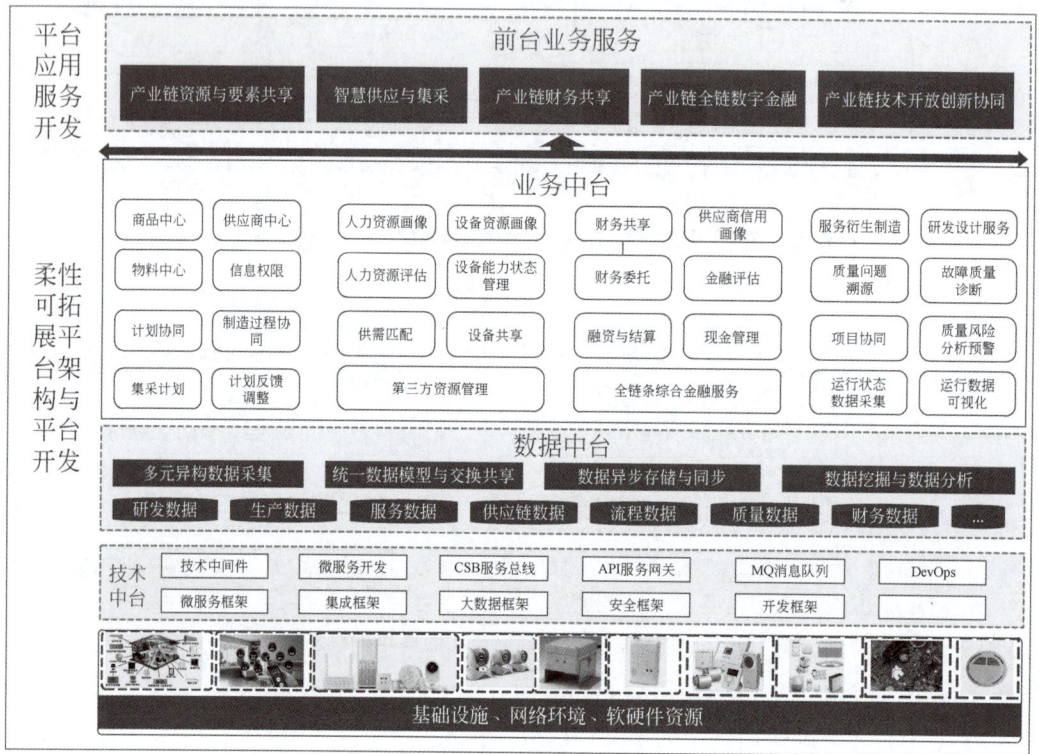

图 10-6　开放式智能家居产业互联网服务平台架构

10.1.4　小米智能家居产业互联网生态服务平台应用案例

　　智能家居产业互联网生态服务平台为小米生态可持续发展提供了积极促进作用,平台的示范效益集中体现在体系开放化、服务智慧化、采销规模化、融资便利化、效益公益化 5 个方面。依托小米生态服务平台,小米集团在产业生态建设策略、平台运营推广等方面进行了成功实践(见图 10-7),制定了具有典型行业特色的产业链生态建设策略。以智能家居产业链服务平台为核心,通过产业链财务共享实现供应商管理、采购管理、交付管理、结算管理等企业应用,提升产业链中企业的协同管理能力。通过平台工业品电商集采服务,提升企业产品质量、协同效率以及运营能力。通过全链金融服务帮助中小微企业获得与其自身实力、真实需求相匹配的、低成本的融资。通过产业链资源要素共享全面提升产业链的开放性,补充企业短板,提升全链韧性。通过开放式软硬件与技术共享实现产业链协同创新,形成从技术、标准、研发、实验到应用的创新链,覆盖从芯片、终端、系统、网络到业务的完整产业链。

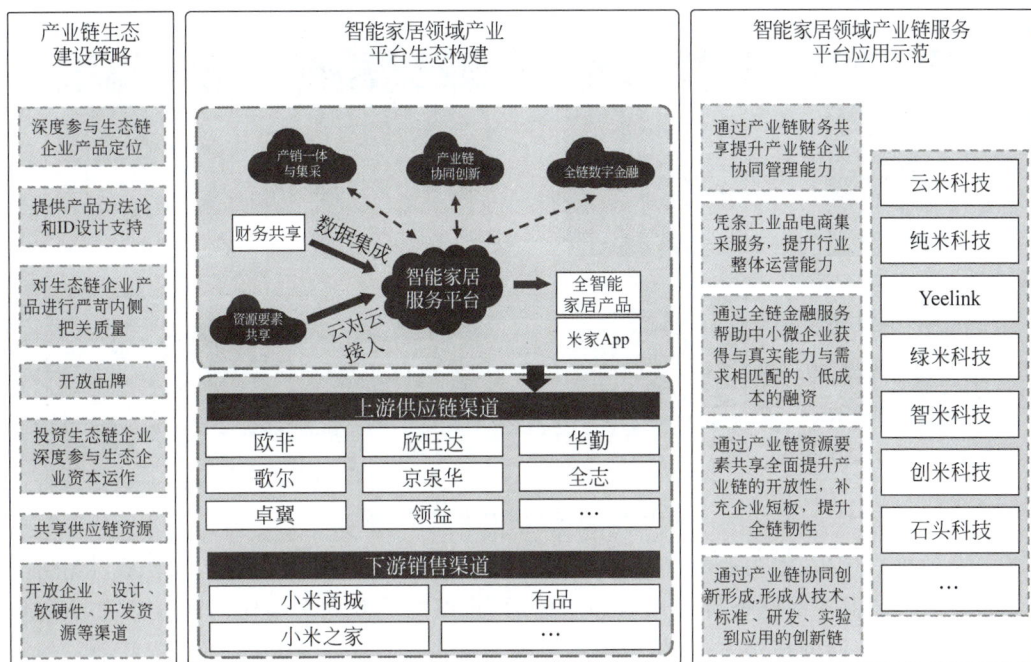

图 10-7　小米智能家居产业互联网生态服务平台应用案例

经过多年的生态建设,小米从自身的垂直生态链发展为服务智能家居产业上中下游的生态体系。数字化采销服务和供应链金融已经渗透到了千家企业服务,并且企业数量在不断扩张。截至目前,小米供应链服务平台拥有 2700 余家客户,客户群中已经有上市公司 93 家,央企和国企 20 家,世界 500 强企业 7 家。可见,通过先进的数字化服务平台,小米供应链服务模式已经形成了多层企业圈嵌套,而且行业圈打通了上游材料商与元器件供应商的深度融合,并且完全覆盖了垂直行业领域的大中小型企业。

10.2　服装纺织产业互联网生态服务平台案例

10.2.1　行业背景与需求

服装纺织产业是以棉花种植采摘、皮棉加工等原料制造商为上游原料端,以纺纱、织布印染、后整理成衣制造等纺织制造商和成衣制造商为中游制造端,以批发零售和新零售等品牌贸易商为下游销售端的国民经济支柱产业和重要民生产业。图 10-8 给出了服装纺织产业链的组成。

服装纺织行业是基础性消费品产业、民生产业,也是集中体现技术进步和时代变迁的创新型产业。我国作为全球规模最大、种类最全、产业配置网络最完整的纺织服装生产国、消费国和出口国,在创新能力、产业结构、信息化水平等方面与世界先进水平仍存在差距,来自新兴经济体的中低端制造竞争压力凸显,同时在产业价值链高端领域与发达国家面临更多直接竞争。我国服装纺织行业对科技创新带动智能制造发展的需求日益迫切,以智能制造为代表的数字化经济已成为服装行业新一轮转型升级的突破口。随着产业互联网在

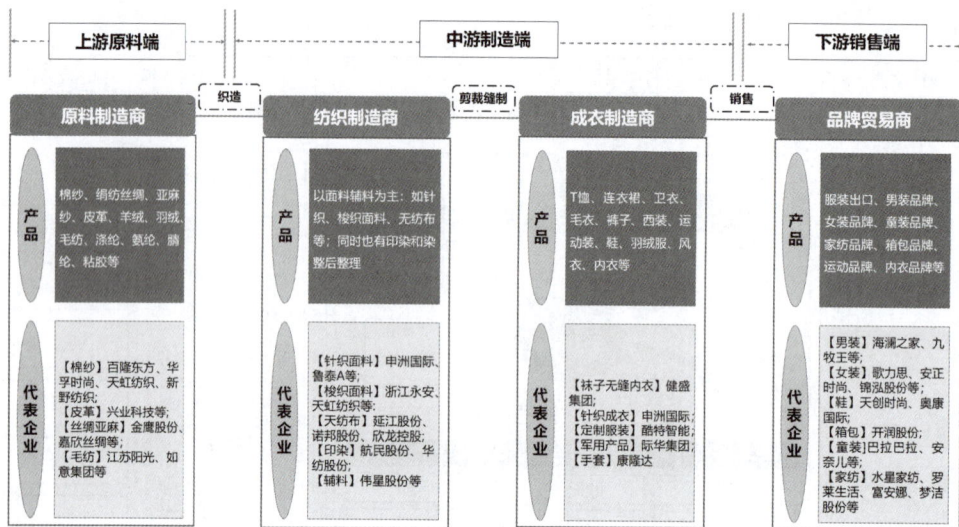

图 10-8　服装纺织产业链的组成

服装行业的推广应用,将为服装纺织的个性化推荐、产品可信追溯、用户画像、需求精准匹配和推荐以及定制产品服务等应用增添新的活力,以产业互联彰显时尚产业活力、缔造新的商业模式、创造新的消费价值,将为服装纺织产业的升级发展、再上台阶奠定基础。

服装纺织产业互联网生态服务平台已经成为行业转型发展的重要途径。针对大规模个性化定制模式下服装纺织产业的产品非标准化、季节性强、适销周期短等特点所带来的产业上下游产能、库存、成本等痛点问题,结合产业下游品牌和零售端的变革倒逼上游生产端改造升级的现状,基于已有版型/量体/工艺/BOM/款式/返修数据库和版型匹配系统,通过建设面向大规模个性化定制模式的服装纺织产业互联网服务平台,对平台运营服务体系及模式、平台关键技术、支撑软件及工具的研发,可以实现用户、产品和终端渠道的数字化重构,实现"一人一版、一衣一款"式非标准化服装产品工业化量产,解决传统服装企业的产品空心化问题,实现企业采购、量体、打版、生产、销售等阶段的智能协同,以销定产,提升企业的有效供给能力和资源配置能力,带动产业互联网需求下的快速个性化定制交付,促进产业跨界融合与模式创新。

10.2.2　生态协同场景与模型

1. 智能量体服务

对服装量体定制来说,体型数据的获取是至关重要的一步,决定着成衣的合体度。服装行业现阶段的量体,主要是专业量体师借助于皮尺等测量工具进行测量,严重依赖于量体师的测量手法,极易出错,导致成衣尺寸误差大,出现质量问题。精准量体是服装定制舒适度、合体性的重要保证,人体源数据提取是个性化定制的关键步骤,也是当下定制服装蓬勃发展过程中的技术痛点。在传统服装定制中,采集人体数据的主要方法是通过量体师亲自测量,量体师需要对服装的版型、人体结构和服装工艺具备一定的专业知识,从学徒到出师,需要若干年的磨炼。这种非标准化、基于时间和经验积累的方式,显然不利于推进大规模的个性化定制。

智能量体服务在量体下单的过程中可以自动采集人体的几个关键坐标点,包括 19 个部位、22 个尺寸数据,实现客户信息自动录入。目前市场上已经有一些智能量体系统,可以通过人工智能技术,大数据建模,模拟人体 3D 体态,精准测量客户各部位身体尺寸(见图 10-9)。智能量体系统还能通过自主学习优化测量结果,实现自更新、自完善。量体完成后,采集到的客户数据信息可以实时同步至生产端和客户端小程序,简单、科学、精准、高效,真正实现从个性化市场需求到个性化工业制造的一体化。

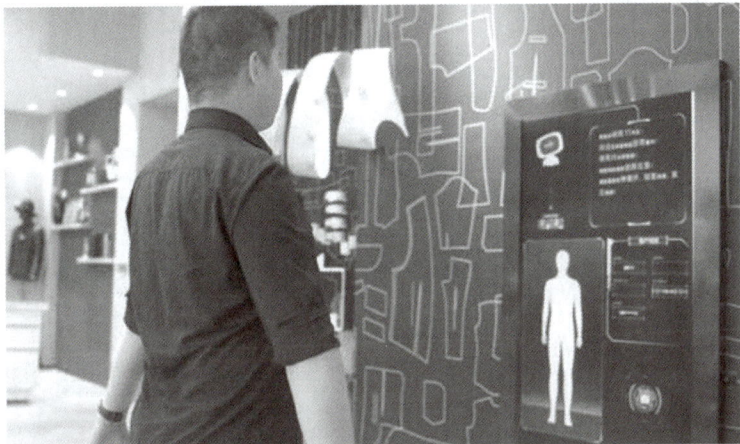

图 10-9　智能量体服务场景

2. 线上定制下单服务

在批量生产模式下,先产后销,一方面满足不了消费者个性化需求,另一方面企业库存成本高、周转率低。中间商销售模式层层加价,增加了产品最终价格,消费者得不到高性价比的产品和服务,企业陷入低价恶性竞争。在个性化定制时代,企业需要换道超车。个性化与工业化看似矛盾,但通过两化融合,对用户数据及工业数据进行积累、建模、应用,实现标准化、信息化,应用数据库、智能软件和设备设施,可以实现生产柔性化、敏捷化和产品模块化,既能满足个性化定制的需求,又能实现定制产品的大规模生产。企业实现"按需生产、零库存",能最大限度地让利消费者,使其无须再分摊中间成本;提高制造环节的附加值,凸显工业制造的核心价值。

线上定制下单服务是以 C2M 为主线的技术方案。C 端是用户个性化需求定制入口,用户可以线上获得产品或服务信息,通过"3D 三维立体设计师＋着装顾问"的服务机制全程给客户提供从选面料到选款式工艺的即时设计方案,从而让客户直接看到最直观的展示效果。B 端是数据中心,沉淀 C 端用户消费数据和 M 端工业数据。资金流、物流、信息流通过统一接口平台及服务,进而形成统一的大数据中心,为线上交易提供服务支撑,进行数据积累、挖掘分析,更有针对性地满足用户需求,同时创造市场新需求。M 端是工厂制造供应链,工厂内部多个生产单元的多个系统实现集成协同,同时与供应链上的其他企业实现协同制造。从 C 端和 B 端获取数据,按用户需求,通过数据驱动实现定制产品和服务的全流程(见图 10-10)。

3. 服装智能剪裁生产服务

在传统的服装定制模式中,量体裁衣,手工裁剪,个性化程度非常高,但是效率低、周期长;规模化生产效率高、制作周期短、成本低,但是对生产设备要求高,缺乏个性。如何调和

图 10-10　线上定制下单服务场景

这个矛盾,不仅是服装定制也是所有行业定制化与规模化的根本矛盾。

　　服装行业智能工厂可以针对每一件个性化服装,在数据驱动下完成自动制版,经过断料和 RFID 制卡环节,最终到达智能裁剪区。员工只需刷卡获取裁片信息,并将面料铺在裁床上,版型信息便会以投影的形式映射到面料上,接下来,无须人工手动干预,裁刀便会按照投影线路自动完成裁剪工作。

　　与传统裁床一次裁剪十几套服装不同,每台智能裁床上一次只裁剪一款面料,搭配双机头操作,整个过程不到一分钟,相比之前的人工裁剪和普通裁剪设备,效率提高了 2.5～3 倍,所以即便是一人一版、单量单裁,也能够高效率、高质量、零误差地完成裁剪工作,尤其是在裁剪格纹和条纹面料时,智能裁剪系统可以轻松实现条、格、花的精准对接。另外,在提高生产效率的同时还会确保最佳裁剪质量,通过实现裁片间隙的最小化,在整个裁剪过程中将面料浪费降至最低,充分提高材料利用率。所以,从个性化量体数据录入,到数据库版型匹配,再到智能化裁剪,通过智能化、数据化,真正实现了单量、单版、单裁(见图 10-11)。

4. 智能研发设计服务

　　个性化定制订单的制版、工艺等工作量巨大,传统的服装工厂都是采用手工打版的方式。这种方式一是容易产生生产的瓶颈。当订单量大的时候,经常耽误交期,无法保证客户交期;二是通过 CAD 的辅助设计软件制版打版容易出现错误,个性化定制订单的款式变化较大,每个部件都可以调整,需要打的版都不一致,人工操作错误率非常高;三是每个版型师都有自己的理解,客户提供的是净体尺寸,根据面料的特性不同,成衣尺寸也不同,如果要衣服合身就需要版型师对服装和面料有一定的经验,而不同的版型师打版做出来的版不一致,标准不统一,经常有客户对衣服尺寸、款式、版型不满意,返修率高。

　　智能研发设计服务可以实现版型的自动化处理,基于客户的体型数据,结合客户的着装风格、穿着舒适度、形体及变体规则,通过对海量数据的挖掘、总结提炼、回归分析,将版型师、工艺师、着装顾问、量体师的工作经验、专业知识转化为计算机可识别的参数和算法。

图 10-11　服装智能剪裁生产服务场景

可以通过智能研发设计系统计算客户的体态、尺寸、面料、个性化要求、设计元素信息,把净体尺寸转化为成衣尺寸,根据成衣尺寸以及面料的属性信息,计算形成版型规格以及变体规则,结合传统 CAD 软件抽取已经建立好的版型数据库计算生成排料图,形成客户的专属版型。

5. 个性化定制服装供应链协同服务

在传统的供给体系中,中间环节多、供给周期长、不确定因素复杂多变,生产商往往处于价值链的低端,既受制于经销商又受制于用户,很多时候因生产的产品找不到买家或者生产的产品已经不符合用户需求但还要不停地生产。在这种情况下,主动创新谋求一种全新的供应链体系,成为企业必然面对和首先面对的选择。

服装供应链协同服务位于智能制造系统架构生命周期的生产和物流环节,系统层级的企业层以及智能功能的信息融合。服装供应链协同服务以客户为中心,以订单为主线,涵盖订单执行过程的各个方面,实现了物流、资金流、信息流、单证流、商流五流协调统一,极大地提高了物流运作的效率,可有效保障生产所需物料按照正确的数量、正确的品质,以最佳的成本在正确的时间交付到正确的地点,从而降低了供应链的系统成本,提高了企业的竞争优势。

通过搭建的供应商快速响应体系,快速满足终端用户需求。通过智能算法将多模块进行组合,基于标准化的数据接口,最终实现与其他系统的对接,并能够对全过程进行流程优化及资源整合,实现智能化系统的自动运转。

服装供应链协同服务可以整合企业的内部资源和外部资源,与主要供应商建立战略合作伙伴关系,与供应商建立快速订货系统,帮助供应商改善流程以更好地满足个性化定制需求,并与供应商共享需求、生产计划、生产能力及库存信息等。

6. 品质管控标识解析服务

在产品全生命周期管理过程中,定制服装设计复杂多变、制造流程较长,企业内各生产线间、工厂间以及企业之间存在大量非标准化的标识和采集数据格式不统一的问题,导致产品数据被保存在不同位置、不同的信息系统中,产品数据难以互通共享,形成了一个个

"信息孤岛",难以形成产品全生命周期数字化,致使数据难以为企业带来价值。标识解析是实现产品全生命周期管理的重要基础,可帮助企业实现各环节、各企业间信息的对接与互通,将"信息孤岛"转变成基于统一标识的全流程信息自由流动,实现设计、生产、市场、售后信息的全面数字化与交互,提升企业知识价值与共享,优化产品开发与业务流程,降低产品全生命周期管理成本,从而实现提升企业的市场竞争力。

品质管控标识解析服务对于工厂内工作流程的分配非常重要。客户的量体数据采集完成后,会传输到数据平台上,RFID 制卡人员把全部数据录入到一个电子卡片内,此后,这个像身份证一样的卡片会跟随与其相对应的那件衣服一直走完全部加工工序,每道工序的员工拿到一件分配的衣服,会首先刷卡读数,根据代码转译成的指令来完成诸如缝制、钉扣、刺绣等具体操作。每个员工可以实时查看每道工序应当进行何种操作指令(见图 10-12)。品质管控标识解析的核心技术是大数据,用数据来驱动流水线,制造个性化的产品。这种数据驱动方式,让整个工厂的状态宛如一台巨大的"3D 打印机",客户的需求数据进来之后,通过这台"3D 打印机"即可产出个性化定制的服装。

图 10-12　品质管控标识解析服务场景

10.2.3　服装纺织产业互联网生态服务平台研发与建设

服装纺织产业互联网生态服务平台针对服装纺织产业互联网服务平台的大规模个性化定制需求,基于产业互联网生态体系理论,研究以用户需求为中心,用户/平台/资源多方聚合、利益共享的社群经济运营服务体系,对基于异质、异构、多源、海量服务资源/数据/内容/领域知识的可视化建模技术、多主体动态精准画像与个性化推荐技术、基于服装纺织行业标识编码规则体系的标识解析追溯等技术进行研究攻关,开发服装纺织产业互联网平台用户画像、需求精准匹配和推荐、产品可信追溯以及定制产品服务等核心构件,搭建服装纺织产业互联网服务平台,实现客户、供应商、制造中心的充分联动,打造以市场客户需求体验为导向,以数字化智能模块为载体,以终端品牌销售为目标的服装纺织产业互联网服务生态体系(见图 10-13)。

服装纺织行业产业互联网服务平台整体可分为需求交互子平台、研发设计子平台、供应链管理子平台、柔性制造子平台、企业治理子平台,涵盖了下单系统、订单管理系统、设计系统、供应商门户系统、供应商供应平台、仓储管理系统、物流管理系统、计划排程系统、制造执行系统、ERP 系统、业务流程管理系统、数据分析平台、企业服务总线等支撑系统。平台通过将人、机、物互联,充分参与包括产品设计、生产制造、物流配送在内的流程环节,对个性化产品进行智能运营和制造,形成智能化发展的新型业态和应用模式。在提质增效、

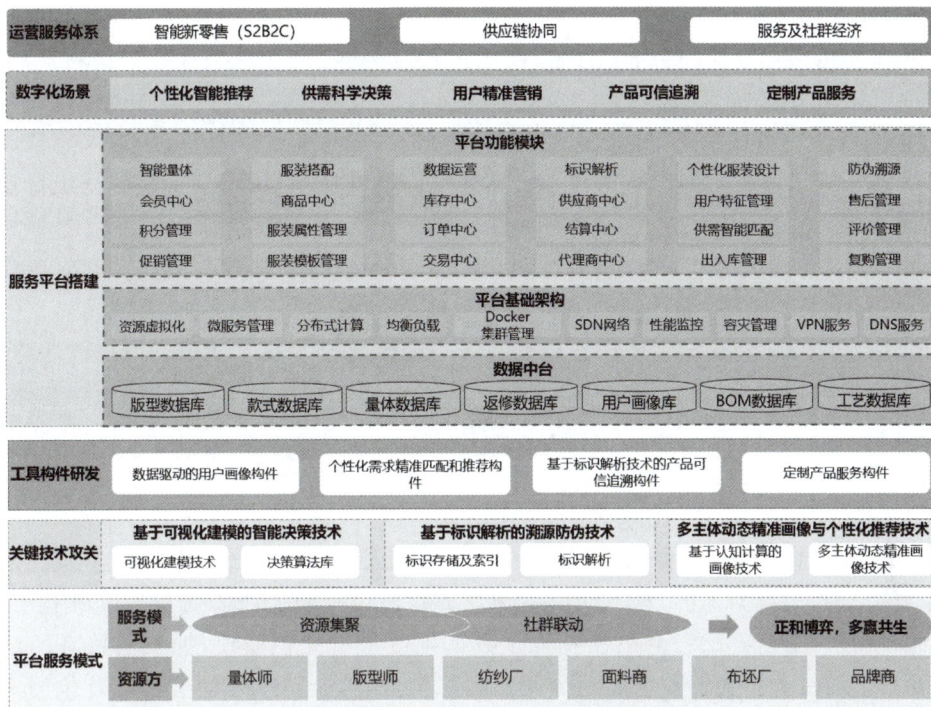

图 10-13 服装纺织产业互联网生态服务平台架构

降低成本、打通信息孤岛、实现智能制造等方面起到关键作用,满足制造业数字化、网络化、智能化的需求,支撑制造资源的泛在连接、弹性供给和高效配置。

1. 服装纺织产业互联网服务平台关键技术与核心构件研发

针对服装纺织产业互联网服务平台运行机制、多主体动态精准画像与持续参与交互以及基于标识解析的服装产品全流程可追溯等问题,对智能决策、个性化推荐、溯源防伪等技术进行研究,开发用户画像、需求精准匹配和推荐、产品可信追溯以及定制产品服务等构件。图 10-14 给出了服装纺织产业互联网服务平台的关键技术与核心构件。

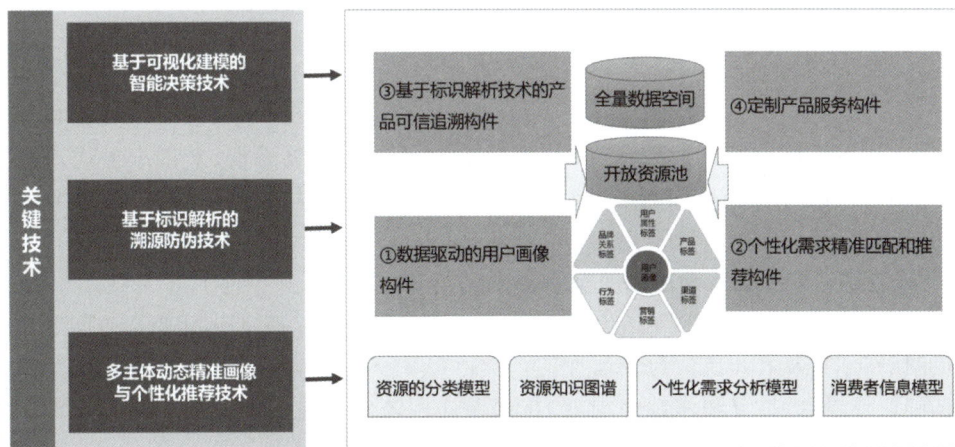

图 10-14 服装纺织产业互联网服务平台和关键技术核心构件

1）服装纺织产业互联网服务平台关键技术

（1）基于可视化建模的智能决策技术。围绕科学决策产业链服务数字化场景，采用多维数据的可视化建模技术，对平台的多源异构海量服务数据进行分析与建模，研究基于可视化建模的智能决策技术，实现算法的可视化装配、训练与发布。

（2）基于标识解析的溯源防伪技术。围绕可信追溯应用场景，基于服装纺织行业标识编码规则体系，研究标识快速注册、解析、存储、索引、标识查询及标识模板定制等关键技术，保证产品对象标识的唯一性、有效性和一致性，针对该标识实现与其相关联对象信息的溯源防伪查询。

（3）用户/产品/终端多主体动态精准画像与个性化推荐技术。围绕用户群体定位、用户需求捕获等营销目标，研究用户/产品/终端多主体动态精准画像技术，建立标签体系，通过标签分析、用户洞察和人群圈选挖掘多主体画像间的动态关联，进而实现产品和服务的个性化推荐。

2）服装纺织产业互联网服务平台核心构件

（1）数据驱动的用户画像构件研发。通过对以往消费者的社会属性、生活习惯、消费行为等主要信息的大数据分析，对不同应用场景下构建用户画像所需的产品风格需求、品类需求、面料需求、工艺需求、喜好、品牌等多数据维度进行知识建模，抽象消费者的商业全貌，研发基于消费者多维大数据驱动的用户画像构件，为企业带来快速精准定位用户群体以及用户需求等更为广泛的商业价值。

（2）个性化需求精准匹配和推荐构件研发。基于多维大数据驱动的用户画像构件，对用户的需求数据、供应链数据、产品服务数据等产业链相关大数据进行集成与分析，建立用户个性化需求分析模型，研发基于用户画像技术的个性化精准匹配和推荐构件，使用户以组合的方式参与设计个性化定制服装，进而实现对用户个性化需求的精准匹配。

（3）基于标识解析技术的产品可信追溯构件研发。基于标识解析技术，实现平台产品在流通编码体系中的统一化和标准化，通过对产品标识的注册、存储、解析、追溯等功能，使平台产品在产业互联网环境中为产业链上下游企业提供全球统一的标识服务和数字内容管理服务，为将来对接产业互联网行业解析平台提供技术支撑，为产品的防伪和追溯提供安全可靠的工具。

（4）定制产品服务构件研发。研发基于数据驱动的客户定制产品服务构件，工具依托平台客户大数据中心，承接C端客户的交互与交易服务，将交易成果合理分配给供应端来满足需求，并为客户提供售后服务支撑，深度挖掘客户的多维需求，来精准推送产品和服务，进而实现多次经营，打造粉丝经济。通过分析、筛选、评估客户需求进行更加精准的客户互动与增值，进行终身营销服务。

2. 服装纺织产业互联网生态服务平台构建

通过集成关键技术及工具构件，基于云原生技术，研究支持产业链企业协同服务与个性化定制融合的、兼具开放性与普适性的产业互联网 SaaS 平台架构（见图 10-15），形成较强的基础业务聚合/拆分和弹性伸缩能力，为面向服装纺织领域的企业应用集成和服务提供快速上线、灵活配置、高可用部署等核心能力支撑。研发支持"一人一版、一衣一款"大规模个性化定制模式的服装纺织产业互联网服务平台，覆盖个性化智能推荐、用户精准营销、供需科学决策、产品可信追溯、定制产品服务等多个实际业务场景，基于产业生态，串联全场景多触点,实现全域运营和洞察。

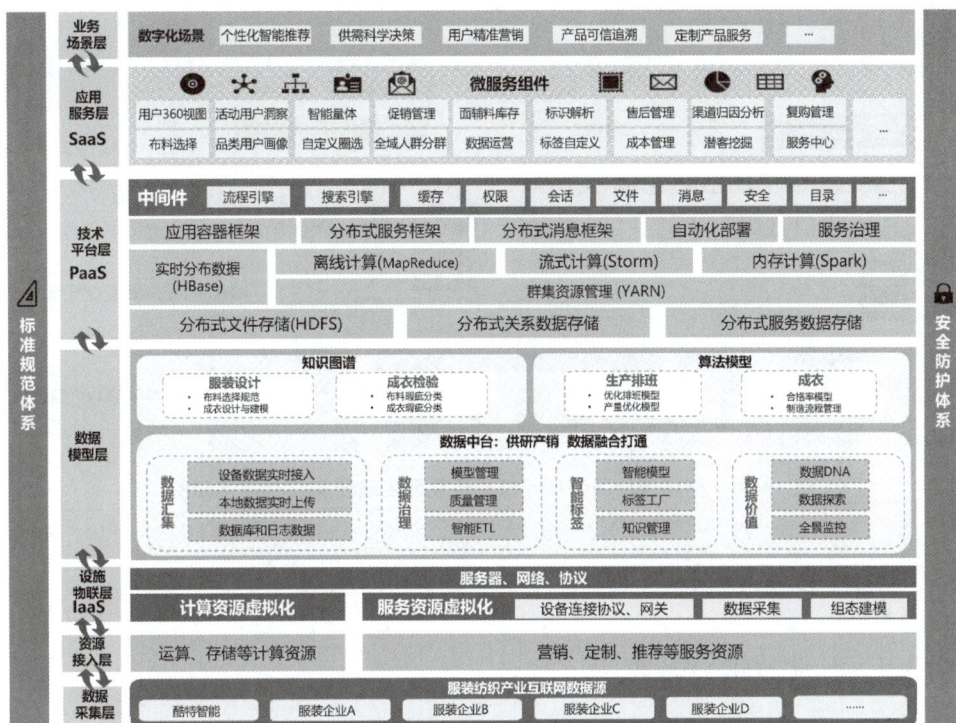

图 10-15　服装纺织产业互联网服务平台构建

10.2.4　酷特智能服装纺织产业互联网生态服务平台应用案例

酷特智能在已有实践基础及行业资源基础上,采用 PaaS、SaaS 模式,通过移动 App、软件许可、数据服务等形式,开展服装纺织产业互联网生态服务平台应用示范,将定制平台的供应链能力向社会开放,衍生多个 M 端供应链,进而扩张到多个领域,整合国内外服务商入驻平台,建立支持体现用户个性化需求导引、智能工厂互联互通、跨企业业务互联、"端、云"集成的产业链协同运营生态体系,最终打造以市场客户需求体验为导向,以数字化智能模块为载体,以终端品牌销售为目标的服装纺织定制领域的产业互联网生态服务体系(见图 10-16)。

在生态服务体系基础上,酷特智能结合服装定制业务流程,研究集智能新零售、供应链协同、服务及社群经济于一体的平台运营机制,以用户需求为中心,构建用户/平台/资源多方聚合、利益共享的社群经济价值运行体系;汇聚服装生产企业、贸易企业、设计企业、上游生产企业、下游延伸企业、跨界创新企业和品牌传媒企业,形成集设计师、版型师、面料商、辅料商、品牌商等于一体的资源集聚、社群联动的"正和博弈,多赢共生"产业生态,形成新商业闭环;将定制平台和供应链能力向社会开放,利用平台建设的版型库、量体库、工艺库、BOM 库、款式库、返修库以及精准营销、智能量体等模块,赋能传统企业,助力资源方提高设计效率,再造业务模式、生产模式、组织治理模式,使其具备"低库存、高质量、高利润、低成本、高周转"的运营能力。

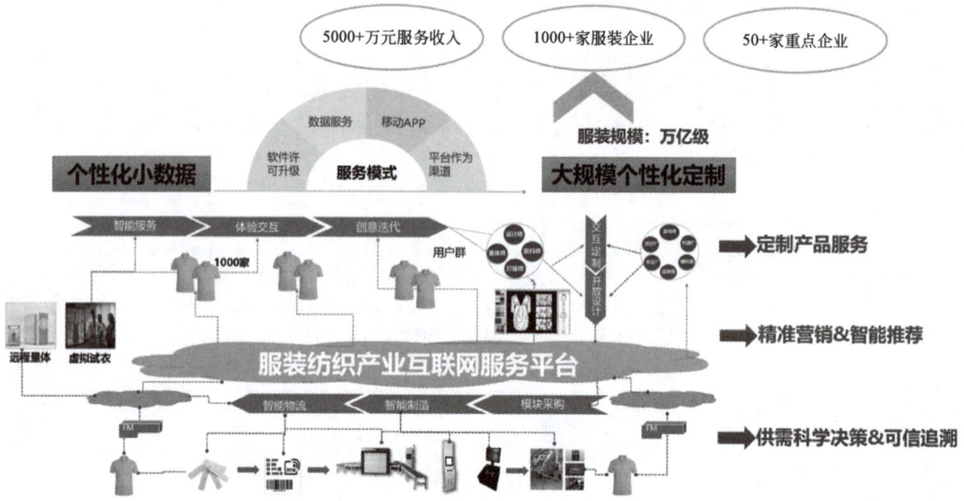

图 10-16　酷特智能服装纺织产业互联网生态服务平台应用案例

10.3　休闲食品产业互联网生态服务平台案例

10.3.1　行业背景与需求

休闲食品行业产品种类繁多,产业链上包括原材料(坚果、面粉)供应商、加工企业、销售商等数量巨大,产业面临采购时机洞察、质量保证、仓储物流协同、精准营销、产销一体化等挑战。图 10-17 给出了休闲食品产业链组成及特点。可以看出,休闲食品产业链具有产业链长、上下游企业信息化发展不平衡且产业链全局优化需求高的特点。在产业链协同场景中,存在以下主要问题:

- 休闲食品产业链业务数据难以共享、缺少流程规范和存在系统壁垒;
- 产业链各岗位、各工序、各流程的操作规范与标准不同;
- 制造商与上下游供应商、零售商以及消费者之间缺乏高效的连接手段;
- 仓储化智能水平低、各环节数据不互通、运输缺乏监管和整合以及成本高、效率低;
- 传统电商等多种业务模式不能联合以及各企业软件难以集中,从而在协同中产生淤塞和低效问题。

10.3.2　生态协同场景与模型

1. 生产协同服务

生产协同涉及产业链范围的生产计划、生产调度、物料需求计划、采购计划等方面,为了实现生产协同,应有效地维持休闲食品产业链中品牌商、客户、供应商之间的供需、生产进度与原物料供给的资源平衡,促进各方的交互协同。生产协同场景包括智能生产需求预测服务、智能生产优化服务、智能物料需求计划服务和智能生产计划制定服务等。原材料供应商、品牌商和客户可以通过平台提供的智能生产需求预测服务、智能生产优化服务、智能物料需求计划服务和智能生产计划制定服务,形成一个完整的生产协同协作体系,实现各方的协同管理,提高供应链的效率和质量,从而实现产业链各方的共赢。

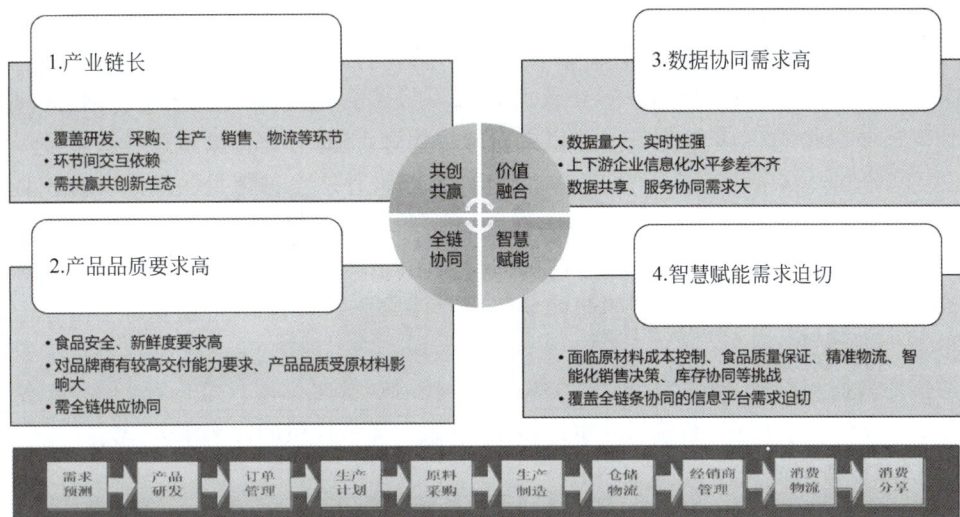

图 10-17　休闲食品产业链组成及特点

智能生产需求预测服务可以帮助品牌商根据客户的需求数据和历史数据,利用平台提供的预测服务提供准确的需求预测,包括客户货物需求、货品需求等,输出预测单。这有助于品牌商采购方更好地规划和安排生产,以满足客户需求并最大程度地减少库存和供应链风险,从而提高客户满意度并实现品牌商的利润最大化。

智能生产优化服务可以帮助品牌商根据智能生产需求预测服务输出的预测单,制定生产计划,包括主生产计划方案、主计划订单列表,从而帮助品牌商更好地规划生产计划,提高生产效率和产品质量。

智能物料需求计划服务可以帮助品牌商根据智能生产优化服务制定的生产计划更好地确定物料需求,平台能够输出完整的物料需求计划订单列表,从而避免生产过程中的原材料短缺和浪费,降低物料成本。

智能采购管理服务可以帮助采购方根据平台提供的物料需求计划服务,依据需求订单列表,查看物料需求情况,为采购方提供物料需求计划,从而简化采购方的采购流程,提高采购效率。

2. 全链质量管控服务

全链质量管控服务提供了一系列服务来协助品牌商实现全面、快速、准确的质量管控,从而提高休闲食品产业链的生产效率和产品质量。全链质量管控场景通过建立供应商资质认证、样本检测、样本结果追踪、环境监测等服务,协助品牌商更好地实现全面、快速、准确的质量管控,使质量管控的工作做到最优化,确保产品符合质量标准,从而增强休闲食品产业链的竞争力和信誉。

1)供应商资质认证服务

在该服务中,供应商和品牌商进行交互,对供应商进行资质审核,提供供应商物料级证件有效期,当证件即将过期时,平台可以自动提醒品牌商,以便及时跟进和处理。在供应商资质认证服务中,可以对供应商进行资质评估,并为他们分配相应的等级或分类。这有助于品牌商更好地了解供应商的能力和可靠性,并根据需要选择合适的供应商。

2）样本检测服务

外部检测客户（食品制造公司等）将样品实物送检，然后由品控质量检验员进行检验，得出检验报告。在样本检测过程中，主要是由外部检测客户方向品控质检方递交样品，品控质检方返回检验报告，要确保样品可以无误差地递交，品控方准确进行质量检验。

3）样品结果追踪服务

经销商客户可以直接通过平台调阅或下载由品控质量检验员上传的检验报告（带电子印章），进行质检结果的自助查询。将检测结果以可视化的形式呈现给经销商客户，让客户方便地查看想要的数据和结果，提供更优质的客户体验。

4）环境监测服务

通过环境监测服务，实验室可以时刻监控环境参数，及时发现异常情况，并采取有效措施避免影响实验室的工作，确保实验室能够正常运转，提供优质的检测服务。

3. 供应链协同服务

在供应链协同场景中，首先应明确品牌商拟采购什么物料、采购多少，供应商应明确可以给品牌商提供多少可用物料。供应链协同场景包含采购计划服务、采购下单服务、收料服务、采购收款服务和智能决策服务。

1）采购计划服务

品牌商要创建自己的采购计划以及确定对接的供应商，供应商根据品牌商的采购计划（确定采购物料、数量、日期等）清理货源，提供配额计划。

2）采购下单服务

在品牌商与供应商确定采购计划后，品牌商在服务中创建采购明细单，向供应商下达订单，供应商根据订单信息，在规定的时间内完成订单交付。在这个过程中，订单信息是双方的主要流通依据，并要确保品牌商和供应商可以在服务中互相发送消息，以便协调采购计划和订单，服务会及时通知用户收到的新消息。

3）收料服务

供应商要创建发货计划，并向品牌商报告发货情况。品牌商可以在服务中查看发货计划，了解订单的运输情况，当品牌商接到物料时，首先要进行物料清点，创建收货通知单，并将物料的详细信息添加到计划中。此外，品牌商还需要进行物料的质检，以确保物料符合质量标准。如果物料经过质检后没有问题，品牌商就可以创建采购入库单，并将通知单发送给供应商，以便供应商了解物料已经成功收到。收货通知单中应当包含物料的详细信息，如数量、品质、收货日期等，以便供应商查看和记录。

4）采购收款服务

供应商根据入库单创建收款计划（应收账单），并将计划明细单发送给品牌商。品牌商可以根据计划中的信息，创建应付款明细单，及时向供应商支付货款。接下来，品牌商和供应商可以在服务中进行对账操作，以确保采购收款的准确性和及时性。对账服务的功能是帮助品牌商和供应商实现采购收款的透明化管理，避免因采购收款问题而导致的纠纷和误解。

5）智能决策服务

基于该服务，采购人员可以更好地了解供应商和原材料的情况，并做出更明智的决策，从而提高生产效率和质量，降低成本和风险。比如识别潜在的供应商和原材料问题、快速评估供应商质量、预测原材料的质量和价格变化等。

4. 智能物流仓储服务

智能物流仓储场景参与方包括品牌商、用户和物流承运商，各方的交互对于实现高效物流和仓储至关重要。智能物流仓储场景包括以下几个服务。

1）订单智能分配服务

客户下单完成后，将通过品牌商的电子商务平台或订单管理系统提交订单，并提供相关的订单信息。品牌商的销售部门需要将订单划分为不同类别，提交给物资运输部门对下一步的货品运输工作与物流承运商进行接洽。通过订单智能分配服务，品牌商可以根据不同的因素将订单自动分配给最适合的承运商。

2）智能发货服务

在完成订单智能分配服务后，品牌商的物资运输部门与物流承运商进行交互。该服务可以自动进行拣货、包装、打印运单和发货等操作。物资运输部门与物流承运商之间以明细单作为双方的沟通依据，以减少人工干预并提高发货效率。

3）订单跟踪服务

物流承运商开始配送货物后，实时更新物流运输状态。品牌商的物流运输部门与客户均可查询相关信息的实时更新情况。配送至客户处后，客户填写客户回单，完成服务交互过程。

4）财务协同服务

对品牌商与物流承运商之间的各种财务信息进行管理，确保款项流动有章可依，有迹可循。

5）运输策略服务和路径规划服务

这些服务旨在提升运输效率、降低成本，并提供更智能化的运输决策支持。对于智慧赋能下的运输策略服务，主要是基于专业知识和经验，制定一系列规则来指导运输策略的制定。应考虑运输流程中存在的种种因素，制定合理的运输策略。对于智慧赋能下的路径规划服务，也可以利用深度强化学习算法，如深度 Q 网络（DQN）或深度确定性策略梯度（DDPG），来学习优化车辆的路径规划。

5. 全渠道营销协同服务

全渠道营销协同主要包括销售订单自助下单服务、销售订单跟踪服务、对账信用评估服务。此外，为使产业互联网平台更加智能化，还包括智慧赋能服务，主要包括交互式推荐服务和订货预测服务。

1）销售订单自助下单服务

在品牌商根据历史销售数据发布新产品后，客户在平台上选择需要购买的商品，可以浏览商品列表或者通过搜索功能查找商品，并通过自助下单方式填写订单信息，包括商品名称、数量、价格、交货期等信息，以完成订单的生成。这种销售订单自助下单服务简化了订单生成的流程，提高了品牌商的运营效率，提升了客户的购买体验和便捷性。

2）销售订单跟踪服务

在客户完成下单后，品牌商记录订单信息，包括商品名称、数量、价格、交货期等，并确认订单信息无误后，开始准备商品发货。品牌商通知客户商品已经发货，并提供快递单号等信息。客户可以通过本平台提供的销售订单跟踪服务，随时了解商品的运输情况。这种可追踪的服务提高了订单的可见性和透明度,使客户能够更好地掌握订单的情况,增强了客户对品牌的满意度和信任度,以及物流透明度。同时,提高了品牌商的市场竞争力和工作效率,减少了成本和损失。

3) 对账信用评估服务

品牌商收集客户的账户信息,包括财务报表、银行对账单、往来账款等信息,并对收集到的数据进行分析,根据往来账单交付情况对客户进行信用评估,评估其支付能力和信用状况,决定其信用期限。还可以将评估报告反馈给客户,让客户了解自己的信用状况和信用额度。这种信用评估服务不但有助于品牌商防范商业风险,还能提高品牌商的销售业绩。同时为品牌商和客户提供更高的交易信心。

4) 交互式推荐服务

通过自己的销售平台或者第三方数据提供商收集客户的购买历史、搜索记录、浏览记录等数据。利用基于强化学习的推荐算法,对收集到的数据进行挖掘和分析,找出客户的购买偏好、消费习惯等信息。利用推荐算法实现交互式推荐服务,向客户推荐符合其购买偏好的商品。从而实现品牌商与客户之间的智慧赋能。这种交互式推荐服务不仅能够提升客户的购物体验和满意度,而且能够帮助品牌商提高产品销售量。

5) 订货预测服务

通过自己的销售平台或者第三方数据提供商收集订单数据、库存数据、销售数据等,并对收集到的数据进行清洗和处理,去除冗余数据、缺失数据等。利用基于扩散模型和时序数据预测技术,对清洗后的数据进行挖掘和分析,找出订单的规律、趋势等。将预测结果反馈给相关部门和供应商,以便进行采购和生产计划,从而实现品牌商和供应商之间的智慧赋能。品牌商可以根据这些预测结果,优化供应链规划和库存管理,在确保满足客户需求的同时,降低库存成本和过剩库存的风险。同时,有助于提高客户对品牌商的满意度以及忠诚度。

10.3.3 休闲食品行业产业互联网生态服务平台研发与构建

针对休闲食品行业所面临的材料成本控制、食品质量保证、精准物流规划、智能销售决策、动态生产计划制定等挑战,以数据赋能产业链为核心,研究面向智能产业链的数据赋能技术,通过人机物互联的智能服务技术、全数据空间分析可视化技术和食品包装产业智慧赋能技术的攻关,实现休闲食品产业上下游企业的数据共享和服务联通,并通过大数据赋能,提升全产业链的智能化水平。搭建数据赋能的休闲食品产业互联网平台,开发数据中台、业务中台,实现面向全产业链的平台服务供给。建立休闲食品产业互联网平台服务运营体系并开展应用示范,建立面向上下游企业的数据赋能服务体系,并开展原材料价格波动预测、全链质量追溯、精准物流、智能化销售决策、库存协同等典型应用场景的设计以及示范。休闲食品行业产业互联网生态服务平台整体研究框架如图 10-18 所示。

1. 面向智能产业链的数据赋能技术

图 10-19 给出了休闲食品行业产业互联网生态服务平台关键技术研究框架,主要包括人机物互联的智能服务技术研究、全数据空间可视化与分析技术研究、食品包装产业链智慧赋能技术研究 3 方面内容。

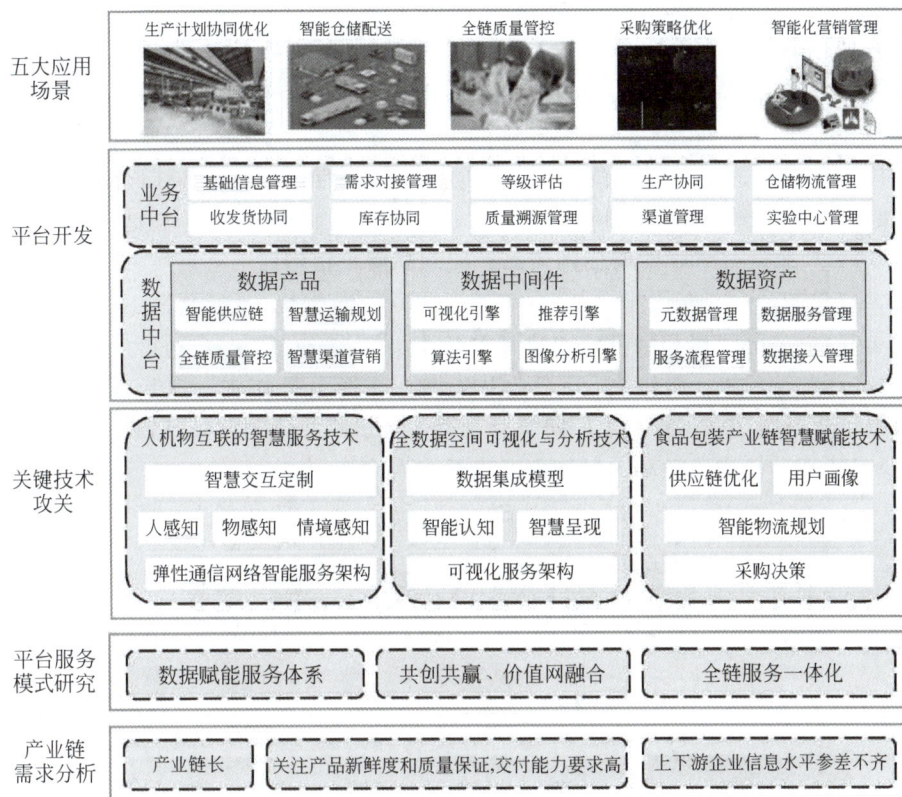

图 10-18　休闲食品行业产业互联网生态服务平台整体研究框架

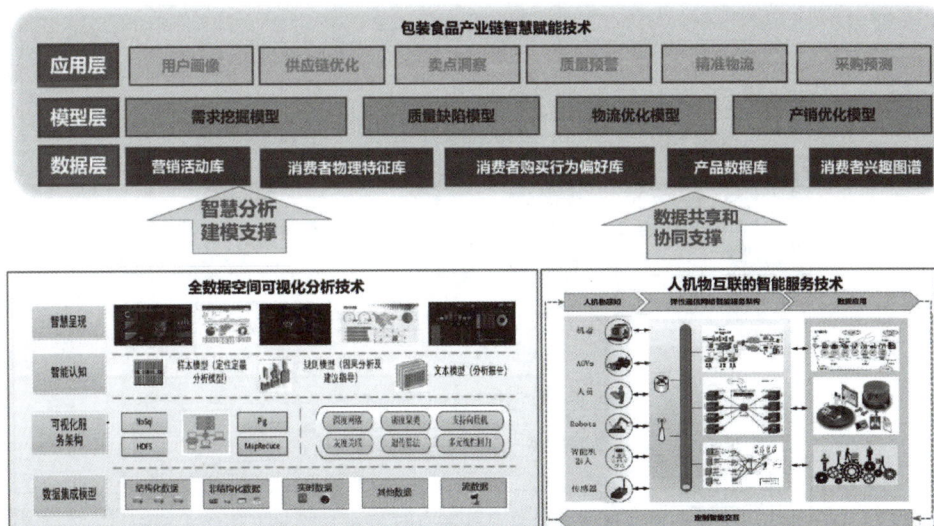

图 10-19　面向智能产业链的数据赋能技术研究框架

1）人机物互联的智能服务技术研究

为实现产业链数据资源的流通联动,提出智能化交互定制方法,建立人机物互联的弹性通信网络智能服务系统架构,构建灵活分布的服务体系。

2）全数据空间可视化与分析技术研究

构建全空间数据可视化服务架构，提出基于联邦学习的分布式学习模型构建方法，建立分析业务流程动态构建方法。

3）食品包装产业链智慧赋能技术研究

建立用户画像、采购预测、卖点洞察、质量预警等分析模型，实现对智能供应、精准物流、全链质量管控和精细渠道管理的智慧赋能。

2. 面向全产业链智慧赋能的休闲食品产业互联网平台构建

构建休闲食品产业互联网平台，结合多渠道库存协同优化、精准营销、智能运输规划等典型应用场景，以全链数据和服务资源协同为载体，以大数据技术为基石，以数据赋能服务为引擎，提高产业链的协同效应，提升产业互联网在赋能生产和质量提升方面的作用并开展应用示范工作。图 10-20 显示了面向全产业链智慧赋能的休闲食品产业互联网平台构建方案，主要包括平台架构研发和关键构件开发两方面工作。

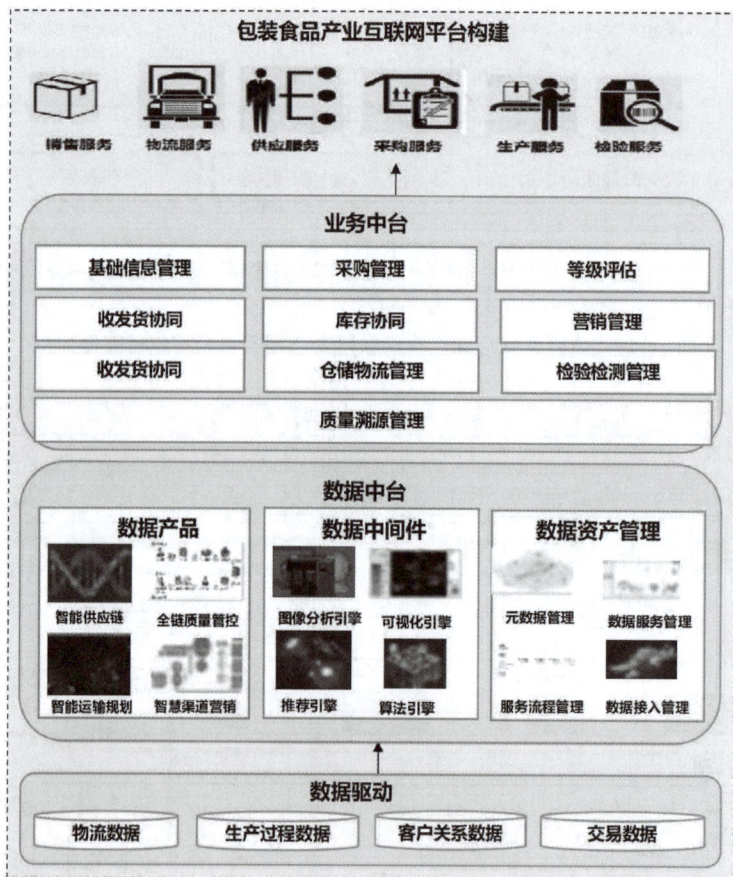

图 10-20　面向全产业链智慧赋能的休闲食品产业互联网平台构建方案

1）平台架构研究

研究面向全产业链智慧赋能的休闲食品产业互联网平台体系架构，通过对平台服务体系和内容的研究，明确平台服务提供能力和服务方式，建立基于容器化与组件化的微服务开放式平台架构，实现企业级数据智能驱动业务，实现数据资产化、智能化和服务化。

2）关键构件开发

基于容器技术开发智能供应链、智能物流规划、全链质量管控和智慧渠道营销等构件，实现构件的热插拔、提高系统集成的灵活性；研发数据和业务集成接口，形成集供应协同、生产协同、物流协同、库存协同、销售协同、质检协同于一体的智能化休闲食品产业互联网平台。

10.3.4　盐津铺子休闲食品产业互联网生态服务平台应用案例

针对休闲食品行业所存在的数据共享、协同和赋能需求，盐津铺子结合原材料价格波动预测、全链质量追溯、精准物流、智能化销售决策、库存协同等典型场景，基于面向智能产业链的数据赋能技术，构建了休闲食品产业互联网生态服务平台，以全链数据和服务资源协同为载体，以大数据技术为基石，以数据赋能服务为引擎，打造了休闲食品产业互联网平台服务体系运营模型，提升产业互联网在赋能生产和质量提升方面的作用并开展应用示范工作。

在休闲食品产业互联网平台构建的基础上，盐津铺子研究构建了数据赋能服务运营模式。研发产品创新服务，通过智能化销售决策开展消费趋势分析和口味分析，研究建立经销端、生产线和研发部门的强互动实验工厂模式，快速响应市场，满足消费者需求。研发检验检测服务，提升检验水平，为地方食品企业提供更加精准的检测服务，通过物料风险评估，实现对原材料的全程质量追溯。研发智能采购服务，通过分析原材料采购价格以及供应商供应能力，提升快速响应原材料价格变化的能力，降低生产风险。研发电商代运营服务，提供战略决策、客服销售、推广策划、美工设计、精准网站数据分析等服务，为食品行业企业提供个性化、专业化的电商代运营服务。研发精准物流和仓储协同服务，通过路径规划和库存协同优化提高物流响应能力。通过数据赋能服务运营模式，构建上下游企业共创共赢、价值网融合的休闲食品产业新生态（见图 10-21）。

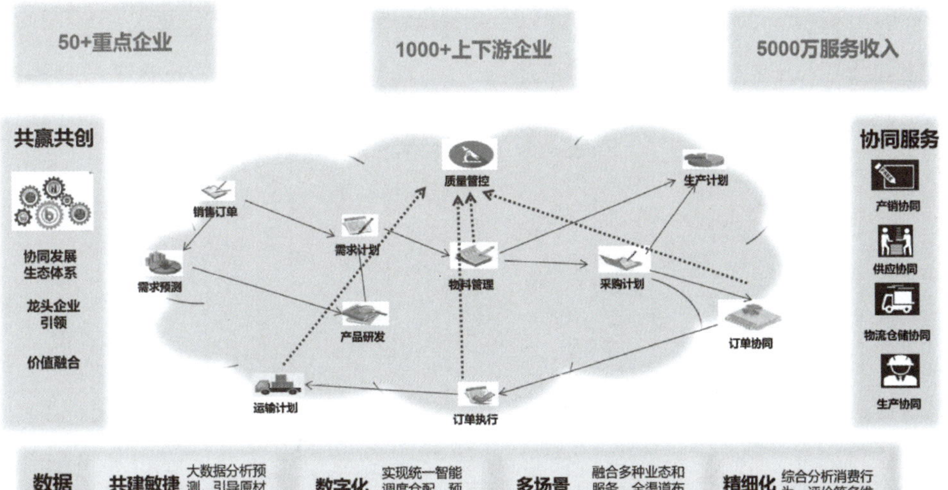

图 10-21　盐津铺子休闲食品产业互联网生态服务平台应用案例